Letras Hispánicas

Poema de mio Cid

Letras Hispánicas

Poema de mio Cid

Edición de Colin Smith

VIGÉSIMA EDICIÓN REVISADA

CÁTEDRA

LETRAS HISPANICAS

Primera edición traducida por Abel Martínez-Loza

Universidad de Manitoba (Canadá)

Ilustración de cubierta: David Lechuga

© Oxford University Press, 1972
Ediciones Cátedra, S. A., 1996
Juan Ignacio Luca de Tena, 15. 28027 Madrid
Depósito legal: M. 37.829-1996
ISBN: 84-376-0060-X
Printed in Spain
Impreso y encuadernado en Huertas, S. A.
Fuenlabrada (Madrid)

Índice

PRÓLOGO 9

ABREVIATURAS 13

INTRODUCCIÓN 17

    I   El espíritu de la épica 17
    II Épica e historia 25
    III Génesis del poema; su autor y fecha de composición 38
    IV Forma y metro 48
    V Lenguaje, estilo y técnicas narrativas 60
    VI Temas y estructura 77
    VII Los personajes y su presentación 86
    VIII El Cid en la literatura medieval y renacentista, y después 93
    IX Historia de la crítica del *PMC* 105
    X El texto de esta edición 114

BIBLIOGRAFÍA SELECTA 125

POEMA DE MIO CID 141

NOTAS 277

GLOSARIO 317

APÉNDICES:

    I   Los personajes del poema y sus homólogos en la historia 341
    II El poema y las crónicas 361

7

Prólogo

Poner las manos en la poesía épica de otra nación, sobre todo cuando se trata de uno de sus textos más antiguos y venerados, podrá parecer presuntuoso; presentar una versión de ese texto con opiniones que difieren sustancialmente de los cánones establecidos por el más grande de los medievalistas de España, Ramón Menéndez Pidal, quizá raye en la irreverencia. Sin embargo, el interés mostrado por un extranjero es también halagador. Los españoles que no estén de acuerdo con algo de lo expuesto en estas páginas se darán seguramente cuenta de que han sido escritas con un sincero amor por el poema y un profundo afecto por el país que lo ha producido. En previos escritos he tenido la ocasión de manifestar mi respeto por don Ramón, y mi deuda hacia él aparecerá aquí constantemente; pero un desacuerdo respetuoso, a la luz de lo que uno ve —o cree ver— como la verdad, es también una obligación del investigador. Que nuestro hispanismo sea equilibrado y sereno, no ciego ni deslumbrado.

La presente edición está destinada a todo tipo de lectores y estudiantes. En la Introducción se incluyen muchos elementos para los no especializados en el tema, pero no se pasan por alto problemas de indudable interés para los eruditos. Las notas a pie de página contienen el mínimo de material necesario para aquellos que deseen embarcarse en las cuestiones relacionadas con el texto. Las Notas y los Apéndices ayudarán, al menos así lo espero, a la comprensión de aspectos que ofrecen una mayor dificultad y, al mismo tiempo, estimularán a la investigación a los estudiantes más avanzados. No se ha hecho un comentario completo de los méritos literarios del

9

poema, ya que éste, con su sencillez y su intenso dramatismo, habla por sí mismo.

Además de la extensa bibliografía consultada, me ha sido extraordinariamente útil la ayuda de numerosos colegas y estudiantes de las universidades de Leeds y Cambridge. Quiero dejar aquí constancia de ello. La Introducción se ha beneficiado en gran manera de las atenciones del profesor P. E. Russell, de la Universidad de Oxford; de Miss Gilliam Weston, de la Universidad de Birmingham; y de Mr. Brian Powell, de la Universidad de Cambridge. Les agradezco sinceramente su ayuda y les absuelvo de toda responsabilidad que pudiera derivarse de mis impetuosas afirmaciones.

Colin Smith

Cambridge, 1972

Nota para la traducción:

El texto de la traducción es una versión íntegra de la edición de 1971, habiéndose corregido únicamente alguna errata. He creído mejor no modificar lo dicho en la Introducción y Notas, a pesar de haber cambiado de criterio sobre varios aspectos, por ejemplo, los referentes a la personalidad y actividad de Per Abbat y la fecha, lengua y naturaleza de la supuesta refundición del *PMC* que forma parte de la **Leyenda de Cardeña*. Estos cambios pueden estudiarse en mis artículos publicados con posterioridad a 1972. He rehecho completamente la Bibliografía para tener debidamente en cuenta los trabajos importantes publicados después de ese año.

Colin Smith

Cambridge, 1975

Nota para la nueva edición:

He renovado totalmente diversos apartados de la Introducción (en especial el III, IV y V) para ponerlos a la altura de los tiempos y tomar debidamente en cuenta los avances de la investigación, y he actualizado las referencias tanto en la *Bibliografía selecta* como en las Notas. En el texto del *Poema* he corregido alguna errata.

COLIN SMITH

Cambridge, 1984

Nota para la tercera edición:

En la Introducción de la segunda edición de 1985 se hicieron diversas modificaciones de acuerdo con los avances de la investigación en los años que habían transcurrido desde la primera edición inglesa de 1972. Ahora otros avances en un campo más estudiado que nunca a escala internacional aconsejan revisar de nuevo muchos puntos de vista en la Introducción y en varias Notas, y rehacer totalmente la *Bibliografía selecta*. El texto del poema sigue siendo el de 1972, basado firmemente en principios expuestos en la Introducción, habiéndose corregido alguna errata.

COLIN SMITH

Cambridge, 1993

Abreviaturas

I	*Iberomania*
HR	*Hispanic Review*
JHP	*Journal of Hispanic Philology*
JMH	*Journal of Medieval History*
KRQ	*Kentucky Romance Quarterly*
LaC	*La Corónica*
MA	*Le Moyen Age*
MAe	*Medium Aevum*
MLN	*Modern Language Notes*
MLR	*Modern Language Review*
MR	*Medioevo Romanzo*
NRFH	*Nueva Revista de Filología Hispánica*
O	*Olifant*
PMLA	*Publications of the Modern Language Association of America*
PQ	*Philological Quarterly*
R	*Romania*
RF	*Romanische Forschungen*
RFE	*Revista de Filología Española*
RFH	*Revista de Filología Hispánica*
RH	*Revue Hispanique*
RLC	*Revue de Littérature Comparée*
RoN	*Romance Notes*
RPh	*Romance Philology*
RR	*Romanic Review*
VR	*Vox Romanica*
ZRP	*Zeitschrift für Romanische Philologie*

TEXTOS

CAI	*Chronica Adefonsi Imperatoris,* ed. L. Sánchez Belda (Madrid, 1950)
CMC	*Cantar de mio Cid:* usada para referirnos al poema y a la obra de R. Menéndez Pidal, *Cantar de mio Cid,* 3 vols. (Madrid, 1908-1911, y ediciones posteriores)
CR	*La Chanson de Roland,* ed. F. Whitehead (Oxford, 1957)

CVR	*Crónica de Veinte Reyes* (véase el Apéndice II)
HR	*Historia Roderici,* ed. R. Menéndez Pidal en *La España del Cid* (5.ª ed., Madrid, 1956, vol. II, 919-69)
PCG	*Primera Crónica General de España,* ed. R. Menéndez Pidal (2 vols., Madrid, 1955)
PMC	*Poema de mio Cid*

Crónica Najerense, ed. A. Ubieto Arteta (Valencia, 1966)

Fernán González (Poema de), ed. R. Menéndez Pidal en *Reliquias de la poesía épica española* (Madrid, 1951, páginas 34-180)

Mocedades (de Rodrigo), ed. A. D. Deyermond en *Epic Poetry and the Clergy* (Londres, 1969, págs. 227-77)

Silense = Historia Silense, ed. J. Pérez de Urbel y A. González Ruiz-Zorrilla (Madrid, 1959)

NOTA: Se han transcrito los nombres árabes conforme al sistema de Menéndez Pidal, facilitándose de esa manera la referencia a sus obras.

La Bibliografía Selecta ha sido ordenada de modo que las secciones de su segunda parte correspondan con las de la Introducción. Como consecuencia, se dan en ésta muchas indicaciones bibliográficas en forma abreviada.

Introducción

I. EL ESPÍRITU DE LA ÉPICA

La poesía épica ha sido tan universal, en el tiempo y en el espacio, y característica de tantos pueblos en una etapa determinada de su desarrollo, que es casi imposible definirla. Entre sus elementos podemos señalar: un héroe con un objetivo o ideal concreto, quien tiene que superar una serie de obstáculos para conseguir ese fin y alcanzar plenamente su grandeza; contactos con una divinidad que, además de enaltecer al héroe y contribuir al desarrollo del tema, pueden añadir un sentimiento de misión sobrenaturalmente inspirada a un pueblo escogido; una buena dosis de actividad guerrera contra enemigos tradicionales y, a menudo, un constante peregrinaje o búsqueda simbólica. El tono es elevado, la actitud del poeta seria y moral, y su estilo apropiadamente «sublime», ya que están involucradas personas principescas, grandes hazañas y el prestigio nacional o de la raza. El mundo épico es, por lo general, varonil y en él el caudillaje, el código militar y la total entereza frente a la adversidad son más importantes que el éxito en el amor o las delicadezas cortesanas. Se presupone que existe una comunión ideológica entre los personajes de la narración y el público a quien va dirigido el poema; a veces hay falsedad, pero al final triunfa siempre la justicia, sin que se sienta la necesidad de poner sus fundamentos en tela de juicio. El héroe es, con frecuencia, un hombre que se encuentra en una situación comprometida; quizá no un malhechor, pero sí temporal, o injustamente, proscrito de la sociedad y capacitado en su relativo aislamiento para mostrar su grandeza y llevar a cabo hazañas que le aseguren su retorno a la sociedad, a una sociedad que le aclamará y se beneficiará moralmente con su regreso, o con su ejemplo, si es que el héroe ha perecido en su intento.

Los mejores poemas épicos son productos de poetas clarividentes que saben sobrepasar las limitaciones de tiempo y lugar y echar una amplia mirada a la sociedad y al destino nacional; estos poemas pueden convertirse en documentos vitales de la herencia cultural del país y crear héroes nacionales. Son poemas de esperanza, no de desesperanza. Aparecen, por lo general, cuando un pueblo es activo, progresivo, confiado en su poder y seguro de su misión, hasta tal punto que en las épocas más dominadas por la desconfianza —como la nuestra— pueden parecer ingenuos; pero, incluso entonces, nos damos muchas veces cuenta de que nuestra simpatía se inclina fácilmente del lado del héroe que conserva sus excelentes cualidades en una situación peligrosa. El lector moderno necesita recurrir a toda su imaginación e idealismo cuando se acerca a la poesía épica; pero la nobleza de sentimientos que ésta presenta, su poder emotivo y la majestad de su verso le recompensarán con creces.

El *Poema* (o *Cantar*) *de mio Cid* es el poema nacional de Castilla y uno de los grandes poemas de la Edad Media europea; es asimismo el primer texto poético de grandes vuelos de las lenguas de la Península. Fue compuesto probablemente en los primeros años del siglo XIII en o cerca de Burgos, cabeza de Castilla la Vieja. Se trata de una mezcla magistral de historia e invención, que abarca casi dos decenios de la vida de Rodrigo Díaz de Vivar —conocido por los títulos honoríficos de El Cid y El Campeador—, noble y esclarecido caudillo que vivió entre ¿1040? y 1009. El Cid es el héroe nacional de España, en parte, o quizá principalmente, como consecuencia de este poema. El texto ofrece muchos de los rasgos que caracterizan a la poesía épica que hemos señalado antes; pero aparecen también diferencias que son significativas cuando consideramos su originalidad y su éxito. En primer lugar, su carácter eminentemente realista o *verista* ha hecho que algunos se pregunten si posee suficiente dimensión épica; su aire histórico —de hecho, en parte pseudohistórico—, la exacta alusión que hace a personas y lugares, y su cuidado por el detalle, han llevado a otros a considerarlo, equivocadamente, como una crónica rimada. En segundo lugar, al poema parece faltarle ese tono consistentemente elevado (a pesar de varios momentos de culminación dramática y emotiva) que tipifica a la poesía épica; hay, incluso, toques de humor y hasta un vago elemento de farsa que parecen justificar este punto de vista. En tercer lugar, se concede una gran importancia a los aspectos domésticos y paternales de la vida del héroe, para mostrarnos con toda claridad que su ternura y delicadeza constituyen un rasgo esencial de su carácter; esto enaltece su humanidad, pero no su condición heroica, si bien presta una gran ayuda a la apreciación moderna. Finalmente, en un momento que tratándose de un artista menor parecería un tanto prosaico, el poeta cierra su obra con la muerte tranquila del Cid en su palacio, en paz con el mundo, después de sus conquistas y de su rehabilitación. No hay final melodramático ni retórica alguna.

Antes de seguir adelante, creemos necesario hacer una distinción entre la épica marcadamente erudita, destinada a un limitado círculo de lectores cultos (la *Eneida* y los poemas renacentistas, por ejemplo), y la poesía de tradición y finalidad más populares creada para ser presentada —cantada o recitada— ante un público que escucha *(v. gr.,* Homero y la épica medieval vernácula). No se puede aplicar sin reservas la denominación de «popular» a esta épica medieval, ya que, al menos en la forma escrita en que nos ha llegado, se trata de un género altamente desarrollado, con una técnica coherente y segura, y no desprovisto de elementos eruditos y tono cortesano. Si esta poesía, en la forma escrita en que la tenemos, depende directamente de géneros puramente orales de sociedades más primitivas y casi totalmente analfabetas es una cuestión muy controvertida e imposible de resolver. Pero la épica medieval en las lenguas romances y germánicas, aunque parcialmente convencional en su estilo, es mucho más llana y auténticamente popular (en el sentido de que se crea «para todo el pueblo») que los poemas escritos en latín clásico o en las refinadas lenguas literarias del siglo XVI. Su público, que sepamos, era al principio la clase caballeresca o militar-feudal y, más tarde, también el pueblo reunido en las ferias y en las rutas de peregrinación; sociedad bastante diferente, en cualquier caso, de la de Roma en tiempos de Augusto o de la Europa del Renacimiento y de la imprenta.

No podemos considerar la poesía épica española aislada de la de Francia. Ésta fue mucho más rica y gozó de una gran popularidad desde principios del siglo XII, por lo menos, hasta su decadencia en el siglo XIV. Los poemas épicos franceses influyeron en la mayor parte de Europa, bien en su lengua original del norte de Francia, bien en variantes de ésta, o a través de traducciones y adaptaciones; y se conservan de ellos centenares de manuscritos. El que parece ser su primer texto importante, la *Chanson de Roland* en su versión «de Oxford» o «de Turoldo», compuesta hacia el año 1100, no sólo inició el género y fijó sus normas, sino que llevó el nombre de su héroe a través de Europa y le aseguró un culto casi de santo, dignidad alcanzada en la realidad por Carlomagno, emperador y protagonista literario patriarcal. Entre los países latinos, Francia aparte, sólo Castilla (a juzgar por la evidencia conservada) tuvo una literatura épica importante en lengua vernácula. La épica castellana no es simplemente, como algunos creyeron en el siglo pasado, una pálida imitación de los modelos franceses, pero tampoco fue independiente como han pretendido los críticos españoles de tendencia nacionalista (en el buen sentido de la palabra). Ramón Menéndez Pidal (1869-1968), a pesar de su tendencia a agrandar la cantidad de la supuesta épica española —perdida en su mayor parte— y a señalar fechas muy tempranas a sus textos, no pudo negar en su totalidad los alegatos franceses de supremacía en este campo. Don Ramón pudo, sin embargo, salir por los fueros españoles afirmando que la poesía épica castellana era en algún sentido más instructiva que la francesa, ya que en España poema y acontecimiento histórico estaban mucho más próximos en el tiempo (el *Poema de mio Cid* había sido fechado por Menéndez Pidal alrededor de 1140, y su versión primitiva hacia 1105, sólo unos años después de la muerte del Cid, mientras desde la batalla de Roncesvalles en 778 hasta la aparición de la *Chanson de Roland* hacia 1100 habían pasado más de trescientos años); por ello la épica castellana estaba en una etapa más primitiva y «verídica», más cercana a sus raíces y motivos históricos que la francesa. Señaló también que la edad heroica española de los sucesos reales continuó por más tiempo y fue más reciente en España (desde el siglo X hasta 1492) que en Francia (siglos VIII-IX), y que una gran parte del material épico español perdura hasta la actualidad en la tradición oral del romancero, por lo que es posible estudiar algunos procesos de la transmisión oral que no se dan en Francia. No estando comprometidos con ninguna de las dos partes en lo que constituye un debate patriótico además de erudito, los ingleses hemos llevado la delantera en años recientes en el examen de estas suposiciones de Menéndez Pidal y de su escuela, con resultados que se verán en su lugar.

Veamos, primero, cuál es la amplitud del género épico español. Si nos atenemos a los textos conservados, fue pequeño. En primer lugar se coloca el *Poema de mio Cid* que nos ha llegado en un manuscrito único casi completo. Del *Rodrigo*, o *Mocedades de Rodrigo*, existe el texto bastante incompleto —unos 1160 versos— de un poema compuesto probablemente a principios del decenio de 1360, que trata de pretendidos sucesos de la juventud del Cid. Se conservan también unos cien versos del *Cantar de Roncesvalles*, en dos folios descubiertos en Pamplona en 1917, donde, durante siglos, habían desempeñado la humilde función de carpeta. Estos versos son todo lo que queda de lo que debió ser la traducción completa, navarra, de una versión tardía (perdida en la actualidad) de la *Chanson de Roland*. Por fin, Menéndez Pidal pudo exhumar de una crónica tardía varios centenares de versos de un poema de los *Siete Infantes de Lara* (o *de Salas*). Estos cuatro textos son los únicos supervivientes indiscutibles del género épico.

La posibilidad de que hayan existido más depende del temperamento del historiador de la literatura. En un extremo estaba la generosa tendencia de Menéndez Pidal, que veía huellas de la épica popular en cada uno de los detalles pintorescos y en cada pasaje no histórico incorporados a las crónicas latinas de los siglos VIII al XII, señales que coleccionó en su libro *Reliquias de la poesía española*, de 1951 (segunda edición, con una importante «introducción crítica» de Diego Catalán, 1980). En el otro extremo se halla el método positivista de Bédier y sus discípulos franceses, que insisten en el principio de «voir et toucher», esto es «ver y palpar» o limitarse a estudiar los textos conservados. Es seguro que, en términos relativos, se han perdido en España más documentos medievales, de todo tipo, que en otros países, en parte por negligencia (como se perdió, por ejemplo, en el siglo xvii, la gran colección de Argote de Molina), en parte como consecuencia de guerras civiles, la invasión francesa de 1808, el expolio de las bibliotecas monásticas en 1835, etc. Pudo ocurrir también que una vez que el poema había sido incorporado a una crónica, como ocurrió con la mayor parte de ellos, éste dejase de tener valor por sí mismo.

Si queremos llegar a conclusiones razonables sobre la extensión del género, debemos permitirnos una serie de hipótesis bien fundadas acerca de textos perdidos. Muestras de ellos sí se pueden encontrar en las crónicas, como resultado de un proceso —extraño para la mentalidad moderna— en el que se confundían la historia de «hechos verdaderos» con la historia de «hechos soñados» o leyenda poética (en inglés se diferencian útilmente las palabras *history* y *story*). Estas crónicas pertenecen a los siglos xii y xiii. Las más importantes en latín son la *Najerense* (fechada por Pidal y Ubieto hacia 1160, pero después por Lomax a fines del siglo xii), el *Chronicon mundi* de Lucas de Tuy, 1236, y *De rebus Hispaniae,* de Rodrigo Jiménez de Toledo, 1243. En éstas sólo la línea narrativa nos da la pista, y es posible que entre ellas, la *Najerense* haya adoptado detalles no de fuente épica vernácula (para entonces posiblemente inexistente) sino de poemas latinos de carácter heroico compuestos en los monasterios. Más numerosas son las crónicas en lengua vernácula debidas al equipo de Alfonso X y derivadas de ellas. En éstas no sólo la línea narrativa, sino también las abundantes huellas de asonancias, medios versos, el ritmo y otros muchos elementos poéticos muestran que los cronistas seguían, «prosificaban», un texto poético en vernáculo. Más adelante se hará una mención detallada de esto; de momento podemos señalar que a partir de las crónicas es posible exhumar las líneas fundamentales y muchos detalles de poemas como el *Infante García* (atestiguado textualmente en la *PCG: dize aqui en el castellano la estoria del Romanz dell inffant Garcia...,* 471.a.32), *Sancho II y cerco de Zamora* (quizá extendido después y subdividido: *El rey Fernando y la partición de los reinos, Sancho II,* y la *Jura de Santa Gadea),* y *Bernardo del Carpio.* En algún caso, pero con menos frecuencia de la que han pretendido ciertos críticos, las versiones sucesivas de las crónicas pueden reflejar versiones sucesivas de poemas épicos: tal es el caso de las *Mocedades,* cuya versión primitiva de hacia 1300 (perdida como poema) es reflejada en la *Crónica de Castilla* y que antecede claramente a la versión poética conservada de hacia 1360. Pero no es seguro que hubiese refundición poética del *Mio Cid,* pues las crónicas adoptan una versión compuesta, ya en prosa castellana, por los monjes de Cardeña (**Estoria del Cid o *Leyenda de Cardeña).* En otros casos las crónicas reflejan textos literarios, eso sí, pero que no habrán tenido el carácter épico ni menos poético que se les viene asignando: tales son la *Mora Zaida* y la *Condesa traidora.* El caso del *Fernán González* es más complicado. Poco después de 1264 (fecha determinada recientemente por Lacarra) se compuso en el monasterio de Arlanza el conocido *Poema de Fernán González,* en cuaderna vía, conservado en un manuscrito del siglo xv; los cronistas lo prosificaron, apareciendo la narración muy por extenso en la *PCG* y, con muchas variantes, en las crónicas posteriores. Es posible, pero muy dudoso, que antes de 1264 existiese un *cantar* en verso épico, aprovechado por el monje de Arlanza. Es más posible que después de 1264 o a base de la narración de las crónicas se compusiese un *cantar* en verso épico, siendo éste por tanto la fuente de varios romances tradicionales sobre Fernán González. El romancero viejo nos da pie, en efecto, para reconstruir elementos de poemas épicos perdidos, sobre todo la magnífica serie de romances que forman el ciclo de *Sancho II* y el de los *Infantes de Lara.*

El género épico español tuvo, como su equivalente francés, una serie de características unificadoras. Los cronistas encontraron sus temas dignos de interés, bien porque eran históricos, o porque si eran pseudohistóricos guardaban ciertos límites y convencían. Los poemas, incluso cuando trataban de crueldades tan primitivas como la historia de los *Infantes de Lara,* eran, al menos en apariencia, cristianos; no hay en ellos prácticas de magia y tienen pocos elementos fantásticos o intrínsecamente imposibles; la intervención directa de la divinidad está limitada al *Poema de mio Cid* y al *Fernán González;* en todos ellos se defiende la ley moral y hay implícita una serie de enseñanzas útiles. Esta notable ejemplaridad es el aspecto que habrá hecho tolerables estos poemas para los severos cronistas del Rey Sabio quienes, por otra parte, no vacilaron en condenar las ficciones de los *juglares* en términos históricos. En un plano más humano, el fuerte dramatismo de los poemas (dramas, casi, en época sin teatro laico) habrá seducido a todos. También podemos ver en su estructura y estilo —incluso en las prosificaciones y en los romances— una considerable unidad de forma, no sólo en el común repertorio de fórmulas, sino también en aspectos de la técnica narrativa y el uso del discurso directo. El sistema métrico era asimismo único (dentro de una relativa libertad).

Nuestra postura sobre la cronología de los poemas épicos españoles dependerá, tanto en términos absolutos como relativos, de si aceptamos o no la opinión de los tradicionalistas y oralistas. En caso afirmativo, no hay problema: los poemas que tratan acontecimientos y personas del siglo x preceden a aquellos que presentan sucesos y personajes del siglo xi, como Zamora y el Cid, pues según la teoría tradicionalista y oralista el poema nace, en forma primitiva, al calor del hecho histórico, y el texto escrito que nos ha llegado, o que se ha perdido, no es único (aunque sí puede ser tardío) sino simplemente el representante de una etapa dentro de una larga evolución. Si adoptamos una postura positivista a base de textos conservados y de conjeturas cautelosas, el *Poema de mio Cid* con su mención —única en el género— de «1207» es el primer poema épico español, y los demás poemas le suceden a lo largo del siglo xiii. Tal es el tema de mi libro *La creación...* de 1985. Aunque el Cid y otros personajes del *Poema* aparecen, con papeles importantes, en *Sancho II y el cerco de Zamora,* y aunque este poema trata de un periodo más temprano de la vida del Cid, no existe razón para creer que fuera compuesto en fecha anterior a nuestro poema; más bien es imitación de éste —genial— y obra de un discípulo también burgalés que se pudo ayudar con el *Carmen de morte Sanctii regis* del monasterio de Oña (en parte reconstruido por Entwistle). El totalmente ficticio *Bernardo del Carpio,* de tema carolingio de fines del siglo VIII, pero de cuya existencia no hay indicios antes de 1236, nos muestra con claridad que la cronología de los sucesos históricos o pseudohistóricos no ofrece ningún criterio para establecer la cronología de los poemas.

II. ÉPICA E HISTORIA

La relación entre la historia y la épica, y más concretamente, la cuestión de la historicidad de los poemas épicos, es algo que ha obsesionado a los críticos, complicando, quizá sin necesidad, el estudio de los poemas como literatura. En realidad no es más que un problema marginal. Se han malgastado energías en investigar la exactitud del acontecimiento histórico que subyace en los poemas que nos han llegado, que ha podido incluso dar lugar a ellos de una manera más o menos remota. Se ha insistido en todos los detalles de la batalla de Roncesvalles (cuya fecha —15 de agosto de 778— nadie pone en duda, pero cuyo lugar exacto se discute con pasión), en la vida de Guillermo de Orange, muerto en 803, en la vida del Cid histórico, etcétera. Pero a los críticos de teatro no les preocupa en absoluto la fidelidad con que Shakespeare hace uso de la historia, y cuando Racine compone *Bérénice,* partiendo de una mera insinuación de Suetonio, aplauden, con razón, su genio creador. Más aún, el prejuicio historicista conduce a una serie de argumentos especiosos sobre textos perdidos y textos primitivos que es mejor evitar, y a un alarmante malabarismo filológico con nombres de personas y lugares. Este prejuicio historicista nos acompaña desde los románticos; Menéndez Pidal desarrolló el historicismo de Gaston Paris impulsado por el hecho de que se disponía de la historia del Cid, a finales del siglo XI, de una manera que no era posible para la historia de Roldán en el siglo VIII, y también

25

por el aire *verista* tan convincente que posee el *PMC*. Para Pidal, la historicidad de la épica, tanto francesa como española, era un *dogma fundamenta*. Como afirmó en su estudio sobre la *CR* (1959), el canto épico era la creación relativamente espontánea de los juglares, quienes no siempre se sentían estimulados por un suceso espectacular, sino por la evidencia contemporánea del destino histórico de un pueblo:

> El cantar de gesta nace desde luego relatando gestas o hechos notables de actualidad. No le dan origen siempre (aunque alguna vez se lo dé) el entusiasmo, la pasión que suscitan los raros grandes sucesos de un pueblo, según Gaston Paris..., sino la ordinaria y permanente necesidad sentida por un pueblo que respira un ambiente heroico, necesidad de conocer todos los acaecimientos importantes de su vida presente, y deseo de recordar los hechos del pasado que son fundamento de la vida colectiva. *La razón permanente del interés épico es, pues, la apetencia historial de un pueblo que se siente empeñado en una empresa secular* (el subrayado es de MP). La epopeya no es mero poema de asunto histórico, sino un poema que cumple la elevada misión político-cultural de la historia. *(La «Chanson de Roland» y el neotradicionalismo,* Madrid, 1959, pág. 429.)

En otras obras de Pidal se atribuye a la poesía épica la función de «historia cantada» e incluso se la denomina «noticierismo». Daba también a entender que el juglar sentía, que incluso se le confiaba, cierta obligación histórica como parte de su arte: les debía a la sociedad y a sus sucesores la preservación del recuerdo histórico. De aquí los esfuerzos de Pidal y de otros por valorar los textos no tanto por su calidad literaria sino por su fidelidad a la verdad histórica; la versión más temprana debe ser la más valiosa, porque es más verídica; de aquí, también, los intentos de reconstruir hipotéticas versiones primitivas y relacionarlas lo más posible con los hechos de la historia.

Es así como ven la poesía épica los *tradicionalistas,* que suponen una serie ininterrumpida de poemas —¿orales en su mayor parte?— que empieza con el suceso o periodo histórico y continúa hasta el momento en que se componen las versiones escritas que han sobrevivido. Por esto vio Pidal incrustada en el *PMC* una versión más temprana, más «verista» e histórica, de cuya supuesta existencia (desde alrededor de 1105) se sirvió, a su vez, para demostrar la validez de la postura tradicionalista. Antes había afirmado que, puesto que tantos detalles del *PMC* aparecían como verdaderamente históricos, era peligroso declarar que la acción central del poema —el casamiento de las hijas del Cid, su afrenta y el posterior juicio de los maridos, en la corte y en los duelos— no constituía más que una inspirada invención. Esto demuestra hasta dónde puede llegar el método historicista y las consecuencias que puede tener para nuestro estudio de los textos.

En lugar de esta teoría de la historicidad, propongo tres consideraciones. La primera es que aunque la épica tiene sus raíces en un terreno abonado vagamente histórico, no era incumbencia del poeta la exacta preservación de la historia, mucho menos una obligación suya, y nunca se la consideró como tal. En todo momento ha existido una gran dosis de libre inventiva, se han creado nuevos sucesos y personajes, se han asociado personas y sucesos que nunca estuvieron asociados de hecho, se han cometido abundantes anacronismos, se han actualizado situaciones, se han introducido temas y episodios favoritos en contextos históricamente dispares, etc. El proceso de novelización o afabulación ocurre en todo momento. El sustituir con una invención lo que como historia es poco interesante es algo inherente al hombre desde época primitiva, no sólo en etapas tardías o como consecuencia de un olvido. No sabemos, por ejemplo, en qué momento quedaron indebidamente relacionados sucesos acaecidos entre los años 437 y 453, independientes entre sí, para dar a la historia de Atila una dimensión de drama de amor y venganza, de que carecía en realidad. Es de suponer que los nobles castellanos vieron en la muerte de su rey Sancho II y en la pérdida de sus esperanzas a las puertas de Zamora la traición de los zamoranos y también una señal de la justicia divina. Tal «novelización» ocurre por razones muy humanas, unas veces a causa del miedo, otras por superstición o por motivos políticos: y puede darse en mentalidades corrientes y en la na-

27

rración del suceso, sin intervención alguna de poetas o juglares.

Cuando los poetas intervienen, lo hacen de una manera poética y no con conciencia de historiadores. Ejemplo de ello lo tenemos en el caso de un famoso romance fronterizo, perteneciente al grupo de los que siempre se creyó que se podía determinar con exactitud la fecha, el lugar, y su estrecha relación con el suceso real; pero como se ha demostrado en fecha reciente, casi desde el principio de la existencia del romance, los hechos históricos fueron desfigurados, convertidos en ficción, en un intento —plenamente logrado— de crear algo dramático, poético, emotivo y pintoresco. Tal era el *modus operandi* del poeta que compuso el romance de *Abenámar* poco después de 1431 (P. Bénichou, *Creación poética en el romancero tradicional*, Madrid, 1968, 61-92). Este era también el natural proceder de los cantores serbios que, como ha podido comprobar A. B. Lord *(The Singer of Tales*, Cambridge, Mass., 1960) y otros oralistas, narraban pintoresca y poéticamente los sucesos ocurridos al principio de la guerra de los Balcanes, 1914, y ello a los muy pocos años. No esperábamos menos de ellos, como tampoco de los poetas épicos medievales. S. G. Nichols resume la actitud de éstos:

> Tendemos a poner de relieve el progreso entre el hecho histórico y el hecho literario como si éste fuera la consecuencia lógica de aquél... Pero si pudiésemos conocer la verdad, veríamos que existe poco fundamento para concluir que, en el caso de la *chanson de geste*, tenemos ante nosotros unos hechos históricos —políticos o literarios— claramente definidos. Lo que se nos presenta es más bien una serie de diferentes percepciones literarias sobre sucesos *que se creían históricos* (el subrayado es de Nichols), impresiones creadas en diferentes momentos, con posterioridad al hecho que se describe. La Edad Media no diferenció el pasado de acuerdo con un criterio rígidamente cronológico, como lo hacemos nosotros. Se asociaron determinados acontecimientos con los grandes personajes que los llevaron a cabo, y se tenía una sensación muy vaga de que ciertos sucesos habían precedido o seguido a otros, pero nada más. *(Speculum, XLIV [1969], 51.)*

Algo de esto perduraba en la mentalidad de los cronistas, aunque ellos obraban con una estructura cronológica bastante firme y a veces rechazaban las ficciones más exageradas de los poetas; para los fines del equipo alfonsí al ir formando su *estoria*, los materiales poéticos —fuesen latinos clásicos o españoles— servían de ejemplificación moral y social.

La segunda consideración es que si muchos poemas contienen un fuerte aire de historicidad, esto es así porque el poeta, como todo artista, quería convencer a su público de que no le estaba ofreciendo cosas triviales sino material verídico, algo que valía la pena y que servía para perfeccionar. Esto se declara al principio de muchas *chansons de geste* y pudo declararse al principio del *PMC* (no lo sabemos, porque faltan los primeros versos del manuscrito). También el poeta deseaba crear una impresión de verosimilitud, de credibilidad a un nivel humano, como base de su arte. En este sentido el *PMC* es, como se ha reconocido siempre, un excelente ejemplo en contraste con la *CR* y otros poemas épicos franceses (no con todos, pues hay casos —*La creación...*, pág. 129— de motivación y episodios de la baja realidad cotidiana). El *PMC* está lleno de detalles referentes al botín, a la alimentación de los caballos, a viajes con sus diferentes etapas y a lugares que se pueden localizar en el mapa; el número de enemigos que participan o mueren en el combate es exagerado, eso sí, pero hay sólo una aparición divina, y el Cid muere de muerte natural y no heroicamente. Nuestra definición de «historicidad» en la poesía épica sería, pues, no «la exacta presentación o preservación de la historia», sino «el uso de detalles históricos y la convincente creación pseudohistórica con una finalidad de verosimilitud artística»; el verismo no ha de confundirse con el historicismo.

La tercera consideración es que si, según veremos más adelante, el *PMC* no fue compuesto hacia 1140, ni mucho menos en alguna forma primitiva hacia 1105, la necesaria conexión que percibió Pidal entre hecho histórico y poema queda debilitada. Más aún: una comparación entre el *PMC* y lo que conocemos, o suponemos, acerca de otros poemas épicos españoles nos muestra que el *PMC* es precisamente un modelo único de «historicidad» (según se acaba de definir). Los otros poemas son más imprecisos en cuanto a personajes y lugares, tienen menos personajes secundarios y no describen las jornadas con detalle, ni se preocupan por crear ese aire realista que tanto valoramos en el *PMC*. Sólo se le acerca, aunque con diferencias notables, el poema de *Sancho II*, que creo obra de un burgalés sucesor e imitador del autor del *PMC*. Nuestro poema aparece en consecuencia como obra de un individuo que poseía una visión especial de su arte (visión en parte debida, según explicaré, a su formación y práctica del derecho). El arte individual de este gran poeta no puede servirnos de criterio general aplicable a toda la poesía épica española en cuanto a «historicidad» o «verismo», como se ha hecho con frecuencia (ya que se trata del único texto casi completo que existe), ni menos para establecer conclusiones sobre un arte realista típicamente español desde sus inicios.

La consideración final es más subjetiva. Pidal concedió una gran importancia a los aspectos históricos de la épica porque tenía, por lo menos, un tercio de historiador, y a la historia dedicó una gran parte de su obra. Otros, con diferentes intereses y temperamento, no tienen por qué compartir su inclinación. Estamos de acuerdo con él en que la épica tenía en parte un carácter moralizante y social. Pero su función era sobre todo artística, y en esto la épica no difiere de otras formas de literatura. El *PMC* narra una buena historia en un tono elevado y con una admirable técnica; juega con nuestras emociones, estimula nuestra admiración, nuestros temores y nuestra risa; como toda buena poesía, nos conmueve con frecuencia con el poder de su palabra. Las mejores partes del poema *no* son aquéllas en que se nos presentan con mayor precisión y seca narrativa los hechos históricos, sino aquéllas en las que los personajes del drama hablan, discuten, protestan, insultan, bromean o rezan con palabras que es imposible que usasen el Cid de la historia y los demás. El episodio de los judíos es un *episodio literario*, derivado de cuentos de engaños semejantes, y que el poeta sitúa con acierto en su cuadro y ambiente «real» o histórico de Burgos, completado con el detalle de la vivienda de los judíos en el *castiello* (v. 98). El episodio de la captura de Ramón Berenguer es una delicada transformación *literaria* de la captura histórica del conde por el Cid en la batalla de Tévar, 1090, ulterior transformación de un hecho presentado literariamente ya en la *Historia Ro-*

derici. La prisión y humillación de este personaje de categoría casi regia acrecienta el poder del Cid y señala el momento culminante del primer cantar. El Cid, con calma e ironía, pone de manifiesto la inútil jactancia del conde y hace un buen chiste; los duros castellanos hacen resaltar el exagerado refinamiento de los catalanes (v. 1049) a los que se presenta como gente poco apta para la guerra (v. 993); la huelga de hambre del conde y sus exageradas protestas hacen de esto un rico episodio, un pequeño drama humano, al cual el poeta ha sacado el máximo efecto literario. Lo mismo puede decirse de Jimena (vs. 327-365), de los sufrimientos de los musulmanes valencianos (vs. 1170-1183), de la llegada de Jimena y sus hijas a Valencia (vs. 1560-1618), de la persecución de Búcar (vs. 2408-2428), de Avengalvón (versos 2647-2688), etc. Al crear estos episodios, el poeta no piensa para nada en su aspecto histórico. Si los narra como si hubieran ocurrido realmente es porque quiere asegurarse de nuestra completa fe en el poema y de nuestra identificación emocional con los personajes. Esto se aplica todavía mejor a las imaginadas bodas de las hijas del Cid, a la afrenta de Corpes y al juicio y duelos, elementos que componen el verdadero núcleo del drama. Los reiterados esfuerzos de Pidal para demostrar que en esta invención hay alguna mínima base histórica constituye una aberración; nuestra aproximación *literaria* analiza el episodio de Corpes y los demás en términos del valor que tienen como drama y como poesía. Ningún versificador con mentalidad historicista habría creado detalles como los referentes a las fieras (v. 2699), las expansiones amorosas (v. 2703), el correr de la sangre por las sedas (v. 2739).

A diferencia de otros héroes nacionales y épicos, el Cid es una sólida figura histórica de la que se sabe mucho, gracias, sobre todo, a las investigaciones de Menéndez Pidal. Nuestras fuentes de información en la historiografía latina y vernácula tienen un interesante complemento en las historias árabes, y parte de nuestra información procede de diplomas y documentos de la época. Pero existen todavía problemas de interpretación. La *Historia Roderici* es bastante digna de crédito, aunque hay más elementos legendarios (sobre todo en los primeros párrafos) de los que se ha dicho; se inclina, desde luego, del lado del héroe, y las historias árabes se inclinan al revés, pero no tenemos por qué seguir a los orientalistas del siglo pasado, Conde (1820) y Dozy (1840, etc.), ni ver al Cid a través de sus ojos. Los hallazgos y enseñanzas de Pidal son, en general, aceptables en cuanto al detalle, pero deben ser manejados con precaución cuando, en una perspectiva más amplia, trata de edificar su mito histórico sobre el Cid y sus cualidades presuntamente castellanas, así como sobre los caracteres y la acción de Castilla dentro de España; es un mito noble, pero se sirve de la historia (de ningún modo impropiamente) como parte de un razonamiento moderno sobre sociedad y política. También tenemos que manejar con cuidado las secciones de los libros de historia que utilizan el *PMC* como si se tratase de una fuente histórica completamente válida. En lo que sigue, pues, la doctrina de Menéndez Pidal se modificará de acuerdo con las precisiones y dudas de Reilly (1988).

El Cid nació hacia 1040 de una familia de *infanzones,* categoría más baja de la nobleza. La familia tenía su casa solariega en la aldea de Vivar, a pocos kilómetros al norte de Burgos, y estaba relacionada desde hacía tiempo con esta ciudad. A lo largo de los siglos se intentó vincular la genealogía del Cid con Laín Calvo, uno de los dos míticos «jueces de Castilla» a principios del siglo X. Todavía joven, se le envió al Cid a la corte para ser educado junto al príncipe Sancho, heredero del rey de Castilla y León, Fernando I. Su primera acción militar tuvo lugar probablemente en la batalla de Graus (mayo de 1063), en la que Sancho y sus castellanos, ayudados por los moros, vencieron a los aragoneses. Cuando a la muerte de Fernando I, que antes había dividido su reino, fue proclamado Sancho rey de Castilla, 1065, Rodrigo Díaz ocupó una posición «del segundo rango» (Reilly) en la corte, no la de alférez (general, jefe) que le asigna la *HR* y que aceptaba MP, pero el Cid habrá tenido cierto papel (exagerado después en la poesía: el *Carmen* y *Sancho II)* al lado de Sancho en las guerras que éste inició entre 1067 y 1072 contra sus hermanos Alfonso de León y García de Galicia y su hermana Urraca, señora de Zamora.

Muerto Sancho a las puertas de Zamora y coronado Alfonso como rey de Castilla y de León (después, en la ficción poética y en las crónicas, de haberle tomado el Cid en Burgos la famosa *Jura de Santa Gadea),* el Cid quedó eclipsado naturalmente en la corte. Por consiguiente, permaneció infanzón el resto de su vida, con sede familiar en Vivar y con numerosas pero no excesivas posesiones en diferentes partes de Castilla. No tuvo nunca un puesto en la corte y, durante varios años, ni siquiera disfrutó de sus propiedades familiares, al ser desposeído de ellas durante su destierro. En la corte mandaba la familia Vani-Gómez o Ansúrez, cuyos miembros, condes de Carrión, habían apoyado a doña Urraca y ayudado en gran manera a Alfonso, antes y después de 1072, acompañando a éste (según las crónicas) durante los nueve meses de su destierro en la ciudad mora de Toledo. Rodrigo se casó en 1074 con Jimena, durante mucho tiempo considerada (de acuerdo con la *HR)* hija de un Conde Diego de Oviedo y nieta de Alfonso V de León, pero quien ahora, según Reilly (1988: 131), tenemos que reconocer es de origen desconocido. Se conserva en el archivo de la catedral de Burgos (donde es de suponer que se celebraron las bodas) la «carta de arras», el documento por el cual el marido asignaba a la esposa la mitad de sus bienes. Entre los testigos que garantizaban la dote, 19 de julio de 1074, figuraban Pedro Ansúrez y García Ordóñez, a quien se había conferido el cargo de alférez y que sería después uno de los enemigos del héroe. Pero estos datos y otros de la carta de arras no parecen ahora tan fiables (Reilly, 1988: 83), pues la carta conservada no es original sino una copia de fines del siglo XII, que habrá sufrido interpolaciones. En el mes de julio de 1075 el rey confirmó «fideli meo Roderici Didaci» la posesión de todas las tierras de Vivar, donde es de suponer que viviría tranquilamente durante estos años.

Cuando al Cid se le confió una misión real, tuvo ésta inesperadas consecuencias. Según la *Historia Roderici,* el Cid fue enviado (1079) a cobrar las parias, tributo que el rey moro de Sevilla, Motámid, debía pagar anualmente. Con su partida de cristianos y sus aliados moros fue atacado por los moros de Granada, ayudados a su vez por el conde García Ordóñez. El Cid ganó la batalla en Cabra y retuvo tres días prisioneros al conde y a otros cristianos. A su regreso, García Ordóñez se quejó al rey, y se corrió el rumor de que el Cid se había guardado una parte del tributo. Pero éste dio aún más motivos de queja al rey en 1081, al penetrar en el reino moro de Toledo —entonces en tregua con Alfonso—, devastando una extensa comarca y llevándose cautivos (siete mil, dice la *Historia,* sin duda exagerando de acuerdo con un motivo literario) y un gran botín. De nuevo se alude a las intrigas de los «malos mestureros», los «curiales invidentes» —consejeros envidiosos y calumniadores— como causantes de la desgracia ante el rey, pero es claro que Alfonso no tenía otro remedio sino imponer un severo castigo al Cid: el destierro. Se le dieron nueve días para que abandonase el reino; le acompañaban sus criados, vasallos y parientes, es decir, su *mesnada* (su casa, < MANSIONATAM, pero en realidad su banda guerrera) y otros que, aunque no estaban legalmente obligados a salir con él, lo hicieron como aventureros.

El Cid se dirigió primero a Barcelona, donde fue recibido con frialdad. De aquí fue al reino moro de Zaragoza, siendo mejor acogido. Dada su condición de desterrado, no tenía otro remedio que vivir entre moros con los que había establecido previos contactos amistosos; además, podría emplear su aptitud y talentos militares en la organización del ejército y en la diplomacia. No había nada de vergonzoso o extraño en que un caballero cristiano ofreciese sus servicios a un príncipe infiel, en una época de bruscos cambios de lealtad y alianzas formadas por interés. Entre 1082 y 1089, el Cid permaneció en Zaragoza como jefe del ejército real. Ayudó a su amo en una guerra civil y realizó victoriosas campañas contra los catalanes y aragoneses, llegando, incluso, a capturar al conde de Barcelona en 1082. Parece que durante este periodo evitó toda acción hostil contra su rey Alfonso VI. Cuando, en Rueda en 1082, tuvo lugar un alevoso atentado contra este rey, el Cid corrió a ofrecer su ayuda, pero Alfonso no aprovechó esta ocasión para la reconciliación; al revés, renovó el decreto de destierro. La historia recoge pocos detalles relativos a la estancia del Cid en Zaragoza. La atención de todos estaba ocupada con la campaña contra Toledo (que cayó en mayo de 1085) y con la subsiguiente llegada de los almorávides (1086), con el grave peligro que esto suponía para los cristia-

nos del sur y los musulmanes de Al-Andalus, así como para
todo el sistema de relaciones cristiano-musulmanas. Pero el
peligro almorávide hizo ver al rey la necesidad que tenía de
los servicios del Cid y de sus veteranos. El destierro fue levan-
tado y se efectuó la reconciliación, en la primavera de 1087.
Al Cid se le devolvieron sus tierras, y es probable que asistie-
se a la corte durante cierto tiempo. Había ayudado a la super-
vivencia de Zaragoza como baluarte musulmán, en contra de
las ambiciones de los aragoneses y, de manera menos directa,
de los castellanos. Era, sin duda, rico, y con toda probabili-
dad el más dotado y experimentado de los generales cris-
tianos.

Pudo comprender sin embargo que no había sitio para él
en la corte ni siquiera en el servicio del rey. Además, su vida
era luchar. En 1088 regresa a Zaragoza por poco tiempo y lue-
go comienza la gran campaña que ocuparía el resto de su vida
y le daría el control de una gran parte del Levante. Los bui-
tres, musulmanes y cristianos, se daban cita alrededor del
moribundo reino moro de Valencia. La política y las proezas
militares en Levante hasta 1094 son demasiado complicadas
para que las podamos seguir aquí. Catalanes, aragoneses, cas-
tellanos tanto del rey como del Cid, musulmanes españoles y
almorávides participan en un momento u otro. La región era
rica y la misma ciudad de Valencia era una presa codiciada.
Alfonso, en un documento mencionado en la *Historia Rode-
rici* (¿ficticio, o, de haber existido, fabricado?), asigna a su va-
sallo el Cid y a sus descendientes la posesión de todas las tie-
rras que éste pudiera conquistar a los moros en esa región.
Desligado ahora de Zaragoza, el Cid pudo dominar el Levan-
te, sembrando el terror por aquí, cobrando dinero a cambio
de protección por allí, asegurándose aliados y tributarios mo-
ros. Cuando el Cid abandona su tarea para acudir en ayuda
del rey cerca de Aledo (Murcia), en junio de 1089, el resulta-
do fue calamitoso para él: por accidente o como consecuencia
de una deficiente organización, los dos ejércitos no lograron
juntarse, los *mestureros* intrigaron de nuevo y el rey decretó
un segundo destierro del Cid, a pesar de la detallada impug-
nación que éste hizo de los cargos en cuatro declaraciones ju-
radas que nos ha conservado la *Historia Roderici*.

Este incidente reforzó el empeño del Cid en la conquista de Valencia. Exigió un tributo al rey de la ciudad, Alcádir, deshizo una coalición que se había formado contra él, capturando por segunda vez al conde de Barcelona, 1090, y siguió una política de favorecer a los musulmanes nativos si éstos unían sus esfuerzos para hacer frente a los almorávides. Cuando, en 1092, Alfonso atacó Valencia con ayuda de las naves de Génova y Pisa, el Cid prudentemente evitó enfrentarse con su señor, si bien presentó una protesta. Su manera de vengarse de la intrusión real fue acusar a García Ordóñez de haber aconsejado mal al rey y devastar las tierras del conde en Nájera, Logroño, etcétera. Tanto el Cid como los almorávides fortalecían su situación en Valencia en los meses finales de 1092. Cuando el rey moro Alcádir, tributario del Cid, fue asesinado por el partido almorávide, el Cid puso sitio a la ciudad con ocho mil hombres, manteniendo a raya al mismo tiempo al vasto ejército almorávide que se acercaba por el sur. Los diferentes intentos de negociación con los valencianos no dieron resultado; en la ciudad luchaban entre sí las diversas facciones, mientras la población se moría de hambre. En mayo de 1094 se firmó la capitulación, pero sus estipulaciones no fueron cumplidas y la rendición final no tuvo lugar hasta mediados de junio, cuando los cristianos ocuparon la ciudad. En un discurso del que nos informa el historiador Ben Alcama, el Cid se dirigió a la población mora prometiendo un buen gobierno. Trajo luego colonos cristianos, repartió las propiedades urbanas y rústicas, y envió a Castilla para que viniesen su mujer e hijas. En la capital de extensas y ricas tierras que eran ahora su heredad personal quedaba establecida una corte y se daba comienzo a la vida civil y eclesiástica. Lo único que enturbió la hazaña del Cid fue la confirmación, y ejecución posterior, de la sentencia —dada por un tribunal cristiano-musulmán— por la que se condenaba a la hoguera a Ben Yehhaf, jefe de los moros valencianos, por su perjurio sobre el tesoro escondido que había pertenecido al rey Alcádir.

Durante el resto de su vida, el Cid defendió Valencia de la presión almorávide y hasta extendió su dominio con más conquistas, tomando Murviedro —el antiguo Sagunto—

en 1098. En 1098 convirtió la mezquita principal en iglesia catedral y nombró a un obispo —el francés Jerónimo— para la nueva sede. Tuvo la satisfacción de ver casadas a sus hijas con miembros de las familias reales de Navarra y Cataluña; ellas dejaron, sobre todo en Navarra, descendencia distinguidísima (véase el Apéndice I). Cuando le llegó al héroe la última hora —mediados de 1099— debió morir satisfecho de una vida en conjunto digna y llena de actividad. En la esfera de su familia y mesnada, había incrementado su riqueza y poder a un nivel muy superior al de cualquier otro noble, y lo había alcanzado partiendo de unos comienzos relativamente modestos y a pesar de graves contratiempos. En el mapa militar de la Reconquista —aunque no siempre motivado por las razones puramente religiosas o los sentimientos patrióticos que se le vienen atribuyendo— el Cid salvó el Levante del peligro almorávide y, solo entre los generales cristianos, demostró que ese pueblo feroz no era invencible. La prueba de la singularidad del Cid en este respecto no se hizo esperar. Cuando los almorávides asediaron Valencia en 1102, Jimena y la mesnada tuvieron que pedir ayuda al rey; éste vino, pero al ver que la situación era insostenible, mandó evacuar a todos e incendió la ciudad antes de abandonarla. Los restos del Cid fueron llevados a Cardeña, adonde regresaron Jimena y sus damas. Se puede calibrar el esplendor de los triunfos militares del Cid por el hecho de que Valencia siguió en manos moras hasta su definitiva conquista por los aragoneses y catalanes en 1238, como parte del progreso natural de la Reconquista hacia el sur.

No es difícil imaginarse cómo se empezó a formar una aureola de leyenda, y después de poesía, en torno al Cid. Sus primeros hechos al lado del rey Sancho despertarían la atención. Los destierros, a pesar de ser sin duda legalmente justificables, su digna conducta en el exilio y su encumbramiento a unas alturas extraordinarias de poder, todo ello realizado por su propio esfuerzo, le hicieron digno de los honores épicos. Los que lucharon a su lado —primero unos pocos centenares, luego, en Valencia, quizá unos ocho mil— pudieron transmitir orgullosos recuerdos a sus hijos y a la larga a los poetas, sobre todo en Burgos y su región, donde muchos se habían enriquecido y habían subido socialmente en las campañas del héroe; y los veteranos «remember with advantages» (recuerdan exagerando). Incluso si la leyenda magnificó sus proezas, es evidente que el Cid fue un excelente caudillo, un general brillante tanto en la estrategia como en la táctica, y un hábil luchador. La historia nos lo presenta también como un diplomático de valía y un experto en leyes. En una edad heroica, de auténticas hazañas y cambios rapidísimos de fortuna, en la que la nacionalidad castellana se estaba fraguando, el Cid, gigante entre hombres, debió aparecer ante los ojos de su coetáneos y generaciones posteriores como el que lo controlara todo en nombre de Dios.

III. GÉNESIS DEL POEMA, SU AUTOR Y FECHA DE COMPOSICIÓN

Sobre estos aspectos fundamentales del *PMC* he cambiado de criterio con el paso de los años a raíz de investigaciones propias y de otros, y de manera radical, como el lector podrá comprobar cotejando esta edición con las dos anteriores. Trabajo y disgustos nos ha costado repensar las bases tan (al parecer) firmemente asentadas por Menéndez Pidal y su escuela tradicionalista, que estaban presentes como verdades incuestionables en casi todo manual de literatura. El problema ha sido en parte de índole erudita, pero quizá en parte psicológica también, pues no se ha tratado solamente de franquear barreras masivamente construidas sino también de desdecirse y superar los errores propios.

Las teorías y exposiciones detalladas de los tradicionalistas y, desde alrededor de 1960, los oralistas se pueden estudiar en sus obras que figuran en nuestra Bibliografía, y el curso del debate es comentado con la mayor serenidad por Deyermond (1977) y López Estrada (1982). Véanse también, sobre un lado del debate, Gerli (1982 [1986]) y Deyermond (1986-87). Sería improcedente ocupar aquí espacio renovando el debate o dando rienda suelta a opiniones polémicas. En lo que sigue, espero explicar mi punto de vista basado en investigaciones recientes, pero recuerdo a los lectores y a los que piensan de otro modo que en lo medieval, dada la escasez de documentos, cualquier conclusión es provisional y que no existen los medios por los que hasta el investigador mejor dotado pueda llegar a verdades incontrovertibles.

En un trabajo de 1973, traducido como el capítulo I de mis *Estudios cidianos,* propuse que el Per Abbat cuyo nombre aparece en el explicit del único manuscrito existente era no copista, como habían dicho casi todos los investigadores, sino autor del *Poema,* y ofrecí datos (que resumiré más abajo) en apoyo de esto. Sostuve esta propuesta en mi libro de 1983 (traducción española, 1985) y en diversos trabajos posteriores, sin ofrecer nuevos datos que pudieran apoyarlo pero con fe bastante firme en lo que desde luego no podía pasar de conjetura. Esta conjetura se veía reforzada por la opinión de Ubieto Arteta, formulada independientemente por esos mismos años, y de algún otro investigador, pero en general los especialistas se han mostrado reacios a aceptar la idea, y la cuestión —en cierto modo marginal, en todo caso— empezaba a tener aspecto de una desviación improductiva que apartaba la atención de los verdaderos problemas relacionados con la obra y que hasta creaba una hostilidad no deseada. Todo gira en torno al significado que demos al v. 3732: «Per Abbat le escrivio ...», siendo así que en los colofones de los manuscritos y en otras referencias de la época, *escrivir* en la gran mayoría de los casos — no absolutamente en todos— significa 'copiar' y no 'componer como autor'. Hay estudios muy pormenorizados y en diversos grados convincentes en este sentido, debidos a Magnotta (1982-83), Schaffer (1989-90), y Michael (1991), que me han influido para abandonar mi campaña en pro de la autoría de Per Abbat. No la abandono sin cierto sentimiento, pues como confieso en un artículo ahora en prensa *(MLR,* 1994), al haber formulado esta propuesta sólo puedo alegar la necesidad —poco racional pero sí muy humana— de forjar una relación sincera, admirativa, con una persona identificable, con nombre. Es la necesidad que han sentido todos los que han hurgado en archivos polvorosos buscando a Turoldus o a Juan Ruiz o a Diego de San Pedro o a Fernando de Rojas. Quedemos, pues, en que de momento Per Abbat es el copista de 1207 y que el *Poema* es de autor desconocido.

En cuanto a la fecha del poema, la que consta en el explicit del manuscrito, mayo de la Era 1245 = año de Cristo 1207, creo con muchos ahora que marca el momento en que Per Abbat copió (o bien terminó de copiar) su versión, de una obra compuesta unos meses o unos pocos años antes, asunto sobre el que volveré, pues depende de toda una serie de argumentos que concuerdan entre sí. Como el MS es de mediados del siglo XIV, parece que el copista (¿un monje de San Pedro de Cardeña?: Smith, 1985b) de ese siglo copió el colofón de Per Abbat de 1207, o directamente sobre ese modelo o bien a través de una serie de copias que arrancan de 1207.

Por si sigue teniendo interés la identificación de «mi» Per Abbat, considerado ahora como copista nada más, entre muchos del mismo nombre en los siglos XIII y XIV, retengo aquí parte de lo dicho en la edición anterior acerca de él. Se trata de un D. Pedro Abad, laico y posiblemente notario, que con sus hijos Juan y Pedro se presentaron ante el rey Fernando III y sus jueces en Carrión en 1223, en un pleito sobre una heredad en Cordobilla (extremo nordeste de la actual provincia de Palencia) pretendida por el pequeño monasterio de Santa Eugenia del mismo lugar. Los jueces rechazaron por falsos los diplomas presentados por Pedro Abad, entre los cuales figuraba seguramente el documento fundacional del monasterio con mención de la fecha 1075 y de su primer abad Lecenio, supuesto *consanguineus* del Cid. Entre los confirmantes laicos, dieciocho, figuran diez asociados en la historia o en la leyenda y poesía con Rodrigo Díaz. Creo que el Pedro Abad que actuó de abogado en 1223 fue autor del diploma falsificado «de 1075», o bien el que lo rehízo imaginativamente, y que se le había asignado este cometido (así como la misión de comparecer ante los jueces) debido a su conocida pericia en asuntos cidianos, o sea, como copista de nuestro poema en 1207. Según esto, *Abad* es apellido y no título eclesiástico, y el abogado u hombre de leyes que se presenta en el tribunal de 1223 ayudado por sus hijos —adultos, pues— habría nacido hacia 1170, siendo de edad bastante madura en 1207 para copiar el poema. En fecha reciente nos sale otro Per Abad, descubierto por F. J. Hernández (1988): fue canónigo de Toledo documentado en la ciudad entre 1204 y 1211, periodo dentro del cual se sitúan las Cortes —hasta entonces desconocidas— que reunió Alfonso VIII en enero de 1207, y ciudad en la que se sitúan las Cortes ficticias convocadas por Alfonso VI en el *Poema* para hacer justicia al Cid. A veces, como en una buena historia policiaca, uno se estremece al encontrar unos olores todavía con cierto calorcillo en la pista que siguen o seguimos los sabuesos.

En cuanto a la localización, el Pedro Abad de 1223, posible copista de 1207, no aparece vinculado con Burgos. Pero al autor del poema lo creo esencialmente burgalés, de la ciudad o de su región. Por una parte, es lógico que el poema, dedicado a enaltecer a Rodrigo Díaz, hijo predilecto de la ciudad, y a ensalzar las virtudes castellanas, fuera compuesto allí. El poeta localiza varias escenas en la ciudad y se muestra informado acerca de la topografía local, hasta asociando un episodio ficticio (de claros antecedentes literarios) con el gueto judío de los prestamistas en el *castiello* de la ciudad. En la topografía figuran Vivar y, con más énfasis, Cardeña, ambos a pocos kilómetros de la ciudad. El poeta crea un animadísimo retrato de Martín Antolínez, *el burgalés cumplido,* cuyo epíteto y atractivos rasgos varoniles repercuten a través del texto entero, personaje probablemente ficticio (después se mostraron tumbas de este caballero literario no sólo en Cardeña, panteón colectivo de todos, sino también en Santa María de Burgos) ideado concretamente para personificar, al lado del Cid, el honor de la ciudad. El argumento a favor de la composición en o cerca de Burgos tiene mucha más fuerza que el argumento a favor de Medinaceli aducido por Menéndez Pidal. El lugar preferente que ocupa Cardeña es parte de ese escenario burgalés; dado el carácter laico y la profesión de abogado del presunto autor del poema, no creo que haya sido monje del cenobio, pero sí habrá tenido vínculos muy estrechos con él quizá como notario o abogado y casi seguramente con acceso a su archivo y a su biblioteca, como veremos al estudiar sus fuentes.

En mi libro de 1983 (1985) decía que el autor del *PMC* no dependía de ninguna tradición de poesía épica española oral ni escrita, ni de otros textos vernáculos sobre el Cid: él creó su poema épico como gran novedad para el castellano tanto en la métrica como en todos los demás aspectos. En el artículo titulado «Toward a Reconciliation of Ideas about Medieval Spanish Epic» que se publicará en *MLR,* LXXXIX (1994), modifico en parte esta postura extremista. Ahora creo probable que en el siglo XII en Castilla, quizá en otros reinos peninsulares de entonces, y quizá desde hacía siglos atrás, hubo verso o canto de tipo «heroico» (esto es, tomando héroes y acciones heroicas locales como temas) con su sistema métrico, en gran parte perdido y desconocido para nosotros porque existía en tradición oral, no escrita. Ejemplos podrían ser un canto o varios cantos sobre «Meo Cidi» aludido(s) en el *Poema de Almería* de 1147-48, el cantar paralelístico sobre Zorraquín (Ávila, 1158), y quizá poemitas primitivos de un género que después conoceremos como el gran Romancero, como sugiere Wright (1985-86, 1989-90). En todos estos el anónimo poeta del *PMC* a principios del siglo XIII pudo muy bien aprender unos elementos de su arte: pautas métricas que él iba luego a adaptar o perfeccionar, fórmulas, algún tema narrativo... Todo esto en el siglo XII acompañaba un cultivo no muy fuerte (esto es, en comparación con otros países) de la poesía latina entre clérigos, de la cual asimismo el poeta del *PMC* hacia 1200 podía aprender lecciones útiles. Esto, en cuanto a la posible inspiración del poeta dentro de la Península. Pero sigo creyendo firmemente en lo siguiente: que el *PMC* es el primer poema épico del castellano, el primer *cantar de gesta,* y que el poeta se adjudicó la noble tarea de dar a Castilla un texto que rivalizase con las mejores *chanson de geste* francesas, modalidad en esa época —hacia 1200— en la cumbre de su popularidad en muchas regiones de Europa. Para este propósito se formó literariamente en el mismo género de las *chanson* y empleó una extensa gama de fuentes tanto en francés como en latín (clásico, bíblico, medieval) y en el derecho, utilizando además los múltiples recuerdos y sugerencias que le ofrecía la propia España desde los linajes regios hasta detalles locales de Burgos y su región, de Toledo, de esos parajes del valle del Jalón donde el poeta coloca la acción —literaria, no histórica— del héroe desde su *otero redondo* contra «Alcocer». En este respecto son muy elocuentes las palabras de Francisco Rico que prologan la edición de

Montaner Frutos (1993: xxii-vi). Sean las que fueran las fuentes no vernáculas y extra-peninsulares en que se inspiró el poeta, su obra queda imbuida con un fuerte espíritu castellano y no resulta de ningún modo un trasunto servil de ninguna *chanson de geste*.

Aceptar la fecha de 1207 (o algunos años antes) como fecha de la composición del poema puede parecer demasiado sencillo y hasta ingenuo, pero (hoy de acuerdo con muchos) lo creo perfectamente correcto. En los años expresados en cifras romanas del explicit no falta ninguna *C* como creía Menéndez Pidal (dando según él una fecha de 1307 para la copia). Este problema queda finalmente resuelto por Montaner Frutos (1993: 681-88) con la ayuda de los más modernos instrumentos para estudios de este tipo. La crítica moderna en esto como en otros aspectos da la razón a Andrés Bello, uno de los primeros en estudiar seriamente el *PMC*. Los muy diversos argumentos de los especialistas concuerdan para fechar el poema hacia 1200 o en el mismo año de 1207: Russell (1952, 1978), Pattison (1967), Ubieto Arteta (1957, 1972), Michael (1976), etc. El estudio de Curtius sobre ciertas fórmulas narrativas imitadas del francés le llevó a fechar el poema español hacia fines del siglo XII, y como este aspecto ha sido estudiado mucho más en años recientes, podemos afirmar que es una cuestión clave: las *chansons de geste* en las que el poema aprendió en parte su arte y que imitó son en general del último cuarto del siglo XII, alguna muy de principios del siglo XIII. Todo esto encuentra un fuerte apoyo en el libro de Lacarra (1980): los motivos de rivalidad genealógica, la aplicación de nuevos conceptos del derecho romano, la insistencia en la riqueza del botín moro, la posibilidad de que los reclutas pudiesen ascender a caballeros en la campaña (por ejemplo, verso 1213) como en tiempos del Cid, etc., le llevan a fechar el poema en un periodo algo avanzado del reinado de Alfonso VIII (1158-1214). Más concretamente, podemos decir que en un respecto importante el poeta escribe en un ambiente de plena actualidad y a tono con el sentir público contemporáneo: son los años en que se recuerdan vivamente los sinsabores de la derrota de Alarcos (1195) y se proyecta la gran campaña que culminará en la definitiva victoria de Las

Navas (1212). Ya desde 1206 (Santo) Domingo de Guzmán era alentado por el papa Inocencio III para que predicara a base de una bula de cruzada en este sentido. Algo de esto lo expresó, antes de Lacarra, Fradejas Lebrero (1962; también 1982).

De todo lo antecedente se comprenderá que para mí el autor del poema es único: en, o poco antes de 1207, el poeta concibió y ejecutó sobre el pergamino su obra. No necesitamos suponer una sucesión de autores ni una serie de refundidores ni un *autor-legión* pidaliano, ni menos una muchedumbre de juglares analfabetos como creen los oralistas. Nuestro poeta es hombre culto, tiene amplias miras y noble ambición de creador, y una clarísima conciencia artística.

Para redondear el retrato del poeta, partimos de la única base que tenemos, el texto mismo, y formulamos más conjeturas. Los críticos han reconocido que el *PMC* da cuenta detallada y exacta de muchos aspectos legales y sociales: tan sorprendente es el poema en este sentido que algunos historiadores del derecho, como Hinojosa, han podido tomar el poema casi como un texto jurídico en sí. El énfasis que pone el poema en las sutilezas legales supera con mucho al que se da en otros poemas españoles o franceses; si bien puede afirmarse que cierto interés en los asuntos jurídicos es característica de toda poesía épica, que los señores feudales eran hasta cierto punto sus propios abogados, y que las exactas distinciones sociales son importantes en toda literatura aristocrático-militar de este tipo, el énfasis de nuestro poema es tal que no vacilo en sostener que nuestro autor era un profesional del derecho, jurista o notario-abogado, o al menos una persona que había estudiado leyes y había tenido que ver con el funcionamiento técnico de ellas en un alto nivel.

En primer lugar, el poeta ve un aspecto jurídico en numerosos actos humanos: la vida está condicionada por la *ira* o la *gracia del rey,* y el poeta alcanza la cumbre de su arte al crear la escena de la corte (un verdadero acierto, como lo saben muy bien los dramaturgos modernos y los guionistas de televisión). En segundo lugar, muestra su deseo de que veamos la habilidad jurídica del Cid y su retórica forense como otra faceta del carácter épico del héroe, no al mismo nivel, quizá, de su caudillaje militar, pero sí importante, y significativas como ejemplos aleccionadores para un público coetáneo. En tercer lugar el poeta nos propone lo que es casi un programa de reforma jurídica, una gran modernización, de acuerdo con los principios del «nuevo» derecho romano cuyo estudio había empezado a mediados del siglo XII en Italia y que en época del poeta se estaba extendiendo a Francia, España y otros países. Hay investigaciones interesantes sobre la aplicación de estas novedades en el poema en el libro de Lacarra y en diversos trabajos de Pavlovic y Walker. La justicia no ha de ser una cuestión de la voluntad de Dios, que se revelara en anticuados duelos judiciales valederos por sí solos, menos aún algo que se obtuviera por la anárquica venganza personal, sino un proceso más moderno, en el que se oyen las declaraciones y se presentan los alegatos ante jueces imparciales presididos por el monarca. El hecho de que el Cid restablezca su honor en los duelos, de una manera espectacular y sangrienta y en público, es, quizá, una concesión que hace el poeta a la tradición épica (francesa: véase la nota al v. 3533); pero el Cid sólo procede a ello después de haber sido justificado por un proceso civil, y según Lacarra, es posible que la cuidada descripción de los duelos, con su reglamento y eficaz presencia del monarca, represente también una propuesta de reforma jurídica. Que el poeta sea capaz de crear más dramatismo en la sala de justicia que en los duelos (o hasta en el campo de batalla) constituye un fino acierto que muestra dónde reside su instinto: los hombres armados con su palabra y con la razón de su parte tienen mayor dimensión literaria que los hombres armados de la espada. En cuarto lugar, el poeta despliega un conocimiento del detalle jurídico que sólo un profesional del derecho pudiera poseer. Pocas veces lo presenta con pedantería. Su alusión a aspectos jurídicos es casi siempre reveladora, y sabe, además, ajustar elegantemente al verso una terminología a veces pesada y árida (por ejemplo, vs. 893, 1365). Es incluso capaz de utilizar el detalle legal para realizar la situación dramática, como cuando la niña expresa el asombro y el miedo que el edicto del rey ha infundido a todos sobre todo viendo el gran sello colgado (v. 43, repitiendo lo que los mayores le han contado, v. 24). Podemos por fin reforzar nuestra opinión si tenemos en cuenta el cuidado con que el poeta menciona los documentos escritos, en parte porque su mente funcionaba así, en parte para mostrar que el acta reunía las debidas condiciones legales (vs. 23, 511, 527, 844, 902, 1259, 1956, etc.). El poeta revela también su profesión al referirse a personas y lugares empleando fórmulas notariales, como se indicará en las notas.

Si el poeta era un profesional del derecho, se resuelve por sí mismo un problema importante. Como no creo en una tradición épica nativa por la que hubieran pasado datos y materiales desde los tiempos del Cid hasta el poeta de hacia 1207, tengo que postular fuentes escritas y asequibles en dicho momento. El instinto de un profesional del derecho le habrá llevado naturalmente a buscar lo que necesitaba —personajes más o menos coetáneos con el Cid histórico, sobre todo— en los diplomas guardados en los archivos, procedimiento ya indicado por Rusell en 1952. Le habrá bastado el contenido de los archivos de Burgos y de Cardeña. Hay que insistir en que lo habrá hecho no como historiador que quisiera escribir una crónica versificada o genealogías fehacientes, sino con conciencia de artista que buscaba detalles con que ir creando el notable ambiente *verista* o verosímil de su obra. El uso de tales documentos para sacar información utilizable con una finalidad artística difiere poco en realidad de lo que hizo Valle-Inclán al repasar los documentos de 1868 para escribir su *Ruedo ibérico.* En cuanto al *archivo cidiano* (expresión creada por Menéndez Pidal con otro propósito), yo afirmaba antes que «una vez abandonada Valencia en 1102, debió ser depositado en Burgos o Cardeña», donde el poeta lo hubiera estudiado. Ahora creo más bien que el archivo fue con el obispo Jerónimo a Salamanca, donde hoy están todavía dos diplomas importantísimos, únicos sobrevivientes; y el poeta sacó los detalles que necesitaba, sobre las campañas del Cid, etc., no del archivo sino de la *Historia Roderici,* compuesta quizá en Salamanca, por lo tanto (Smith, 1982 [1986], y 1993), complementada por algún otro documento ahora perdido.

Para la formación de un hombre en el derecho tradicional de Castilla, no se «estudiaba» de ninguna manera oficial. Es de suponer que el notario se formaba en un aprendizaje y en la experiencia práctica. Para el nuevo derecho romano se crearon escuelas y luego universidades en la segunda mitad del siglo XII, en Italia y muy pronto en Francia. No existían escuelas de tipo universitario en España antes de la de Palencia —¿1210?— y Salamanca, 1245. Antes, todo estudiante español en esta disciplina tuvo forzosamente que acudir a Italia o a Francia. A modo de conjetura, pues, sugiero que nuestro poeta pudo estudiar derecho en Francia —Montpellier, París, Orléans— en el decenio de 1190. En Burgos, antes, el poeta habrá podido formarse en materias básicas, incluso en latín, pero no creo que allí pudiera formarse ni en derecho ni en la literatura hasta el grado indicado por las fuentes que en fechas recientes se han identificado para su poema. En Burgos bien pudo conocer la *Disciplina clericalis* (episodio imitado en la escena de los prestamistas), y en Cardeña pudo leer no sólo la Biblia (probablemente en forma no completa) y la *Historia scholastica* de Petrus Comestor sino también la *Historia Roderici,* pero para las fuentes clásicas —Salustio, Frontino, César— aunque fuera solamente como extractos en un manual de retórica o de arte militar, es seguro que conviene un ambiente universitario francés más que ninguna ciudad o monasterio de Castilla la Vieja. De la misma manera, mientras Burgos hacia 1200, gran centro de comercio internacional, tenía su *barrio de francos* y muchos contactos con Francia, y mientras es probable que entre estos francos se conocieran las *chansons de geste,* es preferible postular una larga residencia del poeta en tierras propiamente francesas donde habría adquirido su dominio del francés y sus amplios conocimientos de las *chansons,* parte en audiciones públicas, parte en la lectura privada de manuscritos. Los detalles de estas fuentes, y del uso que hace el poeta de ellas, constan en notas a los versos y episodios, y más extensamente en mi libro *La creación...* (193-214), así como en artículos allí citados. No se trata solamente de materiales literarios, sino de todo un sistema de retórica y, en cierto modo, de un sistema de versificación también, como veremos. Ahora el importante libro de Burke (1991) nos enseña a considerar tanto la formación intelectual del poeta como su uso de las fuentes bajo otra luz, pues al cursar el *trivium* al estudiante se le inculcaban hábitos memorísticos para conservar mentalmente los textos estudiados y para recrearlos imaginativamente al idear tópicos y temas cuando se trataba de esfuerzos literarios personales, esto es, sin ensayar en el pergamino antes de proceder a escribir una versión final.

El hecho es que los poetas tienen que formarse de alguna manera, y en la España del siglo XII apenas había centros de actividad cultural: Toledo, Compostela, alguna catedral o monasterio, pero en ninguno de estos núcleos nos consta que hubiese tradición, ni siquiera asomos, de poesía seria en lengua vernácula. Únicamente en Compostela y en los palacios de Galicia se ven los comienzos, entre poetas y músicos, de lo que iba a ser la gran escuela de lírica gallego-portuguesa. Mis ideas sobre el autor del *PMC,* gran innovador y creador del género épico castellano, si bien implican un rechazo de los siglos de tradición nativa postulados por tradicionalistas y oralistas, tienen su lado positivo al subrayar la importancia de una ciudad, Burgos, y de un individuo de nombre desgraciadamente desconocido que deberá figurar entre los grandes genios de España. Este individuo imita, sí, modelos franceses, osando colocar su *cantar de gesta* al lado de las *chansons de geste* y al Cid al lado de Roldán o de Carlomagno, pero lo hace con fuerte espíritu español y logra renovar totalmente el género a tono con su propio público contemporáneo.

IV. FORMA Y METRO

El poema en su estado actual consta de 3.730 versos. Se sabe que al manuscrito le falta un folio al principio, y faltan otros dos en el interior, por lo que podemos suponer que cuando estaba completo tenía poco menos de cuatro mil versos (a razón de unos cincuenta en cada folio). No sabemos qué extensión habrán tenido los demás poemas españoles; el único ejemplo posible de comparación directa, la versión en prosa del *PMC* contenida en la *PCG,* no nos sirve porque se trata no de una refundición poética de nuestro poema sino de una versión prosística hecha en Cardeña y muy extendida para constituir la *Estoria del Cid.* Los poemas franceses tie-

48

nen una dimensión muy variable, pero los más tardíos son de ordinario más largos y las versiones tardías del mismo poema muestran la misma tendencia a extenderse. Sin embargo, puede ser significativo que la *Chanson de Roland* en su primera versión hoy conocida, la de «Oxford», tiene 4.002 versos; es seguro que nuestro poeta conocía esta *chanson,* pero no sabemos en qué versión.

En el manuscrito el texto del poema es continuo y no hay pausa o espacio o señal entre las diferentes tiradas. Como falta la primera hoja no sabemos si el poeta dio título a su obra ni cómo la presentaba, pero probablemente la llamó *cantar* o *gesta,* palabras estas que usaron los cronistas al referirse a los poemas épicos (la palabra *romanz* que aparece en el *explicit* es con toda probabilidad una adición posterior; *poema* es cultismo que no aparece hasta el Renacimiento). Las palabras *cantar* y *gesta* tenían otro significado, 'división principal de un poema', según los vs. 2276 y 1085, y está claro que los editores han tenido razón al dividir el texto en tres partes principales, en vista de las pausas señaladas tras los vs. 1084 y 2277, por más que algún crítico haya expresado dudas acerca de esto. Vemos que cada cantar forma una unidad adecuada para la presentación pública, esto es, recitada: el v. 1085 indica una reanudación después de un descanso, y los versos que terminan el segundo cantar expresan un deseo piadoso que sospechamos no será cumplido, y que sirven para excitar la curiosidad del público por saber la continuación. No parece que tal división existiera en otros poemas españoles, pero el autor pudo imitar aquí la división tripartita de la *chanson* francesa *La Chevalerie d'Ogier,* que el poeta por otra parte casi seguramente conocía; en el poema francés, sin embargo, la división se habrá impuesto con más necesidad, pues en total tiene 12.346 versos.

La base de la estructura es el párrafo denominado con el término francés *laisse* o el español *serie* o *tirada.* Cada párrafo se define con una asonancia más o menos constante. Tiene extensión muy variable: en la edición de Pidal la serie más corta tiene 3 versos y la más larga 190. Existían ciertas costumbres o prácticas —no reglas— para cerrar la tirada y cambiar de asonancia: cuando la narración da paso al discurso directo y viceversa, cuando se inicia una nueva escena, cuando el locutor cambia de tema. Hay algunas series paralelas o «series gemelas», en las que se recapitula brevemente un tema anterior, por énfasis o con insistencia dramática (excelente ejemplo es la tira 129). Es a todas luces lógico suponer que el poeta adoptó el sistema de la *laisse* francesa.

La asonancia —rima según nuestro oído parcial, de una o dos vocales sin tener en cuenta consonantes— es muy antigua. Se encuentra en los himnos de la iglesia y en varios versos latinos medievales, en la lírica hispánica desde los primeros documentos, a lo largo de la épica española y los romances, y desde éstos se extiende a diversas formas de poesía española de nuestros tiempos. Era normal también en la épica francesa hasta que ésta cambió a la rima consonante a fines del siglo XII. Que el poeta español la adoptase era perfectamente normal, combinando la práctica establecida de la lírica nativa (existente desde hacía siglos aún cuando faltan documentos para probarlo), y quizá de tipos de canto heroico castellano existentes, con la práctica que podía observar en la épica francesa (más significativa ésta porque con la asonancia continua se formaba la *laisse* o tirada, a diferencia de la lírica). Las asonancias más frecuentes en nuestro texto son *ó, á, á-o, á-a;* se encuentran otras, pero ciertas combinaciones no servían y no se empleaba la *u.* Se han observado diferencias entre los tres cantares, tanto en la extensión media de la tirada como en las rimas: por ejemplo, el cantar más largo, el tercero, es el que menos varía la asonancia, empleándose la rima en *ó* de manera predominante: «El deseo de variedad de rima desplegado en la primera parte, se aminora en la segunda, y se olvida en la tercera, como si absorbido el autor por su asunto, abandonase todo esfuerzo técnico» (MP).

Es difícil saber cómo conviene manejar las asonancias imperfectas del manuscrito. Pidal creía que el sistema había sido absolutamente regular en el texto original, y por tanto regularizó lo que consideraba como repetidas faltas de los copistas. Sus correcciones convencen plenamente, e incorporadas a sus ediciones crítica y popular, han sido aceptadas como autoritarias y naturales hasta el punto de que los lectores quedan sorprendidos cuando se les señalan las lecciones del manuscrito. Creo sin embargo que se deben conservar muchas de estas lecciones,. No podemos afirmar que el poeta innovador quisiera implantar un sistema regular según nuestras ideas modernas. En textos comparables, el poema de las *Mocedades* y muchos poemas franceses, incluso en los textos de clerecía con su rima consonante, se observa una buena cantidad de irregularidades. También, los versos con rima al parecer irregular o imperfecta muchas veces hacen buen sentido. Hasta creo, en vista de ciertos ligeros errores narrativos (señalados en nota), que el poeta terminó su obra en el sentido de llegar al punto final pero que —por alguna razón naturalísima, aunque desconocida— no pudo repasar su texto para dar el toque final; si esto es así podríamos razonar que el poeta hubiera pulido su poema incluso en este aspecto de las rimas, pues apenas cuesta trabajo sustituirlas. Pero esto es añadir conjeturas a conjeturas, y creo que es mejor postular que el sistema del poeta —tan artista en lo demás— toleraba una pequeña proporción de asonancias aproximadas o imperfectas, como *ajuntado* 491 y *nado* 507 en tiradas *á-a* (respetándose, pues, la *á* acentuada), *gañó* 124, *sacó* 125 en una tirada en *á-o* (con las mismas vocales, aunque acentuadas de modo diferente), y otras libertades menos frecuentes. También podemos aceptar un buen número de pareados, por ejemplo, 15-16, 967-968, razonando que el poeta quería romper la posible monotonía de la tirada o dar un énfasis especial a tales versos. En los momentos en que la rima está a punto de cambiar se nota en el manuscrito una tendencia a lo que, en opinión de Pidal, son asonancias corrompidas por los copistas. Algunas veces estos versos no participan de la asonancia que está terminando ni de la que está a punto de empezar (por ejemplo, 174, 404, 412), pero en otros casos la rima en cuestión continúa la que va a terminar, aunque por el sentido el verso pertenece a la tirada que está empezando (por ejemplo, 570, 890, 1220). Los dos tipos nos indican, más que error de copista, un sistema quizá experimental de «suma y sigue». En esta edición he colocado estos versos separados del cuerpo principal de la tirada. En las notas a pie de página se dan las correcciones de Pidal, así que el lector puede juzgar la validez de sus criterios y ver el poema como una construcción ordenada y regular si lo desea. Aceptamos, naturalmente, que los copistas sí han corrompido alguna de las rimas, en cuyo caso la enmienda de Pidal o de otro se justifica plenamente y la adoptamos. Advierto que la regularidad impuesta por MP no siempre ha sido norma de los editores, pues Bello, Lidforss y Restori, y entre los modernos Michael, aceptan sin inconveniente algunas de estas irregularidades o licencias. Montaner Frutos (1993) regulariza bastante las rimas, de acuerdo con criterios expuestos en sus págs. 40-41 y 93. Estudio estas cuestiones en un artículo de 1979 y en *La creación...* 136-144.

Lo que se denomina la «-*e* paragógica» ha sido muy discutido. Se ve que el poema tiene, por ejemplo, en la tirada 18, asonancias en *á* mezcladas con otras en *á-e (Bivar, valdrá, sale, besar... heredades)*. Sólo en dos ocasiones escribió el copista lo que en español más moderno es la -*e* superflua: *laudare* 335 y *Trinidade* 2370, pero las dos palabras son latinismos en los que la -*e* era normal. El pasaje de los *Infantes de Lara* copiado en la crónica y el fragmento del poema *Roncesvalles* escriben con frecuencia esta -*e* adicional en palabras de rima que terminan en sílaba acentuada, de la misma manera que hacen algunas impresiones de romances en el siglo XVI. MP afirma que a principios del siglo XX se cantaban los romances con esta -*e* en la tradición judeo-española de Marruecos y los Balcanes, y que él mismo lo había oído en ocasiones en la propia España. En vista de ello no podemos decir simplemente que *Bivar* se consideraba como una asonancia aproximada de *sale* (esto es, el caso no es el mismo que el de *adelant* 263 como asonancia aproximada en *á-o,* mencionada anteriormente). Parece pues que, aunque el copista del *PMC* escribió su texto en el castellano corriente de su época, sea del siglo XIII o del XIV, el que recitaba o cantaba los versos colocaba siempre la -*e* paragógica después de la vocal acentuada al final de verso, haciendo así todas las asonancias dobles y todas iguales. Del modo de presentarse el poema épico en España no sabemos nada, pero tanto en el canto como si se presentaba en recitación dramática o acompañada de música, es obvio que el verso exigía este mínimo de regularización. Podemos representar tales rimas diciendo que eran en *á(-e), ó(-e)*. Después de consonante bastaba la simple *-e (Bivar-e, besar-e),* pero cuando la palabra de rima terminaba en vocal acentuada, parece que se añadía *-ve* como paragoge para obtener la necesaria sílaba completa. MP creía que había una prueba de esto en el v. 15 del manuscrito (véase la nota correspondiente); en otros textos, por ejemplo, *Roncesvalles,* se añadía *-de.* A menudo, la *-e* adicional es un recuerdo de la *-e* existente en los infinitivos y otras palabras que todavía se pronunciaba en el·siglo x en Castilla (y más tarde en otros dialectos), como en el caso de *besare, veluntade.* En otros casos la *-e* sería contraria a la etimología, por ejemplo, *estan-e* 305 (<STANT), *mas-e* 307 (<MAGIS). Cualquiera que fuese su origen, la *-e* paragógica era una licencia poética que convenía tanto a la nobleza de la forma épica como a la dignidad de los personajes venerables. La *-e* adicional no sonaría de una manera más artificial que la *-e* francesa, muda en el habla pero pronunciada en la canción *(Le jardin de mon pèrE).*

Mis razones para conservar la mayor parte de las lecciones del manuscrito en el caso de las palabras de rima en tiradas en *ó(-e)* están de acuerdo con los principios anteriormente expresados. Cuando MP corrige asonancias para lograr rimas estrictas en *ó(-e)* a lo largo de las series, lo hace en parte por razones de pulcritud métrica y en parte por un deseo de arcaizar el lenguaje y acercarlo a lo que él creía ser el habla de Medinaceli alrededor de 1140. Donde el manuscrito tiene formas de *ser* con el diptongo *ue.* MP pone *o* (por ejemplo, *fuefo* 737, *fue-ren-foren* 1356); donde el manuscrito tiene las formas modernas *puede* 2007 y *despues* 3706, las cambia a *puode* y *despuos;* y en lugar de *Alfonsso,* muy usado como rima, lee siempre *Alfons.* (Corrige también *Jheronimo* 1667, etc., *otros* 3110, etcétera por otras razones; yo los acepto como asonancias aproximadas.) Puede que MP tenga razón en términos algo abstractos de historia lingüística (véase su análisis en *CMC,* págs. 142-146 y 1191-1196), pero dudo que la tenga en el caso concreto de nuestro texto, donde no aparece ni asomo del diptongo *uo,* y que ahora creemos se compuso en Burgos en o poco antes de 1207. Si al poeta y a su público les parecían aceptables y hasta naturales muchas asonancias aproximadas y si el poeta podía rimar *mayor* y *señor* con *noches* (gracias a recuerdos de *mayor-e* y *señor-e),* podía también rimar *Alfonso-tuerto-Campeador-señor.* En el manuscrito sólo aparecen tres casos de *-o-* en el verbo *ser (fossen* 2001, *fosse* 2137, *fos* 3590, de los cuales sólo el primero es rima); no se puede hacer con ello más que con *bon-buen-bueno* cuando éstos aparecen muy juntos en el mismo diploma de los siglos XII y XIII. Conservar las lecciones del manuscrito y defender un sistema de rimas imperfectas permisibles evita la restauración del texto basándose en nociones muy inseguras acerca de un texto original completamente hipotético. Las imperfecciones residen más en la mente del crítico moderno que en la del poeta o en la de su público; no habrán molestado entonces más que los extraordinarios arcaísmos de los cantores de romances en el Siglo de Oro, o más que los arcaísmos y rimas como *gander/wander, water/after* en las cancioncillas de los niños ingleses actuales.

La medida del verso plantea el mayor problema del *PMC.* Nuestro copista tuvo aquí sus dificultades, ya que escribió con frecuencia como un verso lo que es claro que son dos, e hizo confusiones de otros tipos. Es posible que en alguna copia anterior el texto se escribiese corrido, como en prosa; este método de ahorrar el costoso pergamino se usó en manuscritos existentes del *Carmen Campidoctoris,* el *Auto de los reyes magos,* la *Disputa del alma y el cuerpo,* y las *Mocedades de Rodrigo,* entre otros. Luego, al reconstituir un texto en forma de verso en alguna copia posterior, es natural que se cometiesen errores de división, sobre todo en el género épico con su gran variabilidad de versos. Otra fuente posible de error pudo estar en el dictado, de uno que leyera en alta voz para que escribiese el copista.

En épocas anteriores los críticos estaban ofuscados por sus prejuicios neoclásicos de que el verso debía ser regular, y en el siglo pasado hubo numerosos intentos de restaurar en el poema una regularidad de verso que se creía destruida por copistas descuidados. Tal regularidad podría ser la del alejandrino español (7 + 7 sílabas) o la del romance (8 + 8), y es verdad que una proporción de los versos del poema se acomoda de hecho a una de estas pautas. Pero ahora sabemos que la regularidad no es parte necesaria de la poesía. Además, los hallazgos de otros fragmentos de épica española han mostrado que en ellos era normal bastante irregularidad en el cómputo de las sílabas. MP definió la básica irregularidad del verso épico y descartó todo intento de enmendar el manuscrito del *PMC* sólo por razones métricas. A pesar de ello, parece haber pensado en la práctica que el verso más corto tenía diez sílabas y el más largo veinte, y corrigió mucho con el fin de encajar dentro de estos límites los versos muy cortos o muy largos. A veces sus correcciones están fundadas, pero de acuerdo con mis ideas sobre la asonancia, retengo aquí muchos versos más cortos o más largos que los tolerados por Pidal. Acepto, por ejemplo, las enmiendas a los vs. 446-466[b], 796-796[b], por razón de la rima; pero conservo versos largos como el 34, 228, 248, 354.

El verso tiene una cesura bien marcada, que sirve muchas veces para equilibrar o contrastar los dos hemistiquios, aunque éstos rara vez tienen igual medida. Hay duda sobre la colocación de alguna cesura, por ejemplo, en el v. 1694 y otros que tienen en medio *sabed*. Unos pocos versos carecen de cesura, por ejemplo, 2001; MP los enmendó para que la tuviesen, pero otros editores los han considerado aceptables. A veces podemos afirmar que el verso aparentemente corto, sin cesura, tiene una finalidad artística: en el 2755, por ejemplo, las palabras tensamente alargadas en la recitación ocupan plenamente el debido espacio emocional. Véase también la nota al v. 1605.

En 1967 (1972) De Chasca identificó un sistema de asonancias interiores que unen las palabras finales de varios primeros hemistiquios sucesivos, por ejemplo, en *ó* en los vs. 3253-3256, así como en otras maneras sutiles y variadas. Este análisis ha sido extendido por mí (1976) y por Adams (1980). Según De Chasca , la proporción de versos afectados por estas técnicas llega hasta el 26,5 por 100, y aunque haya que rebajar esta cifra para satisfacer las dudas justificadas de Michael, la técnica reviste una importancia nada despreciable y constituye un logro inesperado del poeta en su obra antes creída «primitiva» y seguramente innovadora y experimental. Ella añade mucho a la musicalidad de los versos e intensifica la emoción y el dramatismo: que el lector haga su propio análisis y juzgue por sí mismo. A medida que se nota el fuerte carácter rítmico de los versos y conforme se perciben aspectos estructurales (equilibrio de hemistiquios, asonancias interiores), el lector deja de preocuparse por la aparente irregularidad métrica, y lo mismo podemos suponer para el público que escuchaba la recitación en los siglos XIII y XIV.

En efecto, es probable que este poeta —y sus sucesores en el género épico— no contasen en absoluto sus sílabas. La estrofa 2 del *Libro de Alexandre,* compuesto probablemente hacia 1220 en los comienzos del más orgullosamente culto *mester de clerecía,* subraya el contraste, pues su poeta escribe *a sílabas contadas* (y en *curso rimado* —esto es, consonantal— *por la cuaderna vía).* Debemos apartarnos del inevitable prejuicio, natural en cualquier lengua románica desde el Renacimiento, de contar sílabas, y volver al útil concepto de Hills (1925, etc.): que la épica española, como una gran parte del verso latino popular y medieval, y como el verso de las lenguas germánicas, se construyó sobre una base acentual. Un intento de restauración del *PMC,* con un sistema bastante libre de cláusulas rítmicas, fue propuesto por Aubrun en 1947. El mismo MP, después de prolongada discusión, se contentó con observar que en la presentación oral se subrayaba con acompañamiento musical la última sílaba acentuada de cada hemistiquio (y en cuanto al resto, que había «una versificación primitiva irregular, ajustada a leyes totalmente desconocidas para nosotros» *CMC,* págs. 83 y 103, etcétera).

En estudios recientes he tratado de avanzar un poco más, de acuerdo con mi creencia de que nuestro autor como primer poeta épico español habrá tenido que inventar un sistema métrico al igual que todos los demás aspectos de su arte. Como conocedor de la épica francesa, se le habrá ocurrido adaptar uno de los metros franceses, esto es el decasílabo (4 + 6, alguna vez 6 + 4) o el alejandrino 6 + 6). El relativo éxito con que, unos años después se implantó el alejandrino español (7 + 7) por el autor del *Alexandre* y/o Berceo, muestra que ello se podía hacer. Pero el poeta del *PMC* quería algo más conforme con la naturaleza del español hablado y era consciente de las grandes diferencias prosódicas que entonces como ahora separan el francés del español (hay que tener

56

en cuenta que el alejandrino español de cuaderna vía, para lograr su relativa exactitud silábica, se permitía muchas prácticas contrarias a la lengua hablada, por ejemplo, el hiato). Iba a adpatar varios episodios de la épica francesa, y grandes proporciones de su sistema retórico (formulario); iba a imitar muchos versos aislados de esa épica; pero no lo iba a hacer en verso silábico a lo francés. Al contrario, le atraían seguramente diversos tipos de versos latinos rítmicos, conocidos o en la tradición de la iglesia *(Stábat máter dolorósa...)* o de la canción goliarda *(Pòtatóres èxquisíti...)*. También tenía más a mano el importante modelo del *Poema de Almería* que concluye la *Chronica Adefonsi Imperatoris* (sobre Alfonso VII, Emperador) compuesta probablemente en 1147-1149. He aquí una estrofa típica de este poema:

> *fácta séquens Cároli, cui compétit áequiparári.*
> *Génte fuére páres, armórum ví coaequáles.*
> *Glória bellórum gestórum pár fuit hórum.*
> *Extítit et téstis Maurórum péssima péstis,*
> *quos máris aut áestus non protégit, aut sua téllus.*

El parecido de esto en varios aspectos con los versos del *PMC* es asombroso. En el latín se nota la estructura a base de hemistiquios, la rima 'horizontal' o leonina tanto consonantal *(bellorum/horum)* como asonantal *(pares/quales, aestus/tellus)*, el sistema de acentos variables pero bastante fuertes, el hábito de subrayar alguna sucesión de acentos empleando la misma vocal (hasta cuatro *ó* en el tercer verso citado), y el gusto por la aliteración consonantal. Los versos de *Almería* forman, eso sí, estrofas de cinco líneas regularmente, y no están vinculados por ninguna rima final, diferenciándose este sistema latino del de la épica española (que en estos aspectos imitaba la *laisse* y rima del francés). Según se verá en las notas, el poeta español se hizo eco de ciertas frases de la *Chronica* en prosa y del poema de *Almería,* así que podemos afirmar que casi seguramente conocía este texto, y no es muy aventurado pensar que en él aprendió también diversos principios importantes para la invención de su sistema en vernáculo. Le habrá impresionado el noble aire heroico de la *Chronica* y de

Almería. Ésta no es de ninguna manera un ejemplo aislado: Entwistle al reconstruir parte del *Carmen de morte Sanctii regis* en hexámetros adoptó las pautas rítmicas y varias licencias de *Almería,* y se aprecian otros rasgos típicos de este poema en los epitafios españoles y en mucha poesía latina compuesta o corriente en Francia en la época. Se trata de técnicas ampliamente difundidas más que peculiares.

Fue Sánchez, primer editor del *PMC* en 1779, quien sugirió alguna relación de su métrica con el hexámetro latino. Amador de los Ríos (1861) asoció esta métrica con «la tradición latino-eclesiástica». En fecha reciente Salvador Martínez ha estudiado las estructuras de *Almería* en relación con las de la épica vernácula, pero creyendo que ésta existía ya antes de 1147-1149 y que el poeta latino aprendió en ella *(El «Poema de Almería» y la épica románica,* 1975, pág. 223, etcétera). Reconozco la deuda que tengo con él en este aspecto.

Las pautas acentuales de *Almería* varían bastante: 3 + 2, 3 + 3, 2 + 4, etc. Los versos del *PMC* hacen lo mismo, siendo imposible identificar ningún tipo de verso predominante o típico. En general el segundo hemistiquio es más largo —esto es, lleva más acentos— que el primero. Hay hemistiquios cortos de un solo acento y los hay con cuatro, pero no sabemos si éstos —en algún caso, no muy satisfactorio para nuestro oído— formaban en efecto parte del sistema o si eran versos experimentales que el poeta habría reformado en una versión ulterior. Cuando tenemos a mano una fuente o una serie de fuentes, podemos ver cómo el poeta español se esforzaba no sólo por acomodar sus materiales sino también por hacerlos entrar en el sistema métrico: tal ocurre, por ejemplo, con parte de la oración de Jimena (vs. 352-357, en los que se imitan versos de *Fierabrás* y *Parise la duchesse),* y cuando se adopta algún motivo descriptivo —destrucción de las tiendas de campaña en el campamento enemigo— ya presente en la épica francesa (versos 1141-1142, 2400-2401). Aquí se ve al poeta casi con la pluma en la mano, ensayando diversas posibilidades. En todo caso, tenemos que reconocer que no sabemos cómo el autor colocaba los acentos, si había acentos secundarios además de primarios, si en la recitación pública se pronunciaba como en el habla cotidiana o con énfasis artificial, o si en efecto había canto o acompañamiento musical. Lo único que se puede decir con cierta confianza es que el acento no podía caer de manera artificial en el sentido de ser contrario a la etimología y al uso diario, pues esto sería impensable en una obra de esta naturaleza destinada a ser presentada en público.

En cuanto a la métrica épica francesa, el poeta español desatendió sus bases —silábicas— y leyó sus versos (con equivocación deliberada) como si las palabras llevasen acento prosódico español, así que el decasílabo francés pudiera tener igual valor que el alejandrino cuando se trataba de asimilar el sistema formulario francés y varios versos franceses enteros a la nueva lengua. El alejandrino

> Ríche chéval en déstre / de Súlie ou d'Espáigne (Florence, 169)

podía tener así la misma base acentual (3 + 2) que el decasílabo

> Gráns fút li déus / a célle departíe *(Prise de Cordres,* 647)

(también 3 + 2), escribiendo el poeta castellano por tanto respectivamente

> e buén cavállo en diéstro / que va ánte sus ármas (1548)
> Grándes fuéron los duélos / a la dèpartición (2631)

con igualdad —¿aproximada?—de acentuación. Para un estudio más pormenorizado de estos aspectos —que piden más investigaciones, muy controversiales, a no dudarlo—, véase mi estudio de 1979 o el capítulo 4 de *La creación...*

El poema tiene sin duda pasajes débiles y versos poco satisfactorios, pero no serán muchos, y el sistema métrico (en sentido amplio) en su conjunto es muy bueno. Los versos deben leerse en alta voz para poder saborearlos de manera adecuada, alguna vez con pausa para permitir apreciar el sistema de asonancias internas. Incluso en las partes más prosaicas (por ejemplo, tiradas 25-26) el verso fluye eficazmente. En el discurso directo —logro triunfal del poeta-dramaturgo— el ritmo procura ser a la vez el del habla corriente y el de la poesía, sin artificialidad. En los momentos culminantes el verso no decepciona: se adapta fácilmente a efectos especiales, como la velocidad del galope y el clamor de la batalla, el ritmo de las grandes campanas (v. 286), y la solemne admiración de la familia del héroe cuando Valencia descubre su panorama (versos 1612-1617).

El sistema de este primer poeta épico fue adoptado por los poetas épicos que le sucedieron, apreciándose en lo que tenemos de ellos —fragmentos, versos reconstruidos a base de las crónicas— una tendencia hacia una mayor regularidad, pero todavía de naturaleza acentual y no silábica. El verso de romance, derivado del verso épico, con el tiempo —mucho— se regularizó con cómputo de 8 + 8 sílabas, regularización necesaria porque se cantaba con melodía, pero aun así la base acentual no es desdeñable.

V. LENGUAJE, ESTILO Y TÉCNICAS NARRATIVAS

Apenas tenemos textos literarios castellanos con los que podamos comparar el *PMC* en aspectos lingüísticos y estilísticos. Los primeros textos del *mester de clerecía* son ligeramente posteriores y de carácter dialectal (Berceo, riojano; el *Alexandre,* en los manuscritos existentes, aragonés y leonés). El *Liber regum* de hacia 1200 está en aragonés. Las grandes obras del equipo alfonsí empiezan después de 1260, siendo las secciones en donde se prosifican poemas épicos del mayor interés comparativo, pero sólo para determinar lo que resultaba aceptable en ese periodo y en prosa. La obra en prosa *Fazienda de ultra mar,* descubierta hace poco, sí ofrece interesantes semejanzas con el lenguaje del *PMC,* en particular porque parece pertenecer también a principios del siglo XIII. Por otra parte, las frases romances incrustadas en el latín de los diplomas legales del siglo XII, y las mismas en documentos plenamente vernáculas del siglo XIII, nos dan una abundante información y volveremos a encontrar esta fraseología muchas veces en el poema. A base de los abundantes materiales reunidos por Menéndez Pidal en su *CMC* de 1908-1911, y aunque él creía que el autor —juglar— componía en 1140 en la región fronteriza de Medinaceli, podemos igualmente sostener nuestra creencia en un poeta burgalés de hacia 1207. El único intento posterior de fechar el poema basándose en aspectos lingüísticos —el de Pattison en 1967— apoya esta opinión en el aspecto temporal. La lengua del poeta no puede haberse diferenciado mucho de la de su público, pues la obra iba destinada a la presentación oral y su comprensión tenía que ser inmediata; sin embargo, según veremos, el poeta no vacila en emplear tecnicismos (especialmente del Derecho), extranjerismos y cultismos, y como en toda poesía de vuelos nobles, se permite algún arcaísmo y alguna forma arcaica en los verbos (lo mismo se observa en los romances del siglo XVI y en los libros de caballerías). La cuestión del arcaísmo se complica porque el copista del manuscrito en el siglo XIV —o bien un copista anterior— modernizó hasta cierto punto las formas del original, por ejemplo, cuando cambia la forma primitiva *so* por *su,* o cuando comienza escribiendo *exir* y la reemplaza después por *salir* (de igual construcción silábica y conjugación). Aun reconociendo esto, nada justifica la general arcaización del texto que MP llevó a cabo, pues nos falta la base esencial de conocimientos precisos de la lengua del poeta ubicado en el tiempo y en el espacio.

El único aspecto gramatical que aquí nos interesa es la libertad que muestra el poeta en el uso de los tiempos verbales. Algo de esto se observa en otros géneros, como la lírica, y es una constante en los romances. No se trata solamente del uso del presente histórico para hacer más vívida la narración, común sin duda a muchas lenguas, pero que aquí bien puede deberse al ejemplo de la épica francesa (Adams, 1980). Respetamos los esfuerzos que se han hecho por analizar la estructura temporal del poema, pero alguno de éstos peca de excesiva sutileza al pretender atribuir al poeta una clara intención estética en cada uso anormal. Las formas verbales de los versos 715-717, por ejemplo —dos presentes *(Enbraçan, abaxan)* seguidos de un pretérito *(enclinaron)*—, expresan acciones exactamente paralelas y sucesivas, y luego viene en el

v. 718 un imperfecto, *ivan*, de aplicación ligeramente diferente. Los casos como éste son frecuentes, y se resisten a todo análisis lógico o estético. Es preferible explicarlos como debidos a las exigencias de la métrica: el sistema de acentos, el equilibrio del verso habrá exigido alguna aparente anormalidad, y cuando el uso anormal aparece al final de verso, a estas consideraciones se añade la de la rima. En los romances, donde hay más repetición o cuando tenemos más de una versión del mismo poema, se justifica aún más claramente esta manera de razonar (por ejemplo, *muerto cayó el moro — muerto cae el morico)*.

La *parole* o palabra personal del poeta en su realización poética es un instrumento rico y seguro para expresar una gran diversidad de tonos y situaciones. Su vocabulario técnico en aspectos como los usos feudales, prácticas legales, arte de la guerra y ropaje es amplio; se nota la abundancia de términos de origen árabe, y alguna palabra derivada del latín pero que lleva la huella semántica del árabe *(casa*, etc.), siendo todo esto típico del español medieval. Pero a esta *parole* corriente se agregan importantes elementos profesionales y cultos, en general no bien estudiados hasta la fecha por la crítica (pues son elementos apenas explicables dentro de la teoría tradicionalista y oralista). Véase sin embargo Bustos Tovar (1974, 138-155).

De sus diversas actividades en el campo del Derecho, el poeta adopta constantemente conceptos jurídicos y los expresa con el apropiado lenguaje técnico, el cual, hasta cierto punto, habrá sido familiar para la parte educada de su público gracias a la lectura o proclamación de varios tipos de documento legal en la plaza de los pueblos. Como hemos dicho antes, el poeta se complace en los tecnicismos legales y los hace entrar de manera natural y hasta dramática en su argumentos, sobre todo en lo que tiene que ver con el exilio, con las negociaciones y celebración de los matrimonios, y en los procedimientos forenses de la corte (por ejemplo, *apreçiadura* 3240, 3250, *conloyar* 2558, *entençión* 3464, *manfestarse* 3224, *natura* 3275, *recudir* 3213, 3268). A veces el cuidado por el detalle técnico predomina sobre la elegancia del verso (por ejemplo, 1252; véase la nota a pie de la página). En la fraseología son muchos los casos en que el poeta repite expresiones de los diplomas, como diremos en las notas.

Las abundantes frases binarias o binomios, sobre todo de carácter «inclusivo», son típicos del lenguaje jurídico primero en latín y luego en español (y en otras lenguas vernáculas) y el poeta las habrá aprendido allí, pero en su uso adquieren una gran importancia más allá de lo meramente jurídico, pues son parte esencial de su sistema retórico (en la clasificación, especie de *amplificatio)* y también de su sistema métrico, formando hemistiquios y a veces versos enteros equilibrados. También la frase binaria «inclusiva» sirve para deshacer una abstracción, mencionando dos polos o extremos opuestos, siendo esta «concretividad» una clave del arte del poeta. Así la vaguedad de 'todos', o en frases negativas 'nadie', se rompe con la referencia a *moros e christianos* (107, 145, 1242), actualización de una frase muy antigua; *mugieres e varones / burgeses e burgesas* en 16^b-17 significa 'todos, toda la gente' (aquí la pauta dada por el lenguaje jurídico se refuerza con precedente literario francés), igual que *moros e moras* en el v. 465, etc. Otras frases «inclusivas» expresan una totalidad en relación a un lugar (390, 771), al tiempo (222, 901), al dinero y la riqueza (81), a la propiedad (45), etcétera. En las notas a estos versos y a otros se examina brevemente el origen y significado de cada frase, y hay estudio general de ellas en *Estudios cidianos,* cap. VII. A veces el poeta concreta lo abstracto en frases no hechas sino originales:

> A priessa vos guarnid   e metedos en las armas (986)
> valas conortando   e metiendo coraçon (2804).

La pareja puede ser no «inclusiva» sino sinónima, de insistencia o de cortesía o de reiteración legalista, por ejemplo, *a ondra e a bendiçion* (3400), *de voluntad e de grado* (1056), y los de los vs. 1035^b y 2681; o bien de origen religioso, como en los vs. 217 y 300. Otros tipos de binomio son de carácter más literario, esto es, retórico: *con lumbres e con candelas,* 244; *pensso e comidio,* 1889; *fuertes e tajadores,* 2726, y en especial, una serie de frases que consisten en adjetivo + *grand,* como en 422, 864. A veces se aprecia cierto automatismo en

63

binomios que originalmente habrán significado dos (o más) conceptos distintivos, como cuando se alude a las *vistas* y las *cortes* (2733), añadiéndose a estos el elemento de las *juntas* (2914, 2949). La utilidad estructural de estas frases es nada desdeñable según las necesidades de la rima, *noche-día/día-noche* o de *voluntad e de grado/d'amor e de voluntad.*

A la *parole* del poeta se añade un elemento importante de vocabulario y fraseología religiosos, adquiridos por un laico atento y observador en la Biblia, en la liturgia, y en algún caso, creo, por un laico que tuviera contactos personales con los monjes de Cardeña. Así la plegaria de Jimena contiene palabras traídas del uso eclesiástico: *glorificar* 335, *criminal* 342, *laudare* 355, *monumento* 358, a tono con los propios materiales y finalidad de esta oración. Fuera de ella encontramos, todavía en ambiente religioso, *sinar* 411 (semiculto), *vocaçion* 1669, *vigilia* 3049. Como consta en nuestras notas, algún elemento de éstos pudo proceder de lecturas del poeta en la biblioteca de los monjes de Cardeña, por ejemplo, la *Historia scholastica* de Petrus Comestor. Del uso coloquial de los monjes pudo adquirir el poeta el hábito de definir la hora del día y de la noche refiriéndose a los *gallos,* asunto estudiado (pero después casi olvidado) por Terlingen, según consta en nuestra nota al v. 316. El conocimiento —superficial, sin duda— por un seglar de partes o frases y episodios de la Biblia, y su adopción en una obra vernácula no religiosa, no debe sorprendernos demasiado; véase, por ejemplo, la bibliografía en torno al episodio del león en nota al v. 2280. Alguna vez se ofrecen diversas fuentes posibles de un uso peculiar del poeta, como en el caso de la palabra *virtos* 'fuerzas militares', pues la *virtus* latina aparece con este significado en la *Chronica Adefonsi Imperatoris* (que el poeta probablemente conocía) y en la Biblia, fuente a su vez de esta crónica. Todo este aspecto del *PMC,* juntamente con la religión y usos religiosos en él en comparación con la épica francesa, necesita ahora un nuevo estudio. Muy latinizado y culto es el «ablativo absoluto», aspecto chocante y casi silenciado por críticos tradicionalistas: *Las archas aduchas, prendet...* (147; también en 213, 320, 366, 1308, 1703, 3678), que aparece no sólo en la narrativa sino también en la oración directa. Este uso pudo derivarse de textos religiosos o jurídicos, pero seguramente latinos.

A veces el orden de las palabras es marcadamente poético, autorizado probablemente por el verso latino: *buenas donas e ricas* (224), *un sueño priso dulçe* (405; también 944, 1488), formas de hipérbaton suave. Hay abundantes inversiones de elementos verbales, como en *teniendo salien armas* (2613). Estos usos apenas pueden responder a ningún deseo de latinizar; antes se explican o por necesidad métrica (asegurar la rima, crear un buen ritmo) o por deseo de elevar el tono del lenguaje.

No sabemos —a falta de estudios adecuados sobre el particular— si atribuir los galicismos y provenzalismos léxicos a la *parole* del poeta, natural probablemente de un Burgos algo afrancesado en su demografía y relaciones comerciales y culturales, o bien a imitación de textos literarios. En la primera categoría figuran quizá palabras como *ardido, ardiment, cosiment, gentil, mensaje,* y otros, sin duda corrientes en el uso cotidiano. De carácter notablemente literario son, al contrario, *barnax* y *vergel.*

Mención especial merecen las abundantes «frases físicas» en que se utiliza alguna parte o miembro del cuerpo para insistir —a veces, tautológicamente— en una emoción, o para hacer más concreta y visible una abstracción. Aparecen la *mano,* el *coraçon,* la *barba* y otros con fuerte connotación simbólica, se *llora de los ojos* y se *dice de la boca* en momentos especialmente solemnes, el mismo *cuerpo* representa 'la persona', etcétera. Se dan más detalles en las notas correspondientes, y hay estudio general en *EC,* cap. VIII. Estos usos lingüísticos tienen carácter casi universal y mucha antigüedad; parecen haber tenido un lugar importante en las prácticas del Derecho en épocas primitivas, y alguna frase tenía ya autorización para el poeta español en el uso literario francés (por ejemplo, *llorar de los ojos = pleurer des oilz).* Esta frase tenía cierta utilidad estructural también, llenando un hemistiquio, generalmente el primero, y después aparece bastante en una amplia gama de textos españoles como los poemas en cuaderna vía y los romances así como en la prosa. En la representación pública del *PMC* y quizá de otros poemas, todas estas referencias corporales pueden haber motivado un ademán algo teatral por el recitador, realzando el dramatismo del texto.

Pasamos, después de estudiar la *parole* del poeta enriquecida por diversos elementos profesionales y nativos o tradicionales, a considerar los aspectos de esa *parole* en cuanto llega a convertirse en instrumento literario, poético, o sea, instrumento artificial creado para una finalidad concreta. Como hemos dicho antes, a falta de tradición épica nativa, pero sin marginar lo que le pudo venir por cantos o versos de tipo heroico en castellano del siglo XII, el poeta tuvo que acudir a fuentes existentes en otras tradiciones para forjar un sistema métrico —latinas, francesas— y en las mismas aprendió también su lengua literaria, adaptándola genialmente a las posibilidades locales y nacionales. En muchos aspectos el estilo épico francés se adaptaba fácilmente al castellano, lengua hermana. La base del sistema retórico es la fórmula que ocupa un hemistiquio o un verso entero, definida por Parry en un primer momento como «un grupo de palabras que se emplea con regularidad en las mismas condiciones métricas para expresar una idea esencial dada». A escala casi universal en el tiempo y el espacio, la fórmula de la poesía heroica ha sido objeto de una investigación intensa, debida sobre todo a norteamericanos, desde que la inició Parry en la década de 1930, y en lo medieval desde que se publicó el libro fundamental de Lord en 1960. En esta investigación, un elevado porcentaje de versos formulaicos es prueba de la naturaleza oral, esto es oralmente improvisada, del poema; y los estudios de los «oralistas» han alcanzado un alto grado de refinamiento. Aplicadas a la épica española, por ejemplo, en los estudios de De Chasca, estas teorías han venido a reforzar (en general, aunque quedan puntos no armonizados) la teoría tradicionalista o romántica. Pero la base formulaica del *PMC* no tiene por qué ser simplemente nativa ni tradicionalmente oral; nada lo prueba, y la naturaleza en parte culta del poema juntamente con su alta calidad artística muestran que el texto no salió de ninguna improvisación oral por un cantor analfabeto. En un trabajo importante de 1974, Herslund demostró la casi total dependencia del sistema formulaico del *PMC* de modelos franceses o de la retórica generalizada de la épica francesa. Muchas veces la correspondencia es directa: *sil oyestes contar* (2314) = *si l'ai oït conter, non lo quiso detardar* (1693) = *ne se volt atargier*. Otras veces, la imitación no es tan exacta: una fórmula puede corresponder a otra existente en francés; ocupando un lugar parecido en la narración de un viaje o de una batalla, siguiendo una pauta dada en francés pero sin hacerse eco de sus palabras. El poeta español conserva su libertad: inventa epítetos épicos para el héroe que no tienen antecedentes en francés, y hay diversos tipos de fórmula en francés que prefirió no adoptar *(La creación...*, 248-249). De acuerdo con el análisis de los oralistas —en este aspecto, utilísimo— la fórmula individual se combina con otras para formar el *motivo*, pequeño elemento descriptivo; y se combinan estos motivos para formar *temas*, por ejemplo, la descripción de la batalla, la oración, el viaje. Tanto el *motivo* como el *tema* muchas veces en el *PMC* corresponden estrechamente, pero no siempre, con motivos y temas de la épica francesa, en formas que documentamos, seleccionando, en las notas.

Como oralista, Herslund creía que el autor español había aprendido este sistema escuchando representaciones de poemas franceses en España. No niego esta posibilidad, pero tal es su comprensión y dominio del sistema retórico francés y de diversos textos franceses perfectamente específicos cuyos versos y episodios imita, que es más lógico pensar que este autor residió en el suelo de la propia Francia (para estudios del Derecho, hemos sugerido antes) y que allí aprendió así en la lectura pausada de manuscritos como en la audición momentánea de poemas.

El sistema formulario es tan útil para el poeta que escribe como para un cantor que improvisa, como lo demuestra su adopción y uso por los poetas del *mester de clerecía*, y lo que se inventó para la poesía, con su ritmo acentual o estructura silábica, fue muy utilizado como recurso retórico en la temprana prosa vernácula. En el caso del *PMC* hay otro factor no despreciable: si el poeta fue como creo un profesional del Derecho, trabajaría constantemente en y con el lenguaje fuertemente formulaico de los diplomas de todo tipo (véanse, por ejemplo, las notas a los vs. 390 y 1163), y seguiría naturalmente estos procedimientos estilísticos al componer su poema.

Lugar aparte merece el epíteto épico, formulaico, eso sí, pero muy importante, porque sirve para realzar el estilo. Ha sido muy estudiado. Se ha calculado que hay un epíteto de este tipo en cada ocho versos, y que el 70 por 100 de ellos se aplican al mismo Cid; esta última cifra muestra que la técnica era un recurso importante para enaltecer la figura del héroe. Los epítetos aplicados al Cid varían desde los simples *contado* (142) y *(el) de Bivar* (frecuente) hasta los más personalizados *el de Valençia* (1930), *el que Valençia gaño* (3366) y los pintorescos epítetos que aluden a la barba (1226, 2410), cargados de contenido simbólico. Aparecen las frases reverenciales *que en buen ora nasco / naçio, que en buen ora çinxo espada,* que reflejan el respeto de la mentalidad medieval por lo que se había predicho astrológicamente. El rey y el obispo tienen también algún epíteto, así como las ciudades, siendo muy evocativos los aplicados a Valencia, y es obvia la importancia que habrá revestido, para el auditorio, la mención orgullosa de cualquier nombre de este tipo, desde Vivar (lugar humilde en la realidad, pero no en la poesía) hasta Burgos y Valencia. Pero definir esta fraseología como «epítetos» es demasiado restrictivo, pues tenía otras funciones gramaticales. Se puede aludir en oración directa al Cid como el de la *barba tan complida* (268) o *barba velida* (2192) e introducir en el diálogo las frases astrológicas como exclamación laudatoria, como en los vs. 175 y 2053; algunas pueden usarse para sustituir al nombre del Cid como sujeto de la oración (2392). En muchos casos estos epítetos varían algo mecánicamente para satisfacer las exigencias de la rima, pero en ciertos casos —menciones de Martín Antolínez, por ejemplo, *el burgales de pro,* o del Cid como dueño de Valencia —es posible trazar un uso más consciente y artístico (R. Hamilton, 1962; Hathaway, 1974).

En muchos casos no formulaicos el poeta parece imitar una frase o serie de frases de un poema francés o de un texto latino. Serán frases atesoradas en la memoria del poeta, por impresionantes o pintorescas, procedentes de lecturas quizá de muchos años antes, y sacadas en forma imaginativamente rehecha en el momento de su composición. Así el poeta combina recuerdos de la *Chanson de Roland* y de *Girart de Roussillon* para ir componiendo su descripción de cómo se viste el Cid para asistir a la corte, vs. 3085 y ss. *(EC* 135, 142-144). Varias escenas claves —literariamente brillantes— no tienen nada que ver con la historia documentada del Cid sino que han sido creadas por la imaginación del poeta bajo el estímulo de escenas de la épica francesa: la partida para el destierro (vs. 1-6), el panorama de Valencia contemplado por las mujeres (1610-1617), el león (2278-2310), las crueldades infligidas a las hijas del Cid en Corpes (2720-2748), etcétera. De la *Chronica Adefonsi Imperatoris* y la *Historia Roderici* el poeta recuerda y aprovecha varios tópicos narrativos que le ayudan con la descripción del asedio, del botín, de los encuentros ceremoniales, etcétera, como se dirá con las debidas citas en las notas; estos procedimientos se equiparan con la adaptación más ambiciosa de fuentes clásicas latinas en los episodios de Castejón y Alcocer. El lector que tenga sus dudas acerca del uso de estas fuentes, hasta de la naturaleza de la inspiración del autor, puede satisfacerse —así lo espero— consultando las referencias a exposiciones pormenorizadas que damos en las notas y en la Bibliografía. Lo que proponemos no difiere realmente de lo que se acepta como proceso perfectamente normal en cualquier autor literario, que aprende leyendo y escuchando durante media vida y que luego lo rehace imaginativamente y lo vuelca todo con inspirado entusiasmo en su propia creación. Sólo en fecha reciente se ha empezado a dar la debida importancia a las fuentes y a los modelos franceses y latinos, siendo de esperar que se logre más precisión y que se hagan nuevos descubrimientos en el futuro. Recuérdense con relación a esto las importantes enseñanzas de Burke (1991) sobre la manera en que el autor pudo retener y manipular mentalmente sus fuentes (arriba, sección III).

En cuanto a la retórica «de escuela», parte integrante de la formación del estudiante medieval en latín, cuya relación con el *PMC* ha sido minuciosamente analizada por Garci-Gómez (1975), no creo con él que el poeta la haya aprovechado, al menos en el sentido de una aplicación formal como en el caso del orgulloso poeta del *Alexandre* unos años después. Podemos, eso sí, identificar y nombrar los procedimientos retóricos —la *amplificatio* en sus muchas formas, la *admiratio,* el *oppositum,* etc.— señalando ejemplos en nuestro texto; pero creo que el poeta procedió por imitación práctica de los usos retóricos que encontraba en los textos latinos y franceses que conocía, o sea, que tomaba prestado lo ya hecho sin pedantería latinizante. Reconozco también una especie de «retórica común» de los siglos XII y XIII en textos muy diversos de varias lenguas —latín, francés, español— que se empleaba en el lenguaje del Derecho (¿primario?) en latín y después en vernáculo, extendiéndose a la poesía y luego a la prosa literaria. Tal retórica común se formó siglos atrás sobre bases muy diversas entre sí y era aprendida sin esfuerzo ni estudio en la escuela por legistas y notarios y por autores literarios.

Esta caracterización de la lengua del poeta carece casi de notas verdaderamente personales. Pero las hay, significativas. En primer lugar merecen un elogio la claridad, la simplicidad y la economía de la narración: el volumen de lo que el poeta abarca en menos de cuatro mil versos es asombroso. Nos acostumbramos pronto a las repeticiones, a los clichés, hasta a las tautologías, sabiendo que ellos tienen su función métrica o melódica o estética y concluyendo que ellos no subvierten el principio de la economía. El atento análisis por parte del lector de tiradas tan poco enfáticas como la 38 y las que siguen le convencerá de la esencial competencia del poeta, de su cuidada elegancia y de su deseo de proseguir su historia sin digresiones ni exceso de palabras, así como de su capacidad para combinar de manera convincente la narrativa con la oración directa. El pasaje está construido con materiales corrientes, con mucha fraseología formulaica; pero hasta aquí, el poeta pone su aporte personal, como en la tirada 39 en la que una serie de versos cortos nos presenta a los hombres del Cid que persiguen a los moros hasta las puertas de Calatayud. La descripción de batallas puede parecer fastidiosa a las mentes modernas (pero compárense los enfrentamientos estilizados de las películas del Oeste, las peleas en las tabernas, los combates aéreos...); dada la exposición algo simple que se hace de las tácticas militares, sospechamos que el poeta no era soldado; pero, como otros civiles intelectuales

—en español se ofrecen Mena y Herrera— sentía la emoción de la batalla y la narró vivamente, ayudado por modelos franceses. Las batallas del poema poco tienen que ver con la realidad histórica de tiempos del *Cid* en lo que se refiere a tácticas, números de soldados y de bajas, etc., pero conviene ahora tener en cuenta su posible importancia inspiracional para un público de 1207 en el cual se encontraban reclutas potenciales para las campañas venideras. El poeta logra encajar en sus versos los angulosos nombres personales y de lugar, y se introduce de vez en cuando un detalle evocativo (por ejemplo, 398, 399). En los viajes, la rápida sucesión de topónimos comunica una sensación de distancia y de urgencia.

En este plan de lo competente entran también los pormenores humanos, un tanto antiheroicos, parte esencial del poetizar a lo *verista:* después del largo viaje se cena con placer (1531), hay que pensar en la comida para la siguiente etapa (1538), el saludo moro es distinto del cristiano (1519), etcétera. El poeta siempre es exacto en los números (aunque éstos se exageren poéticamente, el procedimiento es o quiere ser verista) y se preocupa por detalles de la vestidura, de las armas y en el cálculo del botín. Pero más allá de este aspecto, la selección que el poeta hace del detalle en sus pasajes más conscientemente literarios muestra la mano de un gran artista, capaz de sugerir todo un escenario aludiendo tanto a las cosas pequeñas como al conjunto, y de asociar con los detalles los personajes del drama y, por tanto, nuestras emociones con ellos. No se molesta en decirnos cómo era Cardeña, puesto que todos lo conocían, pero presenta a los monjes moviéndose en la madrugada por la abadía, emocionados por la llegada del Cid y por esta irrupción en su vida tranquila del mundo militar con su ruido y su color. Vemos las trémulas candelas (244), escuchamos las campanas (286), y vemos a Doña Jimena arrojándose a las gradas del altar para rogar por su esposo (327). De una manera más concentrada los versos 1610-1617 nos proporcionan la descripción más delicada y sugestiva del poema. El genio del poeta nos hace ver aquí a Valencia a través de los ojos de Jimena y sus hijas. La gran ciudad constituía la máxima presa de su conquistador, y habría sido impresionante el que el poeta nos la presentase a través de los ojos del héroe, o sencillamente en la voz narrativa; pero escoge para que veamos esta maravilla los ojos de las personas acabadas de llegar, y siendo de mujeres, sin duda, más sensibles e impresionables. Más aún: vemos los ojos de las mismas mujeres como los vieron el Cid y los soldados que habían subido con el grupo al alcázar: *Ojos velidos catan a todas partes* (1612), siendo éstos los primeros ojos dulces de mujer cristiana que los hombres habían contemplado desde hacía tiempo. La ciudad mora y mediterránea habrá sido más impresionante que ninguna en la España cristiana, y a ella se une el mar que probablemente ninguna de las mujeres había visto antes; al otro lado se extiende la gran huerta verde, la tierra más rica de toda España. Todo esto es *ganançia* (1617), pero con mucho más énfasis es también *esta heredad, que vos yo he ganada* (1607) que el Cid ofrece a su familia. El gesto hacia Dios y la acción de gracias por esta enorme merced, con los que se cierra esta breve escena, son la cosa más natural del mundo. Como hemos dicho, para crear esta escena el poeta ha aprendido algo del poema francés *Berte aus grans piés* (la reina Berte, recién llegada desde Hungría, contempla París desde la altura de Montmartre), pero esto es lo de menos: la perfecta discreción del poeta le ha guiado en la elección de detalles descriptivos que despiertan profundas emociones.

La escena de Corpes es un ejemplo todavía más fino del arte narrativo. Nos tememos que vaya a ocurrir alguna desgracia: el Cid ha ordenado a Félez Muñoz que acompañe al grupo por ciertas sospechas que no se indican, diciendo en público solamente que el caballero ha de ver las heredades asignadas a Doña Elvira y Doña Sol en Carrión (las *arras* del matrimonio) y volver a informar al Cid sobre ellas (vs. 2620-2622). Avengalvón, descubriendo el complot de los infantes para matarle, ha prevenido en público a las hijas del Cid sobre la maldad de sus maridos. Los detalles con que se presagia el horror conforme se aproxima el grupo a Corpes hay que observarlos con una mentalidad medieval. Los árboles son anormalmente altos, sus ramas se pierden en las nubes (2698): en la tradición medieval la boca del infierno se creía rodeada de un espeso bosque. Éste —como cualquiera en Europa en los siglos XII y XIII— ofrece el actualísimo peligro de las *bestias fieras* (2699) y las *aves del monte* (2751); la alusión a éstas más tarde en la corte, en una reunión de esforzados soldados (2946, 3267) bastará evidentemente para hacer temblar al más fuerte. Sin embargo, hay en el tenebroso bosque un *locus amoenus,* el vergel o claro con su fuente de agua pura. Momentáneamente todo es encanto e inocencia, y los infantes hacen el amor a sus mujeres en lo que casi constituye un ambiente de pastoral renacentista. La noche en el bosque no ha sido desagradable, a pesar de los augurios; pero el alba, que debería traer con su luz la esperanza, la claridad y una nueva inocencia, traerá en la predicción del poeta la tragedia (2704). El resto del relato de Corpes, analizado por los críticos, mantiene este alto nivel artístico con la misma economía y riqueza de sugestión. Se discute mucho sobre las fuentes literarias en que ha bebido el poeta tanto en general como en el detalle de esta maravillosa escena, y es seguro que las hay, pero nadie puede poner en duda la eficacia de su re-creación inventiva.

La épica pertenece al género narrativo, y el poeta tiene que ser maestro en las técnicas narrativas anteriormente analizadas. Pero la épica es también arte dramático antes del propio teatro moderno, y el elemento teatral del *PMC* es tan fuerte como, por ejemplo, el de *La Celestina,* o quizá más, porque en el poema tenemos la tensión adicional que comunica el verso. El ejecutante o presentador de poemas épicos medievales debió ser en alguna forma semejante al actor moderno, como veía muy bien Dámaso Alonso al hacer notar en un famoso ensayo de 1944 que la ejecución de este poema debió ser una «semirrepresentación». Lo que se ha denominado con acierto el estilo dinámico del poeta en la oración directa es quizá una creación más importante todavía que su estilo estático en la narrativa. La proporción de oración directa en relación con la indirecta es muy alta. Los personajes adquieren vida en la mente del autor cuando hablan y éste nos los entrega de la misma manera. El impacto de los personajes, y por tanto de todo el poema, es reforzado por esta técnica, y ella nos recuerda que no se trata de una historia o de una crónica rimada, sino de una creación literaria. El poeta se alegra de poder traer a primer plano la realidad humana que habla:

en los comienzos, después de unos pocos versos descriptivos, el Cid se dirige a Dios (vs. 8-9) y a Alvar Fáñez (14), el pueblo lanza su grito (20) y la niña se dirige a los desterrados (41-48). Incluso en las batallas, el Cid arenga a sus hombres y les comunica sus órdenes, da su grito de batalla en medio de la acción, saluda a su lugarteniente después de ésta y dice lo que se ha de hacer con el botín. Los discursos más notables son los de la corte, en los que alternan el patetismo, la protesta solemne, las declaraciones cuidadosamente jurídicas y la retórica de la más profunda indignación, juntamente con notas de desdén y hasta de humor. Otros tonos que se oyen son los que expresan la astuta diplomacia de Martín Antolínez y las codiciosas, pero cautelosas respuestas de los prestamistas, la conmovedora plegaría de Jimena, la jactancia y presunción de Ramón Berenguer, las declaraciones oficiales del rey, los taimados cálculos de los infantes, la indignada lección moral de Avengalvón y la titubeante elocuencia de Pedro Bermúdez. El Cid habla siempre con dignidad, dando órdenes, arengando, rezando, de una manera irónicamente acogedora cuando saluda a los judíos (154-155), jugando fríamente con las palabras para humillar más al conde de Barcelona *(comed, conde... 1025, etc.)*, hablando con justo orgullo de sus triunfos, haciendo una valoración racional de estrategia (2493-2504), expresando su amargura después de la afrenta de Corpes (2916). Todo esto es la obra no sólo de un poeta sino de un autor dramático con un oído sobremanera receptivo a las sutilezas y poder de la palabra hablada.

La importancia de la oración directa se le habrá comunicado al poeta español desde la épica francesa. Pero el español mejora en cierto modo las técnicas de ésta omitiendo a menudo el *verbum dicendi (A dijo... luego B contestó)* cuando se comienza o concluye el discurso. Debemos un estudio sobre esto a Dámaso Alonso (1969). Hasta tal punto ocurre que a veces no aparece claro quién es el interlocutor, por lo cual los editores no siempre están de acuerdo en la atribución de algunos versos. Esto no es un defecto; por el contrario, se nos presenta de inmediato el discurso, pasando el narrador a segundo término mientras los personajes mismos toman la palabra y crean la acción.

No obstante, se nos recuerda a menudo la presencia del narrador, quien en la representación pública del texto es a la vez autor y actor. Él puede hacer un comentario directo a los oyentes, como en los vs. 1178, 2208, 2314, pero esto en sí no constituye una prueba de la presentación oral del poema, pues esta fraseología se encuentra convencionalmente en la literatura posterior, no sólo en los poemas de cuaderna vía sino hasta en las crónicas en prosa. El comentario puede revestir una forma casi proverbial (850). El narrador nos recuerda a veces un hecho con un abrupto *sabet...*, y aumenta con esta técnica la sensación de urgencia con que el Cid debe salir de Castilla (307). Hace apartes confidenciales al presentar algo nuevo, escena o personaje, como en los vs. 899 y 1453, y se abstiene de repetir detalles (1310, frase como otras con diversos antecedentes en francés). Más significativas son las ayudas visuales; el narrador llama la atención del público sobre algún nuevo elemento y le ruega que imagine la escena con un *Afevos* exclamativo (262, 476, etc.). Se despierta la admiración *(admiratio)* con frases como *non viestes atal* (374) o con preguntas retóricas (1214) o exclamaciones (789). Otras llamadas dramáticas invitan casi a los oyentes a unir sus voces a la del narrador, como en los vs. 20 y 2741. A pesar de ser en cierto modo convencionales y hasta formulaicas, estas técnicas sirven para animar la narración y reforzar su dramatismo; en el fluir más bien sobrio y moderado de la narración, son el grito, la llamada personal, la nota altamente emotiva.

Ciertas técnicas de insistencia son utilizadas hábilmente por el poeta. Así como recapitula de vez en cuando lo esencial de una tirada, sabe también repetir un verso, variando o no, para subrayar su emoción, por ejemplo, cuando pone de relieve el horror de los castigos con que amenaza el rey (24, 43), la cuantía del botín obtenido en Valencia (1214, 1218), el patetismo de Corpes (2741, 2753). Sabe también cómo colocar parejas antitéticas de versos, y usar el *oppositum* o «afirmación por negación» mencionado antes como técnica retórica (2083 y 2752). El poema no contiene verdaderas metáforas literarias; la frase *las telas del coraçon* (2578, 2785, 3260) es conmovedora, pero formaba probablemente parte del idioma hablado, y la alusión a Alvar Fáñez como *diestro braço* del héroe (753) emplea una idea universal, aquí con antecedentes directos en francés. Los símiles son a veces bastante ordinarios (61, 279); el de los vs. 375 y 2642, desgarrador, puede haber pertenecido a la misma lengua hablada pero aquí es usado genialmente; los símiles *tan blancas como el sol* alcanzan un tono más literario (2333, 3074, 3087, 3493). No hay ejemplos del símil elaborado a la manera virgiliana que se encuentra, por ejemplo, en la *Chanson de Roland,* ni del símil bíblico que se da frecuentemente en el latín medieval escrito en España; como el poeta conocía la *Chanson* y varios de los textos latinos, parece que en este aspecto se guardaba de volar demasiado alto.

No todo en el *PMC* podía ser perfección ni arte maduro; por una parte, si el poema representa en efecto el inicio de un nuevo género, habrá de revelar los defectos inherentes a todo lo experimental, y por otra parte, la versión que tenemos puede representar un primer intento que el autor no llegó a pulir. Menéndez Pidal incluyó una sección de *Olvidos del juglar* en la Introducción de su edición popular, con razón. El poeta olvida a veces algún detalle, por simple lapso. Un ejemplo es la mención de Alvar Salvadórez al que se presenta luchando con los hombres del Cid (1994) cuando se había dicho antes que estaba prisionero de los moros (1681), sin que el poeta nos haya dicho cómo fue puesto en libertad. Se omite la entrega al rey Alfonso de la tienda de Yúcef, señalada como botín destinado al rey en los vs. 1789-1790, así como la del escaño ricamente guarnecido que había de aparecer en una función importante en la corte (3115). Las crónicas subsanan estas omisiones. En los comentarios de MP se pueden estudiar otros casos. Sin embargo, no podemos estar de acuerdo con él en otro punto más importante. MP cree que el hecho de que en nuestro texto el Cid no pague a los prestamistas es otro «olvido» del autor, pero esto es insostenible: el Cid poético no les paga, y hasta podemos razonar que la inesperada habilidad del protagonista en este asunto nada heroico es, a los ojos del autor, otro rasgo positivo de su retrato.

Los otros defectos en la lógica narrativa son muy pequeños, de la misma manera que no son frecuentes los versos malos o los pasajes aburridos. El poeta del grandioso experimento merece nuestro aplauso. El sentía de forma sorprendentemente moderna el poder de la palabra, componiendo muchos versos que continúan resonando en la mente, muchos que conmueven profundamente nuestras emociones. Ninguna literatura en verso pudo tener unos comienzos más dignos.

VI. TEMAS Y ESTRUCTURA

El poema tiene una línea argumental muy simple: desterrado injustamente y reducido al extremo de tener que engañar a unos judíos, el Cid deja su casa y su familia, y con unos pocos seguidores se dirige a tierra de moros. Al principio tiene que limitarse a sobrevivir, pero poco a poco, con su solo esfuerzo, su capacidad de mando y la devoción de sus vasallos, alcanza tal poder militar que puede apoderarse de la codiciada Valencia y —pasado algún tiempo— es recibido de nuevo en el favor del rey. Su riqueza provoca la ambición de los infantes, nobles pero pobres, que (con el apoyo del rey, y a pesar de las serias dudas del Cid) se casan con sus hijas. El innato complejo de inferioridad de los infantes, jóvenes de ascendencia leonesa entre los esforzados castellanos, se agrava por un accidente y las burlas y sospechas a que se les somete; éstos deciden vengarse del Cid y su mesnada en la persona de sus propias esposas, a las que abandonan en Corpes; tal acción conduce a un divorcio automático. El Cid acusa a los infantes ante la corte, obteniendo no sólo una satisfacción material en dinero y posesiones, sino también la restitución legal de su honor; finalmente, se asegura de una manera visible y con sangre la venganza a la que tiene derecho. Las hijas contraen nuevos matrimonios con miembros de las familias reales de otros estados. El Cid muere con su riqueza y poder intactos, su honor vengado y su sucesión asegurada dentro del linaje más distinguido.

El poeta construye su narración apoyándose en una serie de ápices mayores y menores, colocados genialmente en una progresión natural que, aparte otros factores (y todos la apoyan), nos aseguran la unidad de composición. Los ápices son la batalla de Tévar, en la que el Cid derrota a las fuerzas de

77

todo un estado —Cataluña— y captura a un personaje de categoría casi regia, a quien humilla en una confrontación personal; la toma de Valencia; la recuperación del favor del rey y el matrimonio de las hijas; la afrenta de Corpes, el veredicto de la corte y los duelos. Las progresiones están señaladas en el crecimiento que experimenta el bando guerrero del Cid hasta convertirse en un gran ejército, en el incremento del botín, que le permite aumentar la cuantía de sus regalos al rey (treinta caballos, cien, doscientos), y en la disminución de la hostilidad real, hasta el punto de que se anula la orden de destierro, previa la suspensión de las penas legales que recaían sobre los seguidores del Cid. La lógica de estas progresiones permite al poeta prescindir de las referencias al tiempo, en meses y años, sobre todo al ir apartándose cada vez más de las consideraciones históricas, a medida que se desarrolla el drama. Pero indica la duración de los asedios y operaciones militares, y a veces la estación, cuando lo considera apropiado. Sus amaneceres no sólo son impresionantes sino que pueden tener también un colorido simbólico (*v. gr.*, 457, un amanecer brillante anuncia el éxito del Cid en Castejón). Aparte de este simbolismo tan sencillo, es arriesgado ver otra fuerza simbólica o (todavía peor) un significado alegórico en los detalles, progresiones u otros aspectos del argumento: el arte del poeta no era así.

Los temas dramáticos están implícitos en lo que se ha dicho del argumento; pero para valorarlos en toda su plenitud, debemos conocer qué otras dimensiones tenían en la mentalidad medieval. El primer tema es el de la ascensión del Cid al poder. Su esfuerzo personal es el aspecto capital, como él mismo afirma: *con grand afan gane lo que he yo* (1935), pero lo ha precedido diciendo: *Esto gradesco a Christus el mio señor* (1933), actitud característica que, como otras muchas, coloca con firmeza toda acción en un universo ordenado por Dios. Este marco había sido indicado con claridad, poco después de comenzada la narración, en el *credo* de Jimena, y se había relacionado directamente al Cid con la aparición del ángel. El rey no es en el drama un símbolo del destino ciego, ni es personalmente (como lo son Ramón Berenguer, los moros, etcétera) un simple obstáculo que se debe superar de una manera humana. El rey de la Edad Media, situado en la cumbre del poder feudal y como vasallo inmediato de Dios en la tierra, era una figura que imponía un enorme respeto; al desterrar al Cid pudo haberlo hecho por precipitación o influenciado por los *malos mestureros*, pero es digno del respeto constante que el Cid y los demás le muestran, y no esperamos que éste le haga la guerra (aunque las leyes le daban el derecho a hacerlo, creía MP; lo niega Lacarra, 1980, a base del *Fuero Viejo,* asunto clave que habrá que aclarar; ver ahora Montaner Frutos, 1993, 444-445); por otra parte, el dominio de sí mismo mostrado por el Cid indica, como señala Pidal, una actitud mucho más responsable que la de los vasallos rebeldes glorificados en muchos de los poemas franceses. La sentencia del destierro era, asimismo, algo más serio de lo que nos puede parecer. El desterrado era excluido de la sociedad y de la estructura feudal, es decir, del mundo ordenado por Dios; quedaba separado no sólo de su familia, sino de la tierra *(des-terrado)* que tanta importancia tenía en el plano político y material, por lo que a la inhabilitación legal se debía añadir una tremenda tensión psicológica. Así podemos comprender con más facilidad la extraña humillación del Cid y su intensa alegría al recuperar el favor real (2019-2024). La amenaza de destierro por parte del rey y la pérdida de su *amor* (3141) era una muerte jurídica. Se necesita una cuidadosa lectura del texto si se quieren percibir algunas sutilezas del tema del poder, como, por ejemplo, la discusión en la corte sobre la *natura* de los infantes (3275). Cuando el Cid recibe a su familia en su nueva *heredad* de Valencia (1607), éste les habla de «esta vasta hacienda que será de nuestra familia», dando con ello a entender que ahora podrá casar espléndidamente a sus hijas como consecuencia de esta riqueza. Recordemos que *honor* en latín pasó a significar en el español antiguo «hacienda, feudo, propiedad» *(v. gr., PMC* 289) y que ambos conceptos tenían su palabra equivalente en el francés antiguo y en el inglés medio.

El tema del poder tiene, además, otra dimensión: la de la simple lucha. El dinero está de modo constante en la mente del Cid (como lo demuestran las frecuentes alusiones del poeta al botín y al dinero), y éste no se hacía ilusiones sobre la necesidad que tenía de él para recuperar el favor real y casar a sus hijas desde una situación de poder y fuerza económica. El Cid alude a esta última ambición al principio del poema y en el momento más crítico de su situación (282b). Pero si él iba a subir, otros debían caer. Sabe que tiene enemigos en la corte, sobre todo García Ordóñez, desde el principio de la narración, y, más adelante, toda la familia Ansúrez, con su *grand bando* (3010) que incluye aliados castellanos. Los enemigos del Cid saben, asimismo, que ha empezado la lucha y que, aunque han ganado el primer asalto, el siguiente ha sido para el Cid (1862). A partir de ahora las hijas del Cid constituyen —en la mente de todos, incluido el rey— los peones en la lucha por el poder: el Cid siente por ellas una gran ternura, pero, conmovedoramente obedientes, las mueve en el tablero como hacía cualquier otro señor medieval con sus mujeres. La acción en la corte se basa en el perjuicio económico que ha sufrido el Cid, y el detrimento a su honor, no en el daño físico causado a las mujeres en Corpes, ni en el hecho de que ellas han perdido a sus maridos. Se valora todavía la segunda boda de las muchachas por su posición social, no por la felicidad o compatibilidad, a pesar del primer fracaso (3720-3724); pero lo contrario, repetimos, sería más sorprendente en una narración medieval.

Se aprecia en el poema un cierto sentimiento de lucha entre el ambicioso infanzón, el Cid, ayudado por sus vasallos, y los nobles de mayor alcurnia, a los que se denomina condes y ricoshombres. El poeta nos hace comprender que aunque al Cid le falta categoría social, posee, no obstante, el vigor y las cualidades morales, mientras que la alta nobleza puede tener clase, pero está gastada y es mala y estúpida. Exagerar, sin embargo, esta idea sería introducir conceptos modernos. Es todavía más dudosa la presencia en el poema del tema del predominio castellano en la lucha por el poder contra los otros estados hispánicos. El Cid es el *Castelano* (748, 1067), pero no en un contexto de hostilidad a los demás; aunque parezca sorprendente, también se le designa así al rey en tres ocasiones; en otros lugares se alude a que reinaba en Castilla, León, Asturias y Galicia *(v. gr., 2923-2926)*. No aparece hostilidad alguna contra Alfonso por el hecho de que había sido rey de León antes de serlo también de Castilla. El poema se muestra hostil a los nobles leoneses, no tanto por su origen nacional como por la influencia que tenían en la corte, y porque —al menos en la literatura— producían vástagos tan repulsivos como los jóvenes infantes, que hablan siempre de la nobleza de su sangre, pero que están moralmente enfermos. Aun así, y debe notarse, el poeta hace que Alvar Fáñez rinda homenaje a la honrosa historia de su familia (3444).

Aquí entran en juego los motivos de rivalidad —de odio— familiar analizados por Lacarra en su importante libro de 1980: hacia 1200 el autor del *PMC*, afecto a la gran familia de los Lara, que dominaba la región de Burgos (y mucho más), sabiendo que en sus venas corría actualmente la sangre del Cid, al glorificar al heroico antepasado en su poema injirió en él una importante dosis de *escarnho e mal dizer* contra los miembros actuales del clan de los Castro, en cuyas venas corría asimismo la sangre de los Ansúrez o condes de Carrión de un siglo antes; los Castro eran enemigos de siempre de los Lara y de ascendencia y carácter parcialmente leoneses, figurando en un papel relevante Pedro Fernández de Castro, al lado leonés y traidor a Castilla, en y después de la batalla de Alarcos en 1195. El poeta coloca por tanto a los infantes de Carrión —en la historia de los tiempos del Cid, inocentes— en el papel de malos y traidores, logrando su *escarnio*. Analizo los argumentos de Lacarra en *La creación...*, 225-230, agregando ideas mías sobre un rencor que se habrá guardado en Cardeña en época del poeta contra Carrión y sus condes, rencor que se originó en 1144. La investigación de Lacarra tiene que ver con otros motivos genealógicos también, que afectan por ejemplo a García Ordóñez, y en otra manera explica de modo convincente el honroso papel de Avengalvón; ambas propuestas —de Lacarra y mía— son criticadas, con razones de peso, por Montaner Frutos (1993, 539-541).

Por el contrario, el poeta hace objeto de su fino humor a los catalanes, tanto de una manera colectiva como en la persona de Ramón Berenguer; con el equívoco de *franco* (1068), inicia una serie de chistes que continúan existiendo aún hoy en Castilla. Las alusiones a otros pueblos cristianos —portugueses, aragoneses, etcétera— tienen un tono neutro. El poema

no contiene estridentes afirmaciones sobre las virtudes caste-
llanas, aunque el Cid, con su *mesura,* su probidad y su vigor,
representa a una nación que ha iniciado su marcha hacia un
gran futuro. *España* es un término geográfico que sólo se usa
en contextos ligeramente figurativos (453, 1021, 1591) y que
en otros versos, como dice Pidal, significa la «España cristia-
na» (3271, 3724). Pero, como es evidente, nada podía impe-
dir el que las generaciones posteriores, influidas por el poema
y sus derivados, convirtiesen al Cid en el verdadero héroe na-
cional, a medida que Castilla se transformaba en la España
más amplia de los siglos siguientes.

Entre los pueblos no cristianos, se les hace a los judíos obje-
to de hostilidad y burla, aunque se reconoce su papel en la
ciudad y en la sociedad. Se respeta a los musulmanes como a
poderosos enemigos y se les trata con benignidad en la derro-
ta (535, 620), pero su jactancia excesiva tiene que ser corregi-
da por la ironía cuando se presenta la ocasión (2411, etc.). Se
puede encontrar entre ellos a útiles aliados, e incluso amigos,
dignos de todo respeto: Avengalvón *(mio amigo es de paz,*
1464) es siempre de fiar, y capaz de dar a los infantes una lec-
ción de moral (2675-2685). El poema no exagera la hostilidad
entre cristianos y musulmanes, ni intenta excitar los prejui-
cios religiosos. Los moros están constantemente presentes en
el poema como adversarios militares, a los que el Cid vence
una y otra vez, pero no forman parte del tema del poder, tal
como se desarrolla éste en el drama del poema.

El segundo tema es el del honor, que se refiere al individuo
y a la persona colectiva de la mesnada, y el de la justicia, que
constituye su aspecto social más amplio. El honor y la justicia
son puestos en peligro por la traición: el proceso legal y el más
primitivo (aunque sancionado por las leyes) de la venganza
por medio de la sangre restauran el honor y la justicia. El con-
cepto de *onor, ondra* (todavía no diferenciados) es aquí muy
distinto del de los dramas de Calderón; en el poema no tiene
un matiz sexual y no se insiste en él de un modo neurótico, ni
se le examina con histerismo, como ocurre en esos dramas.
Uno de sus significados es el de simple «posición o rango so-
cial»: el Cid, refiriéndose a las bodas con los infantes, dice
que de ellas *avremos ondrança* (2188) y *creçremos en onor*

(2198). Esta posición no queda afectada por las dudas sobre los matrimonios, a los que el Cid se refiere a continuación (2199, etcétera). Los infantes consideran el episodio del león como una *desondra* para ellos (2762), y los otros pensaron en aquella ocasión que los infantes habían «perdido su prestigio», que habían quedado «humillados» con esto *(enbaidos,* 2309); éstos piensan restaurar su honor abandonando a sus mujeres, que desde el punto de vista social les eran inferiores, y presumen luego de ello (3360); pero se nos hace ver esto como un abuso del término *ondrado,* puesto en bocas indignas. Los infantes no matan a sus esposas, prefiriendo dejarlas con vida para que lleven las cicatrices de la ignominia por el resto de su vida (3358-3359), de la misma manera que se castigaba a los criminales con mutilaciones simbólicas. La reacción del Cid al ultraje de Corpes se limita a un comentario irónico sobre la *ondra* que los infantes le han proporcionado, a jurar venganza contra ellos por su barba, símbolo de su honor, y a la promesa de mejores matrimonios para sus hijas (2830-2834). Todos éstos son temas que recogen los miembros de la mesnada, ya que ellos han sido también afectados de una manera sentimental y legal. Notamos que cuando comunican al Cid la ofensa, éste no llora, como lo hace en otras ocasiones por motivos menos importantes, ni tampoco da gritos, como lo haría un personaje calderoniano, cuyo «machismo» se ha puesto en tela de juicio. Habla sólo cinco versos, y esto después de una prolongada reflexión (2828); y es que, aunque preocupado por sus hijas y su honor, ve también que este infortunado asunto, llevado adecuadamente, le proporcionará una victoria definitiva —en relación con la política y el poder— sobre sus viejos enemigos de la corte, y mejores matrimonios para aquéllas. Ahora estará el rey al lado del Cid en la prosecución de la justicia; pues no sólo está obligado a ello por ser su señor feudal, sino que está también personalmente envuelto, ya que fue él quien preparó los matrimonios. Es así como se instruye a Muño Gustioz para que presente el caso ante el rey (2905-2911). Se alude al mismo tiempo a las posesiones materiales como al asunto del honor (2912-2913) y las dos cosas constituyen el asunto del proceso en la corte.

Podemos ver, pues, que el *onor* es aquí algo mucho menos específico que en el código calderoniano; es uno de la serie de factores que hay en la mente del Cid cuando éste busca reparación, y está estrechamente relacionado con otros de carácter económico, social y feudal. Quizá no se trata más que del código de costumbres y de la actitud de la clase social del Cid y de la sociedad militar-feudal. A pesar de lo lejos que estamos de esa clase y esa sociedad, podemos notar que en el poema se presenta el tema del honor con más humanidad y realismo (en vista de todas sus ramificaciones) que en el drama del Siglo de Oro, y que los inicuos móviles de los infantes son más naturales y dignos de crédito que, por ejemplo, los de Ganelon en la *CR*. Los infantes son debidamente castigados, como deben serlo en cualquier código moral; son ya, en opinión de Avengalvón, *malos e traidores* (2681), y esta formal acusación, junto con la de *menosvaler*, es la que se presenta contra ellos en el tribunal, como prólogo necesario a los duelos, en los que Dios, ante el rey y el pueblo, hará que triunfe la razón y que el Cid sea vengado. El orden moral y el orden social, que son uno, quedan así debidamente restablecidos.

Un tercer tema, el del buen soldado, está presente a lo largo de la obra, aunque de una manera menos explícita. Hemos hecho notar antes que el poeta se muestra un poco simple en relación con las tácticas militares, pero esto no quiere decir que estuviera mal informado, ya que supo hacer justicia a los asuntos guerreros, en su detalle y en su espíritu. El poeta sabía que la principal ocupación del Cid y de la clase social a la que éste pertenecía era la guerra, e hizo lo posible para informarse de muchos de sus aspectos; además de eso, se las ingenió para sentir y expresar toda la emoción de la batalla y la vida militar. Entre los mejores discursos del Cid se encuentran las arengas que preceden a las batallas; sus gritos de guerra resuenan en medio del estruendo; y, de una manera más sutil, el poeta le muestra temblando de emoción ante la perspectiva del combate, su *deliçio* (1639), sobre todo en esta ocasión en que su familia le va a ver luchar (1641). Las descripciones que se hacen del Cid, participando en la pelea y dando enormes golpes, son las normales en la épica, como en otros géneros modernos, y están bien logradas. Pero el poeta, ante-

84

pasado de los que compusieron los romances fronterizos del siglo XV, reserva un recuerdo a las poblaciones moras de las ciudades conquistadas, y a la angustia de los sitiados en Valencia. Otra vez son los infantes quienes ofrecen el contraste; en un marco civil sólo ellos tienen miedo cuando se escapa el león, y en un contexto militar uno de ellos muestra su cobardía, y Pedro Bermúdez tiene que defenderle. Como ocurre con el tema del honor se dicen pocas cosas de una manera directa, pero se sobreentienden muchas y se dan por supuestas en el código militar; notamos de nuevo que esto parece ser mucho más práctico, comprensible y moderno que su extrema interpretación, personificada por Roldán en la épica francesa. Lacarra (1980) enjuicia en términos muy prácticos toda la motivación militar, basándose en los fueros de alrededor de 1200 para evaluar, por ejemplo, la gran importancia del botín. Para un público de esa época habrá sido llamativo el v. 1213, *los que fueron de pie cavalleros se fazen:* ¿partirían los jóvenes de Burgos, villanos, *de pie,* en alguna expedición como las del Cid, para volver enriquecidos y con categoría de *cavalleros?*

Hay, quizá, un cuarto tema, el de la integridad. El Cid se merece el poder, el honor, la justicia y las victorias militares, porque es íntegro en un sentido cristiano, feudal y social, lo cual le capacita para usar y preservar estos dones de modo razonable. Su integridad le gana la adhesión de sus vasallos, y éstos hacen grandes cosas por él. Su constancia y generosidad le hacen recuperar el favor del rey, y puede, así, ir aún más lejos en sus triunfos. El Cid cree en la fuerza de la ley, en la consideración por el derrotado, en que se debe pensar bien de las personas mientras no se pruebe que son indignas de confianza (como hace con los infantes al principio del tercer cantar), en el justo reparto del botín, en el respeto al monarca que le ha tratado injustamente. Su probidad se extiende a los moros, pero no a los judíos: excluidos de la sociedad cristiana y feudal, sólo ellos son las víctimas de engaños ingeniosos. Lo que más pone de manifiesto las cualidades morales del Cid en el poema es, quizá, la frecuente presencia de los personajes femeninos. Éstos no toman iniciativas y rara vez tienen voluntad propia, pero dicen mucho y reaccionan con frecuencia; a veces, incluso vemos al Cid a través de sus ojos. El poeta nos ilumina brillantemente las facetas del Cid como esposo y como padre; éstas añaden una dimensión de amor, ternura y vida doméstica, que enriquecen el poema desde el punto de vista de los lectores modernos. Los aspectos románticos de sus relaciones con Jimena, añadidos a la historia del Cid por las *Mocedades* y transmitidos por los romances y el teatro, son, en comparación, algo completamente empalagoso.

Estos temas están entrelazados en un poema que no sólo es conmovedor y emocionante, sino que es también rico en ejemplaridad en un creíble nivel humano y social. Los juicios de valor del autor están implícitos por doquier. El Cid obtiene sus éxitos por sus cualidades morales; tiene un sentido de la justicia, la caridad, la lealtad e incluso del amor, como esposo y padre, que van más allá de los modelos corrientes de la época. Es éste un poeta que escudriña el pasado para señalar el camino a seguir, que despliega la *seña cabdal* del Cid con la esperanza de que la va a seguir una nación.

VII. LOS PERSONAJES Y SU PRESENTACIÓN

Como toda obra dramática, y a diferencia de la crónica rimada, el *PMC* tiene personajes. Éstos nos son presentados con cuidado y amor, como creaciones literarias que no tienen que ver de una manera necesaria con sus prototipos en la historia. Este importante aspecto del poema ha recibido muy poca atención en el pasado, tan preocupados estaban los críticos por los temas históricos, métricos y filológicos, mientras que otros se han contentado con evidentes generalizaciones.

El poeta, naturalmente, prodiga su atención al Cid. Como conviene a un héroe, éste es valiente en la batalla y al enfrentarse al león, hábil en la táctica militar, prudente en los aspectos más amplios de la estrategia (2500-2504), de una fortaleza física poco común (750, 2421-2424); constante, generoso, considerado, digno de toda confianza (1080), afectuoso (con Álvar Fáñez, 920-922), cariñoso y tierno con su mujer e hijas, y profundamente piadoso. No esperamos menos de un héroe, y el poeta no merecería una alabanza especial si hubiera limitado a esto su retrato. Pero no se detiene aquí y añade facetas y detalles que nos muestran que ha vivido en su imaginación con su criatura, y que se preocupaba por darnos un personaje completo, con muchos rasgos inesperados. Al Cid se le otorgan varios versos para que hable, que en un personaje de menor categoría podrían expresar un desagradable tono de ampulosidad, u otro defecto, pero que añaden aquí una considerable profundidad. Con frecuencia muestra su confianza en la victoria, como corresponde a un caudillo; si añade *d'aquelos moros yo so sabidor* (2336), lo hace para liberar a los infantes de su obligación de luchar, evitando así que pongan de manifiesto su cobardía. A veces no tiene reparo en expresar el orgullo que, como es lógico, siente y que está plenamente justificado: su corazón se inflama de valor ante la presencia de su familia (1655), se le teme más allá del mar, en tierras de Marruecos (2501), y las gentes cristianas verán en la riqueza de los infantes, sus caballos, jaeces y espadas, sólidos símbolos del poder del Cid (2579-2580). Éste no duda en aplicarse a sí mismo un epíteto épico, al mencionar su barba como símbolo de su honor y virilidad, cuando grita a Búcar que huye (2410). Todavía más inesperada es la nota humorística: humor burlón al dirigirse a Ramón Berenguer (1068-1073), humor torvo al gritar a Búcar (2411), humor de espaldarazo jovial al mandar a Pedro Bermúdez (3302), a pesar de la tensión existente en la corte. Sabe el Cid cómo alegrar y animar a sus hombres, sin desdeñar promesas prácticas de recompensa en relación con el botín. Hay un momento finamente logrado, en el que el Cid, medio en broma, pero también con elegancia cortesana, tranquiliza a las mujeres, que están llenas de temor al ver miles de tiendas almorávides, levantadas en preparación para el asalto de Valencia: los moros, les dice, traen una dote (de botín) para sus hijas, ahora que están en edad de casarse (1647-1650), aunque todavía habrá que quitársela con la ayuda de Dios. Más tarde (1749), felicita a las mujeres por haber «guardado Valencia», mientras él luchaba fuera de la ciudad. Aquí, como siempre, muestra una extraordinaria habilidad para encontrar las palabras adecuadas, que se acomodan al tono de emoción controlada, y que darán lugar a la respuesta deseada.

Las verdaderas sutilezas en el retrato del Cid se refieren a su comportamiento con los infantes, relación que corresponde al núcleo del drama. El Cid abriga dudas sobre los matrimonios, desde el principio, no tanto por una antipatía personal hacia los infantes, como por la diferencia de rango social (1938, 2084). Pero una vez que ha aceptado las uniones, debe poner en público la mejor cara que puede, ya que está en juego el honor de toda la familia y la mesnada. En privado, no obstante, continúan sus dudas, como se ve cuando encarga a Pedro Bermúdez y Muño Gustioz que espíen a los infantes (*que sopiessen sos mañas,* 2171), y cuando envía a Félez Muñoz para que vaya con el grupo que se dirige a Carrión (2620). En versos anteriores, los hombres del Cid se han burlado de los infantes, como consecuencia del incidente del león y de su cobardía ante Búcar (2307, 2532); en el primero de los casos, manda el Cid que cesen las bromas (2308), no tanto por sus sentimientos paternales como para proteger su honra, mientras que en el segundo ha debido tener ciertas dudas (ya que Pedro Bermúdez ha ocultado la verdad y Alvar Fáñez ha dado una versión favorable sobre la conducta de los infantes en la batalla, 2460-2461). El Cid hace todo lo que puede por los infantes y los matrimonios en tan difíciles circunstancias; cuando marchan a Carrión les colma de regalos y, sobre todo, *nos curiava de assi ser afontado* (2569), quizá porque confiaba en que todo iría bien, una vez que sus yernos estuviesen con sus mujeres en las tierras de Carrión y libres de accidentes de leones, de las burlas de los soldados y del peligro de las batallas. Hasta los medios versos se deben sopesar por las implicaciones que contienen en el retrato que el poeta hace del Cid.

La cualidad personal del Cid que el poeta pone más de relieve es una a la que rara vez hemos hecho alusión hasta ahora: nos referimos a su *mesura,* cualidad que no es propiamente épica (sobre todo si comparamos al Cid con Roldán). La mesura es en parte 'prudencia', 'buen sentido', pero también 'tacto' y 'consideración' en el trato con los demás, y de modo particular una cierta *gravitas* en las maneras y en las palabras. Es una virtud más cívica que militar, proyectada al futuro —en relación con la ley, la familia y el estado— más que al pasado heroico, y es, quizá, la cualidad mayor que el poeta aplica al Cid, cuando nos lo presenta como ejemplo. La conducta del Cid para con el rey, su reacción ante el ultraje de Corpes y su intervención en la corte son ejemplos excelentes de mesura, aunque hay también otros muchos. Su llaneza natural, su capacidad para hacer afirmaciones realistas constituyen posiblemente otro tipo de mesura, como cuando concluye —no sin un cierto deje de severidad— que su familia, ahora en Valencia, *afarto veran por los ojos commo se gana el pan* (1643). Un aspecto final de su mesura es la necesidad de tomar las precauciones debidas, aunque se confíe en la gente. Esto lo hace siempre en los asuntos militares o al tratar con los infantes, y también en un momento que ningún crítico parece haber notado: como he dicho en otro lugar,

> cuando el Cid y sus hombres se preparan para acudir a la corte de Toledo, van confiados en la capacidad del rey para ejercer su autoridad y protegerles en una posible reunión hostil, pero no dejan por ello de tomar sus precauciones. El Cid da instrucciones a los cien hombres que le acompañan para que lleven todas sus armas y las oculten cuidadosamente (3076-3081). Una previsión semejante del peligro le hace rehusar la invitación del rey de que se siente junto a él, pues aunque sabe que esto constituye un gran honor, no ignora que le aparta de su armado acompañamiento (3114-3119). *(R, LXXXVI* [1965], 529.)

De los otros personajes, los que ofrecen más interés son los dos infantes. Como se les ve casi siempre juntos, con sus cabezas pegadas intercambiando alguna sombría observación, o se les oye haciéndose uno eco de los comentarios del otro, constituyen una sola personalidad. Pidal creyó que eran demasiado débiles para ofrecer una auténtica oposición al Cid, demasiado pequeños para cometer una traición a escala heroica, y que esto era un defecto del drama. Se puede argüir contra esto que la nobleza de su sangre, tantas veces mencionada, constituye su fuerza, y que su poderosa familia y aliados están siempre detrás de ellos. El poeta intenta un contraste dramático completo entre los infantes y el Cid, contraste que se da a entender con fuerza desde su primera aparición y que se afirma de una manera abierta en la confrontación de la corte. Los infantes son cobardes, carecen de madurez y dependen uno de otro de una forma siniestra. Era ya bastante normal el que los matrimonios medievales se realizasen por razones materiales, *pora huebos de pro* (1374), pero el poeta quiere, quizá, que veamos lo indigno y pretencioso de las alusiones que hacen los infantes a la *ondra* (la suya y la de las muchachas, 1883, 1888). Cuando proyectan el abandono de sus mujeres, esperan conservar las riquezas, presentes y botín, que el Cid les ha dado (2550, etc.); el veredicto de la corte les duele sobre todo en los bolsillos. Tienen una mentalidad tan materialista que entregan sin emoción las dos famosas espadas del Cid (3167), y no se dan cuenta de que en los duelos esas espadas —símbolos de la Cruz y la justicia del Cid— les van a llenar de terror (3643, 3665). En Corpes no les había impresionado la referencia a éstas, hecha por las muchachas en un último intento por despertar en ellos un mínimo de sentimiento honrado que los infantes pudieran conservar (2725-2728). Las espadas del Cid —como sus caballos y vestiduras— son extensiones de su poder y personalidad; los infantes obraron con imprudencia al no reparar en su simbolismo.

Es en el tratamiento que hace de los infantes en la batalla contra Búcar, donde el poeta muestra mejor su poder de caracterización. Muño Gustioz —uno de los espías del Cid— les oye cómo planean evitar la lucha; su muerte en la batalla significa que no verían de nuevo Carrión y que las hijas del Cid quedarían viudas (2323). Este rasgo —con toda seguridad uno de los mejores del poema— no es tan ridículo como puede parecer, pues los infantes no ignoran que el Cid ha tolerado las bodas y su presencia únicamente porque son en potencia padres linajudos. Cuando se comunica al Cid la conversación, éste les dispensa afablemente de su obligación de luchar (2332-2337). Van, no obstante, a la batalla por razones que desconocemos a causa de la laguna existente en el manuscrito, pero Fernando muestra su cobardía y sólo se salva mediante la intervención de Pedro Bermúdez. El Cid se alegra con las falsas nuevas y da gracias a Dios por ellas (2341-2343). Cuando se reanuda la lucha, Pedro Bermúdez rehúsa

hacer de nuevo de protector de los infantes (2357). Consegui-
da la victoria y muerto Búcar a manos del Cid, el héroe recibe
a los infantes con un calor especial e incluso les asocia con
sinceridad a la derrota de Búcar *(avemos arrancado,* 2446). El
análisis del combate que hace Alvar Fáñez es bastante dife-
rente: midiendo sus palabras atribuye sólo al Cid la muerte
de Búcar *(matastes a Bucar,* 2458) y, usando la primera per-
sona del plural, otorga la gloria a todo el ejército *(arrancamos
el canpo,* 2458), reservando la alusión a los infantes a un co-
mentario final, amplio pero vago (2460-2461). Unas horas
más tarde, en el marco de la corte, hace el Cid una declara-
ción solemne, alzando la mano y agarrándose la barba, a la
vez que da gracias a Cristo por la verdad que va a anunciar:
sus yernos, miembros de la mesnada y familia, han ganado
honra en el campo de batalla. Esto, en su opinión, debe poner
fin a toda discusión y dudas. Un poco más tarde, sin embar-
go, cuando el Cid les alaba en presencia de sus esposas, los in-
fantes son demasiado estúpidos, o demasiado engreídos,
como para limitarse a dar las gracias; la trompeta ha sonado
en su honor y ellos necesitan tocarla también. Tanto alboroto
se ha levantado alrededor de ellos a causa de los falsos infor-
mes sobre la batalla, a pesar de la cuidadosa declaración de
Alvar Fáñez, que ellos mismos se han convencido de su pro-
pio valor. Hablando en plural, alegan que *avemos lidiado*
(2530) y *vençiemos moros en campo* (2522, en orden diferen-
te), lo cual podría aceptarse, pero van más lejos al decir *e ma-
tamos a aquel rey Bucar* (2522), asociándose a una hazaña
que era sólo del Cid. Esto, rematado con su ingenua y com-
pletamente gratuita alusión al rey moro, al que presentan
como *traidor provado* (2523), les pierde: los vasallos, que ha-
brían guardado silencio si sólo se hubiese tratado de las pala-
bras del Cid, dan rienda suelta a su indignación y comienzan
a burlarse de los infantes (2532-2534). La mofa de que son
objeto les hace la vida imposible y preparan el ultraje de Cor-
pes que les servirá de alivio y venganza.

La presentación que hace el poeta de los personajes se nos
descubre, pues, avanzada y abundante en sutilezas. Entre
ellos, sólo el héroe provoca un impacto visual con recursos
cuidadosamente planeados: vemos al Cid, en su presencia fí-

sica, a través de los ojos del narrador (788-790, etc.), a través de los ojos del rey y la corte (2058-2060, etc.), y también a través de los ojos de los infantes (3126); le vemos de alguna manera, asimismo, a través de los ojos del león, que le mira con fijeza, «avergonzado» ante la figura majestuosa del Cid, que se ha levantado de su escaño mostrando toda su altura. Los personajes menores reciben, como es lógico, menos atención, pero no carecen de un cierto relieve. Algunos miembros de la mesnada adquieren una individualidad precisa (y su personalidad literaria en el poema quedó lo suficientemente establecida como para continuar en la literatura posterior, *v. gr.*, Pedro Bermúdez); la caracterización de los judíos y de Ramón Berenguer constituye una verdadera joya; el poeta se esfuerza, asimismo, en delinearnos a don Jerónimo y Avengalvón, en sus breves apariciones. Incluso Asur González, hermano de los infantes, a quien se describe en cuatro versos y se hace hablar en cinco, queda grabado en nuestra mente de una manera indeleble como quien se desata en injurias contra el Cid, con la ridícula confianza del medio-borracho que apesta a vino (3375, 3385). El autor se interesaba en personas a las que se pudiese reconocer, no en tipos sociales, seres de cartón o abstracciones. El uso de los apellidos y la mención de los feudos ayudan al proceso de individualización. Recordamos mejor a estos caballeros que a la mayor parte de los protagonistas semianónimos que aparecen en las comedias del Siglo de Oro.

El secreto de la caracterización de las figuras, principales y secundarias, está en que el poeta ha descubierto, sin ayuda aparente (aunque podemos hacer conjetura sobre lo que pudo aprender en la épica francesa), lo que la novela y el teatro tenían aún que descubrir más tarde: que los personajes adquieren vida a través de sus propias palabras, y que reaccionamos con más eficacia ante ellas que ante las descripciones hechas por un narrador o por otros personajes. Cuando Jimena adquiere una mayor dimensión emotiva es cuando habla con motivo de la marcha del Cid y en la plegaria que sigue a esa escena. Las palabras pronunciadas por el Cid le confieren una vida en nuestra mente que no le dan los centenares de epítetos épicos usados para describirle. Cuando el poeta utiliza la forma descriptiva, lo hace de una manera breve y certera: Ramón Berenguer es *muy folón* (960), Avengalvón *mucho era buen barragan* (2671); sólo a don Jerónimo, quizá en atención a su carácter eclesiástico, se le presenta de modo más extenso y formal (1288-1295). En cuanto a la descripción física de las personas, el poeta tiene el acierto de considerarla como algo superfluo, a excepción de la del Cid, cuyo aspecto tiene una especial fuerza dramática.

La verdad o falsedad con que el poeta representó en su obra el modo de ser de las personas históricas no viene a cuento, excepto como algo marginal o para establecer el tiempo transcurrido entre suceso y poema. Podemos suponer que el poeta realzó de forma considerable al histórico Ruy Díaz y que si pecó de algo en relación con el rey, lo fue de benevolencia; los infantes de la historia pudieron muy bien ser personas intachables, lo mismo García Ordóñez y sus aliados. Pero sabemos muy poco de ellos para afirmarlo. En el Apéndice I intentamos valorar la evidencia existente. Nuestro juicio del poema debe ser literario y, por tanto, también personal. Podemos afirmar, sin temor a que nadie nos contradiga, que los personajes del *PMC* han enriquecido nuestra vida y que uno es mejor después de haberlos conocido.

VIII. EL CID EN LA LITERATURA MEDIEVAL Y RENACENTISTA, Y DESPUÉS

Quien desee seguir la historia del Cid a través del tiempo, tendrá que cubrir una gran variedad de textos, escritos en diferentes lenguas. Es, además, imposible establecer la diferencia entre ficción literaria, por una parte, y el presunto documento histórico, por otra, ya que, con frecuencia, las obras que se anuncian como historias adoptaron una gran parte de su material de fuentes literarias y, a su vez, fueron usadas como cantera de la que se extrajeron nuevos bloques de material poético y dramático.

Se puede hacer mención aparte de aquellas obras árabes que tratan del Cid, a veces extensamente. Éstas carecen de elementos legendarios y poéticos, y presentan las actividades y renombre del Cid de manera bastante objetiva, aunque, como es de esperar, poco favorable. La más conocida en la España cristiana posterior era la *Historia de Valencia* (perdida en la actualidad) de Ben Alcama, que vivía en la ciudad en el momento de su conquista por el Cid. La obra, compuesta alrededor del año 1110, fue muy utilizada —en una traducción parcial al español (también perdida)— por el equipo alfonsí y otros cronistas posteriores. Entre otras numerosas obras, merecen una mención especial las de Ben Bassam (1109) y Ben Idari (1306); todas han sido examinadas y valoradas por Dozy, Pidal, Huici, Lévi-Provençal y otros, pero no son imposibles otros descubrimientos relacionados con esto.

En tierras cristianas, sabemos por el *Poema de Almería* (compuesto probablemente en 1147-1149) que *se cantaba* al Cid:

> Ipse Rodericus, Meo Cid saepe vocatus,
> de quo cantatur quod ab hostibus haud superatur,
> qui domuit Mauros, comites domuit quoque nostros...
>
> (220-222)

Según los tradicionalistas, esta referencia prueba que ya para esa fecha, 1147-1149, existía el *Poema de mio Cid*, fechado hacia 1140. Creo que el texto latino nos indica más bien una canción popular, o varias canciones, en las que se elogiaban los principales triunfos del héroe, quizá en la forma del pequeño cantar paralelístico de Zorraquín en que se elogiaba su hazaña de 1158, estudiado en fecha reciente por F. Rico *(La creación...,* 82-86). Esta sección del *Poema de Almería* tiene que ver principalmente con Alvar Rodríguez, nieto del famoso Alvar Fáñez; el poema nos dice que el Cid alabó mucho a Alvar, y que en época de los dos *Meo Cidi primus fuit, Alvarus atque secundus* (v. 225). La heroica defensa que opuso Alvar Fáñez a los almorávides en Toledo en 1109 es recordada extensamente en la prosa de la *Chronica Adefonsi Imperatoris* que forma un todo con *Almería*. El Cid en vida elogió a Alvar, eso sí, pero estos textos no nos dicen que hubiera asociación entre ellos en la historia. Sin embargo, creo que esta mención conjunta de los dos en el texto poético latino pudo muy bien sugerir al autor del *PMC* la conveniencia de hacer figurar a Alvar Fáñez al lado del Cid en su poema, formando pareja que había de corresponder a la pareja de Roldán y Oliveros en la *Chanson de Roland* (aunque con carácter muy diferente); esta posibilidad se refuerza recordando que los nombres de los héroes francos figuran con el de Alvar Fáñez en el mismo *Poema de Almería (Tempore Roldani, si tertius Alvarus esset / post Oliverum...,* 215-216). Para la tesis contraria a esto, véase F. Rico (1985) y su *Estudio preliminar* que prolonga la edición de Montaner Frutos (1993, xxxii-iii).

Probablemente entre 1144 y 1147 se compuso la *Historia Roderici,* importantísimo por lo que nos dice acerca del Cid histórico. La fecha es la asignada por Ubieto con argumentos ahora aceptados por muchos; antes, MP la creía compuesta en 1110, o sea, en fecha muy cercana a la vida del Cid muerto en 1099. Se conserva en dos manuscritos de hacia 1200 y hacia 1500; en su día fue utilizada por los cronistas alfonsíes. Tiene algunos elementos ya legendarios, por ejemplo al empezar con una genealogía del héroe moldeada ya por la fantasía pseudohistórica, pero en gran parte se basa en los hechos históricos, y «a trozos la *HR* parece un itinerario sacado de apuntes de un testigo» (MP). El autor dejó notables vacíos en su obra, mostrándose sin embargo muy informado sobre las actividades del Cid por tierras del Levante, por lo que se concluyó que era catalán o aragonés, y clérigo, pues escribe en latín. Su lengua es vacilante en la gramática, pero no carece de vigor y expresividad, y se patentiza su admiración por el héroe. En fecha reciente he propuesto otra idea sobre la autoría. Después de abandonarse Valencia en 1102, el obispo Jerónimo fue a ocupar la sede de Salamanca (y de Zamora). El archivo del Cid habrá seguido en manos de los clérigos y habrá ido a parar a Salamanca, teniendo la iglesia un gran interés en la rica donación del Cid a la sede valenciana que en algún momento pudiera recuperarse; los dos únicos diplomas de la época valenciana que hoy existen, de 1098 y 1101, están en efecto en el archivo de la catedral de Salamanca. Allí creo que un clérigo hacia mediados del siglo XII, atraído por la asociación de Jerónimo con el Cid, estudió este archivo —completo todavía en esa época— y a base de él compuso la *Historia Roderici,* agregando toques legendarios y alguna nota literaria. Si la información del texto sobre los asuntos levantinos es rica —pueblos tributarios, conquistas, itinerarios, contactos diplomáticos y violentos con el conde de Barcelona, maniobras políticas antes de la toma de Valencia— es porque en el archivo había abundantes pergaminos en que se registraban estos materiales. La *HR* es excepcional por ser la primera en España (que sepamos) en narrar la vida de una persona no perteneciente a la realeza, hecho que indica la creciente importancia del Cid en el recuerdo y en la leyenda. Este texto sirvió de fuente al poeta *(La creación...,* 185-192), quizá en un ejemplar de Cardeña, donde sabemos que después era conocido.

En verso heroico —latino— el Cid parece haber comenzado su carrera en el *Carmen Campidoctoris,* parcialmente conservado, hasta una abrupta interrupción en el v. 129, en un manuscrito del gran monasterio de Ripoll. En general, se ha fechado en vida del propio Cid: alrededor de 1090 (MP), en 1093-1094 (Horrent), en 1082-1083 (Wright, en el estudio más reciente), pero lo creo mucho más tardío, de la segunda mitad del siglo XII, y compuesto con la *Historia Roderici* como fuente principal —véase Smith, 1982 [1986]. Nadie duda que fue compuesto en el propio Ripoll, donde existía una escuela distinguida de poetas latinos. Según Wright, la forma del verso asocia el poema con una tradición de himnos; aun sin eso, es seguro que tiene un aire auténticamente heroico, con mención de Homero y de los héroes consagrados de la épica clásica:

> talibus armis ornatus et equo,
> Paris vel hector meliores illo
> nunquam fuerunt in Troiano bello,
> sunt neque modo (125-128).

(se describe la manera de armarse el Cid antes de la batalla de Almenar, 1081). No sabemos qué extensión habrá tenido el poema completo; poca, en la opinión mayoritaria, pero creo posible, considerando unas referencias textuales y los altos vuelos estilísticos, que abarcara la conquista de Valencia, ciudad y región de interés permanente para los catalanes. Parece que el *Carmen* no llegó a difundirse fuera de Ripoll, ni influyó en el desarrollo literario posterior de lo cidiano.

En varias *Corónicas* breves —que apenas pàsan de ser meros apuntes— contenidas en algunos manuscritos del *Fuero general de Navarra*, se incluye en dialecto navarro un *Linaje de Rodrigo Díaz el Campeador*, siendo una genealogía del héroe, un resumen de sus actividades, y la nota muy importante para los navarros de que el rey actual, Sancho, descendía del Cid por su hija Cristiana (= la poética Elvira). Este texto, compuesto poco antes de 1194, es el documento historiográfico más antiguo de la Península escrito en romance. Menciona por primera vez la descendencia pseudohistórica del Cid de Laín Calvo, juez de Castilla, y es el primer testimonio históricamente muy dudoso de la existencia del hijo del Cid, Diego, y de la muerte de éste en la batalla de Consuegra. Este *Linaje* pasó a la segunda redacción del *Liber regum* aragonés (entre 1217 y 1223) y de aquí a otras crónicas. Gil de Zamora incluyó una biografía del Cid en su *Liber de praeconiis Hispaniae* (1282), pero añade poco a lo que ya sabíamos por otras fuentes.

La aparición del Cid en la *Crónica Najerense* hacia fines del siglo XII en relación con la historia de Sancho II y Zamora (1067-1072) es notable. Tiene un importante papel en los debates que preceden a la batalla de Golpejera, y en la lucha rescata a su rey de un grupo de catorce caballeros leoneses. Después de la muerte de Sancho, el Cid persigue a Vellido Dolfos que huye a refugiarse dentro de Zamora. Para los tradicionalistas, el monje de Nájera habrá tomado esta relación de la épica vernácula de *Sancho II* existente ya para entonces (y se fechaba esta *Crónica* generalmente hacia 1160). Creo más bien *(La creación..., 44-52)* que la fuente principal del cronista para estos episodios cidianos fue el *Carmen de morte Sanctii regis* del monasterio de Oña, texto perdido pero, en lo posible, reconstruido por Entwistle. Aun siendo esto así, vemos que en otros centros hasta entonces no conocidos por sus intereses cidianos empezaba a figurar con relevantes papeles literarios el héroe burgalés. Con el mismo papel destacado al lado de Sancho II se presenta el Cid en la épica de ese rey y de Zamora, compuesta, creo, por un burgalés imitador y rival del autor del *PMC* en una fecha no muy alejada de 1207, y algo después de eso se añadió a ese poema el episodio de la *Jura de Santa Gadea,* quizá (en opinión de Horrent) a manera de eslabón entre la historia de Zamora y el principio del *PMC.* Los detalles de Golpejera, Zamora y la *Jura* fueron recogidos por dos historiadores latinos, Lucas de Tuy en 1236 y Rodrigo Jiménez de Toledo en 1243, pero su interés estaba centrado en la realeza y a ninguno se le ocurrió la idea de adaptar al latín y prosificar toda la historia poética del Cid, aunque les podemos suponer bien informados sobre los textos y aunque recogieron detalles de otras fuentes poéticas (por ejemplo, de *Bernardo del Carpio).*

En el monasterio de Cardeña había actividades de otro tipo. Las tumbas del Cid y Jimena estaban allí, pero no hay testimonio de que se prestara atención especial a ellas hasta algo entrado el siglo XIII, creo que como consecuencia de la difusión del *PMC.* Los monjes se dieron cuenta de que tenían un tesoro, olvidado pero no escondido, pues el culto a la tumba y al recuerdo de un héroe de las dimensiones del Cid podía rendir bien en cualquier parte de Europa, y Cardeña estaba ventajosamente colocado no sólo cerca de Burgos sino también muy cerca del *camino francés* o ruta de los peregrinos a Compostela. En una fecha que no sabemos con precisión, los monjes empezaron a crear el culto, señalando aniversario para el Cid y su esposa en junio, creando las pruebas documentales de que el Cid en vida había sido gran bienhechor del cenobio, y fabricando toda una gama de objetos atribuidos al héroe con que impresionar a peregrinos, magnates y reyes: escaño, espadas, copas, hasta un tablero de ajedrez. En el patio los monjes empezaron a señalar el sitio donde estaba enterrado el caballo literario Babieca. Hacia 1272 empezaron a redactar una *Estoria del Cid* en prosa vernácula, basada en un principio en una prosificación del *PMC,* pero muy extendida con nuevas ficciones pseudohagiográficas: así se cuenta la embajada que envió a Valencia el sultán de Persia (como a un jefe que tuviera categoría casi regia, y para rogar al tan temido Cid que no se aliara con los cruzados que «entonces»

—hacia 1099— iban camino de Tierra Santa), la visión de San Pedro, la última confesión del Cid y su cristiano final, el embalsamamiento de su cuerpo, el cadáver del Cid erguido sobre su caballo en la salida definitiva de Valencia que infunde un pasmo no natural a los moros, los honores funerarios en Cardeña con presencia del monarca y de los nobles, y los milagros acaecidos junto a su tumba (permaneciendo el Cid embalsamado y sentado en su escaño durante varios años). Esta piadosa fabricación fue presentada a Alfonso X en Burgos, probablemente en 1272, interesándose el rey —descendiente del Cid— en el asunto de manera muy positiva, pues mandó construir nuevas tumbas para el héroe y Jimena y les compuso inscripciones; además, pasó la *Estoria* a su equipo de cronistas, quienes la aceptaron como si tuviese el mismo mérito y autenticidad que los materiales derivados de verdaderas fuentes históricas. Formando ya parte de las tan autorizadas crónicas nacionales, esta *Estoria* (perdida como manuscrito independiente) tuvo enormes resonancias hasta el siglo XVI, rodeando al Cid de una aureola de cuasisanto y moviendo en efecto a Felipe II a esforzarse por lograr la canonización del Cid; y esos materiales fabricados para la *Estoria* no han dejado de tener crédulos partidarios hasta en nuestros tiempos. (Véase la sección III.3 de la Bibliografía.)

La historia del Cid aparece en todas las crónicas alfonsíes y en sus continuaciones y adaptaciones, es decir, en la historiografía autorizada de la nación; tan extensamente, que el Cid eclipsa a los monarcas más importantes. Los cronistas de Alfonso X parece que recibieron primero una copia del *PMC* de Per Abbat e hicieron una versión de él en prosa que pasó a sus borradores, siendo esta versión la usada en la *Crónica de veinte reyes* hacia 1300. En 1272 los cronistas recibieron la *Estoria del Cid* y la prefirieron al redactar la *Estoria de España* o *Primera Crónica General,* utilizando también la *Historia Roderici,* Ben Alcama, y alguna otra fuente (y, para historiar las actividades reales y asuntos nacionales del periodo, los textos latinos del Tudense y del Toledano). La relativa importancia del Cid en estas grandes historias nacionales se puede apreciar estadísticamente: él ocupa unos 89 capítulos, repartidos entre el 849 y el 962, de la *PCG* editada por Pidal, sin contar los que se refieren a Sancho II y Zamora (en los que el Cid tiene un papel relevante); la crónica consta de 1134 capítulos. Las crónicas sucesoras de las alfonsíes mantienen esta alta proporción, incluso aumentándola con las *Mocedades* (véase abajo) y con algún episodio nuevo debido a intereses genealógicos o monásticos. Hacia fines del siglo XIV alcanzó el honor de poseer historia propia independiente: la *Crónica particular del Cid,* sección desgajada de la *Crónica de Castilla* y copiada luego aparte. Damos más pormenores sobre la relación del *PMC* con las crónicas en el Apéndice II. Aquí vale la pena apuntar que la épica tuvo una influencia importante en la creación de la prosa literaria castellana, pues los cronistas al prosificarla conservaron muchos de sus rasgos poéticos y con buen tino adoptaron su admirable instinto por la oración directa, con los elementos de dramatismo inherentes a ella.

Alrededor de 1300, un poeta anónimo escribió un nuevo poema sobre el Cid, titulado por Armistead *Gesta de las mocedades de Rodrigo.* El poema pasó a alguna de las crónicas, pero se ha perdido en su forma versificada; una revisión de éste, compuesta en la diócesis de Palencia con una clara intención propagandística —decenio de 1360—, nos ha llegado de forma incompleta, a través de un manuscrito del siglo XV. Se le conoce como las *Mocedades de Rodrigo* (o *Rodrigo,* y antes como *Crónica rimada); está* escrito en un verso muy malo y es imaginario desde el principio hasta el fin, resultando, a veces, infantil. Aquí empezaron las leyendas del joven Cid, de cómo mató en un duelo al padre de Jimena, con la que se casa más tarde; del Cid que se dirige como peregrino a Compostela, y de cómo se le apareció San Lázaro en forma de leproso; del Cid como alférez del rey Fernando en las expediciones a Francia, etc. (véase la edición y estudio del poema, de A. D. Deyermond, 1969). Este material, a pesar de su deficiente valor literario, iba a tener un futuro singularmente fecundo.

Cuando comenzó a decaer la épica a finales del siglo XIV no se perdieron sus temas, sino que fueron con frecuencia adaptados como asuntos para los romances, cuya forma (versos octosílabos con rima asonante) debió derivar de la épica tardía. Pocos romances, sin embargo, recogen escenas del *PMC;* sus textos eran, por lo visto, demasiado arcaicos, o el héroe que presentaban —sereno, digno y justo— no se acomodaba al modo de ser de este nuevo mundo de los romances. El que empieza *Hélo, hélo, por do viene* refleja distantemente el episodio del rey Búcar, de los versos 2311-2428 del *PMC,* pero el elemento épico ha sido transformado para presentar un episodio novelesco y sentimental (lo que no pretende ser una crítica del romance, que está lleno de vida y atractivo). *Por Guadalquivir arriba* es un vago recuerdo del viaje que hizo el Cid del poema desde Valencia a las cortes de Toledo, y *Tres cortes armara el rey* nos trae a la mente el desarrollo de aquéllas. Éstos parecen ser los únicos romances viejos que se derivan del *PMC.* Otros tienen su origen en el poema *Mocedades: En Burgos está el buen rey, Cabalga Diego Laínez, A concilio dentro en Roma,* etcétera. La tradición continuó de esta forma hasta el Siglo de Oro, en el que se hicieron numerosas impresiones del romancero viejo, que fue así bien conocido de todas las clases sociales, a través de estas impresiones o por la tradición oral. Las crónicas impresas van a contribuir también a la composición de nuevos romances; algunos se apoyan, quizá, en la *Crónica del Cid Ruy Díaz* (Sevilla, 1498) o en la más completa y notable *Crónica del famoso cavallero Ruy Díez Campeador* (que reproduce la *Crónica particular del Cid,* con algunas adiciones, como la lista completa de tumbas de la mesnada), impresa en Burgos, en 1512, por Juan de Belorado, abad de Cardeña, y de nuevo en 1552 y 1593. Pero la mayor parte de los romances nuevos sobre temas históricos tienen su origen en la crónica que publicó en Zamora (1541) Florián de Ocampo, erróneamente considerada en la época como obra alfonsí. Estos romances se identifican por su estilo antitradicional y, en ocasiones, por su falso arcaísmo *(fabla);* con frecuencia intentan llenar los vacíos existentes en los ciclos de romances, vacíos que el texto completo de la crónica había puesto de manifiesto; durante más de medio siglo gozaron de una gran popularidad. Ejemplos de tales romances son *Reyes moros en Castilla* y *De concierto están los condes.* Avanzado el siglo XVI, continuó de manera esporádica la creación de romances históricos «nuevos», dando lugar a algunos poemas de gran valor, como *A Jimena y a Rodrigo;* el modelo quedaría establecido durante muchas décadas de actividad con la colección *Romancero del Cid,* publicado en Lisboa por Juan de Escobar, 1605 (impreso por última vez en 1757, en su vigesimoséptima edición).

Incluso cuando el romance comenzó a decaer o se orientó hacia nuevos senderos —los del *romance artificioso,* de finales del siglo XVI—, una nueva transformación aseguró su continuidad, renovándose su forma y los viejos materiales épicos, al ser recogidos por el naciente teatro popular del decenio de 1580. Aunque los temas del Cid no fueron muy favorecidos (un ejemplo de ello es *Las hazañas del Cid, y su muerte, con la toma de Valencia,* de autor desconocido, impreso en 1603), el mejor drama basado en los romances —ayudado, sin duda, por las crónicas impresas— es sobre el héroe; nos referimos a *Las mocedades del Cid,* de Guillén de Castro, escrito con toda probabilidad entre 1612 y 1615, en Valencia, e impreso en 1618. Tiene éste el colorido y movimiento, la energía y el sentimiento, simple pero eficaz, del drama creado por Lope, y, aunque a veces adolece de pesadez en su construcción, posee algunas escenas admirables. El drama de Guillén de Castro (como otras comedias españolas) tenía suficiente fuerza para interesar a Corneille, cuya obra maestra *Le Cid* conmovió París en 1636 y provocó entre los críticos una famosa *querelle.* Corneille, deseoso de mostrar en lo posible la autoridad nativa e histórica que poseía el argumento de su drama, incluye en el prólogo dos romances del Cid y una cita del historiador Mariana. El acontecimiento fue importante, no sólo por la extraordinaria calidad de la obra de Corneille, sino porque marcó la aparición de la historia del Cid en otro idioma y en la escena literaria europea: *Tout Paris pour Rodrigue a les yeux de Chimène.*

No podemos seguir todas las ramificaciones de esta historia en la España del Siglo de Oro *(v. gr., Los famosos hechos del Cid Ruy Díaz de Bivar,* de Diego Jiménez de Ayllón, impreso en Amberes en 1568, pesado poema épico en estilo renacentista), pero vale la pena echar una mirada a los historiadores. La mayor parte fueron eclesiásticos; algunos escribieron a escala nacional *(v. gr.,* Juan de Mariana, 1592), a otros les interesaba un periodo, una orden eclesiástica, etc. Aunque una gran parte de su obra se basaba en las crónicas medievales, las manejaron con un nuevo espíritu crítico, acudiendo a las fuentes originales siempre que les fue posible. La *Historia de los reyes godos,* de Julián del Castillo (Burgos, 1582), es una obra extraña, todavía crédula a la manera medieval; incluso en Mariana, se puede apreciar una inclinación patriótica por el héroe nacional, en lucha con los criterios racionales, cuando escribe sobre el Cid. Hay numerosos elementos bien fundados y útiles para los eruditos modernos en la *Primera parte de las fundaciones de los monasterios de... S. Benito,* de fray Prudencio de Sandoval (Madrid, 1601), sobre todo en lo referente a Cardeña; también en su *Historia de los reyes Don Fernando el Magno...* (Pamplona, 1615) y en la *Crónica general de la Orden de San Benito* (Irache, 1609-1621, 7 vols.), de fray Antonio de Yepes. Hay razones para pensar que ya se conocía en esta época el *PMC* y que para entonces debía sobrevivir sólo en el único manuscrito actual. Juan Ruiz de Ulibarri y Leiba lo copió en 1596 en el archivo del Concejo de Vivar (y ya se encontraba en su estado actual, esto es, despojado de los folios que le faltan), mientras que Sandoval escribía en 1601: «En unos versos bárbaros notables, donde se llora el destierro deste cavallero, y los guarda Vivar con mucho cuidado, le llama mio Cid; que dizen assi:...» (y cita los primeros cuatro versos del poema, f. 41). Es una pena que Sandoval no usara el resto del poema para sus propósitos, ya que ello le habría ayudado en gran manera. Del *PMC* no se tienen noticias de nuevo hasta que fray Francisco de Berganza escribe su famoso libro *Antigüedades de España* (Madrid, 1719), una gran parte del cual está dedicado al Cid y a Cardeña. El examen de la captura del Conde de Barcelona por el Cid le hace afirmar a Berganza: «Pondre primero en gracia del Lector, y para que vea como eran las coplas antiguas, lo que dizen los Versos mas antiguos, que he visto, para que se conozca, que no exceden en referir la batalla de lo que apuntan los testimonios verdaderos:

Vera Remont Verengel, tras quien vino en alcança...»

(y cita completos los versos 998-1103 del *PMC,* aunque no de manera muy exacta; pág. 449). Por el uso que hace del poema como complemento histórico, podemos considerar a Berganza como el primer pidalista, aunque no supo sacar a esto demasiado partido.

Los dramas, poemas y óperas sobre el Cid, compuestos en el siglo XIX y principios del XX, no han sido, por lo general, dignos de un tema tan noble. Las antologías incluyen, con mucha razón, la delicada recreación del episodio de la *niña de nuef años,* de Manuel Machado, que éste titula simplemente *Castilla* («El ciego sol se estrella...»). Sin embargo, estos siglos han proporcionado admirables traducciones de la épica medieval y romances, sobre todo al inglés y al alemán. También se podría decir mucho de la pintura y escultura del tema del Cid, esta última meritoria en algunos casos. Una producción que no podemos menos de comentar es la película *El Cid,* ya que se trata de la forma en que, al menos de una manera general, millones de personas, en América, Europa y, sin duda, en otros lugares, han conocido al héroe. Hecha por una compañía norteamericana y rodada en España, con Charlton Heston en el papel del Cid y Sofía Loren en el de Jimena, la película no era, de ningún modo, la broma de mal gusto que algunos críticos superiores y académicos creyeron ver. Tenía, es verdad, los defectos de la película «épica» moderna y ciertos sentimientos y situaciones un tanto extravagantes, pero no era nunca ridícula, y a veces alcanzaba verdaderos momentos de tensión y emoción, a la vez que presentaba con gran fuerza el ambiente de la época, con sus peligros y horrores. Los detalles relativos al ropaje, armas, tácticas militares, etc., fueron cuidadosamente examinados por Menéndez Pidal. No podemos decir, si queremos ser razonables, que la película debía haberse apoyado en el poema, mucho menos en la historia; aunque sí fue de lamentar que los productores no se sirviesen del guión preparado y bastante continuo que les ofrecían los episodios de *Mocedades,* la historia de Zamora y el *PMC.* Fue también una pena que se presentase a Alfonso VI como un taimado delincuente juvenil, no como un rey, ni mucho menos como una figura proporcionada al Cid. Quizá el cine español haga un día justicia a una de las historias más grandes del país.

El primero que muestra tener un conocimiento completo del texto del poema y un interés crítico por él fue el erudito benedictino padre Sarmiento, que en 1750 leyó en Madrid la copia del manuscrito hecha por Ulibarri, y tomando muchos de sus versos («así yo iré entresacando las que más armonía me han hecho»), escribió una serie de notas sobre Per Abad, la fecha del poema —para el que aceptó la de 1207—, su métrica, lenguaje, etc. Sabía que el original se encontraba en Vivar, pero no lo había visto. La comparación que hace entre la versificación irregular del *PMC* y la regularidad de Berceo y el *Alexandre* le hizo concluir que aquél precedía a éstos, afirmando, asimismo, que se trataba del poema más antiguo escrito en castellano. Sarmiento nunca pensó en publicar sus desordenadas notas, pero era un hombre influyente que debió transmitir a otros el extenso conocimiento que poseía de los textos medievales. Entre éstos se hallaba Tomás Antonio Sánchez, que obtuvo el ms. de Vivar e imprimió el poema al principio de su *Colección de poesías castellanas anteriores al siglo XV* (Madrid, 1779). Ésta incluía las obras de Berceo, el poema de *Alexandre, Apolonio* y el *Libro de buen amor* (convenientemente expurgado), constituyendo todo el libro un acontecimiento editorial cuya importancia no se valora debidamente en las historias de la literatura. En sus prólogos y notas a los textos, Sánchez demostró poseer unos conocimientos y un método de investigación que le colocaban muy por delante de su tiempo. El hecho de que Francia —por lo general mucho más avanzada en esto— tuviera que esperar hasta 1837 para ver impresa su *Chanson de Roland,* subraya aún más el mérito de su empresa. Después de describir el manuscrito, su fecha y copista, su lenguaje y metro, Sánchez dice lo siguiente sobre las cualidades del poema:

> Por lo que toca al artificio de este romance, no hay que buscar en él muchas imágenes poéticas, mitología, ni pensamiento brillantes; aunque sujeto a cierto metro, todo es histórico, todo sencillez y naturalidad. No sería tan agradable a los amantes de nuestra antigüedad, si no reinaran en él estas venerables prendas de rusticidad, que así nos representan las

105

costumbres de aquellos tiempos, y las maneras de explicarse aquellos infanzones de luenga y bellida barba, que no parece sino que los estamos viendo y escuchando. Sin embargo, hay en este poema ironías finas, dichos agudos, refranes y sentencias proverbiales que no dejarán de agradar a los que las entiendan: sobre todo reina en él un cierto aire de verdad que hace muy creíble cuanto en él se refiere de una gran parte de los hechos del héroe. Y no le falta su mérito para graduarse de poema épico, así por la calidad del metro, como por el héroe y demás personajes y hazañas de que en él se trata...

Para una época en la que dominaba el gusto neoclásico y en la que la afición a la literatura medieval era tan escasa, estos comentarios revelan una percepción extraordinaria.

Los lectores españoles de esta y la siguiente géneración reaccionaron de modos diferentes ante el poema. Capmany (1786), Quintana (1807), Martínez de la Rosa («embrión informe», 1828) y Moratín, condenaron, como indica Pidal, su inelegancia de forma y confusa construcción, aunque Quintana alabó ciertas escenas del poema. Entre las opiniones favorables sólo se puede señalar la de Vargas Ponce. Es claro que en este tiempo se esperaba que los literatos conociesen el poema, como un monumento antiguo, pero que lo desaprobaran por razones de gusto. En la generación de los románticos españoles estuvieron muy en boga los temas y ambientes medievales, pero sólo como parte de la literatura contemporánea, no de una literatura auténticamente antigua. Con los románticos de Gran Bretaña y Alemania no ocurría lo mismo. En estos países el romanticismo había tenido unos comienzos más tempranos y profundos, y en ellos se valoraba lo que se creía que eran (con frecuencia equivocadamente) productos «del pueblo»; además, preciso es reconocerlo, la amplitud de conocimientos y el afán erudito eran muy superiores a los existentes en España. El insigne hispanista Robert Southey tradujo en 1808 la *Crónica del Cid* y afirmaba en el prólogo, refiriéndose al *PMC*:

> Es sin lugar a duda el poema más antiguo en español. A mi juicio es decididamente y sin comparación el mejor... En cuanto historiador de costumbres, este poeta, cuyo nombre por desgracia se ha perdido, es el Homero de España.

Más tarde, en un artículo sin firma, publicado en la *Quarterly Review,* 1813, explicó estas afirmaciones:

> En España, Italia e Inglaterra surgieron grandes poetas en los comienzos de su poesía vernácula. Los españoles no han descubierto aún el alto valor que su historia métrica del Cid tiene como poema; mientras que no se libren del falso gusto que les impide percibirlo, jamás producirán nada importante en las más elevadas esferas del arte. Se puede afirmar... que de todos los poemas que se han compuesto desde la *Ilíada,* éste es el más homérico en su espíritu.

Southey hizo otras observaciones en cartas escritas entre 1807-1808, alabando, por ejemplo, el discurso del Cid a las cortes, en el que encontraba «una autenticidad de sentimientos digna de Shakespeare». Coleridge se hizo eco de esta alabanza de la escena en una carta de 1808, aunque parece que sólo la conoció a través de la *Chronicle* de Southey, y no directamente del poema. Hallam, en 1818, consideraba el *PMC* como superior a todo lo escrito en la Europa medieval antes de Dante (aunque reconoció la rudeza de su estilo), juicio que pasó en 1849 a la *History of Spanish Literature,* del americano Ticknor. El único comentario adverso en Inglaterra se debe a Richard Ford, 1824: le gustaban los romances, pero encontraba el *PMC* «bárbaro» e «imposible de leer». En Alemania, la alabanza del poema en los días del romanticismo fue grande y se basaba en una aproximación más erudita y analítica que en otras partes. La traducción del romancero, hecha por Herder (1773, 1778) despertó un gran interés por lo que se consideraba la *Naturpoesie* de la Península, interés que mantuvieron las publicaciones de romances realizadas a comienzos del siglo XIX por Diez, Depping y otros. En 1811 Schlegel comparó el poema con la épica clásica, encomiando su brío y valor nacional; fue él, con toda probabilidad, el primero en escribir sobre los aspectos humanos y humorísticos del *PMC,* pero sus comentarios muestran que sufrió alguna confusión entre poesía épica, romances y crónicas. Es Ferdinand Wolf, 1831, quien (en opinión de Pidal) lleva a cabo la primera crítica completa y erudita del poema, en términos con los que la mayoría puede estar hoy de acuerdo. Colocó el *PMC* en su contexto europeo y en su periodo, estableciendo el carácter heroico del Cid e insistiendo en que no se trataba de una crónica rimada; percibió, asimismo, indicios de influencia francesa y alabó su estilo y capacidad para la caracterización.

En general, la crítica del poema en la primera mitad del siglo XIX, en España y fuera de ella, presenta un cuadro confuso. El francés Sismondi creyó que los españoles habían tomado de los árabes su sistema de asonancias y la actitud religiosa del *PMC*. Durán (1828-1832) asoció el poema con el mester de clerecía y lo consideró como una obra erudita cuya métrica fue tomada de modelos latinos o provenzales; sostuvo, asimismo, que los romances no sólo representaban el verso verdaderamente popular, sino que incluso habían precedido a la épica —opinión que se hizo general y necesitó mucho tiempo para ser desarraigada. La mayor parte de los escritores, siguiendo los preceptos de Grimm, Fauriel, etc., insistieron en la naturaleza popular de la épica y el romance, en la virtual contemporaneidad entre suceso y poema o canto, y, por consiguiente, en el contenido histórico de tal literatura; creyeron también en la transmisión oral de estos materiales y pusieron de relieve el espíritu patriótico presente en ellos. Estas opiniones, parte natural del romanticismo europeo, dan lugar a la teoría de la épica y el romance que conocemos con el nombre de «tradicionalismo»; desarrollada ampliamente más tarde —en Francia por Gaston Paris en particular—, continuó siendo la opinión generalizada, hasta que Bédier comenzó a demolerla en 1908. Modificada por Menéndez Pidal («neotradicionalismo»), se mantuvo durante muchos años en España y en el hispanismo extranjero, y se mantiene hasta hoy por muchos, sobre todo en Estados Unidos.

Bajo el punto de vista estético, los españoles estaban dispuestos, desde hacía tiempo, a apreciar la simplicidad noblemente primitiva y el espíritu del *PMC,* excusándose a la vez por la rudeza de su forma y lenguaje. Pero para cuando tuvo lugar la última condena, de acuerdo con el modo neoclásico (Tapia, 1840), en el mundo hispánico había dado comienzo una aproximación diferente. El primero en la serie de verdaderos especialistas del *PMC*, cuya obra nos es todavía útil, fue el chileno-venezolano Andrés Bello. Considerado ahora como una de las figuras más importantes de Latinoamérica y como un extraordinario polímata, trabajó en Londres, a partir de 1810, sobre los manuscritos de la épica francesa, realizando un importante estudio de éstos y del *PMC*. Reclamó para el poema «la sublimidad homérica de algunos pasajes» (como el voto de Alvar Fáñez, 493-505). Estudió, además, la influencia de la épica francesa en la española y estableció la relación entre los poemas y las crónicas, exhumando de estas últimas largos pasajes en verso para la épica de Zamora y el principio del *PMC*. Sus notas, basadas en un profundo conocimiento de las fuentes históricas y legales, conservan mucho de su interés y han pasado a la obra de eruditos más recientes, que no siempre lo han reconocido. La obra de Bello no se publicó hasta 1881; de haberse hecho medio siglo antes, creemos que el curso de la investigación literaria habría sido diferente. Tampoco Bello pudo realizar la comparación más directa y útil: la del *PMC* con la *Chanson de Roland*, ya que esta última no fue publicada hasta 1837. Esta comparación la llevó a cabo Damas Hinard en 1858, fecha en que imprimió el poema español con una traducción al francés y acompañada de numerosas notas, muchas de ellas todavía valiosas. Hinard examinó de una manera equilibrada la *CR* y el *PMC*, concluyendo que aunque la primera es, quizá, más poética, erudita y agradable de forma, es también increíble por muchos conceptos, mientras que el *PMC* es superior en su aspecto humano, su realismo y variedad de tono. El belga L. de Monge, 1887, defendió opiniones igualmente aceptables y corrigió a Hinard en algunos puntos de detalle.

A mediados del siglo XIX se continuaban haciendo importantes trabajos fuera de España. Du Méril (1841) editó el *Carmen Campidoctoris;* Hüber, 1844, la *Crónica Particular,* y Wolf realizó en 1846 su obra más importante sobre los romances. El holandés Dozy aplicó en sus *Recherches* (en francés: 1849) sus conocimientos de orientalista a la literatura medieval y a la historia de España. Esto le llevó a negar la influencia árabe en los orígenes de la poesía románica, pero mantuvo una desabrida opinión del Cid histórico, de acuerdo con los documentos árabes. Dozy creyó que el *PMC* era del mismo periodo que el manuscrito —para él, del año 1207— y puso de manifiesto su falta de fidelidad histórica. En 1846 publicaba Michel las *Mocedades de Rodrigo,* sirviéndose del ms. único de París; más que ayuda, la publicación supuso un obstáculo para el examen adecuado del desarrollo de la épica, ya que presentaba un Cid diferente y contribuyó a hacer creer por algún tiempo que era anterior al *PMC.* Wolf y Hofmann publicaron en 1956 su *Primavera y flor de romances,* que se convirtió en la colección definitiva (sobre todo al ser reeditada más tarde por Menéndez Pelayo, con un importante estudio preliminar).

En la Península, la gran historia literaria de Amador de los Ríos, 1861-1865, contribuyó en gran manera al conocimiento de los textos primitivos, la métrica y el fondo latino que subyace en ellos; pero desilusiona de forma curiosa en lo que dice del *PMC,* si bien define y establece para los poemas la expresión *heroico-popular.* La voz independiente de Juan de Valera, novelista y crítico, se oyó en 1862 en la Academia, negando muchas de las creencias aceptadas hasta entonces sobre el verso popular y afirmando, en lugar de ello, el origen «artificial» y erudito del *PMC,* el origen francés de su sistema métrico y otras herejías. Pero el medievalista de aquellos días, al que los investigadores posteriores de la épica reconocen con toda razón como el fundador de su disciplina y como su guía espiritual, fue Manuel Milá y Fontanals (1818-1884), profesor de Barcelona que tuvo una influencia considerable como maestro, corresponsal y escritor. Sus opiniones iniciales sobre la poesía popular fueron extensamente desarrolladas en su obra *De la poesía heroico-popular castellana,* impresa de modo lamentable en 1874 (reeditada en 1959). El tratado de Milá es fundamental para todos los estudios realizados con posterioridad en España. No sólo era Milá un ciudadano bibliógrafo, sino que poseía también un amplio conocimiento de la literatura latina y europea, y había estudiado con agudeza el romance actual de Cataluña. Quizá es más significativo el hecho de que tenía su corazón en lo que la crítica moderna ha juzgado ser el lugar correcto en cuestiones sobre la tradición, lo popular, juglares, etc., que presenta, no de una manera romántica y vaga, sino mediante una detallada y razonada exposición de un rigor casi pidaliano. Él fue el primero en situar el *PMC* dentro de su exacta tradición y en relacionarlo adecuadamente con los otros poemas épicos, romances y crónicas; fue también el primero en realizar una encuesta completa de las principales leyendas y ciclos épicos de España. Milá y Fontanals fechó el *PMC* en la segunda mitad del siglo XII, haciendo interesantes observaciones sobre el equilibrio entre el hecho histórico y la invención poética. Aunque escribió con calor acerca de las cualidades dramáticas del discurso directo y de la capacidad de caracterización que tiene el poema, su conclusión general está llena de reservas decimonónicas:

> Por tales méritos y sin obstar su lenguaje irregular y duro, aunque no por esto menos flexible y expresivo, su versificación imperfecta y áspera, y la ausencia de los alicientes y recursos del arte, bien puede calificarse *El mio Cid* de obra maestra. Legado de una época bárbaro-heroica, fecunda en aspectos poéticos y no desprovista en el fondo de nobilísimos sentimientos, aunque en gran manera apartada del ideal de la sociedad cristiana, es no sólo fidelísimo espejo de un orden de hechos y costumbres, que no serían bastantes a suplir los documentos históricos, sino también un monumento imperecedero, ya por su valor literario, ya como pintura del hombre.

Milá afirmó su creencia en la unidad del poema y vio en el matrimonio de las hijas su tema principal, presentando interesantes sugerencias sobre las razones que debieron existir en la historia para que el poeta retratase a los infantes y García Ordóñez como lo hizo. Creyó, asimismo, que el *PMC* había sido precedido por otros de su clase, más históricos en contenido; pero defendió con firmeza que el poema *Mocedades* era muy posterior al *PMC,* y que los romances siguieron a la épica, opiniones éstas universalmente aceptadas en la actualidad.

Menéndez Pelayo (1899, etc.) no añadió mucho a los trabajos eruditos sobre el poema, pero su fundamental estudio preliminar a la *Antología de poetas líricos castellanos* contenía,

111

casi como un aparte, un valioso juicio estético del poema. Por vez primera están ausentes las referencias adversas a la dureza del lenguaje y versificación. Menéndez Pelayo destaca la naturalidad y humanidad del poema, su sentimiento nacional y las excelentes cualidades morales del héroe. Aunque no está libre de algún elemento «prosaico y utilitario» y de una «cierta sequedad», el *PMC* era en su opinión una de las obras literarias más grandes y ejemplares de la lengua, mientras que en la escena en la cual la familia del Cid contempla Valencia, «nos parecerá que hemos tocado la cumbre más alta de nuestra poesía épica, y que después de tan solemne grandeza sólo era posible el descenso». Con este buen sentido podemos contrastar el extravagante intento realizado por Joaquín Costa en el mismo periodo, por el que se pretendía extraer de «La política del Cid» un programa de acción política actual; el programa no carece de nobleza, pero la opinión que Costa tiene del Cid (que no distingue entre el Cid de la épica, los romances y las crónicas) es peligrosamente confusa y está llena de interpretaciones equivocadas.

Al mismo tiempo que Menéndez Pelayo escribía sobre el Cid, Ramón Menéndez Pidal (1869-1968) había comenzado su sorprendente carrera en una serie de campos relacionados entre sí. Casi todo lo que se había escrito acerca del *PMC* en particular y de la épica, los romances y las crónicas en general, empezó a parecer pequeño, poco científico y carente de información. Mi deuda con Pidal aparece evidente a lo largo de este libro. Esto y el hecho de que su obra sea tan bien conocida y haya sido resumida en homenajes realizados después de su muerte, hace aquí superfluo cualquier examen detallado. Notemos, sin embargo, que Pidal dedicó hasta cierto punto la mayor parte de su obra a aspectos del *PMC* que no corresponden al dominio de la crítica literaria moderna. Esto se debió en parte a su propio temperamento e intereses —como filólogo, historiador e historiador de la literatura—, pero también a que el neotradicionalismo, por su énfasis en el *autor-legión*, en la representación y transmisión oral, en la proximidad del poema con la historia y en la personalidad y actividades del juglar, tuvo el efecto inevitable de frenar el estudio del texto como una obra de arte individual. Esto no significa que Pidal fuese incapaz de sentir el poder del poema, ya que escribió algunas páginas llenas de calor y penetración sobre sus méritos literarios. Pero —sobre todo en su Introducción al texto de Clásicos Castellanos, forma por la que tantos han conocido el poema— nos produce la sensación de que se preocupaba más por el valor arqueológico e histórico de la épica, y por su «valor nacional» (cosa muy discutible), que por su aspecto estético. Sus opiniones en asuntos como los orígenes de la poesía épica, la fecha del poema, su lenguaje y la restauración del texto, la ausencia de influencias eruditas en él, etc., fueron aceptadas casi unánimemente en España, y se convirtieron en artículos de fe en la mayoría de las historias de la literatura, hasta hace muy poco.

En las últimas décadas del siglo XIX y en el nuestro, se han llevado a cabo numerosas ediciones del poema, así como versiones en español moderno y traducciones a los principales idiomas; casi todas ellas, desde 1908, han aceptado sin objeción el texto de Pidal como definitivo. Muchas de las traducciones son buenas, aunque ninguna es tan extraordinaria como para justificar un comentario especial; por fortuna, cualquiera que esté familiarizado con el español moderno puede leer el poema (con ayuda de un glosario) con una facilidad que resulta imposible cuando se trata de textos originales del mismo período escritos en francés, inglés o alemán.

Sería imposible resumir aquí todo lo que se ha escrito en nuestro siglo acerca del *PMC* y asuntos relacionados con él, y en este lugar sería improcedente enjuiciar los trabajos de tantos estudiosos ni volver a polemizar —respetuosamente— con aquellos cuyas opiniones no comparto. A lo largo de esta Introducción se han examinado, espero que de una manera objetiva, muchas opiniones y tendencias, que pueden estudiarse en detalle siguiendo las indicaciones dadas en la Bibliografía, las Notas y los Apéndices, empezando por los diversos análisis generales mencionados en la nota que encabeza la Bibliografía.

Quienes se aburran de tales cuestiones encontrarán en el futuro un amplio campo de acción en el estudio de los aspectos literarios del poema, sobre todo ahora que podemos considerarlo como una obra de arte individual (según hemos tratado de establecer en esta Introducción). Por lo menos, hemos cesado de contemplarlo como un mero monumento antiguo o como un texto que sólo es adecuado para el estudio filológico; ahora somos capaces de admirar positivamente su libre versificación, y aproximarnos a su estilo de una manera mucho más vital que en la época neoclásica o romántica e, incluso, que a finales del siglo XIX; y si escogemos estos temas, podemos también adoptar una postura más equilibrada sobre la religión y el patriotismo del poema. Quizá recobremos la confianza de los primeros críticos y hagamos de nuevo declaraciones sobre las virtudes homéricas del poema —ya que en verdad no se merece menos.

X. EL TEXTO DE ESTA EDICIÓN

El poema se conserva en un manuscrito único de mediados del siglo XIV. Es una copia hecha probablemente a través de una serie de copias de un manuscrito que Per Abbat copió en 1207. La fecha se acepta hoy como exacta y auténtica, sin que haya que suponerse la falta de una *C* borrada.

El manuscrito consta de 74 folios; las hojas que le faltan estaban ya perdidas cuando Ulibarri lo copió en 1596. La escritura del copista es relativamente clara y fácil de entender, pero con el tiempo se han debilitado algunos pasajes y unos pocos están ahora borrosos, como consecuencia de los reactivos que le han aplicado varios editores. El copista comenzó cada verso con mayúscula y puso en ocasiones algunas mucho más grandes, decorándolas a pluma; éstas no indican por lo regular los principios de las tiradas y tampoco parecen tener una función especial. El texto está escrito de una manera continua, sin interrupciones ni señales de ninguna clase que marquen las estructuras de cada cantar o tirada.

Cuando Ulibarri hizo su copia, el poema pertenecía al concejo de Vivar; pasó más tarde a la custodia del convento de Santa Clara, en el mismo pueblo, de donde fue sacado para que Tomás A. Sánchez pudiera publicarlo en 1779. Nunca fue devuelto; el manuscrito pasó después por una serie de manos particulares hasta su adquisición, en 1960, por la Fundación Juan March que lo regaló al Estado español. En la actualidad se encuentra en la Biblioteca Nacional de Madrid.

Apenas terminado el manuscrito, el copista repasó su trabajo e hizo una serie de correcciones (añadiendo tildes sobre las vocales para indicar la omisión de la *n*, poniendo la *-s* en los plurales, etc.), la mayor parte de las cuales son aceptables. Un poco más adelante, una persona, a quien Pidal llama el «primer corrector», realizó una revisión más importante con la mirada puesta en el manuscrito anterior que tenía ante él, aunque también dejándose llevar de su instinto y por conjeturas. Muchas de sus correcciones —como *mill* 225, *dan* 650— son razonables, pero otras (como la alteración de *pan* a *campo* en el v. 1691) son inadecuadas y otras, en fin, discutibles (como su adición de *levava* al verso 16, que unos editores aceptan y otros rechazan, según el concepto que tienen del sistema métrico). Evidentemente, la decisión sobre lo que se debe aceptar depende en gran manera del criterio de cada editor. En las notas al texto se indican a veces las enmiendas del copista y del primer corrector; el lector interesado en ello debe leer la exposición completa hecha por Pidal. Éste pudo distinguir otras manos que, entre los siglos xiv y xvi, hicieron numerosas correcciones y adiciones, en algunos casos para modernizar las formas y ortografía, y con frecuencia para renovar la tinta de palabras que se habían debilitado; se deben rechazar todas ellas por tratarse de conjeturas personales sin base en otros manuscritos del poema.

Esto dicho sobre los defectos del manuscrito, la verdad es que tiene mucho más sentido, en su lógica y en su verso, que lo que parecen haber pensado la mayor parte de los editores. Es asombroso hasta qué punto éstos se han creído libres —o inspirados— para enmendar y ajustar el único texto. Debemos prescindir de aquellos editores cuyos arreglos dependen de un firme prejuicio —explicable en su tiempo— sobre el carácter regular (7 + 7, 8 + 8 sílabas, etc.) del verso en su estado original, aunque a veces son útiles sus ideas. Se debe disentir respetuosamente de Pidal cuando propone numerosas correcciones encaminadas a obtener una absoluta uniformidad de asonancia y a evitar que los versos sean demasiado cortos o demasiado largos; como se ha explicado antes, la verdad es que carecemos de textos comparables para saber qué principios aplicar. De nuevo, debemos disentir de Pidal, ahora con menos respeto, en lo relativo al lenguaje. Él decía abiertamente que su texto crítico contenía «letras introducidas por mí para anticuar el lenguaje», es decir, para restaurar en el ms. del siglo xiv el lenguaje que se debía hablar en los alrededores del año 1140; dado nuestro argumento, esto es completamente inadmisible. Pidal escribió también: «huiré de la uniformación de lenguaje... pues creo que la época se caracteriza precisamente por la lucha de varias formas concurrentes». Estamos de acuerdo con ello, aunque no en el sentido que Pidal le dio. Él afirmaba esto en función de una relativa inestabilidad de los criterios lingüísticos en los años próximos al 1140, y, de hecho, regularizó mucho la ortografía del manuscrito para acomodarla al uso del siglo xiii (cosa poco lógica, ya que en su opinión el poema no fue compuesto en el siglo xiii, ni el manuscrito copiado en este siglo). Acepto en gran parte la «lucha de formas concurrentes», porque estoy seguro de que los criterios artísticos del poeta y el habla de Burgos de principios del siglo xiii permitían muchas variantes (como muestra Corominas refiriéndose al mucho más erudito Juan Ruiz, de mediados del siglo xiv: *coraçon-cuer, sodes-sos, enna-en la, fezo-fizo,* etc.). No podemos permitirnos más que corregir errores evidentes. De una manera más positiva: puesto que el manuscrito tenía sentido para un copista razonablemente inteligente y todavía tiene un sentido razonable para nosotros, ¿por qué entregarnos a restauraciones tendenciosas a gran escala? No somos juglares profesionales, cuyo prestigio y medio de vida dependan de la perfección con que representemos la obra frente a un auditorio exageradamente crítico. Pidal aparece en su versión como el último de los juglares, el más perfeccionista de todos.

Otro motivo para la corrección del texto, que también preocupaba mucho a Pidal, se refiere a la lógica seguida por el poeta. Esto no es algo sencillo. Las decisiones que se tomen dependen en parte del temperamento del editor, y en parte del sistema (o la falta de él) que se le atribuya al poeta. Notamos, en primer lugar, que éste cometió errores o, por lo menos, adoleció de algunos olvidos, según hemos indicado antes. Los editores llaman la atención sobre ellos sin tratar de enmendar el texto. En segundo lugar, el poeta se muestra con frecuencia propenso a la elipsis y condensa deliberadamente su narración; a veces da saltos, no señala siempre el cambio de interlocutor ni quién es el que hace una cosa y, en ocasiones, continúa el relato sin haber completado una acción. A veces, se comprime una frase en una cierta oscuridad, o no se da la continuación que se había anticipado. En todos estos casos se debe tener en cuenta que con «anticipado» queremos decir «según una mente moderna» o «de acuerdo con nuestras costumbres narrativas»; tales ejemplos no indican por necesidad que el texto esté corrompido o de alguna forma incompleto, y, por tanto, me he visto obligado a defenderlo en contra de las pulcras correcciones hechas por Pidal y otros (véanse, por ejemplo, las notas a los vs. 1086, 1145-1154, 1652, 2127-2130). De la misma manera, no siempre son legítimas las correcciones a la lógica del poeta cuando se trata de números o de términos geográficos (1781, etcétera). Pero, sobre todo, no podemos suponer con Pidal que porque los cronistas añadiesen a menudo frases, explicaciones y continuaciones, éstas pertenecen también a nuestro texto poético; los cronistas eran más modernos y metódicos que el poeta, y trabajaban en un género, la prosa, más racional por necesidad (véanse, *v. gr.*, 181, 875 y el Apéndice sobre este tema). El poeta ve a veces una secuencia de acciones de una manera que a nosotros nos parece extraña, o, quizá, consideraciones métricas le obligaron a ello; el que lo haga así en los vs. 57, 1842, 2282 y 3145 nos induce a dejar los vs. 1585 y 1587 como están, sin la inversión que hace Pidal. La aparente falta de lógica en el lenguaje no siempre indica que deba ser corregida de acuerdo con la gramática moderna (véanse los vs. 725, 1838, 2255, etc.). Esto no es negar, sin embargo, que en algunos casos sean necesarias las correcciones de este tipo; son de agradecer los esfuerzos de los editores, muchas de cuyas sugerencias, aunque no hayan sido incorporadas a nuestro texto, se mencionan en las notas a pie de página.

Las correcciones que se hagan deben justificarse en función de principios generales, y no pueden ser hechas al azar. Para llevar a cabo la mayoría de ellas, debemos ver en la medida de lo posible cómo surgió el error en el curso de la transmisión del manuscrito, esto es, imaginarnos al copista, o copistas, realizando su trabajo. Mis correcciones se ajustan principalmente a una u otra de las siguientes categorías:

1. El copista ha leído, o escrito, mal una o dos letras de la palabra, *v. gr., de* en lugar de *te* 335, *suelta* por *suelto* 496; también en 716, 854, 1012. A menudo se muestra descuidado en las formas de los verbos al final del verso (escribiendo formas que son gramaticalmente correctas, pero no su asonancia), por ejemplo, *echaron* por *echavan* 184; véanse también 462, 591, 1015, etc. A causa de alguna distracción escribió *Sevilla* por *Marruecos* 1230, y en muy raras ocasiones puso una frase sin sentido, como la que incluye *nadi* en el v. 589.

2. El copista ha alterado el orden de las palabras de un hemistiquio, de manera involuntaria o deliberada (para hacer más prosaico un orden poético): v. gr., 360, 461, 737.

3. El copista, procediendo con un cierto automatismo, ha puesto un epíteto épico o cliché que trastorna la rima: por ejemplo, 719, 1603, 3247.

4. Otra vez de modo automático, el copista ha puesto una sola palabra que tiene sentido, pero donde la asonancia exige otra: *v. gr.,* 82, 784. Al escribir *marcos,* de manera habitual —aunque a veces impropiamente— añade *de plata, v. gr.,* 2571.

5. El copista ha sustituido un nombre geográfico que no conocía por otro más familiar: *v. gr., Ter(r)er,* mal leído como *Teruel,* 571, 585. O se ha hecho un lío con un nombre que no le era familiar y lo dejó de esa manera, 1475. De la misma forma, en ocasiones ha leído mal una palabra arcaica, 690.

6. El copista se ha confundido de línea al leer el original que tenía delante y ha repetido o anticipado en parte un verso: *v. gr.,* 626, 2570. En otros casos, después de haber copiado un verso, su mirada se ha dirigido, no al siguiente, sino dos líneas más abajo, obligándonos a invertir el orden de los versos al editar el manuscrito, por ejemplo, 394-395

(con el apoyo de las crónicas), 1588-1589. Pero algunos de los drásticos arreglos, que Pidal y otros hacen, son arbitrarios e innecesarios. De la misma manera, es difícil imaginarse un proceso en el que el copista ha dirigido su mirada al segundo hemistiquio antes que al primero, y he desechado en su totalidad tales cambios cuando han sido propuestos por otros editores.

7. El copista mismo ha tenido problemas con ciertos versos, como lo muestran sus propias alteraciones: por ejemplo, 82, 274. Esto parece indicar que el manuscrito del que estaba copiando presentaba ya dificultades; por consiguiente, los editores pueden hacer sus correcciones con relativa libertad.

La mayor parte de estos errores son característicos de los manuscritos medievales, y son inherentes al proceso de copiar.

Para esta edición me he servido de la edición fotográfica del manuscrito publicada en Madrid en 1961, y de la edición paleográfica de Pidal (publicada por vez primera en 1911, volumen III de su *CMC,* y reimpresa por separado como complemento del texto fotográfico de 1961). He consultado constantemente la edición crítica de Pidal, con su aparato introductorio, notas de pie de página, glosario, etc., en su tercera edición (1956). Tanto las referencias a éste como a su edición están señaladas con la abreviatura MP; otras ediciones y estudios del texto están incluidos al principio de la Bibliografía. Algunas referencias a la obra de Cornu, Restori, etc., que no son fácilmente asequibles, han sido tomadas de las notas al texto de Pidal.

En general, he conservado la ortografía del manuscrito en mayor grado que otros editores, en parte por respeto al manuscrito, en parte por el interés que encierra, y también para prestar mejor ayuda a quienes deseen opinar sobre la transmisión del texto. Se debe respetar a toda costa la ortografía que refleja los fonemas distintivos del español antiguo. Éstos son, con sus valores fonéticos según el AFI (Alfabeto Fonético Internacional):

ç = [ts]; z = [dz], pero al final de palabra [ts];
ss = [s]; s = [z] entre vocales, pero [s] en otras posiciones;
x = [ʃ]; j y g (delante de e, i) = [ʒ] o [dʒ].

Al principio de palabra, la f era en la mayor parte de los casos [h] aspirada, como en *fijas, Fañez, fallar,* pero en algunos otros era como la [f] moderna, por ejemplo, *fer, fue.* Al principio de palabra y acompañada de consonante (por ejemplo, *fronzir),* y en la mayoría de las otras posiciones, el valor de la *f* era [f]; pero era [h] aspirada en, por ejemplo, *almofalla.* La *h* escrita careció siempre de sonido. Las vocales en el español antiguo tenían más o menos sus valores actuales.

He hecho dos cambios en la ortografía. Se ha regularizado el empleo de la *u* y la *v* (que eran variantes de la misma letra), para usar la *u* como vocal y la *v* como consonante; pero se han dejado como en el manuscrito las consonantes *b* y *v.* También se ha regularizado el uso de la *i*, la *j* y la *y* (de nuevo variantes de la misma letra), para dar a la *j* el valor de consonante, a la *i* el de vocal y a la *y* el de semivocal y semiconsonante (casi como en el español moderno). En cuanto al resto de la ortografía, más bien titubeante, del copista, la hemos respetado, por tratarse de algo característico, más bien que idiosincrásico, y porque no creemos que ofrezca dificultad alguna al lector moderno; así he retenido: *ssea, Ffañez, corth, Christo, escripto,* etcétera. Se debe recordar que la *ch* del escriba puede ser [tʃ], como en *echar,* o [k], como en *marchos, archas,* y que la *c* puede ser [k], como en *colpe,* o [tʃ], como en *incamos;* que la *l* puede ser [l], como en *palabra,* o [λ], como en *lorava, laman, vassalo;* que la *g* puede ser [g], como en *algo,* o equivalente a la *j* del español primitivo [ʒ], como en *consegar, consego, gelo, guego,* y que el escriba no puso a menudo la *u* convencional después de esta *g* [g]—*cargen, legen.* Otros puntos dignos de tenerse en cuenta:

Abreviaturas del manuscrito: El copista siguió la práctica, común en su tiempo, de escribir *co* por *con, ñiguno* por *ninguno, aq̄l* por *aquel, tr̄ras* por *tierrās, ñros* por *nuestros,* etc. Todas éstas han sido resueltas, sin contar las letras abreviadas como omisiones del escriba. *Om̄e* ha sido transcrita *omne, coɱo, commo.* El copista escribe sin abreviatura *conpaña* 60, *compaña* 83, *Canpeador* 71, *Campeador* 109; las he dejado así, pero cuando abrevia *cōpaña, Cāpeador, cāpo,* etcétera, las he transcrito siempre en su forma moderna *(-mp-).* Las abreviaturas de *mugier, santa* y *santo* han sido extendidas y escritas en esta forma, de acuerdo con los casos en los que el copista escribió la palabra completa.

Tilde en la n: El copista la omitió con mucha frecuencia, tanto en la abreviatura de la *n* como en el fonema [ɲ]. Se puede adivinar casi siempre la forma correcta; la he restaurado en todos los casos, sin indicar la omisión del escriba, por ejemplo, *tatas* 2400, impresa como *tantas, do* 3036, como *don, Fanez* como *Fañez. Non, nō* y *no* presentan problemas en el manuscrito; ya que de hecho parece haber variado su uso, como ocurre entre *non-no,* según la posición, asimilación, etcétera; lo mejor, quizá, es confiar en el escriba en cada caso, sin pretender por ello que éste fuera completamente metódico. A veces, aparece una tilde superflua sobre la *n,* como en *bueña* 60, 1421; la he suprimido sin hacerlo notar cada vez.

Cedilla: el copista la escribió correctamente en la mayoría de los casos. Cuando la omite, la he colocado sin comentario, por ejemplo, *cevada* 428 = *çevada, corcas* 2375 = *corças.*

R: El copista escribió siempre la *r* inicial como *R,* práctica común en el español antiguo, que indicaba que en esta posición el sonido era —y es— equivalente a la *rr.* La he transcrito con *r* simple, excepto en un caso: *Alva Razin* = Alvarrazin (nombre de lugar). El escriba se muestra incierto en el uso de la *r* y *rr* en otras posiciones; he conservado la lectura del manuscrito, debiendo leerse muchas veces *rr* donde se pone *r,* por ejemplo, *coredores* 1968, *coredor* 1988.

Y conjunción: La representación normal de esto en el manuscrito es τ, que debe escribirse *e.* Al principio de verso, y a veces en otros lugares, el copista escribió *e,* por ejemplo, 3106, pero raramente pone *y* (1412). Teniendo en cuenta *y ellas* 2087, podemos suponer que había un cambio de *e* por *y* delante de palabra que comenzaba por *e-* (compárese *e hijo* en español moderno).

I 'allí': El copista escribió normalmente este adverbio o partícula como *y* (del latín IBI). Se ha transcrito como *i,* para evitar confusiones con *e, y* conjunción.

Números: El copista escribe algunas cifras con números y otras con letras; lo he dejado así. En el primero de los casos, el manuscrito usa a veces mayúsculas y una serie variable de puntos. Lo he regularizado, poniendo siempre minúsculas, con un punto al principio y otro al final, *.xxx.*

División de palabras: Se han regularizado hasta cierto punto las inconsistencias del copista a este respecto: *en trava* 15 = *entrava, alcargar* 170 = *al cargar.* He mantenido el adverbio *mientre* como una palabra separada; *apriessa* como dos, *a priessa,* en vista de *a una grand priessa* 1658, pero *apart* o *aparte* permanecen como una. En relación con los pronombres he seguido en general el manuscrito, *estava los catando, gradan se,* excepto en *melo, gelo, selo.* En los casos de preposición + pronombre (o artículo, adverbio, etc.), he separado *delos* por *de los, aella* por *a ella,* etc., pero he aceptado como una unidad *desto, dello,* etc., que permanecerían así durante mucho tiempo; en algunos casos, como *d'alla* 181 y *sobr'ella* 183, he colocado un apóstrofo (') por razón de claridad. Las formas apocopadas de los pronombres enclíticos han sido escritas como en el manuscrito, *manol* 174 *(= mano le), asis parten* 375 *(= asi se parten),* pero se inserta el apóstrofo en casos como *m'incal* 2357, explicándose en las notas las elisiones difíciles. Se usa también el apóstrofo para indicar omisión de *-n, -s* al final de palabra, como en *el no'lo ha buscado* 192 *(= él nos lo ha buscado).*

Paréntesis y corchetes: Se han colocado entre paréntesis las letras o palabras presentes en el manuscrito que deben ser suprimidas. El corchete indica la adición de una letra o palabra por el editor.

Puntuación: Se ha regularizado el uso de mayúsculas y minúsculas, conforme a la práctica moderna. Se han colocado los puntos, comas, signos de admiración e interrogación, comillas, etc. No se ha hecho lo mismo con los acentos, porque parecen menos normales en el español antiguo que los otros signos ortográficos; además, no sabemos qué palabras del manuscrito debían ser acentuadas en relación con su periodo (o periodos: principios del siglo XII para el original, mediados del siglo XIV para el manuscrito) o en un sistema rítmico de poesía. El poeta parece haber pronunciado *mió* al final del verso (3433, etc.), pero probablemente *mío Cid*. Milá insinuaba *Jheronimó, reinó* nombre, 2962); Bello pensaba en *alcaçár* (1610); surgen también problemas relacionados con *vío, vió, reína, treínta, martires, Diego,* los apellidos en *-oz* y todas las formas verbales en *-ie, -ié, -ía.* (Para su examen, véase *CMC,* págs. 166-162.)

Bibliografía selecta

Nota: Los estudios mencionados en las Notas y Apéndices no están, por lo general, incluidos aquí. Tampoco se mencionan las historias de la literatura ni (salvo alguna excepción) estudios generales de la épica, muchos de los cuales contienen secciones importantes sobre el poema. Hay varios estudios bibliográficos generales, empezando con M. Magnotta, *Historia y bibliografía de la crítica sobre el 'PMC' (1750-1971),* Chapel Hill, 1976, de fuerte tendencia pidalista en sus juicios. Describe la evolución posterior de la crítica A. D. Deyermond, «Tendencies in *Mio Cid* Scholarship, 1943-1973», en *Mio Cid Studies,* Londres, 1977, 13-47, complementado por F. López Estrada, *Panorama crítico sobre el 'PMC',* Madrid, 1982. La diversidad de puntos de vista sobre el origen y carácter de la épica española se pueden apreciar en el resumen de C. B. Faulhaber, «Neo-traditionalism, Formulism, Individualism, and Recent Studies on the Spanish Epic», *RPh,* XXX (1976-1977), 83-101; ver también S. G. Armistead, «The *Mocedades de Rodrigo* and Neo-individualist Theory», *HR,* XLVI (1978), 313-327, con respuesta de C. Smith en *HR,* LI (1983), 409-428. De fecha más reciente son los aportes siguientes: E. M. Gerli, «Individualism and the Castilian Epic: A Survey, Synthesis, and Bibliography», *O,* 9 (1982 [1986]), 129-150; A. D. Deyermond, «British Contributions to the Study of Medieval Spanish Epic», *C,* 15 (1986-1988), 197-212; J. L. Suárez García, «Hacia una bibliografía del *PMC* (1981-1988)», *C,* 19 (1990-1991), 67-82.

I. TEXTO

1. *Ediciones del poema*

SÁNCHEZ, T. A., en vol. I de su *Colección de poesías castellanas anteriores al siglo XV,* Madrid, 1779.

HINARD, D., *Poème du Cid, texte espagnol accompagné d'une traduction française...,* París, 1858.

JANER, F., en *Poetas castellanos anteriores al siglo XV,* Biblioteca de Autores Españoles, LVII, Madrid, 1864, 1-38.

VOLLMÜLLER, K., *Poema del Cid,* Halle, 1879.

BELLO, A., *Poema del Cid,* en vol. II de *Obras completas de Don Andrés Bello,* Santiago de Chile, 1881, 85-303.

LIDFORSS, E., *Los cantares de Myo Cid,* Lund, 1895.

HUNTINGTON, A. M., *Poem of the Cid,* 3 vols., Nueva York, 1897-1903: I Texto español; II Traducción inglesa; III Notas.

MENÉNDEZ PIDAL, R., *Cantar de mio Cid,* vol. III, Madrid, 1911, y ediciones posteriores; contiene textos paleográfico y crítico.

— *Poema de mio Cid,* Madrid, 1913, Clásicos Castellanos, número 24; texto crítico como en el volumen de 1911.

MICHAEL, I., *Poema de mio Cid,* Madrid, 1976; 2.ª ed., 1978.

HORRENT, Jules, *Cantar de mio Cid, Chanson de mon Cid,* 2 vols., Gante, 1982.

MONTANER FRUTOS, A., *Cantar de mio Cid,* Barcelona, 1993.

Nota: En las obras de Milá (1874), Restori (1890), etc., se incluyen secciones del poema. A partir de 1911 hasta las ediciones de los decenios de 1970 y 1980, mencionados arriba, la mayoría de los que publicaron o tradujeron el texto siguieron la edición de 1911 de MP. Hay estudio de los criterios de varias ediciones entonces recientes por C. Smith en *Iberoromania,* XXIII (1986), 1-19. El texto paleográfico de MP y un facsímil del manuscrito fueron publicados en Madrid en 1961 como dos tomos gemelos. En 1982 el Ayuntamiento de Burgos publicó dos tomos titulados *Poema de mio Cid,* con un excelente facsímil en el primero y estudios y bibliografía en el segundo. Con el ordenador hizo F. M. Waltman una *Concordance to the 'PMC',* Philadelphia, 1971, y en el mismo campo hay dos obras de R. Pellen, *Le 'PMC' étudié à l'ordinateur: vocabulaire des noms pro-*

126

pres, París, 1976, y *'PMC': Dictionnaire lemmatisé des formes et des références,* I, París, 1979.

2. *Traducciones*

Entre las versiones modernas españolas figuran las de A. Reyes (1919), en prosa; P. Salinas (1926), L. Guarner (1940), F. López Estrada (1955), M. Martínez Burgos (1955), C. J. Cela (1957), en octosílabos; y la de J. Pérez de Urbel, en alejandrinos. El poema ha sido traducido a las principales lenguas del mundo occidental.

3. *Estudios del texto*

CORBATÓ, H., «La sinonimia y la unidad del *PMC*», *HR,* IX (1941), 327-347.

CRIADO DE VAL, M., «Geografía, toponimia e itinerarios del *CMC*», *ZRP,* LXXXVI (1970), 83-107.

HANSSEN, F., «Notas al *PMC*», *Anales de la Universidad de Chile,* CXXVIII (1911), 211-263.

HILLS, E. C., «The Unity of the *PMC*», *H,* XII (1929), 113-118; reimpreso en *Hispanic Studies,* Stanford, 1929, 185-192.

HORRENT, J., «Notes de critique textuelle sur le *CMC*», en *Mélanges... M. Delbouille* (Gembloux, 1964), II, 275-289; reimpreso en su libro de 1973, 207-241, y absorbido después en su edición de 1982.

LANG, H. R., «Contributions to the Restoration of the *PMC*», *RH,* LXVI (1926), 1-509.

ORDUNA, G., «El texto del *PMC* ante el proceso de la tradicionalidad oral y escrita», *Letras,* XIV (1985), 52-66.

RICHTOFEN, E. von, «Nuevas aportaciones críticas sobre la estructura del *PMC*», *Prohemio,* V (1974), 197-206.

II. CRÍTICA

1. *Estudios generales*

ALONSO, D., «Estilo y creación en el *PMC*», en *Ensayos sobre poesía española*, Buenos Aires, 1944, 69-111, reimpreso en *Antología crítica*, Madrid, 1956, 147-175, y en *Obras completas*, II, 107-143.

BANDERA GÓMEZ, C., *El 'PMC': poesía, historia, mito*, Madrid, 1969.

BURKE, J. F., *Structures from the Trivium in the 'CMC'*, Toronto etc., 1991.

BURT, J. R., *Selected Themes and Icons from Medieval Spanish Literature*, Madrid, 1982.

CASTRO, A., «Poesía y realidad en el *PMC*», *Tierra Firme*, I (1935), 3-70; reimpreso en *Atenea*, CXXI (1955), 175-195, y en *Semblanzas y estudios españoles*, Princeton-Nueva York, 1956.

CATALÁN, D., «El *Mio Cid*: nueva lectura de su intencionalidad política», en *Symbolae Ludovico Mitxelenae septuagenario oblatae*, Vitoria, 1985, II, 807-819.

CURTIUS, E. R., «Zur Literarästhetik des Mittelalters, II», *ZRP*, LVIII (1938), esp. 171-172, 225.

DE CHASCA, E., *Estructura y forma en el 'PMC'*, Iowa-Méjico, 1955.

— *The Poem of the Cid*, Boston, 1976.

DEYERMOND, A. D. (ed.), *Mio Cid Studies*, Londres, 1977.

— «El *CMC* y la épica», en F. Rico (ed.), *Historia y crítica de la literatura española*, I, *Edad Media*, Barcelona, 1980, 83-97; *Primer Suplemento*, 1991, 52-70.

— *El 'CMC' y la épica medieval española*, Barcelona, 1987.

DUGGAN, J. J., *The 'CMC': Poetic Creation in its Economic and Social Contexts*, Cambridge, 1989.

DUNN, P. N., «Theme and Myth in the *PMC*», *R*, LXXXIII (1962), 348-369.

— «Levels of Meaning in the *PMC*», *MLN*, LXXXV (1970), 109-119.

FRADEJAS LEBRERO, J., *Estudios épicos: El Cid*, Ceuta, 1962.

— «Intento de comprensión del *PMC*», en *Poema de Mio Cid*, Burgos, 1982, II, 245-289.

GALMÉS DE FUENTES, A., *Épica árabe y épica castellana,* Barcelona, 1978.

GARCÍA PÉREZ, G., *Elpha: Ocho estudios sobre el 'CMC',* Madrid, 1993.

GARCI-GÓMEZ, M., *'Mio Cid': Estudios de endocrítica,* Madrid, 1975.

GARGANO, A., «L'universo sociale della Castiglia nella prima parte del *CMC*», *MR,* VII (1980), 201-246.

GARIANO, C., «Lo religioso y lo fantástico en el *PMC*», *H.,* XLVII (1964), 69-78.

GUERRIERI CROCETTI, C., *Il Cid e i cantari di Spagna,* Florencia, 1957.

GUGLIELMI, N., «Cambio y movilidad social en el *CMC*», *Anales de Historia Antigua y Medieval,* Buenos Aires, XII (1963-1965), 42-65.

HARNEY, M., *Kinship and Polity in the 'PMC',* West Lafayette, Indiana, 1993.

HART, T. R., «Hierarchical Patterns in the *PMC*», *RR,* LIII (1962), 161-173.

— «Characterization and Plot Structure in the *PMC*», en *Mio Cid Studies,* Londres, 1977, 63-72.

HORRENT, Jules, *Historia y poesía en torno al 'CMC',* Barcelona, 1973 (se traducen y reimprimen varios trabajos de Horrent).

LACARRA, M. E., *El 'PMC': Realidad histórica e ideología,* Madrid, 1980.

— «La mujer ejemplar en tres textos épicos castellanos», *Cuadernos de Investigación Filológica,* XIV (1988), 5-20.

MARCOS MARÍN, F., *Poesía narrativa árabe y épica hispánica,* Madrid, 1971.

MARTIN, G., «Mio Cid el batallador. Vers une lecture sociocritique du *CMC*», *Imprévue,* 1/2 (1979), 27-91.

MENÉNDEZ PIDAL, R., *Cantar de Mio Cid. Texto, Gramática y Vocabulario,* 3 vols., Madrid, 1908-1911, y ediciones posteriores; I Crítica del texto. Gramática; II Vocabulario; III Textos paleográfico y crítico; con importantes «Adiciones» en las ediciones segunda y tercera.

— «La épica española y la *Literarästhetik des Mittelalters* de E. R. Curtius», *ZRP,* LIX (1939), 1-9; reimpreso en *Castilla. La tradición, el idioma,* Buenos Aires, 1945 (Austral núm. 501), 77-93.

129

— «Poesía e historia en el *PMC:* el problema de la épica española», *NRFH,* III (1949), 113-129; reimpreso en *De primitiva lírica española y antigua épica,* Buenos Aires, 1951 (Austral núm. 1051), 11-13.

— *En torno al 'PMC',* Barcelona, 1963; colección de estudios publicados, con una nueva e importante «Recapitulación final».

MONTANER FRUTOS, A., «El Cid: mito y símbolo», *Boletín del Museo e Instituto Camón Aznar,* XXVII (1987), 121-340.

OLEZA, J. de, «Análisis estructural del humorismo en el *PMC», Ligarzas,* IV (1972), 193-234.

OROZCO DÍAZ, E., «Sobre el sentimiento de la naturaleza en el *PMC», Clavileño,* núm. 31, año VI (1955), 1-6.

PARDO, A., «La trayectoria de Mio Cid y la armadura del *Poema», Thesaurus,* XXVIII (1973), 48-85.

RICHTHOFEN, E. von, «Anciens problèmes épiques et leurs solutions partielles (Quelques indications)», *O,* XIV (1989), 31-60 (con referencias a diversos trabajos suyos anteriores).

RUBIO GARCÍA, L., *Realidad y fantasía en el 'PMC',* Murcia, 1972.

RUSSELL, P. E., *Temas de 'La Celestina' y otros estudios: del 'Cid' al 'Quijote',* Barcelona, 1978 (contiene seis estudios sobre el *PMC).*

SALINAS, P., «El *PMC,* poema de la honra», *Universidad Nacional de Colombia,* IV (1945), 9-24; reimpreso en *Ensayos de literatura hispánica,* Madrid, 1958, 27-44.

— «La vuelta al esposo: ensayo sobre estructura y sensibilidad en el *CMC», BHS,* XXIV (1947), 79-88; reimpreso en *Ensayos...,* 45-57.

SMITH, C., *Estudios cidianos,* Madrid, 1977.

— *The Making of the 'PMC',* Cambridge, 1983; traducido como *La creación del 'PMC',* Barcelona, 1985.

— «Tone of Voice in the *PMC», JHP,* IX (1984-1985), 3-19.

— «Dissonant Voices: Some Heterodox Spanish Views on the *PMC,* 1911-1968», en prensa en *Anuario Medieval,* IV (1992).

SPITZER, L., «Sobre el carácter histórico del *CMC», NRFH,* II (1948), 105-177; reimpreso en *Sobre antigua poesía española,* Buenos Aires, 1962, 9-25.

TER HORST, R., «The Meaning of Hypothesis in the *PMC», Revista Hispánica Moderna,* XXXVII (1972-1973), 217-228.

VALLADARES REGUERO, A., *La Biblia en la épica medieval española,* Madrid, 1984.

VAQUERO, M., «El cantar de la *Jura de Santa Gadea* y la tradición del Cid como vasallo rebelde», *O*, XV (1990), 47-84.

WALKER, R. M., «The Role of the King and the Poet's Intentions in the *PMC*», en *Medieval Hispanic Studies... R. Hamilton*, Londres, 1976, 257-266.

WALSH, J. K., «Performance in the *PMC*», *RPh*, XLIV (1990-1991), 1-25.

WEBBER, R. H., «Historicidad y tradicionalidad en el *CMC*», en *Actas del VII Congreso Internacional de Hispanistas* [1980], Venecia, 1982, II, 585-590.

2. *El Cid de la historia*

CAMÓN AZNAR, J., «El Cid, personaje mozárabe», *Revista de Estudios Políticos*, XVII (1947), 109-141.

CHALON, L., *L'Histoire et l'épopée castillane du Moyen Age*, París, 1976.

DOZY, R., «Le Cid: textes et résultats nouveaux», *Recherches sur l'histoire politique et littéraire de l'Espagne pendant le Moyen Age*, Leyden, 1849.

— *Le Cid, d'après de nouveaux documents*, Leyden, 1860; reimpreso en la 3.ª ed. de *Recherches...*, Leyden-París, 1881.

EPALZA, M. de y GUELLOUZ, S., *Le Cid, personnage historique et littéraire*, París, 1982.

FLETCHER, R., *The Quest for El Cid*, Londres, etc., 1989: traducción española de J. Sánchez García-Gutiérrez, Madrid, 1989.

GRASSOTTI, H., «La ira regia en León y Castilla», *Cuadernos de Historia de España*, XLI-XLII (1965), 5-135; reimpreso en *Miscelánea de estudios sobre instituciones castellano-leonesas*, Bilbao, 1978, 3-132.

HORRENT, Jules, «El Cid histórico», en su libro de 1973, 9-89.

— «Retrato del Cid según ciertos testimonios árabes», en su libro de 1973, 147-156.

HUICI MIRANDA, A., «Las luchas del Cid Campeador con los almorávides y el enigma de su hijo Diego», *Hesperis Tamuda*, VI (1965), 79-114.

LEVI-PROVENÇAL, E., «Le Cid de l'histoire», *Revue Historique*, CLXXX (1937), 58-74.

— «La toma de Valencia por el Cid», *Al-Andalus,* XIII (1948), 97-156.

MARTÍNEZ DÍEZ, G., «El Cid histórico», en *Poema de Mio Cid,* Burgos, 1982, II, 203-244.

MENÉNDEZ PIDAL, R., *La España del Cid,* 2 vols., Madrid, 1929, y ediciones posteriores. Vol. II contiene «Cartulario cidiano», *Carmen Campidoctoris. Historia Roderici,* y pasajes de las historias árabes. En forma abreviada, el libro se publicó como *El Cid Campeador,* Buenos Aires, 1950 (Austral núm. 1000).

— «La crítica cidiana y la historia medieval», en *Castilla. La tradición, el idioma,* Buenos Aires, 1945 (Austral núm. 501), 97-139.

— «Mio Cid el de Valencia», en *Castilla...,* 143-169.

REILLY, B. F., *The Kingdom of León-Castilla under King Alfonso VI, 1065-1109,* Princeton, 1988.

3. *Génesis del poema, su autor y fecha de composición*

AUBRUN, C. V., «Le *PMC,* alors et à jamais», *PQ,* LI (1972), 12-22.

DEYERMOND, A. D., *«The Singer of Tales* and Medieval Spanish Epic», *BHS,* XLII (1965), 1-8.

FERRARESI, A. C. de, «Fecha y autoría del *PMC:* estado de la cuestión», *Anales de Historia Antigua y Medieval,* XVII (1972), 85-129.

FRIEDMAN, E. H., «The Writerly Edge: A Question of Structure in the *PMC», C,* 18 (1989-90), 11-20.

GICOVATE, B., «La fecha de composición del *PMC», H,* XXXIX (1956), 419-422.

HERNÁNDEZ, F. J., «Las Cortes de Toledo en 1207», en *Las Cortes de Castilla y León en la Edad Media,* Valladolid, 1988, I, 219-263.

HORRENT, Jules, «Tradition poétique du *CMC* au XII siècle», *CCMe,* VII (1964), 451-477, traducido en su libro de 1973, 245-311.

— «Localisation du *CMC»,* en *Mélanges... R. Crozet,* Poitiers, 1966, I, 609-615; traducido en su libro de 1973, 315-29.

LAPESA, R., «Sobre el *CMC.* Crítica de críticas. Cuestiones históricas», en *Essays... Frank Pierce,* Oxford, 1982, 55-66.

— «Sobre el *CMC.* Crítica de críticas. Cuestiones lingüísticas», en *Études... Jules Horrent,* Lieja, 1980, 213-231.

LOMAX, D. W., «The Date of the *PMC*», en *Mio Cid Studies*, Londres, 1977, 73-81.

MENÉNDEZ PIDAL, R., «Dos poetas en el *PMC*», *R*, LXXXII (1961), 145-200; reimpreso en *En torno al 'PMC'*, Barcelona, 1963, 109-162.

— «La fecha del *CMC*», en *Studia... D. Alonso*, III, Madrid, 1963, 7-11, reimpreso en *En torno...*, 165-169.

— «Los cantores épicos yugoeslavos y los occidentales. El *Mio Cid* y dos refundidores primitivos», *BRABLB*, XXXI (1965-1966), 195-225.

MICHAEL, I., «Per Abbat, ¿autor o copista? Enfoque de la cuestión», en *Homenaje a A. Zamora Vicente*, III, Madrid, 1991, 179-205.

MILETICH, J. S., «Folk Literature, Related Forms, and the Making of the *PMC*», *C*, 15 (1986-1987), 186-196.

MYERS, O. T., «Multiple Authorship of the *PMC*: A Final Word», en *Mio Cid Studies*, Londres, 1977, 113-128.

ORDUNA, G., «El *Cantar de las bodas*: las técnicas de estructura y la intervención de los dos juglares en el *PMC*», *Studia... R. Lapesa*, II, Madrid, 1972, 411-431.

PATTISON, D., «The Date of the *CMC*: A Linguistic Approach», *MLR*, LXII (1967), 443-450.

RIAÑO RODRÍGUEZ, T., «Del autor y fecha del *PMC*», *Prohemio*, II (1971), 467-500.

RICO, F., «Del *CMC* a la *Eneida*: tradiciones épicas en torno al *Poema de Almería*», *Boletín de la Real Academia Española*, LXV (1985), 197-211.

RICHTHOFEN, E. von, «Sobre el origen de la épica románica y los poemas de Roldán y del Cid», en *Estudios épicos medievales*, Madrid, 1954, 337-348.

RUSSELL, P. E., «Some Problems of Diplomatic in the *CMC* and their Implications», *MLR*, XLVII (1952), 340-349; traducido en su libro de 1978, 15-33.

— «San Pedro de Cardeña and the Heroic History of the Cid», *MAe*, XXVII (1958), 57-79, traducido en su libro de 1978, 73-112.

SCHAFFER, M. E., «*Poema* or *Cantar de Mio Cid*: More on the Explicit», *RPh*, XLIII (1989-1990), 113-153.

SMITH, C., «Per Abbat and the *PMC*», *MAe*, XLII (1973), 1-17, traducido como cap. 1 de *Estudios cidianos*.

— «On the Distinctiveness of the *PMC*», en *Mio Cid Studies*, Lon-

dres, 1977, 151-194; traducido como cap. 3 de *Estudios cidianos*.
— «A Reading Public for the *PMC*?», *C,* XXII (1993-1994), 1-14.

UBIETO ARTETA, A., «Observaciones al *PMC*», *Arbor,* XXXVIII (1957), 145-170.

— «El *CMC* y algunos problemas históricos», *Ligarzas,* IV (1972), 5-192; con el mismo título como libro, Valencia, 1973.

WALTMAN, F. M., «Formulaic Expression and Unity of Authorship in the *PMC*», *H,* LVI (1973), 569-578.

WRIGHT, R. H. P., «How Old is the Ballad Genre?», *C,* XIV (1985-1986), 251-257.

— «Several Ballads, One Epic and Two Chronicles», *C,* 18 (1989-1990), 21-37.

4. *Forma y metro*

Nota: El análisis fundamental es el de MP, *Cantar de Mio Cid,* I, 76-124, con «Adiciones» en ediciones posteriores.

ADAMS, K. J., «The Metrical Irregularity of the *CMC*», *BHS,* XLIX (1972), 109-119.

— «Further Aspects of Sound-patterning in the *PMC*», *HR,* XLVIII (1980), 449-467.

AUBRUN, C. V., «La Métrique du *Mio Cid* est régulière», *BH,* XLIX (1947), 332-372.

— «De la mesure des vers anisosyllabiques médiévaux», *BH,* LIII (1951), 351-374.

BUSQUETS, L., «Emoción y *tempo* en el *PMC*», *MR,* XIII (1988), 361-408.

CAZARES, L., «Dísticos en la épica castellana», *NRFH,* XXII (1973), 91-101.

FORMISANO, L., «Errori di assonanza e 'pareados' nel *CMC* (per una verifica testuale del neoindividualismo»), *MR,* XIII (1988), 91-114.

HALL, R. A., «Old Spanish Stress-timed Verse and Germanic Substratum», *RPh,* XIX (1965-1966), 227-234.

HARVEY, L. P., «The Metrical Irregularity of the *CMC*», *BHS,* XL (1963), 137-143.

HILLS, E. C., «Irregular Epic Metres. A Comparative Study of the Metre of the *PMC* and of certain Anglo-Norman, Franco-Italian

134

and Venetian Epic Poems», en *Homenaje a Menéndez Pidal,* I, Madrid, 1925, 759-777.

JOHNSTON, R. M., «The Function of *Laisse* Divisions in the *PMC»,* *JHP,* VIII (1983-1984), 185-208.

MALDONADO DE GUEVARA, F., «Knittelvers, 'verso nudoso'», *RFE,* XLVIII (1965), 35-59.

MENÉNDEZ PIDAL, R., «La forma épica en España y en Francia», *RFE,* XX (1933), 345-352, reimpreso en *De primitiva lírica española y antigua épica,* Buenos Aires, 1951 (Austral núm. 1051), 37-43.

MONTGOMERY, T., «Assonance, Word, and Thought in the *PMC»,* *JHP,* XI (1986-1987), 5-22.

MYERS, O. T., «Assonance and Tense in the *PMC»,* *PMLA,* LXXXI (1966), 493-498.

ORDUNA, G., «Función expresiva de la tirada y de la estructura fónico-rítmica del verso en la creación del *PMC»,* *Incipit,* VII (1987), 7-34.

PELLEN, R., «Le Modèle du vers épique espagnol, à partir de la formule cidienne *El que en buen hora...* (Exploitation des concordances pour l'analyse des structures textuelles)», *Cahiers de Linguistique Hispanique Médiévale,* X (1985), 5-37, y XI (1986), 5-132.

SMITH, C., «On Sound-patterning in the *PMC»,* *HR,* XLIV (1975), 223-237.

— «La métrica del *PMC:* nuevas posibilidades», *NRFH,* XXVIII (1979), 30-56.

STRAUSSER, M. J., «Alliteration in the *PMC»,* *RoN,* XI (1969), 439-443.

WERBER, R. H., «The Euphony of the *CMC»,* en *Florilegium... D. C. Clarke,* Madison, 1983, 45-60.

— «Aliteración consonántica en el *CMC»,* en *Philologica... M. Alvar,* 3 vols., Madrid, 1983-1986, III, 573-583.

5. *Lenguaje, estilo y técnicas narrativas*

ADAMS, K. J., *«Pensar de:* Another Old French Influence on the *PMC* and other Medieval Spanish Poems», *LaC,* VII (1978-1979), 8-12.

— «Possible French Influence on the Use of the Historic Present in the *PMC*», *MLR*, LV (1980), 781-796.

AGUIRRE, J. M., «El nombre propio como fórmula oral en el *CMC*», *C*, IX (1980-1981), 107-119.

ALLEN, L. H., «A Structural Analysis of the Epic Style of the *PMC*», en *Structural Studies on Spanish Themes*, ed. H. R. Kahane, Salamanca-Urbana, 1959, 341-414.

ALONSO, D., «El anuncio del estilo directo en el *PMC* y en la épica francesa», en *Mélanges... R. Lejeune*, I, Gembloux, 1969, 379-393, reimpreso en *Obras completas*, II, 195-204.

BAILEY, M., «Figurative Language in the *PMC* and the *Poema de Fernán González*», *Anuario Medieval*, II (1990), 42-63.

BUSTOS TOVAR, J. J. de, *Contribución al estudio del cultismo léxico medieval*, Madrid, 1974.

CALDERA, E., «L'oratoria nel *PMC*», *Miscellanea di Studi Ispanici*, X (1965), 5-29.

CHIARINI, G., «Osservazioni sulla tecnica poetica del *CMC*», *Lavori Ispanistici*, serie II, Florencia, 1970, 7-46.

CURTIUS, E. R., sección «Epische Formeln» de «Antike Rhetorik und vergleichende Literaturwissenschaft», *CL*, I (1949), 27-31.

DE CHASCA, E., *El arte juglaresco en el 'CMC'*, 2.ª ed., Madrid, 1972.

DEYERMOND, A. D., «Structural and Stylistic Patterns in the *CMC*», en *Medieval Studies... R. W. Linker*, Madrid, 1973.

— y HOOK, D., «Doors and Cloaks: Two Image-patterns in the *CMC*», *MLN*, XCIV (1979), 366-377.

DORFMAN, E., *The Narreme in the Medieval Romance Epic*, Toronto-Manchester, 1969.

DUGGAN, J. J., «Formulaic Diction in the *CMC* and the Old French Epic», *FMLS*, X (1974), 260-269.

DUTTON, B., «The Popularization of Legal Formulae in Medieval Spanish Literature», en *Studies... J. E. Keller*, Newark, 1980, 13-28.

— «Las fórmulas juglarescas: una nueva interpretación», en M. Criado de Val (ed.), *La juglaresca*, Madrid, 1986, 139-149.

GILMAN, S., *Tiempo y formas temporales en el 'PMC'*, Madrid, 1961.

— «The Poetry of the *PMC* and the Music of the *Cantar*», *PQ*, LI (1972), 1-11.

HAMILTON, R., «Epic Epithets in the *PMC*», *RLC*, XXXVI (1962), 161-178.

HART, T. R., «The Rhetoric of (Epic) Fiction: Narrative Technique in the *CMC*», *PQ*, LI (1972), 23-35.

HATHAWAY, R. L., «The Art of the Epic Epithets in the *CMC*», *HR*, XLII (1974), 311-321.

HERSLUND, M., «Le *CMC* et la chanson de geste», *Revue Romane*, IX (1974), 69-121.

HOOK, D., «The *PMC* and the Old French Epic: Some Reflections», en *The Medieval Alexander Legend and Romance Epic: Essays... D. J. A. Ross*, Millwood, Nueva York, 1981, 107-118.

— «Some Problems in Romance Epic Phraseology», en D. Hook y B. Taylor (eds.), *Cultures in Contact in Medieval Spain: Essays... L. P. Harvey*, Londres, 1990, 127-150.

LAPESA, R., «La lengua de la poesía épica en los cantares de gesta y en el romancero viejo», en *De la Edad Media a nuestros días*, Madrid, 1967, 9-28.

MENÉNDEZ PIDAL, R., «Fórmulas épicas en el *PMC*», *RPh*, VII (1953-1954), 261-267, reimpreso en *Los godos y la epopeya española*, Buenos Aires, 1956 (Austral núm. 1275), 241-255, y en *En torno...*, 97-105.

MICHAEL, I., «A Comparison of the Use of Epic Epithets in the *PMC* and *Libro de Alexandre*», *BHS*, XXXVIII (1961), 32-41.

MILETICH, J. S., «Repetition and Aesthetic Function in the *PMC* and South-Slavic Oral and Literary Epic», *BHS*, LVIII (1981), 189-196.

MONTGOMERY, T., «The *PMC*: Oral Art in Transition», en *Mio Cid Studies*, Londres, 1977, 91-112.

— «The Rhetoric of Solidarity in the *PMC*», *MLN*, CII (1987), 191-205.

— «Interaction of Factors in Tense Choice in the *PMC*», *BHS*, LXVIII (1991), 355-369.

— «The *PMC* and the Potentialities of Metonymy», *HR*, LIX (1991), 421-436.

SANDMANN, M., «Narrative Tenses of the Past in the *CMC*», en *Studies... J. Orr*, Manchester, 1953, 258-281.

SMITH, C., «Latin Histories and Vernacular Epic in 12th-Century Spain: Similarities of Spirit and Style», *BHS*, XLVIII (1971), 1-10; traducido como cap. 4 de *Estudios cidianos*.

SMITH, C. y MORRIS, J., «On 'Physical Phrases' in Old Spanish Epic and Other Texts», *Proceedings of the Leeds Philosophical Society*,

Literary and Historical Section, XII (1967), 129-190; traducido como cap. 8 de *Estudios cidianos.*

SPITZER, L., «El sintagma 'Valencia la bella'», *RFH,* VII (1945), 259-276.

TERLINGEN, J., «Uso profano del lenguaje cultual cristiano en el *PMC*», en *Estudios... Menéndez Pidal,* IV, 1953, 254-294.

WEST-BURDETTE, B., «Gesture, Concrete Imagery and Spatial Configuration in the *CMC*», *C,* 16 (1987-1988), 55-66.

III. OTROS ASPECTOS

1. Sobre el derecho y las leyes como tema del *PMC,* véase E. de Hinojosa y Naveros, «El derecho en el *PMC*», en *Homenaje a Menéndez Pelayo,* vol. I, Madrid, 1899, 541-581, reimpreso en sus *Obras completas,* vol. I, Madrid, 1948; también su libro *El elemento germánico en el derecho español,* Madrid, 1915. Hay artículos de W. J. Entwistle, «My Cid, Legist», *BSS,* VI (1929), 9-15; D. Hook, «On certain Correspondences between the *PMC* and Contemporary Legal Instruments», *I,* XI (1980), 31-53; J. González, «El matrimonio de las hijas del Cid», *Anuario de Historia del Derecho Español,* XXXI (1961), 531-568; M. Pavlović y R. M. Walker, «Money, Marriage and the Law in the *PMC*», *MAe,* LI (1982), 197-212. Véanse también diversas secciones del libro de Lacarra (1980). Otros estudios sobre episodios individuales se mencionan en las Notas.

2. Conviene estudiar la geografía del poema en el *CMC* de MP, vol. I, 36-76, con mapas e itinerarios, y en el vol. II, donde constan los nombres de lugar en orden alfabético. Trabajos recientes que en parte rectifican los de MP son los de M. Criado de Val, «Geografía, toponimia e itinerarios del CMC», *ZRP,* LXXXVI (1970), 83-107, y su libro *La ruta del Cid,* Madrid, 1979; A. Ubieto Arteta, 1972, mencionado antes; I. Michael, «Geographical Problems in the *PMC:* The Exile Route», en *Medieval Hispanic Studies... R. Hamilton,* Londres, 1976, 117-128, y «... II: The Corpes Route», en *Mio Cid Studies,* Londres, 1977, 83-89; y P. E. Russell, «El *PMC* como documento de información caminera», en su libro de 1978, 159-205.

3. En las historias eclesiásticas y monásticas abundan los temas relacionados con Cardeña, por ejemplo, en los libros de Sandoval y

Yepes en el siglo XVII. Hay riqueza de información aun mayor en la obra de F. de Berganza, *Antigüedades de España...,* 2 vols., Madrid, 1719-1721, y en los vols. XXIII y XXVII de *España sagrada* del Padre Flórez. Sobre las relaciones del Cid con el monasterio, véase Fr. J. Álvarez, *El Cid y Cardeña,* Madrid, 1952, quien acepta como históricas las leyendas piadosas; M. E. Lacarra, «El *PMC* y el monasterio de San Pedro de Cardeña», en *Homenaje a J. M. Lacarra,* II, Zaragoza, 1977, 79-94; y sobre Cardeña en éste y otros aspectos, C. Smith, «Leyendas de Cardeña», *BRAH,* CLXXIX (1982), 445-523. «La estoria del noble varón el Cid...», *HR,* XV (1947), 206-211; P. E. Russell (1958); D. Catalán, «Crónicas generales y cantares de gesta. El *Mio Cid* de Alfonso X y el del pseudo Ben-Alfaray», *HR,* XXXI El *Mio Cid* de Alfonso X y el del pseudo Ben-Alfaray», *HR,* XXXI (1963), 195-215 y 291-306: C. Smith, «The Cid as Charlemagne in the *Leyenda de Cardeña», R,* XCVII (1976), 509-531, y también «The Diffusion of the Cid Cult», *JMH,* VI (1980), 37-60.

4.   Mucho se ha escrito sobre los restos mortales del Cid y de Jimena, las espadas y caballo de aquél, las arcas, sus propiedades, genealogía, iconografía, intentos de canonización, y temas semejantes. Véase J. M. Gárate Córdoba, *Las huellas del Cid,* Burgos, 1955.

Poema de mio Cid

CANTAR I

Al manuscrito le falta una o varias hojas en el comienzo. Esta parte debía relatar cómo incurrió el Cid en la desgracia del rey y por qué fue desterrado, señalando una de tres razones posibles. El poema pudo haber empezado con una alusión a la *Jura de Santa Gadea*, con la cual termina el poema de Zamora, pero no consta que este hecho tuviera una existencia literaria cuando se compuso el *PMC*. Aunque las crónicas mencionan la *jura* al adaptar el episodio del principio del *PMC*, sólo lo hacen para explicar la disposición general que el rey tenía contra el Cid. El texto pudo haber referido que, según la historia, el destierro del Cid se debió a que éste había organizado una incursión contra el reino moro de Toledo; los versos 476-481^b, 507-509 y 527-528 parecen reflejar esta algarada, pero no se alude a ella directamente. Lo mejor es aceptar la opinión de MP, según el cual el poema comenzaba describiendo la expedición del Cid a Sevilla. Algunas crónicas dicen que el Cid, siguiendo las órdenes de su rey, fue a recoger el tributo anual *(parias)* que el rey de Sevilla, Motámid, debía pagar. Durante su estancia en esta ciudad, el héroe y sus caballeros ayudaron a los habitantes en una guerra contra los granadinos que, a su vez, estaban ayudados por el conde García Ordóñez y otros cristianos. El Cid los derrotó cerca de Cabra y retuvo tres días prisioneros a los cristianos, llegando incluso a tirar de la barba a García Ordóñez, a manera de insulto (recordado en el v. 3288); después regresó a Castilla con el tributo (aludido en el v. 109). Los derrotados cristianos se quejaron al rey Alfonso, que escuchó a estos *malos mestureros* (v. 267, etc.) y desterró al Cid. Éste, reuniendo a sus seguidores, se dispuso a salir de Vivar; aquí empieza el primer folio que nos ha llegado.

No es seguro, ni mucho menos, que esta primera parte del poema estuviera en verso. En la descripción que las crónicas hacen del episodio apenas hay señales de asonancia o ritmo. Aquéllas recogen este material de la *Historia Roderici*, sobre todo, con sólo unas pocas adiciones de una fuente poética, y, según parece, el autor del *PMC* debió traducir también de esta *Historia*, y añadió unos pocos elementos poéticos, pero expresándose probablemente en prosa. Cuando las crónicas narran la salida del Cid camino del destierro, aparecen de repente indicios claros de asonancia, ritmo y frases características del verso, proporcionando a B, M y MP un material con el que pudieron construir una hipotética sección de hasta doce versos, que nos llevan directamente a *De los sos ojos...*, primer verso del manuscrito conservado. En el Apéndice II se incluyen los doce versos reconstruidos por MP; notemos aquí que son asonantados en *á-o*, como los de la tirada I que nos ha llegado, y que el último contiene el sustantivo *palaçios*, al cual se refiere el pronombre, complemento directo, *los*, del v. 2 del poema propiamente dicho.

1 De los sos ojos   tan fuerte mientre lorando
   tornava la cabeça   y estava los catando.
   Vio puertas abiertas   e uços sin cañados,
   alcandaras vazias   sin pielles e sin mantos
   e sin falcones   e sin adtores mudados.   5
   Sospiro mio Çid   ca mucho avie grandes cuidados.
   Ffablo mio Çid   bien e tan mesurado:
   '¡Grado a ti, señor,   padre que estas en alto!
   ¡Esto me an buelto   mios enemigos malos!'

2 Alli pienssan de aguijar,   alli sueltan las riendas.   10
   A la exida de Bivar   ovieron la corneja diestra
   y entrando a Burgos   ovieron la siniestra.
   Meçio mio Çid los ombros   y engrameo la tiesta:
   '¡Albriçia, Albar Ffañez,   ca echados somos de tierra!'

3 Mio Çid Ruy Diaz   por Burgos entrava,   15
   en su compaña   .lx. pendones levava.

   Exien lo ver   mugieres e varones,   16b
   burgeses e burgesas   por las finiestras son,
   plorando de los ojos   tanto avien el dolor.
   De las sus bocas   todos dizian una razon:
   '¡Dios, que buen vassalo!   ¡Si oviesse buen señor!'   20

   ---

   15 La palabra-rima *entrava* es, en opinión de Pidal, un error del
   copista; según él, debería haber una asonancia en *ó(-e)* y supone que
   en el original era *entrove*, es decir, *entro* (pretérito) con una *-e* pa-
   ragógica, precedida de *-v-* para conservar el hiato. El primer corrector
   aceptó *entraua* y añadió *leuaua* al final del v. 16. B y L aceptan
   el pareado como hemos escrito arriba.

   16·16b El copista escribió estos dos versos como uno solo.

4 Conbidar le ien de grado   mas ninguno non osava;
  el rey don Alfonsso   tanto avie la grand saña,
  antes de la noche   en Burgos del entro su carta
  con grand recabdo   e fuerte mientre sellada,
  que a mio Çid Ruy Diaz   que nadi nol diesse(n) posada, 25
  e aquel que gela diesse   sopiesse — vera palabra —
  que perderie los averes   e mas los ojos de la cara
  e aun demas   los cuerpos e las almas.
  Grande duelo avien   las yentes christianas;
  asconden se de mio Çid   ca nol osan dezir nada.   30
  El Campeador   adeliño a su posada;
  asi commo lego a la puerta   falola bien çerrada
  por miedo del rey Alfonsso   que assi lo avien parado
  que si non la quebrantas por fuerça   que non gela abriese
                                           nadi.
  Los de mio Çid   a altas vozes laman,   35
  los de dentro   non les querien tornar palabra.
  Aguijo mio Çid,   a la puerta se legava,
  saco el pie del estribera,   una feridal dava;
  non se abre la puerta   ca bien era çerrada.
  Una niña de nuef años   a ojo se parava: 40
  '¡Ya Campeador   en buen ora çinxiestes espada!
  El rey lo ha vedado,   anoch del entro su carta
  con grant recabdo   e fuerte mientre sellada.
  Non vos osariemos abrir   nin coger por nada;
  si non, perderiemos   los averes e las casas   45
  e demas   los ojos de las caras.
  Çid, en el nuestro mal   vos non ganades nada;
  mas ¡el Criador vos vala   con todas sus vertudes santas!'
  Esto la niña dixo   e tornos pora su casa.
  Ya lo vee el Çid   que del rey non avie graçia.   50
  Partios de la puerta,   por Burgos aguijava,

   25 L y MP conservan *diessen*, L con alguna duda; llama la atención
al v. 151, en el que *omne nado* hace a *ventassen* plural.
   33 B y L: *avie parado*. El manuscrito dice *aviē*, con una clara tilde para
indicar abreviación de la *n*. MP corrige *avien parado* a *pararan*.
   34 MP hace la rima uniforme cambiando a *abriessen por nada* y
elimina (con B, R) *por fuerça*, con el fin de aligerar lo que ya es un
verso desmañado. B: *abriese ome nado*, haciendo un pareado con el 33.
   46 R, MP: *e [aun] demas*.

lego a Santa Maria,   luego descavalga,
finco los inojos,   de coraçon rogava.
La oraçion fecha   luego cavalgava;
salio por la puerta   e (en) Arlançon p[a]sava.   55
Cabo essa villa   en la glera posava,
fincava la tienda   e luego descavalgava.
Mio Çid Ruy Diaz   el que en buen ora çinxo espada
poso en la glera   quando nol coge nadi en casa,
derredor del   una buena conpaña.   60
Assi poso mio Çid   commo si fuesse en montaña.
Vedada l'an compra   dentro en Burgos la casa
de todas cosas   quantas son de vianda;
non le osarien vender   al menos dinarada.

5 Martin Antolinez   el burgales complido   65
a mio Çid e a los suyos   abastales de pan e de vino;
non lo conpra,   ca el selo avie consigo;
de todo conducho   bien los ovo bastidos.
Pagos mio Çid   el Campeador [conplido]
e todos los otros   que van a so çervicio.   69b
Fablo Martin Antolinez,   odredes lo que a dicho: 70
'¡Ya Canpeador   en buen ora fuestes naçido!
Esta noch y[a]gamos   e vay[a]mos nos al matino,
ca acusado sere   de lo que vos he servido;
en ira del rey Alfonsso   yo sere metido.
Si con vusco   escapo sano o bivo   75
aun çerca o tarde   el rey querer me ha por amigo;
si non, quanto dexo   ¡no lo preçio un figo!'

6 Fablo mio Çid   el que en buen ora çinxo espada:
'¡Martin Antolinez   sodes ardida lança!
Si yo bivo   doblar vos he la soldada.   80

55 Aquí dudó el copista; primero escribió τ *arlan posaua*, después
añadió sobre el renglón *en* y *çon*. En otros lugares ocurre también
la confusión entre *pasar* y *posar*. B y MP corrigen como hemos hecho
arriba; L conserva la lectura del manuscrito.
69·69b El copista escribió estos dos versos como uno solo. [*conplido*]
es una añadidura de MP.
76 El copista parece haber escrito *querer ma*, es decir, *querer m'a*;
pero después cambió *ma* a *me* y colocó *ha* sobre el renglón.

147

Espeso e el oro   e toda la plata;
bien lo vedes   que yo no trayo [nada],
e huebos me serie   pora toda mi compaña;
fer lo he amidos,   de grado non avrie nada.
Con vuestro consego   bastir quiero dos archas;   85
incamos las d'arena   ca bien seran pesadas,
cubiertas de guadalmeçi   e bien enclaveadas.

7 Los guadameçis vermejos   e los clavos bien dorados.
  Por Rachel e Vidas   vayades me privado;
  quando en Burgos me vedaron compra   y el rey me a
                                                airado,   90
  non puedo traer el aver   ca mucho es pesado,
  enpeñar gelo he   por lo que fuere guisado.
  De noche lo lieven   que non lo vean christianos;
  vealo el Criador   con todos los sos santos,
  yo mas non puedo   e amidos lo fago.'   95

8 Martin Antolinez   non lo detar[da]va,
  por Rachel e Vidas   a priessa demandava.
  Passo por Burgos,   al castiello entrava,
  por Rachel e Vidas   a priessa demandava.

9 Rachel e Vidas   en uno estavan amos   100
  en cuenta de sus averes,   de los que avien ganados.
  Lego Martin Antolinez   a guisa de menbrado:
  '¿O sodes, Rachel e Vidas,   los mios amigos caros?
  En poridad   f(l)ablar querria con amos.'
  Non lo detardan,   todos tres se apartaron: 105
  'Rachel e Vidas: amos me dat las manos
  que non me descubrades   a moros nin a christianos;
  por siempre vos fare ricos,   que non seades menguados.
  El Campeador   por las parias fue entrado,
  grandes averes priso   e mucho sobejanos;   110

82 ms.: *que yo no trayo*, con *auer* añadido sobre el renglón; [*nada*]
es una enmienda de MP, siguiendo a B. L dice *que aver yo no trayo*.

97 B, L y MP lo omiten por considerarlo una anticipación injusti-
ficada del v. 99. Pero este verso puede explicarse fácilmente por legí-
timas razones artísticas.

retovo dellos   quanto que fue algo,
por en vino a aquesto   por que fue acusado.
Tiene dos arcas   lennas de oro esmerado.
Ya lo vedes   que el rey le a airado.
Dexado ha heredades   e casas e palaçios;   115
aquelas non las puede levar,   si non, ser ien ventadas;
el Campeador dexar las ha   en vuestra mano,
e prestalde de aver   lo que sea guisado.
Prended las archas   e meted las en vuestro salvo;
con grand jura   meted i las fes amos   120
que non las catedes   en todo aqueste año.'
Rachel e Vidas   seyen se consejando:
'Nos huebos avemos   en todo de ganar algo.
Bien lo sabemos   que el algo gaño,
quando a tierra de moros entro   que grant aver saco;   125
non duerme sin sospecha   qui aver trae monedado.
Estas archas   prendamos las amas,
en logar las metamos   que non sean ventadas.
Mas dezid nos del Çid: ¿de que sera pagado,
o que ganançia nos dara   por todo aqueste año?'   130
Respuso Martin Antolinez   a guisa de menbrado:
'Mio Çid querra   lo que ssea aguisado,
pedir vos a poco   por dexar so aver en salvo;
acogen sele omnes   de todas partes menguados;
a menester   seis çientos marcos.'   135
Dixo Rachel e Vidas: 'Dar gelos [hemos] de grado.'
'Ya vedes que entra la noch,   el Çid es presurado;
huebos avemos   que nos dedes los marchos.'
Dixo Rachel e Vidas: 'Non se faze assi el mercado,
si non primero prendiendo   e despues dando.'   140
Dixo Martin Antolinez: 'Yo desso me pago.

116 B y MP lo corrigen para poner *serie ventado*.
124 R y MP corrigen a *algo a gañado*; R también sugiere *gañó algo*.
125 R y MP corrigen a *aver a sacado*. B y L dejan los vs. 124-125
como un pareado en *ó*.
126 L coloca este verso después del 128.
127 MP lo corrige para poner *amos*.
128 MP corrige a *sea ventado*. B y L dejan los vs. 127-128 como un
pareado en *á-a*.
136 Adición de B, R y MP.

149

Amos tred   al Campeador contado,
e nos vos ayudaremos   que assi es aguisado
por aduzir las archas   e meter las en vuestro salvo,
que non lo sepan   moros nin christianos.'   145
Dixo Rachel e Vidas: 'Nos desto nos pagamos;
las archas aduchas,   prendet seyes çientos marcos.'
Martin Antolinez   cavalgo privado
con Rachel e Vidas   de voluntad e de grado.
Non viene a la pueent   ca por el agua a passado   150
que gelo non venta(n)ssen   de Burgos omne nado.
Afevos los a la tienda   del Campeador contado:
assi commo entraron   al Çid besaron le las manos,
sonrrisos mio Çid,   estavalos fablando:
'¡Ya don Rachel e Vidas   avedes me olbidado!   155
Ya me exco de tierra   ca del rey so airado;
a lo quem semeja   de lo mio avredes algo,
mientras que vivades   non seredes menguados.'
Don Rachel e Vidas   a mio Çid besaron le las manos.
Martin Antolinez   el pleito a parado   160
que sobre aquelas archas   dar le ien .vi. çientos marcos
e bien gelas guardarien   fasta cabo del año;
ca assil dieran la fe   e gelo avien jurado
que si antes las catassen   que fuessen perjurados,
non les diesse mio Çid   de la ganançia un dinero malo.   165
Dixo Martin Antolinez: 'Cargen las archas privado.
Levaldas, Rachel e Vidas,   poned las en vuestro salvo;
yo ire con vus[c]o   que adugamos los marcos,
ca a mover a mio Çid   ante que cante el gallo.'
Al cargar de las archas   veriedes gozo tanto: 170
non las podien poner en somo   mager eran esforçados.
Gradan se Rachel e Vidas   con averes monedados,
ca mientra que visquiessen   refechos eran amos.

10 Rachel a mio Çid   la manol ba besar:

'¡Ya Campeador   en buen ora çinxiestes espada!   175

165 B, L y MP suprimen el artículo y leen *de ganançia*.
174 L y otros retienen este verso en la tirada 9, cambiando el orden
de las palabras al segundo hemistiquio: *le va besar la mano*. B y MP

De Castiella vos ides   pora las yentes estrañas;
assi es vuestra ventura,   grandes son vuestras ganançias.
una piel vermeja   morisca e ondrada
Çid, beso vuestra mano   en don que la yo aya.'
'Plazme', dixo el Çid,   'D'aqui sea mandada;   180
si vos la aduxier d'alla;   si non, contalda sobre las arcas.'
En medio del palaçio   tendieron un almofalla,
sobr'ella una savana   de rançal e muy blanca;
a tod el primer colpe   .iii.^{ccc} marcos de plata echa[va]n,
notolos don Martino,   sin peso los tomava;   185
los otros .ccc.   en oro gelos pagavan.
Cinco escuderos tiene don Martino,   a todos los cargava.
Quando esto ovo fecho   odredes lo que fablava:
'Ya don Rachel e Vidas   en vuestras manos son las arcas;
yo, que esto vos gane,   bien mereçia calças.'   190

11 Entre Rachel e Vidas   aparte ixieron amos:
'Demos le buen don   ca el no' lo ha buscado.
Martin Antolinez   un burgales contado
vos lo mereçedes,   darvos queremos buen dado
de que fagades calças   e rica piel e buen manto;   195
damos vos en don   a vos .xxx. marchos.
Mereçer no' lo hedes,   ca esto es aguisado,
atorgar nos hedes   esto que avemos parado.'
Gradeçiolo don Martino   e reçibio los marchos;
grado exir de la posada   y espidios de amos.   200
Exido es de Burgos   e Arlançon a passado,
vino pora la tienda   del que en buen ora nasco;
reçibiolo el Çid   abiertos amos los braços:
'¿Venides, Martin Antolinez,   el mio fiel vassalo?
¡Aun vea el dia   que de mi ayades algo!'   205
'Vengo, Campeador,   con todo buen recabdo;

lo corrigen a *ha besada*, haciendo notar MP que el copista debió leer mal la palabra original *ha*, ya que la *b* y la *h* son fácilmente confundibles. Es cierto que el verso está mejor situado al comienzo de la nueva tirada.

184 ms.: *echaron*. MP (siguiendo a B) sugiere omitir *echaron* o, como alternativa, leer *marcos echavan;* pero se necesita el verbo para el sentido de la frase, y *de plata* por alusión a *en oro* del v. 186. L: *echaron* .iii.^{ccc} *marcos de plata.*

vos .vi. çientos   e yo .xxx. he ganados.
Mandad coger la tienda   e vayamos privado,
en San Pero de Cardeña   i nos cante el gallo;
veremos vuestra mugier   menbrada fija dalgo;   210
mesuraremos la posada   e quitaremos el reinado,
mucho es huebos   ca çerca viene el plazo.'

12 Estas palabras dichas,   la tienda es cogida,
Mio Çid e sus conpañas   cavalgan tan aina.
La cara del cavallo   torno a Santa Maria,   215
alço su mano diestra,   la cara se santigua :
'¡A ti lo gradesco, Dios,   que çielo e tierra guias!
¡Valan me tus vertudes   gloriosa Santa Maria!
D'aqui quito Castiella   pues que el rey he en ira;
non se si entrare i mas   en todos los mios dias.   220
¡Vuestra vertud me vala   Gloriosa, en mi exida,
e me ayude e(l) me acorra   de noch e de dia!
Si vos assi lo fizieredes   e la ventura me fuere complida
mando al vuestro altar   buenas donas e ricas;
esto e yo en debdo   que faga i cantar mill missas.'   225

13 Spidios el caboso   de cuer e de veluntad.
Sueltan las riendas   e pienssan de aguijar.
Dixo Martin Antolinez: 'Vere a la mugier a todo mio solaz,
castigar los he   commo abran a far.
Si el rey melo quisiere tomar   ¡a mi non m'inchal!   230
Antes sere con vusco   que el sol quiera rayar.'

221·2 El copista escribió τ me aiude al final del v. 221, y empezó el
222 con *El me acorra.* La primera de estas palabras fue alterada por
una mano posterior que escribió *Ell*ª, que aceptaron B, V, L, etc. La
corrección de Pidal, que considera *El* como un error de *E*, parece
lógica, sobre todo porque así tiene el 222 dos «parejas» típicas y
también una aliteración.

228 MP lo divide en dos versos:

(228) *Dixo Martín Antolínez,*   [*el Burgalés leal*],
(228b) *veré a la mugier   a todo mio solaz.*

También B hace de él dos versos, con [*el burgalés natural*] como hemis-
tiquio extra.

14   Tornavas Martin Antolinez a Burgos   e mio Çid aguij[o]
     pora San Pero de Cardeña   quanto pudo a espol[on]
     con estos cavalleros   quel sirven a so sabor.
     A priessa cantan los gallos   e quieren quebrar albores   235
     quando lego a San Pero   el buen Campeador.
     El abbat don Sancho   christiano del Criador
     rezava los matines   abuelta de los albores;
     i estava doña Ximena   con çinco dueñas de pro
     rogando a San Pero   e al Criador: 240
     '¡Tu que a todos guias   val a mio Çid el Campeador!'

15   Lamavan a la puerta,   i sopieron el mandado;
     ¡Dios, que alegre fue   el abbat don Sancho!
     Con lumbres e con candelas   al corral dieron salto,
     con tan grant gozo reçiben   al que en buen ora nasco: 245
     '¡Gradesco lo a Dios, mio Çid!'   dixo el abbat don Sancho;
     'Pues que aqui vos veo   prendet de mi ospedado.'
     Dixo el Çid: 'Graçias, don abbat,   e so vuestro pagado.
     Yo adobare conducho   pora mi e pora mis vassallos;
     mas por que me vo de tierra   dovos .l. marchos,   250
     si yo algun dia visquier   servos han doblados.
     Non quiero fazer en el monesterio   un dinero de daño;
     evades aqui pora doña Ximena   dovos .c. marchos,
     a ella e a sus fijas e a sus dueñas   sirvades las est año.
     Dues fijas dexo niñas   e prendet las en los braços,   255
     aquellas vos acomiendo a vos,   abbat don Sancho;
     dellas e de mi mugier   fagades todo recabdo.
     Si essa despenssa vos falleçiere   o vos menguare algo,
     bien las abastad,   yo assi vos lo mando;

232·3 ms.: ... *a aguiiar* y ... *a espolear*. El copista cometió el mismo error en otros lugares; las correcciones señaladas arriba, de B y MP, hacen uso de frases típicas. Los versos nos llevan claramente al 234 y están mejor colocados al principio de la nueva tirada.

248 B y MP hacen aquí dos versos. MP:

        (248) *Dixo el Çid,*   [*el que en buen ora nasco*]:
        (248b) *Graçias, don abbat,*   *e so vuestro pagado;*

251 B: *visquier[e]*; MP: *visquier[o]* (futuro de subjuntivo).
252 Baist, L y MP: *Non quiero far.*

por un marcho que despendades   al monesterio dare yo
                                            quatro'.

Otorgado gelo avie   el abbat de grado.   261
Afevos doña Ximena   con sus fijas do va legando,
señas dueñas las traen   e aduzen las adelant.
Ant'el Campeador   doña Ximena finco los inojos amos,
lorava de los ojos,   quisol besar las manos: 265
'¡ Merçed, Campeador,   en ora buena fuestes nado!
Por malos mestureros   de tierra sodes echado.

16 ¡ Merçed, ya Çid,   barba tan complida!
Fem ante vos   yo e vuestras fijas
—iffantes son   e de dias chicas—   269b
con aquestas mis dueñas   de quien so yo servida.   270
Yo lo veo   que estades vos en ida
e nos de vos   partir nos hemos en vida:
¡ Da(n)d nos consejo   por amor de Santa Maria!'
Enclino las manos   [el de] la barba velida,
a las sus fijas   en braço' las prendia,   275
legolas al coraçon   ca mucho las queria.
Lora de los ojos,   tan fuerte mientre sospira:
'¡ Ya doña Ximena   la mi mugier tan complida,
commo a la mi alma   yo tanto vos queria!
Ya lo vedes   que partir nos emos en vida,   280
yo ire   e vos fincaredes remanida.
¡ Plega a Dios   e a Santa Maria
que aun con mis manos   case estas mis fijas,   282b
o que de ventura   e algunos dias vida
e vos, mugier ondrada,   de mi seades servida!'

263 MP corrige a *adúzenlas* [*en los braços*]. Esto parece demasiado
definido: se podría proponer con mayor lógica ... [*por las manos*]. El
poeta no dice que las muchachas eran criaturas; cuando el 255 alude a
en los braços, es en un sentido figurado; mientras que en el 269b
Jimena insiste en la juventud de ellas de una manera más emotiva que
literal.

269b El copista lo escribió en la misma línea que el 269.

274 El copista escribió primero *en la barba velida*, añadiendo después
su sobre el renglón. La corrección puesta arriba es de B; MP pone
la barba velida, metonimia para designar al Cid, como sujeto de *enclino*.

280 El manuscrito ha sido alterado, por lo que es dificil su lectura.
B, V, L y otros leen *tenemos* en lugar de *emos*.

282b Escrito por el copista en la misma línea que el 282.

154

17 Grand yantar le fazen   al buen Campeador.   ²⁸⁵
   Tañen las campanas   en San Pero a clamor.
   Por Castiella   oyendo van los pregones
   commo se va de tierra   mio Çid el Campeador;
   unos dexan casas   e otros onores,
   en aques dia   á la puent de Arlançon   290
   çiento quinze cavalleros   todos juntados son;
   todos demandan   por mio Çid el Campeador.
   Martin Antolinez   con ellos cojo:
   vansse pora San Pero   do esta el que en buen punto naçio.

18 Quando lo sopo   mio Çid el de Bivar   ²⁹⁵
   quel creçe compaña   por que mas valdra,
   a priessa cavalga,   reçebir los sal(i)e,
   tornos a sonrisar,   legan le todos, la manol ban besar.
   Fablo mio Çid   de toda voluntad:
   'Yo ruego a Dios   e al Padre spiritual,   300
   vos, que por mi dexades   casas y heredades,
   enantes que yo muera   algun bien vos pueda far,
   lo que perdedes   doblado vos lo cobrar.'
   Plogo a mio Çid   por que creçio en la yantar,
   plogo a los otros omnes todos   quantos con el estan.   305
   Los .vi. dias de plazo   passados los an,
   tres an por troçir   sepades que non mas.
   Mando el rey   a mio Çid (a) aguardar,
   que si despues del plazo   en su tierral pudies tomar
   por oro nin por plata   non podrie escapar.   310
   El dia es exido,   la noch querie entrar,
   a sus cavalleros   mandolos todos juntar:
   '¡Oid, varones,   non vos caya en pesar!
   Poco aver trayo,   dar vos quiero vuestra part.
   Sed membrados   commo lo devedes far;   315
   a la mañana   quando los gallos cantaran
   non vos tardedes,   mandedes ensellar;
   en San Pero a matines   tandra el buen abbat,

297 B y M: *sale*, corrección adoptada por editores posteriores.
298 Aparece así en el manuscrito; L lo acepta. B y MP hacen de él
dos versos:

    ⁽²⁹⁸⁾   [*dont a ojo los ovo*],   *tornós a sonrisar;*
    ^(298b)   *lléganle todos,*   *la manol ban besar.*

la missa nos dira, esta sera de Santa Trinidad;
la missa dicha, penssemos de cavalgar, 320
ca el plazo viene açerca, mucho avemos de andar.'
Cuemo lo mando mio Çid assi lo an todos ha far.
Passando va la noch, viniendo la man;
a los mediados gallos pienssan de [ensellar].
Tañen a matines a una priessa tan grand; 325
mio Çid e su mugier a la eglesia van.
Echos doña Ximena en los grados delant'el altar
rogando al Criador quanto ella mejor sabe
que a mio Çid el Campeador que Dios le curias de mal:
'¡Ya Señor glorioso, Padre que en çielo estas! 330
Fezist çielo e tierra, el terçero el mar,
fezist estrelas e luna y el sol pora escalentar;
prisist encarnaçion en Santa Maria madre,
en Belleem apareçist commo fue tu veluntad;
pastores te glorifficaron, ovieron [t]e a laudare, 335
tres reyes de Arabia te vinieron adorar
—Melchior e Gaspar e Baltasar—
oro e tus e mirra te offreçieron commo fue tu veluntad;
[salvest] a Jonas quando cayo en la mar,
salvest a Daniel con los leones en la mala carçel, 340
salvest dentro en Roma al señor San Sabastian,
salvest a Santa Susanna del falso criminal,
por tierra andidiste .xxxii. años, Señor spirital,
mostrando los miraclos por en avemos que fablar:

---

323 El manuscrito dice *ma̅n*, con correcciones encima y después de la palabra, borradas posteriormente. Algunos editores han leído *manana* o *maña[na]*. B, L y MP conservan *man;* aparece en otras partes del texto colocada de la misma manera.

324 ms.: *pienssan de caualgar*. La corrección es de B y MP que tienen en cuenta las órdenes del Cid (v. 317) y el contexto.

335 ms.: *ouierõ de alaudare*.

337·8 Pasaje difícil. El manuscrito forma un v. desde *Melchior* hasta *mirra*. La mayoría de los editores lo enmiendan. MP señala la posibilidad de que los nombres de los Magos sean una interpolación que ha trastornado la estructura de los versos, y corrige (con B) el segundo hemistiquio del 338 para decir *te offreçieron de veluntade* (pero ¿no se debe conservar la lectura del manuscrito en vista de 334, 359?). M indica la posibilidad de *mirrá*, con acento al final.

339 [*salveste*] lo escribió el copista al final del 338.

156

del agua fezist vino	e de la piedra pan,	345
resuçitest a Lazaro	ca fue tu voluntad;	
a los judios te dexeste prender;	do dizen monte Calvarie	
pusieron te en cruz	por nombre en Golgota,	
dos ladrones contigo,	estos de señas partes,	
el uno es en paraiso	ca el otro non entro ala;	350
estando en la cruz	vertud fezist muy grant:	
Longinos era çiego	que nunquas vio alguandre,	
diot con la lança en el costado	dont ixio la sangre,	
corrio la sangre por el astil ayuso,	las manos se ovo de untar,	

alçolas arriba,	legolas a la faz,	355
abrio sos ojos,	cato a todas partes,	
en ti crovo al ora	por end es salvo de mal;	
en el monumento	resuçitest,	
fust a los infiernos	commo fue tu voluntad,	
quebranteste las puertas	e saqueste los santos padres.	360
Tu eres rey de los reyes	e de tod el mundo padre,	
a ti adoro e creo	de toda voluntad,	
e ruego a San Peydro	que me ayude a rogar	
por mio Çid el Campeador	que Dios le curie de mal,	
¡quando oy nos partimos	en vida nos faz juntar!'	365
La oraçion fecha,	la missa acabada la an,	
salieron de la eglesia,	ya quieren cavalgar.	
El Çid a doña Ximena	iva la abraçar,	
doña Ximena al Çid	la manol va besar,	
lorando de los oios	que non sabe que se far.	370

---

347 Los primeros editores y B leen *Calvari*; V y L *Calvario*; MP está seguro de que es *Calvarie*. Es difícil leer la vocal (en una arruga del manuscrito). Véanse las Notas.

354 MP omite *la sangre*; B también *ayuso*; otros omiten *por el astil*.

358·9 En el manuscrito forman un solo verso las palabras que van desde *en*... hasta ...*infiernos*, y otro *commo*... *voluntad*. MP sigue a B al reformar el 358:

> en el monumento   [oviste a] resuçit[ar]

M, R y L sugieren la omisión de *en el monumento resuçitest*; según M, porque cambia el orden cronológico; L se hace eco de la opinión de R, según el cual el copista confundió ciertos pasajes religiosos «sea por celo intempestivo, sea por manía de erudición».

360 ms.: *los padres santos*.

Y el a las niñas   torno las a catar:
'A Dios vos acomiendo, fijas,   e a la mugier e al Padre spirital;
agora nos partimos,   Dios sabe el ajuntar.'
Lorando de los ojos   que non viestes atal,
asis parten unos d'otros   commo la uña de la carne.   375
Mio Çid con los sos vassallos   pensso de cavalgar;
a todos esperando   la cabeça tornando va.
A tan grand sabor   fablo Minaya Albar Fañez:
'Çid ¿do son vuestros esfuerços?   ¡En buen ora nasquiestes
                                        de madre!
Pensemos de ir nuestra via,   esto sea de vagar.   380
Aun todos estos duelos   en gozo se tornaran;
Dios que nos dio las almas   consejo nos dara.'
Al abbat don Sancho   tornan de castigar
commo sirva a doña Ximena   e a la[s] fijas que ha,
e a todas sus dueñas   que con ellas estan;   385
bien sepa el abbat   que buen galardon dello prendra.
Tornado es don Sancho   e fablo Albar Fañez:
'Si vieredes yentes venir   por connusco ir, abbat,
dezildes que prendan el rastro   e pienssen de andar,
ca en yermo o en poblado   poder nos [han] alcançar.'   390
Soltaron las riendas,   pienssan de andar;
çerca viene el plazo   por el reino quitar.
Vino mio Çid yazer   a Spinaz de Can;
grandes yentes sele acogen   essa noch de todas partes.   395
Otro dia mañana   pienssa de cavalgar.   394
Ixiendos va de tierra   el Campeador leal;
de siniestro Sant Estevan   —una buena çipdad—
de diestro Alilon las torres   que moros las han,

---

372 R, L y MP omiten *fijas, e a la mugier;* B omite asimismo la *e*
que sigue.
388 En el manuscrito *abbat* se encuentra al principio del 389.
390 [*han*] es adición de MP.
394·5 MP invierte el orden de estos versos, como arriba, por razones
de lógica y porque tres crónicas establecen claramente que, según sus
fuentes, el alistamiento tuvo lugar en Spinaz de Can.
398 *Alilon:* esta palabra no aparece clara en el manuscrito. B, V y L leen
Ahilon y creen que quizá se hace alusión a uno de los lugares lla-
mados en la actualidad *Ayllón,* bastante al SO. de San Esteban.
MP desplaza simplemente todo el verso para colocarlo después del 415,

passo por Alcobiella   que de Castiella fin es ya,   400
la Calçada de Quinea   iva la traspassar,
sobre Navas de Palos   el Duero va pasar,
a la Figeruela   mio Çid iva posar.
Vanssele acogiendo   yentes de todas partes.

19 I se echava mio Çid   despues que fue çenado.

Un sueño· priso dulçe,   tan bien se adurmio.   405
El angel Gabriel   a el vino en [vision]:
'Cavalgad, Çid,   el buen Campeador,
ca nunqua en tan buen punto   cavalgo varon;
mientra que visquieredes   bien se fara lo to.'
Quando desperto el Çid   la cara se santigo;   410
sinava la cara,   a Dios se acomendo.

20 Mucho era pagado   del sueño que a soñado.

Otro dia mañana   pienssan de cavalgar;
es dia a de plazo,   sepades que non mas.
A la sierra de Miedes   ellos ivan posar.   415

21 Aun era de dia,   non era puesto el sol,
mando ver sus yentes   mio Çid el Campeador;
sin las peonadas   e omnes valientes que son
noto trezientas lanças   que todos tienen pendones.

22 '¡Temprano dat çebada,   si el Criador vos salve!   420
El que quisiere comer;   e qui no, cavalgue.

y allí lee *Atiença las torres*. Pero este verso debe dejarse donde se en-
cuentra, si tenemos en cuenta la pareja *de siniestro... de diestro* (com-
párese 2694-2696). La *CVR*, por desgracia, no ayuda, ya que omite toda
referencia a lo expresado en los vs. 397-398.

[404] B y L lo enmiendan para leer *después que çenado fue;* MP
(apoyándose en la *PCG* 524. b. 18): *después que fo* [*de noch*].

[406] ms.: *vino en sueño*. L lo conserva «con acento repartido»; B
pone [*en sueño l'apareçió*]; MP (con el apoyo de la *PCG* 524. b. 19)
pone *visión*, como arriba.

[408] En el manuscrito se escribe *ca nunqua* como una continuación
del 407.

[411] MP corrige: *a Dios se fo acomendar*, colocando este v. al prin-
cipio de la tirada 20.

[412] MP corrige para poner *que soñado a;* B, R y L tienen *que soñó*,
dejando el verso en la tirada 19.

Passaremos la sierra   que fiera es e grand;
la tierra del rey Alfonsso   esta noch la podemos quitar.
Despues qui nos buscare   fallar nos podra.'
De noch passan la sierra,   vinida es la man,   425
e por la loma ayuso   pienssan de andar;
en medio d'una montaña   maravillosa e grand
fizo mio Çid posar   e çevada dar.
Dixoles a todos   commo querie trasnochar;
vassallos tan buenos   por coraçon lo an,   430
mandado de so señor   todo lo han a far.
Ante que anochesca   pienssan de cavalgar,
por tal lo faze mio Çid   que no lo ventasse nadi.
Andidieron de noch   que vagar non se dan.
O dizen Castejon   el que es sobre Fenares   435
mio Çid se echo en çelada   con aquelos que el trae.

23   Toda la noche yaze en çelada   el que en buen ora nasco
commo los consejava   Minaya Albar Fañez.

'¡Ya Çid   en buen ora çinxiestes espada!
Vos con .c.   de aquesta nuestra conpaña   440
pues que a Castejon   sacaremos a çelada...'
'Vos con los .cc.   id vos en algara;
ala vaya Albar A[l]barez   e Albar Salvadorez sin falla,
e Galin Garçia   —una fardida lança—   443b
cavalleros buenos   que aconpañen a Minaya.

437 MP hace el verso regular: *Toda la noche   yace [mio Çid] en
çelada*. Antes (siguiendo a *B*) había colocado el verso en la tirada 22,
con [*el Campeador leal*] como segundo hemistiquio. También otros lo
colocan ahí, con *yace* como rima. L conserva el manuscrito como arriba.

438 MP corrige para leer *Álbar Fáñez Minaya*. B lo deja como está
y lo incluye en la tirada 22.

441 Hay una laguna después de este verso; es, sin duda, antigua, ya
que afecta también a las crónicas. MP reconstruye cuatro versos que
califica de «restauración arbitraria», en los que Alvar Fáñez continúa
su consejo y el Cid inicia su respuesta (véase Apéndice II).

442 Quien habla es el Cid. Para restaurar el sentido después de la
laguna, una mano temprana alteró este verso para escribir *yo con los
.cc. ire en algara;* pero es evidente por lo que sigue que el Cid se queda
cerca de Castejón y no participa en la *algara* (incursión).

442·4 El copista escribió estos cuatro versos como tres, pero la di-
visión adecuada es obvia.

160

Aosadas corred   que por miedo non dexedes nada.   445
Fita ayuso   e por Guadalfajara
fata Alcala   legen las alg[aras],   446b
e bien acojan   todas las ganançias,
que por miedo de los moros   non dexen nada.
E yo con lo[s] .c.   aqui fincare en la çaga;   450
terne yo Castejon   don abremos grand enpara.
Si cueta vos fuere   alguna al algara
fazed me mandado   muy privado a la çaga;
¡d'aqueste acorro   fablara toda España!'
Nonbrados son   los que iran en el algara,
e los que con mio Çid   ficaran en la çaga   455
Ya quiebran los albores   e vinie la mañana,
ixie el sol,   ¡Dios, que fermoso apuntava!
En Castejon   todos se levantavan,
abren las puertas,   de fuera salto davan
por ver sus lavores   e todas sus heredades.   460
Todos son exidos,   las puertas abiertas han dexadas
con pocas de gentes   que en Castejon fincar[a]n;
las yentes de fuera   todas son deramadas.
El Campeador   salio de la çelada,
corrie   a Castejon sin falla.   464b
Moros e moras   avien los de ganançia,   465
e essos gañados   quantos en derredor andan.
Mio Çid don Rodrigo   a la puerta adeliñava;

446b El copista lo escribió en la misma línea que el 446. B deja
todo como un solo verso, suprimiendo *que… nada*.

460 MP corrige la última palabra y dice *heredanças*. B y L man-
tienen el manuscrito.

461 ms.: *las puertas dexadas an abiertas*. Lo escrito arriba es un
arreglo de MP; B tiene *las puertas han dexadas*.

462 ms.: *fincarõ*, esto es, *fincaron*. Lo escrito arriba es una corrección
de MP; B y L tienen *fincaban*. En las confusas asonancias de los
vs. 460-463 se podrían, quizá, ver restos de una tirada de tres versos, pero
no se aprecia una clara asonancia unificadora, ni el sentido apoya la
idea.

464b El copista puso este verso como una continuación del 464. Su
primer hemistiquio es demasiado corto; MP (apoyándose en la *PCG*,
y siguiendo a L) sugiere [*en derredor*] *corrie* o [*e bien*] *corrie*. Es
posible que el copista escribiese *corre* en lugar de *corrie*. B deja el
464b como está en el manuscrito.

los que la tienen   quando vieron la rebata
ovieron miedo   e fue desemparada.
Mio Çid Ruy Diaz   por las puertas entrava,   470
en mano trae   desnuda el espada,
quinze moros matava   de los que alcançava.
Gaño a Castejon   y el oro e la plata.
Sos cavalleros   legan con la ganançia,
dexan la a mio Çid,   todo esto non preçia nada.   475
Afevos los .cciii.   en el algara,
e sin dubda corren;   fasta Alcala lego la seña de Minaya,
e desi arriba   tornan se con la ganançia
Fenares arriba   e por Guadalfajara.
Tanto traen   las grandes ganançias   480
muchos gañados   de ovejas e de vacas
e de ropas   e de otras riquizas largas.   481ᵇ
Derecha viene   la seña de Minaya;
non osa ninguno   dar salto a la çaga.
Con aqueste aver   tornan se essa conpaña,
fellos en Castejon   o el Campeador estava.   485
El castielo dexo en so poder;   el Campeador cavalga,
saliolos reçebir   con esta su mesnada.
Los braços abiertos   reçibe a Minaya:
'¿Venides, Albar Fañez,   una fardida lança?
¡Do yo vos enbias   bien abria tal esperança!   490
Esso con esto   sea ajuntado;
dovos la quinta   si la quisieredes, Minaya.'

---

473 ms.: τ *el oro ela plata.* MP hace notar que no había espacio
entre *oro* y *ela*, pero que el corrector añadió el signo τ entre estas
palabras, borrándolo después. Por ello pone Pidal *e el oro y ela
plata*, con *ela* como una forma arcaica del artículo (<ILLA), según hace
en otros lugares de su texto.

475 MP lee *preçia'*, es decir, *preçian;* B y L *preçian.*

476 B considera «203» como un número ridículo y supone que el
copista leyó *.cc. hi* como *.cciii.* L piensa que el copista confundió
.cc. otros con *.cc. e tres.*

477 Así en el ms. MP propone un nuevo hemistiquio: (477) *e sin
dubda corren*, [*toda la tierra preavan*], y con el resto forma el v. 477ᵇ.
De modo análogo, B propone añadir [*grandes averes ganaban*]. L con-
serva la lectura del manuscrito.

480·1ᵇ El copista escribió estos tres versos como dos.

491 MP considera esto como sólo el primer hemistiquio y añade

24 'Mucho vos lo gradesco,   Campeador contado;
   d'aquesta quinta   que me avedes mand[ad]o
   pagar se ia della   Alfonsso el Castellano.   495
   Yo vos la suelt[o]   e avello quitado.
   A Dios lo prometo,   a aquel que esta en alto:
   fata que yo me page   sobre mio buen cavallo
   lidiando   con moros en el campo,
   que enpleye la lança   e al espada meta mano   500
   e por el cobdo ayuso   la sangre destelando
   ante Ruy Diaz   el lidiador contado,
   non prendre de vos   quanto vale un dinero malo.
   Pues que por mi ganaredes   ques quier que sea d'algo
   todo lo otro   afelo en vuestra mano.'   505

25 Estas ganançias   alli eran juntadas.
   Comidios mio Çid   el que en buen ora fue nado
   al rey Alfonsso   que legarien sus compañas,
   quel buscarie mal   con todas sus mesnadas.
   Mando partir   tod aqueste aver [sin falla]   510
   sos quiñoneros   que gelos diessen por carta.
   Sos cavalleros   i an arribança,
   a cada uno dellos   caen .c. marchos de plata
   e a los peones   la meatad sin falla;
   toda la quinta   a mio Çid fincava.   515
   Aqui non lo pueden vender   nin dar en presentaja,
   nin cativos nin cativas   non quiso traer en su compaña;
   fablo con los de Castejon   y envio a Fita e a Guadalfagara,

como segundo [e de toda la ganançia]. B coloca el 491 y el 492 jun-
tos, formando con ellos un verso, y omite si la quisieredes. L lee como
el manuscrito.

494 MP prefiere el masculino quinto, en vista de la asonancia á-o
y, en consecuencia, cambia la por lo en el 496. B y L mantienen
quinta. mand[ad]o: el ms. tiene mando.

496 ms.: suelta.

507 B y MP corrigen las dos últimas palabras para poner çinxo
espada. En este caso y otros semejantes puede ser que tengan razón,
pero nado es una asonancia aproximada bastante pasable; L también
la mantiene.

508 Bello: el rey Alfonso que llegarie... «que el rey Alfonso reuniría
sus tropas».

510 MP (siguiendo a L) restaura la asonancia con esta añadidura.

esta quinta   por quanto serie conprada;
aun de lo que diessen   oviessen grand ganançia.   520
Asmaron los moros   .iii. mill marcos de plata;
plogo a mio Çid   d'aquesta presentaja.
A terçer dia   dados fueron sin falla.
Asmo mio Çid   con toda su conpaña
que en el castiello   non i avrie morada,   525
e que serie retenedor   mas non i avrie agua.
'Moros en paz,   ca escripta es la carta,
buscar nos ie el rey Alfonsso   con toda su mesnada.
Quitar quiero Castejon: ¡oid, escuellas e Min(y)aya!

26 Lo que yo dixier   non lo tengades a mal.   530
En Castejon   non podriemos fincar;
çerca es el rey Alfonsso   e buscar nos verna.
Mas el castielo   non lo quiero hermar;
çiento moros e çiento moras   quiero las quitar,
por que lo pris dellos   que de mi non digan mal.   535
Todos sodes pagados   e ninguno por pagar.
Cras a la mañana   pensemos de cavalgar,
con Alfonsso mio señor   non querria lidiar.'
Lo que dixo el Çid   a todos los otros plaz.
Del castiello que prisieron   todos ricos se parten;   540
los moros e las moras   bendiziendol estan.
Vansse Fenares arriba   quanto pueden andar,
troçen las Alcarias   e ivan adelant,
por las Cuevas d'Anquita   ellos passando van,
passaron las aguas,   entraron al campo de Torançio,   545
por essas tierras ayuso   quanto pueden andar,
entre Fariza e Çetina   mio Çid iva albergar.
Grandes son las ganançias que priso   por la tierra do va.
Non lo saben los moros   el ardiment que an.
Otro dia movios   mio Çid el de Bivar   550
e passo a Alfama,   la Foz ayuso va,

---

545 B y L: *Toranz;* MP: *Taranz*, según la forma moderna del nombre. El copista escribe *Toranz* en el verso 1492.

548 MP hace notar que el copista tachó parte de *que* (*q̃* en su forma abreviada); siguiendo a R, corrige el primer hemistiquio para poner *Grandes ganançias priso*.

164

passo a Bovierca   e a Teca que es adelant
e sobre Alcoçer   mio Çid iva posar
en un otero redondo   fuerte e grand;
açerca corre Salon,   agua nol pueden(t) vedar.   555
Mio Çid don Rodrigo   Alcoçer cueda ganar.

27 Bien puebla el otero,   firme prende las posadas,
los unos contra la sierra   e los otros contra la agua.
El buen Canpeador   que en buen ora nasco
derredor del otero,   bien çerca del agua,   560
a todos sos varones   mando fazer una carcava
que de dia nin de·noch   non les diessen arebata,
que sopiessen que mio Çid   alli avie fincança.

28 Por todas esas tierras   ivan los mandados
que el Campeador mio Çid   alli avie poblado,   565
venido es a moros,   exido es de christianos.
En la su vezindad   non se treven ganar tanto.
Agardando se va mio Çid   con todos sus vassallos;
el castiello de Alcoçer   en paria va entrando.

29 Los de Alcoçer a mio Çid   yal dan parias de grado   570

e los de Teca   e los de Ter[rer] la casa;
a los de Calatauth   sabet, ma[l] les pesava.
Ali yogo mio Çid   complidas .xv. semanas.
Quando vio mio Çid   que Alcoçer non sele dava
el fizo un art   e non lo detardava: 575
dexa una tienda fita   e las otras levava,

559 Otra asonancia aproximada, retenida por L. B y MP enmiendan
la última palabra leyendo *çinxo espada.*

568 MP corrige la primera palabra y dice *alegrando;* pero *ag[u]ardando*
es más evidente y B y L la retienen.

570 B deja este verso como el último de la tirada 28, poniendo punto
después de *grado;* su nueva serie comienza *[A] los de Teca.* L, de
una manera independiente, llega a la misma conclusión. MP omite
de grado, dejando *parias* como rima. El verso está mejor al principio
de la nueva tirada.

571 Aquí y en el v. 585 el manuscrito dice *Teruel,* que está demasiado
lejos para ser mencionado en este momento. MP cree que en el 585 la
palabra original era *terer,* posteriormente alterada por el copista; B
lee también *Terrer* en ambos versos (lo mismo en 625, 632).

cojo[s] Salon ayuso   la su seña alçada,
las lorigas vestidas   e çintas las espadas
a guisa de menbrado   por sacar los a çelada.
Veyen lo los de Alcoçer,   ¡Dios, commo se alabavan!   580
'Falido a a mio Çid   el pan e la çevada.
Las otras abes lieva,   una tienda a dexada;
de guisa va mio Çid   commo si escapasse de arrancada.
Demos salto a el   e feremos grant ganançia
antes quel prendan   los de Ter[rer] [la casa];   585
si non,   non nos daran dent nada.   585b
La paria qu'el a presa   tornar nos la ha doblada.'
Salieron de Alcoçer   a una priessa much estraña;
mio Çid quando los vio fuera   cogios commo de arrancada,
cojos Salon ayuso,   con los sos abuelta [anda].
Dizen los de Alcoçer: '¡Ya se nos va la ganançia!'   590
Los grandes e los chicos   fuera salto da[va]n,
al sabor del prender   de lo al non pienssan nada;
abiertas dexan las puertas   que ninguno non las guarda.
El buen Campeador   la su cara tornava,
vio que entr'ellos y el castiello   mucho avie grand plaça;   595
mando tornar la seña,   a priessa espoloneavan:
'¡Firid los, cavalleros,   todos sines dubdança,
con la merçed del Criador   nuestra es la ganançia!'
Bueltos son con ellos   por medio de la laña,
¡Dios, que bueno es el gozo   por aquesta mañana!   600
Mio Çid e Albar Fañez   adelant aguijavan,
tienen buenos cavallos   sabet, a su guisa les andan,
entr'ellos y el castiello   en essora entravan.
Los vassallos de mio Çid   sin piedad les davan,
en un ora e un poco de logar   .ccc. moros matan.   605

585 Véase la nota anterior. La adición de [la casa] es lógica, si
tenemos en cuenta el v. 571.
585b Escrito por el copista como una continuación del 585. A MP
no le satisface el primer hemistiquio y toma de la PCG ca si ellos le
prenden.
589 [anda] es una restauración de MP; B tiene andaba. El manuscrito
dice nadi, que carece de sentido.
591 En el manuscrito la última palabra es dan.
605 B, MP y otros omiten un ora e, en vista del 732. L lo man-
tiene.

166

Dando grandes alaridos   los que estan en la çelada
dexando van los delant,   por el castiello se tornavan,
las espadas desnudas   a la puerta se paravan;
luego legavan los sos   ca fecha es el arrancada.
Mio Çid gaño a Alcoçer,   sabe(n)t, por esta maña.   610

30 Vino Pero Vermuez   que la seña tiene en mano,
metiola en somo   en todo lo mas alto.
Fablo mio Çid Ruy Diaz   el que en buen ora fue nado:
'¡Grado a Dios del çielo   e a todos los sos santos:
ya mejoraremos posadas   a dueños e a cavallos!   615

31 ¡Oid a mi, Albar Fañez   e todos los cavalleros!
En este castiello   grand aver avemos preso;
los moros yazen muertos,   de bivos pocos veo.
Los moros e las moras   vender non los podremos,
que los descabeçemos   nada non ganaremos;   620
cojamos los de dentro,   ca el señorio tenemos,
posaremos en sus casas   e dellos nos serviremos.'

32 Mio Çid con esta ganançia   en Alcoçer esta;
fizo enbiar por la tienda   que dexara alla.
Mucho pesa a los de Teca   e a los de Ter[rer] non plaze,   625
e a los de Calatayuth   [sabet, pesando va].
Al rey de Valençia   enbiaron con mensaje:
que a uno que dizien   mio Çid Ruy Diaz de Bivar
airolo el rey Alfonsso,   de tierra echado lo ha,
vino posar sobre Alcoçer   en un tan fuerte logar,   630
sacolos a çelada,   el castiello ganado a.
'Si non das consejo   a Teca e a Ter[rer] perderas,

607 MP lo corrige para decir *poral castiello*, pero no rechaza por completo el *por el* del manuscrito.

611 El copista siempre escribe así este nombre. Pidal lo corrige sistemáticamente para leer *Vermudoz*, con acento tónico en la *o*. La forma moderna es Bermúdez. El poeta parece por lo menos suponer un recuerdo de la forma *-udoz* (¿*u* tónica?), en vista del juego de palabras que hace el Cid en el v. 3302.

626 ms.: *E a los de Calatayuth non plaze;* es claro que la mirada del copista se ha dirigido al verso anterior. La corrección es de MP; la de B *mal les ovo de pesar* es igualmente acertada.

167

perderas Calatayuth   que non puede escapar,
ribera de Salon   todo ira a mal,
assi ffera lo de Siloca   que es del otra part.'   635
Quando lo oyo el rey Tamin   por cuer le peso mal:
'Tres reyes veo de moros   derredor de mi estar;
non lo detardedes,   los dos id pora alla,
tres mill moros levedes   con armas de lidiar,
con los de la frontera   que vos ayudaran   640
prendet melo a vida,   aduzid melo deland;
por que se me entro en mi tierra   derecho me avra a dar.'
Tres mill moros cavalgan   e pienssan de andar;
ellos vinieron a la noch   en Sogorve posar.
Otro dia mañana   pienssan de cavalgar,   645
vinieron a la noch   a Çelfa posar;
por los de la frontera   pienssan de enviar,
non lo detienen,   vienen de todas partes.
Ixieron de Çelfa   la que dizen de Canal,
andidieron todo'l dia   que vagar non se dan,   650
vinieron essa noch   en Calatayu[t]h posar.
Por todas essas tierras   los pregones dan,
gentes se ajuntaron   sobejanas de grandes
con aquestos dos reyes   que dizen Ffariz e Galve;
al bueno de mio Çid   en Alcoçer le van çercar.   655

33 Fincaron las tiendas   e prenden(d) las posadas,
creçen estos virtos   ca yentes son sobejanas.
Las arobdas   que los moros sacan
de dia e de noch   enbueltos andan en armas;
muchas son las arobdas   e grande es el almofalla.   660
A los de mio Çid   ya les tuellen el agua;
mesnadas de mio Çid   exir querien a la batalla,
el que en buen ora nasco   firme gelo vedava.
Tovieron gela en çerca   complidas tres semanas.

34 A cabo de tres semanas,   la quarta querie entrar,   665
mio Çid con los sos   tornos a acordar:

659 Las palabras *de dia* terminan el v. 658 en el ms.
662 B, L, R y MP: *a batalla*, ya que hay razones para creer que
la es una corrección posterior del copista.

168

'El agua nos an vedada,   exir nos ha el pan;
que nos queramos ir de noche   no nos lo consintran.
Grandes son los poderes   por con ellos lidiar;
dezid me, cavalleros,   commo vos plaze de far.'   670
Primero fablo Minaya   un cavallero de prestar:
'De Castiella la gentil   exidos somos aca;
si con moros non lidiaremos   no nos daran del pan.
Bien somos nos .vi. çientos,   algunos ay de mas;
¡en el nombre del Criador   que non pase por al,   675
vayamos los ferir   en aquel dia de cras!'
Dixo el Campeador: 'A mi guisa fablastes.
Ondrastes vos, Minaya,   ca aver vos lo iedes de far.'
Todos los moros e las moras   de fuera los manda echar
que non sopiesse ninguno   esta su poridad.   680
El dia e la noche   pienssan se de adobar.
Otro dia mañana   el sol querie apuntar,
armado es mio Çid   con quantos que el ha.
Fablava mio Çid   commo odredes contar:
'Todos iscamos fuera,   que nadi non raste   685
si non dos peones solos   por la puerta guardar;
si nos murieremos en campo   en castiello nos entraran,
si vençieremos la batalla   creçremos en rictad.
E vos, Pero Vermuez,   la mi seña tomad;
commo sodes muy bueno   tener la edes sin ar[t]h;   690
mas non aguijedes con ella   si yo non vos lo mandar.'
Al Çid beso la mano,   la seña va tomar.
Abrieron las puertas,   fuera un salto dan;
vieron lo las arobdas de los moros,   al almofalla se van tornar.
¡Que priessa va en los moros!   e tornaron se a armar;   695
ante roido de atamores   la tierra querie quebrar;
veriedes armar se moros,   a priessa entrar en az.
De parte de los moros   dos señas ha cabdales,
e fizieron dos azes de peones mezclados,   ¿qui los podrie
                                                        contar?

690 ms.: *sin arch*.
699 Verso dificil y probablemente alterado. MP (siguiendo a L)
corrige el primer hemistiquio para leer *e los pe[nd]ones mezclados;*
cree que el copista leyo mal la palabra *pēdones*, sobre todo si el ma-
nuscrito de que se sirvio habia omitido la tilde (abreviacion de *n*).

Las azes de los moros   yas mueven adelant
por a mio Çid e a los sos   a manos los tomar.
'Quedas sed, me[s]nadas,   aqui en este logar;
non deranche ninguno   fata que yo lo mande.'
Aquel Pero Vermuez   non lo pudo endurar,
la seña tiene en mano,   conpeço de espolonar: 705
'¡El Criador vos vala,   Çid Campeador leal!
Vo meter la vuestra seña   en aquela mayor az;
¡los que el debdo avedes   veremos commo la acorr[a]des!'
Dixo el Campeador: '¡Non sea, por caridad!'
Respuso Pero Vermuez: '¡Non rastara por al!'   710
Espolono el cavallo   e metiol en el mayor az;
moros le reçiben   por la seña ganar.
dan le grandes colpes   mas nol pueden falssar.
Dixo el Campeador: '¡Valelde, por caridad!'

35 Enbraçan los escudos   delant los coraçones,   715
abaxan las lanças   abue[l]tas de los pendones,
enclinaron las caras   de suso de los arzones,
ivan los ferir   de fuertes coraçones.
A grandes vozes lama   el que en buen hora nasco:
'¡Ferid los, cavalleros,   por amor de caridad!   720
¡Yo so Ruy Diaz el Çid   Campeador de Bivar!'
Todos fieren en el az   do esta Pero Vermuez;
trezientas lanças son,   todos tienen pendones;
seños moros mataron,   todos de seños colpes;
a la tornada que fazen   otros tantos son.   725

36 Veriedes tantas lanças   premer e alçar,
tanta adagara   foradar e passar,

La *PCG* alude aquí a los *pendones*. Pero esta corrección continúa sin
dilucidar la primera parte del verso.
708 ms.: *acorredes*.
716 ms.: *a buestas de*.
720·1 B y L dejan el pareado en *á;* MP ajusta la asonancia leyendo
(720) *por amor de[l Criador]*,   (721) *de Bivar Campeador*.
725 MP: *otros tantos [muertos] son*. Pero el poeta pudo pensar que
se sobreentendía *muertos*, después de *mataron* del v. 724; B y L en-
cuentran aceptable el manuscrito.

tanta loriga falssa[r e] desmanchar,
tantos pendones blancos salir vermejos en sangre,
tantos buenos cavallos sin sos dueños andar.   730
Los moros laman '¡Mafomat!' e los christianos '¡Santi
                Yagu[e]!'

Cayen en un poco de logar moros muertos mill e .ccc. ya.

37 ¡Qual lidia bien sobre exorado arzon
  mio Çid Ruy Diaz el buen lidiador!
  Minaya Albar Fañez que Çorita mando,   735
  Martin Antolinez el burgales de pro,
  Muño Gustioz que so criado fue,
  Martin Muñoz el que mando a Mont Mayor,
  Albar Albarez e Albar Salvadorez,
  Galin Garçia el bueno de Aragon,   740
  Felez Muñoz so sobrino del Campeador:
  desi adelante quantos que i son
  acorren la seña e a mio Çid el Campeador.

38 A Minaya Albar Fañez mataron le el cavallo,
  bien lo acorren mesnadas de christianos;   745
  la lança a quebrada, al espada metio mano,
  mager de pie buenos colpes va dando.
  Violo mio Çid Ruy Diaz el Castelano:
  acostos a un aguazil que tenie buen cavallo,
  diol tal espadada con el so diestro braço   750
  cortol por la çintura el medio echo en campo.
  A Minaya Albar Fañez ival dar el cavallo:
  '¡Cavalgad, Minaya, vos sodes el mio diestro braço!
  Oy en este dia de vos abre grand bando;
  firme[s] son los moros, aun nos van del campo.'   755
  Cavalgo Minaya el espada en la mano,
  por estas fuerças fuerte mientre lidiando;

  731 *Yagu[e]*: la vocal final fue cortada por el encuadernador del
manuscrito.
  732 MP y otros editores ponen *logar* como rima y hacen de éste dos
versos, con diferentes adiciones en el primero de ellos para hacerlo de
tamaño más normal. MP:
    (732) *ca[d]ien [por el campo]* *en un poco de logar*
    (732b) *moros muertos* *mill e trezientos ya.*
  737 ms.: *que fue so criado.*

a los que alcança   valos delibrando.
Mio Çid Ruy Diaz   el que en buen ora nasco
al rey Fariz   .iii. colpes le avie dado,   760
los dos le fallen   y el unol ha tomado,
por la loriga ayuso   la sangre destellando;
bolvio la rienda   por ir se le del campo.
Por aquel colpe   rancado es el fonssado.

39 Martin Antolinez   un colpe dio a Galve,   765
    las carbonclas del yelmo   echo gelas aparte,
    cortol el yelmo   que lego a la carne;
    sabet, el otro   non gel oso esperar.
    Arancado es   el rey Fariz e Galve:
    ¡Tan buen dia   por la christiandad   770
    ca fuyen los moros   de la [e de la] part!
    Los de mio Cid   firiendo en alcaz,
    el rey Fariz   en Ter[rer] se fue entrar,
    e a Galve   nol cogieron alla;
    para Calatayu[t]h   quanto puede se va.   775
    El Campeador   ival en alcaz,
    fata Calatayu[t]h   duro el segudar.

40 A Minaya Albar Fañez   bien l'anda el cavallo,
    d'aquestos moros   mato .xxxiiii.;
    espada tajador,   sangriento trae el braço,   780
    por el cobdo ayuso   la sangre destellando.
    Dize Minaya: 'Agora so pagado,
    que a Castiella   iran buenos mandados
    que mio Çid Ruy Diaz   lid campal a [arrancada].'
    Tantos moros yazen muertos   que pocos vivos a dexados,   785
    ca en alcaz   sin dubda les fueron dando.
    Yas tornan   los del que en buen ora nasco.
    Andava mio Çid   sobre so buen cavallo,
    la cofia fronzida: ¡Dios, commo es bien barbado!

771 La añadidura restaura la medida del verso; se trata de una fórmula común.

775 777 En ambos versos el copista escribió *Calatayuch*. Las confusiones entre la *c* y la *t* son comunes en los manuscritos de la época.

784 ms.: *lid campal a vençida*. B acepta esto.

786 Así el ms.; pero podría corregirse para leer *caen en alcaz*, frase que aparece en los vs. 2399, 2403.

Almofar a cuestas,   la espada en la mano.   790
Vio los sos   commos van alegando:
'¡Grado a Dios   aquel que esta en alto,
quando tal batalla   avemos arancado!'
Esta albergada   los de mio Çid luego la an robada
de escudos e de armas   e de otros averes largos;   795
de los moriscos   quando son legados
ffallaron   .dx. cavallos.   796b
Grand alegreya   va entre essos christianos;
mas de quinze de los sos   menos non fallaron.
Traen oro e plata   que non saben recabdo,
refechos son todos esos christianos   con aquesta ganançia. 800
A sos castiellos a los moros   dentro los an tornados;
mando mio Çid   aun que les diessen algo.
Grant a el gozo mio Çid   con todos sos vassalos.
Dio a partir estos dineros   y estos averes largos,
en la su quinta   al Çid caen .c. cavallos;   805
¡Dios, que bien pago   a todos sus vassallos
a los peones   e a los encavalgados!
Bien lo aguisa   el que en buen ora nasco;
quantos el trae   todos son pagados.
'¡Oid, Minaya,   sodes mio diestro braço!   810
D'aquesta riqueza   que el Criador nos a dado
a vuestra guisa   prended con vuestra mano.
Enbiar vos quiero   a Castiella con mandado
desta batalla   que avemos arancada.
Al rey Alfonsso   que me a airado   815
quierol enbiar   en don .xxx. cavallos
todos con siellas   e muy bien enfrenados,
señas espadas   de los arzones colgadas.'
Dixo Minaya Albar Fañez: 'Esto fare yo de grado.'

794 Así en el manuscrito; L lo retiene. B y MP leen *robado*.
796b Escrito por el copista como una continuación del 796.
800 M invierte los dos hemistiquios; B, R y L omiten *con aquesta
ganançia*. MP hace de él dos versos:
(800)   *refechos son   todos essos cristianos*
(800b)   *con aquesta ganançia   [que y avién fallado]*.
801 MP: *A so castiello*.
814 Así en el manuscrito. B, L y MP lo ajustan para leer *arancado*.
818 Así en el ms.; B y L lo aceptan. MP lo ajusta para leer *colgando*.

41 'Evades aqui   oro e plata,   820
   una uesa leña,   que nada nol minguava:

   en Santa Maria de Burgos   quitedes mill missas,
   lo que romaneçiere   daldo a mi mugier e a mis fijas,
   que rueguen por mi   las noches e los dias;
   si les yo visquier   seran dueñas ricas.'   825

42 Minaya Albar Fañez   desto es pagado;
   por ir con el   omnes son contados.   826ᵇ

   Agora davan çevada,   ya la noch era entrada,
   mio Çid Ruy Diaz   con los sos se acordava:

43 '¿Hides vos, Minaya,   a Castiella la gentil?
   A nuestros amigos   bien les podedes dezir: 830
   Dios nos valio   e vençiemos la lid(it).
   A la tornada   si nos fallaredes aqui;
   si non, do sopieredes que somos   indos conseguir.
   Por lanças e por espadas   avemos de guarir;
   si non, en esta tierra angosta   non podriemos bivir.'   835

44 Ya es aguisado,   mañanas fue Minaya,
   y el Campeador   con su mesnada.
   La tierra es angosta   e sobejana de mala.
   Todos los dias   a mio Çid aguardavan
   moros de las fronteras   e unas yentes estrañas;   840
   sano el rey Fariz,   con el se consejavan.

820·1 El copista escribió *Evades… leña* como un verso y *que… minguava*
como otro. B y L dejan los versos como un pareado en *á-a*, más o menos
como hemos hecho arriba. MP lo corrige añadiendo [*fina*] como rima
del 820 y leyendo *mingua* (asonancia *í-a*) en el 821.

826ᵇ El copista lo escribió como una continuación del 826.

826·8 B y L los dejan formando dos pareados, como arriba. MP cree
que estos cuatro versos deben constituir una tirada en *á-o* y lee [*avie*]
entrad[*o*] en el 827, *se acorda*[*ndo*] en el 828.

837 Algunos editores parecen insatisfechos con el sentido y el tama-
ño de este verso. MP lee *e el Campeador* [*fincó y*] *con su mesnada* (apo-
yándose en la *PCG* 530. a. 47); B añade [*rastó*]; L lee *con* [*toda*] *su
mesnada*.

174

Entre los de Techa   e los de Ter[rer] la casa
e los de Calatayut   que es mas ondrada
asi lo an asmado   e metudo en carta:
vendido les a Alcoçer   por tres mill marchos de plata.   845

45 Mio Cid Ruy Diaz   a Alco(l)çer [ha] ven[d]ido;
¡que bien pago   a sus vassalos mismos!
A cavalleros e a peones   fechos los ha ricos,
en todos los sos   non fallariedes un mesquino.
Qui a buen señor sirve   siempre bive en deliçio.   850

46 Quando mio Çid   el castiello quiso quitar
moros e moras   tomaron se a quexar:
'¿Vaste, mio Çid?   ¡Nuestras oraçiones vayante delante!
Nos pagados finca[m]os   señor, de la tu part.'
Quando quito a Alcoçer   mio Çid el de Bivar   855
moros e moras   compeçaron de lorar.
Alço su seña,   el Campeador se va;
paso Salon ayuso,   aguijo cabadelant,
al exir de Salon   mucho ovo buenas aves.
Plogo a los de Terer   e a los de Calatayut mas;   860
peso a los de Alcoçer   ca pro les fazie grant.
Aguijo mio Çid,   ivas cabadelant
y ffinco en un poyo   que es sobre Mont Real;
alto es el poyo,   maravilloso e grant,
non teme gerra   sabet, a nulla part.   865
Metio en paria   a Daroca enantes,
desi a Molina   que es del otra part,
la terçera Teruel   que estava delant;
en su mano tenie   a Çelfa la de Canal.

47 ¡Mio Çid Ruy Diaz   de Dios aya su graçia!   870
Ido es a Castiella   Albar Fañez Minaya;
treinta cavallos   al rey los enpresentava.

---

846 ms.: *a alcolçer es venido*. La corrección es de MP.
854 ms.: *fincados*.
860 El copista escribió aquí *terer*, habiendo cambiado esta palabra
por *teruel* en anteriores ocasiones; pero el corrector alteró también
el nombre en el 860 tachando el *er* final y añadiendo encima *uel*.

Violos el rey,   fermoso sonrrisava:
'¿Quin los dio estos?   ¡Si vos vala Dios, Minaya!'
'Mio Çid Ruy Diaz   que en buen ora çinxo espada   875
vençio dos reyes de moros   en aquesta batalla;
sobejana es, señor   la su ganançia.
A vos, rey ondrado,   enbia esta presentaja;
besa vos los pies   e las manos amas
quel ay[a]des merçed,   ¡si el Criador vos vala!'   880
Dixo el rey: 'Mucho es mañana
omne airado   que de señor non ha graçia
por acogello   a cabo de tres semanas.
Mas despues que de moros fue   prendo esta presentaja;
aun me plaze de mio Çid   que fizo tal ganançia.   885
Sobr'esto todo   a vos quito, Minaya,
honores e tierras   avellas condonadas;
hid e venit,   d'aqui vos do mi graçia;
mas del Çid Campeador   yo non vos digo nada.

48 Sobre aquesto todo   dezir vos quiero, Minaya: 890

de todo mio reino   los que lo quisieren far
buenos e valientes   por a mio Çid huyar
suelto les los cuerpos   e quito les las heredades.'
Beso le las manos   Minaya Albar Fañez:
'¡Grado e graçias, rey,   commo a señor natural!   895
Esto feches agora,   al feredes adelant.'

49 'Hid por Castiella   e dexen vos andar, Minaya;
si[n] nulla dubda   id a mio Çid buscar ganançia.'
Quiero vos dezir   del que en buen ora (nasco e) çinxo
                                    espada:
aquel poyo   en el priso posada;   900
mientra que sea el pueblo de moros   e de la yente christiana
el Poyo de mio Çid   asil diran por carta.

---

890 La palabra *Minaya* continúa la asonancia de la tirada 47, donde
deja B el verso; pero dificilmente pertenece éste aquí. MP cambia *Mi-
naya* por *Alvar Fáñez* (aunque rara vez se dirige el Cid a éste de esta
manera).

897 En opinión de MP, estos dos versos constituyen el final de la tira-
da 48; suprime, por ello, sus últimas palabras, dejando *andar* y *buscar*
para obtener una asonancia continua en *á*.

Estando alli   mucha tierra preava,
el [val] de rio Martin   todo lo metio en paria.
A Saragoça   sus nuevas legavan,   905
non plaze a los moros,   firme mientre les pesava.
Ali sovo mio Çid   conplidas .xv. semanas.
Quando vio el caboso   que se tardava Minaya
con todas sus yentes   fizo una trasnochada;
dexo el Poyo,   todo lo desemparava,   910
alen de Teruel   don Rodrigo passava,
en el pinar de Tevar   don Roy Diaz posava.
Todas essas tierras   todas las preava,
a Saragoça   metuda l'a en paria.
Quando esto fecho ovo   a cabo de tres semanas   915
de Castiella   venido es Minaya,
dozientos con el   que todos çiñen espadas;
non son en cuenta   sabet, las peonadas.
Quando vio mio Çid   asomar a Minaya
el cavallo corriendo   valo abraçar sin falla;   920
beso le la boca   e los ojos de la cara,
todo gelo dize   que nol encubre nada.
El Campeador   fermoso sonrrisava:
'¡Grado a Dios   e a las sus vertudes santas!
¡Mientra vos visquieredes   bien me ira a mi, Minaya!'   925

50 ¡Dios, commo fue alegre   todo aquel fonssado
que Minaya Albar Fañez   assi era legado,
diziendo les saludes   de primos e de hermanos
e de sus compañas   aquelas que avien dexadas!

51 ¡Dios, commo es alegre   la barba velida   930
que Albar Fañez   pago las mill missas
e quel dixo saludes   de su mugier e de sus fijas!
¡Dios, commo fue el Çid pagado   e fizo grant alegria!
'¡Ya Albar Fañez   bivades muchos dias!'

52 Non lo tardo   el que en buen ora nasco: 935
tierras d'Alcañ[i]z   negras las va parando

929 B y L retienen *dexadas*. como arriba. MP lee *dexado*.
936 *Alcañiz* es una restauración de MP. El manuscrito tiene *Tierras dal cãz*.

177

e a derredor   todo lo va preando.
Al terçer dia   don ixo i es tornado.

53 Hya va el mandado   por las tierras todas.
    Pesando va a los de Monçon   e a los de Huesca;   940
    por que dan parias   plaze a los de Saragoça,
    de mio Çid Ruy Diaz   que non temien ninguna fonta.

54 Con estas ganançias   a la posada tornando se van;
    todos son alegres,   ganançias traen grandes.
    Plogo a mio Çid   e mucho a Albar Fañez.   945
    Sonrrisos el caboso   que non lo pudo endurar:
    '¡Hya cavalleros!   dezir vos he la verdad:
    qui en un logar mora siempre   lo so puede menguar;
    cras a la mañana   penssemos de cavalgar,
    dexat estas posadas   e iremos adelant.'   950
    Estonçes se mudo el Çid   al puerto de Alucat,
    dent corre mio Çid   a Hues(c)a e a Mont Alvan;
    en aquessa corrida   .x. dias ovieron a morar.
    Fueron los mandados   a todas partes
    que el salido de Castiella   asi los trae tan mal.   955
    Los mandados son idos   a todas partes.

55 Llegaron las nuevas   al conde de Barçilona
    que mio Çid Ruy Diaz   quel corrie la tierra toda;
    ovo grand pesar   e tovos lo a grand fonta.

56 El conde es muy folon   e dixo una vanidat: 960
    '¡Grandes tuertos me tiene   mio Çid el de Bivar!
    Dentro en mi cort   tuerto me tovo grand:
    firiom el sobrino   e non lo enmendo mas.
    Agora correm las tierras   que en mi enpara estan;
    non lo desafie   nil torne enemistad,   965
    mas quando el melo busca   ir gelo he yo demandar.'

[952] B, L y otros conservan *Huesca*. *Huesa* es una enmienda razonada de MP.

[956] B suprime todo el verso como una repetición involuntaria del 954. A L le parece bien; MP lo coloca al principio de la tirada 55, corrigiendo el segundo hemistiquio para decir *a [las] partes todas*.

[965] MP: *nil torné e[l a]mi[z]tad*.

Grandes son los poderes   e a priessa se van legando;
gentes se le alegan grandes   entre moros e christianos.
Adeliñan tras mio Çid   el bueno de Bivar,
tres dias e dos noches   penssaron de andar,   970
alcançaron a mio Çid   en Tevar y el pinar;
asi viene esforçado   que el conde a manos sele cuido tomar.
Mio Çid don Rodrigo   trae ganançia grand;
diçe de una sierra   e legava a un val.
Del conde don Remont   venido l'es mensaje;   975
mio Çid quando lo oyo   enbio pora alla:
'Digades al conde   non lo tenga a mal;
de lo so non lievo nada,   dexem ir en paz.'
Respuso el conde: '¡Esto non sera verdad!
Lo de antes e de agora   todom lo pechara;   980
¡sabra el salido   a quien vino desondrar!'
Tornos el mandadero   quanto pudo mas;
essora lo connosçe   mio Çid el de Bivar
que a menos de batalla   nos pueden den quitar.

57 '¡Hya cavalleros,   apart fazed la ganançia!   985
A priessa vos guarnid   e metedos en las armas;
el conde don Remont   dar nos ha grant batalla,
de moros e de christianos   gentes trae sobejanas,
a menos de batalla   non nos dexarie por nada.
Pues adellant iran tras nos,   aqui sea la batalla;   990
apretad los cavallos   e bistades las armas.
Ellos vienen cuesta yuso   e todos trahen calças,
e las siellas coçeras   e las çinchas amojadas;
nos cavalgaremos siellas gallegas   e huesas sobre calças.
¡Çiento cavalleros   devemos vençer aquelas mesnadas!   995
Antes que ellos legen a[l] laño   presentemos les las lanças;
por uno que firgades   tres siellas iran vazias.

967·8 B y L conservan el pareado; MP los ajusta leyendo *llegandos van* en el 967 e invirtiendo los hemistiquios del 968.

972 B suprime *el conde;* L ajusta el verso para leer *el conde que;* MP lee: *así viene[n] esforçado[s]   que a manos se le cuyda[n] tomar.*

973 ms.: *trae grand ganançia.* B lee *grand ganançia trae.*

993 MP lee *elas* al principio del v. (artículo definido). El ms. tiene *Elas* como una palabra, pero esto no prueba por sí mismo la idea de MP.

¡Vera Remont Verengel   tras quien vino en alcança
oy en este pinar de Tevar   por toler me la ganançia!'

58 Todos son adobados   quando mio Çid esto ovo fablado; 1000
las armas avien presas   e sedien sobre los cavallos.
Vieron la cuesta yuso   la fuerça de los francos;
al fondon de la cuesta,   çerca es de[l] laño,
mando los ferir mio Çid   el que en buen ora nasco;
esto fazen los sos   de voluntad e de grado, 1005
los pendones e las lanças   tan bien las van enpleando
a los unos firiendo   e a los otros derrocando
Vençido a esta batalla   el que en buen ora nasco;
al conde don Remont   a preson le an tomado.

59 Hi gaño a Colada   que mas vale de mill marcos de plata, 1010
i bençio esta batalla   por o ondro su barba;
priso lo al conde,   pora su tie[nd]a lo levava,
a sos creenderos   guardar lo mandava.
De fuera de la tienda   un salto dava,
de todas partes   los sos se ajunta[va]n; 1015
plogo a mio Çid   ca grandes son las ganançias.
A mio Çid don Rodrigo   grant cozinal adobavan;
el conde don Remont   non gelo preçia nada,
aduzen le los comeres,   delant gelos paravan,
el non lo quiere comer,   a todos los sosañava: 1020
'¡Non combre un bocado   por quanto ha en toda España,
antes perdere el cuerpo   e dexare el alma
pues que tales malcalçados   me vençieron de batalla!'

60 Mio Çid Ruy Diaz   odredes lo que dixo:
'Comed, conde, deste pan   e beved deste vino; 1025

1009 C, L y MP: *le a tomado*, según la *PCG* 533. b. 14.
1010 R, L y MP omiten *de plata*, dejando el verso como el final de la
tirada 58.
1012 ms.: *pora su tierra*. La correçción es lógica, sobre todo si tene-
mos en cuenta el 1014.
1013 El copista escribió *mandar lo guardaua*, que parece una trans-
posición involuntaria de palabras.
1015 ms.: *aiuntaron*.

180

si lo que digo fizieredes   saldredes de cativo,
si non, en todos vuestros dias   non veredes christianismo.'

61 Dixo el conde don Remont: 'Comede, don Rodrigo, e
                                             penssedes de folgar,
que yo dexar m'e morir,   que non quiero comer.'
Fasta terçer dia   nol pueden acordar;   1030
ellos partiendo   estas ganançias grandes
nol pueden fazer comer   un muesso de pan.

62 Dixo mio Çid: 'Comed, conde, algo,
ca si non comedes   non veredes christianos;   1033b
e si vos comieredes   don yo sea pagado
a vos   e dos fijos dalgo   1035
quitar vos he los cuerpos   e darvos e de mano.'   1035b
Quando esto oyo el conde   yas iva alegrando:
'Si lo fizieredes, Çid,   lo que avedes fablado,
tanto quanto yo biva   sere dent maravillado.'
'Pues comed, conde,   e quando fueredes yantado
a vos e a otros dos   dar vos he de mano;   1040
mas quanto avedes perdido   e yo gane en canpo
sabet, non vos dare   a vos un dinero malo,
mas quanto avedes perdido   non vos lo dare
ca huebos melo he   e pora estos mios vassallos
que conmigo andan lazrados,   ¡e non vos lo dare!   1045
Prendiendo de vos e de otros   ir nos hemos pagando;

1028 La mayoría de los editores intentan ajustar este verso. MP omite
el primer hemistiquio y divide el resto, colocando la cesura después
de *Rodrigo*.

1029 MP hace la asonancia regular añadiendo [*al*], cosa difícilmente
lógica, ya que el conde no ha comido nada y, por lo tanto, no pue-
de hablar de «más o nada más»; tampoco el pasaje de *PCG*, a quien
se refiere MP, justifica plenamente esta palabra *(PCG* 553. b. 49).
Es mejor *non quiero yantar*, como propone Bello: esta palabra apa-
rece en los vs. 1039, 1057 y 1062.

1033b Escrito por el copista como una continuación del 1033.

1035 B y MP leen *a vos el comde* como primer hemistiquio.

1035b El copista lo escribe como una continuación del 1035.

1042·45 MP y otros arreglan radicalmente —incluso con violencia—
este pasaje, que yo conservo como está en el manuscrito. En éste tiene
sentido; la reiteración de *non vos lo dare* forma parte de la burla que

181

abremos esta vida   mientra plogiere al Padre santo,
commo que ira a de rey   e de tierra es echado.'
Alegre es el conde   e pidio agua a las manos,
e tienen gelo delant   e dieron gelo privado.   1050
Con los cavalleros   que el Çid le avie dados
comiendo va el conde   ¡Dios, que de buen grado!
Sobr'el sedie   el que en buen ora nasco:
'Si bien non comedes, conde,   don yo sea pagado
aqui feremos la morada,   no nos partiremos amos.'   1055
Aqui dixo el conde: '¡De voluntad e de grado!'
Con estos dos cavalleros   a priessa va yantando;
pagado es mio Çid   que lo esta aguardando
por que el conde don Remont   tan bien bolvie las manos.
'Si vos ploguiere, mio Çid,   de ir somos guisados;   1060
mandad nos dar las bestias   e cavalg[a]remos privado.
Del dia que fue conde   non yante tan de buen grado,
el sabor que dend e   non sera olbidado.'
Dan le tres palafres   muy bien ensellados
e buenas vestiduras   de peliçones e de mantos.   1065
El conde don Remont   entre los dos es entrado;
fata cabo del albergada   escurriolos el Castelano:
'¡Hya vos ides, conde,   a guisa de muy franco!
¡En grado vos lo tengo   lo que me avedes dexado!
Si vos viniere emiente   que quisieredes vengalo   1070
si me vinieredes buscar   fallar me podredes;
e si non, mandedes buscar;   o me dexaredes

---

el Cid hace del conde. Si desagrada la asonancia, los hemistiquios
en *á-o* más evidentes son *non vos sera tornado* (o *dado*). L propone
la omisión del 1043 y la última parte del 1045.

1061 ms.: *caualgeremos*.
1062 ms.: *fue*, que MP acepta. C y L leen *fui*.
1064 MP: *dan les*.
1071·3 Así aparece en el manuscrito. B corrige el pasaje (incluyendo el
1070) para hacer una tirada de 4 asonancias en *é-e*: *quisieredes*, *podredes*,
mandedes, *levaredes*. L lo altera sustancialmente. La versión de MP es:
   (1071)   *si me viniéredes buscar,*   *fa[zedme antes] mand[ado];*
(1072·3)   *o me dexaredes de lo vuestro,*   *o de lo mio levaredes algo.'*
No niego la existencia del problema, pero está más en el encabalga-
miento entre los vs. 1072 y 1073 (que no es natural en el estilo del
poeta, aunque véanse 347-348, 2522-2523, 3666-3667) que en la irregu-
laridad de las asonancias o en el sentido del pasaje. La machacona

182

de lo vuestro   o de lo mio levaredes algo.'
'¡Folgedes, ya mio Çid,   sodes en vuestro salvo!
Pagado vos he   por todo aqueste año,   1075
de venir vos buscar   sol non sera penssado.'

63 Aguijava el conde   e penssava de andar;
   tornando va la cabeça   e catandos atras,
   miedo iva aviendo   que mio Çid se repintra,
   lo que non ferie el caboso   por quanto en el mundo ha   1080
   —una deslea[l]tança—   ca non la fizo alguandre.
   Hido es el conde,   tornos el de Bivar;
   juntos con sus mesnadas,   conpeçolas de legar
   de la ganançia que an fecha   maravillosa e grand.

insistencia del Cid con la palabra *buscar* constituye una mayor humi-
llación del conde, y la vaguedad de *fallar me podredes* encierra, quizá,
una intención humorística.

[1083] MP lo corrige para leer *conpeçós de [a]leg[r]ar;* ¿podría ser
también *conpeçoles?* B y L conservan la lectura del manuscrito, pero
sólo poniendo el 1086 al final de esta tirada.

CANTAR II

64 Aquis conpieça la gesta   de mio Çid el de Bivar.   1085
    Tan ricos son los sos   que non saben que se an.
    Poblado ha mio Çid   el puerto de Aluca(n)t,
    dexado a Saragoça   e las tierras duca
    e dexado a Hues(c)a   e las tierras de Mont Alvan.
    Contra la mar salada   conpeço de guerrear.   1090
    A orient exe el sol   e tornos a essa part.
    Mio Çid gaño a Xerica   e a Onda e Almenar,
    tierras de Borriana   todas conquistas las ha.

65 Ayudol el Criador,   el Señor que es en çielo.
    El con todo esto   priso a Murviedro;   1095
    ya vie mio Çid   que Dios le iva valiendo.
    Dentro en Valençia   non es poco el miedo.

66 Pesa a los de Valençia   sabet, non les plaze;
    prisieron so consejo   quel viniessen çercar;
    trasnocharon de noch,   al alva de la man   1100
    açerca de Murviedro   tornan tiendas a fincar.
    Violo mio Çid,   tomos a maravillar:

1085 Aunque continúa la asonancia *á(-e)*, aparece claro por este verso que el poeta está comenzando una nueva sección. El manuscrito no señala de ningún modo esta pausa.

1086 B, L y MP lo colocan después del 1084, como conclusión de la tirada anterior; pero se puede dejar aquí, conforme al manuscrito, como una recapitulación parcial de los logros del Cid.

1088 *duca* es una palabra oscura. Quizá se trata de un error, debiendo escribirse *daca*, es decir, *d'acá;* B y L la corrigen así. MP no rechaza totalmente la idea de que puede referirse a un lugar desconocido.

185

'¡Grado a ti   Padre spirital!

En sus tierras somos   e femos les todo mal,
bevemos so vino   e comemos el so pan;
si nos çercar vienen   con derecho lo fazen.   1105
A menos de lid   aquesto nos partira.
Vayan los mandados   por los que nos deven ayudar:
los unos a Xerica   e los otros a Alucad,
desi a Onda   e los otros a Almenar,
los de Borriana   luego vengan aca.   1110
Conpeçaremos   aquesta lid campal
yo fio por Dios   que en nuestro pro eñadran.'
Al terçer dia   todos juntados s'[a]n.
El que en buen ora nasco   compeço de fablar:
'¡Oid, mesnadas!   ¡Si el Criador vos salve!   1115
Despues que nos partiemos   de la linpia christiandad
—non fue a nuestro grado   ni nos non pudiemos mas—
grado a Dios   lo nuestro fue adelant.
Los de Valençia   çercados nos han:
si en estas tierras   quisieremos durar   1120
firme mientre son estos   a escarmentar.

67 Passe la noche   e venga la mañana,
aparejados me sed   a cavallos e armas.
Hiremos ver   aquela su almofalla;
commo omnes exidos   de tierra estraña   1125
¡ali pareçra   el que mereçe la soldada!'

68 Oid que dixo   Minaya Albar Fañez:
'Campeador,   fagamos lo que a vos plaze.
A mi dedes .c. cavalleros,   que non vos pido mas;
vos con los otros   firades los delant,   1130
bien los ferredes,   que dubda non i avra;
yo con los çiento   entrare del otra part.
¡Commo fio por Dios   el campo nuestro sera!'
Commo gelo a dicho   al Campeador mucho plaze.

1102^b Escrito por el copista con el v. 1102.
1106 ms.: *nos partira aquesto.*
1113 ms.: *iuntados son.*

186

Mañana era   e pienssan se de armar;   1135
quis cada uno dellos   bien sabe lo que ha de far.
Con los alvores   mio Çid ferir los va:
'¡En el nombre del Criador   e del apostol Santi Yague
ferid los, cavalleros,   d'amor e de grado e de grand voluntad
ca yo so Ruy Diaz   mio Çid el de Bivar!'   1140
Tanta cuerda de tienda   i veriedes quebrar,
arancar se las estacas   e acostar se a todas partes los tendales.
Moros son muchos,   ya quieren reconbrar.
Del otra part   entroles Albar Fañez,
mager les pesa   ovieron se a dar e a arancar.   1145
Grand es el gozo   que va por es logar.
Dos reyes de moros   mataron en es alcaz,
fata Valençia   duro el segudar.
Grandes son las ganançias   que mio Çid fechas ha,
prisieron Çebola   e quanto que es i adelant,   1150
de pies de cavallo   los ques pudieron escapar;
robavan el campo   e pienssan se de tornar,
entravan a Murviedro   con estas ganançias que traen grandes.
Las nuevas de mio Çid   sabet, sonando van;
miedo an en Valençia   que non saben que se far.   1155
Sonando van sus nuevas   alent parte del mar.

69 Alegre era el Çid   e todas sus compañas
que Dios le ayudara   e fiziera esta arrancada.
Davan sus corredores   e fazien las trasnochadas,
legan a Gujera   e legan a Xativa,   1160
aun mas ayusso   a Deyna la casa;

1139 B, L y MP omiten *grado e de grand*.

1145·54 MP reforma radicalmente el orden de estos versos, con cierta
base (no total) en la *CVR:* 1145, 1151, 1147-1149, 1152-1153, 1146,
1150, 1155 y 1154. Esto parece arriesgado; el manuscrito tiene sentido,
debiéndose, además, respetar el estilo abrupto y elíptico del poeta,
así como su capacidad para cambiar los temas (como en el 1151).
B deja los versos como están en el manuscrito; L hace algunos arreglos,
B, L y MP suprimen *grandes* en el 1153.

1156 MP piensa que este verso debe ser el primero de la tirada 69;
pone una coma después de *nuevas* y añade *andan* como rima.

1161 MP cambia a la forma moderna *Denia;* pero *Deyna* es una
forma perfectamente válida del Este de España, ya que en aragonés, *yn*
es la grafía común de la *ñ* (esto es, *Deña, Denia*).

187

cabo del mar tierra de moros   firme la quebranta,
ganaron Peña Cadiella   las exidas e las entradas.

70 Quando el Cid Campeador   ovo Peña Cadiella
   ma[l] les pesa en Xativa   e dentro en Gujera;   1165
   non es con recabdo   el dolor de Valençia.

71 En tierra de moros   prendiendo e ganando
   e durmiendo los dias   e las noches tranochando
   en ganar aquelas villas   mio Çid duro .iii. años.

72 A los de Valençia   escarmentados los han,   1170
   non osan fueras exir   nin con el se ajuntar;
   tajava les las huertas   e fazia les grand mal;
   en cada uno destos años   mio Çid les tolio el pan.
   Mal se aquexan los de Valençia   que non saben(t) ques far;
   de ninguna part que sea   non les vinie pan,   1175
   nin da conssejo padre a fijo   nin fijo a padre,
   nin amigo a amigo   nos pueden consolar.
   Mala cueta es   señores, aver mingua de pan,
   fijos e mugieres   ver lo murir de fanbre.
   Delante veyen so duelo,   non se pueden huviar,   1180
   por el rey de Marruecos   ovieron a enbiar;
   con el de los Montes Claros   avien guerra tan grand
   non les dixo consejo   nin los vino huviar.
   Sopolo mio Çid,   de coraçon le plaz;
   salio de Murviedro   una noch en trasnochada,   1185
   amaneçio a mio Çid   en tierras de Mon Real.
   Por Aragon e por Navarra   pregon mando echar,
   a tierras de Castiella   enbio sus menssajes:
   'Quien quiere perder cueta   e venir a rritad
   viniesse a mio Çid   que a sabor de cavalgar;   1190
   ¡çercar quiere a Valençia   por a christianos la dar!'

1179 B, L y MP: *ver lo[s] murir;* pero compárese con los vs. 1838,
2016 donde *lo* se usa también como pronombre colectivo con un
significado general.

1182 MP lee *avíe,* siguiendo la *CVR.*

1185 B y MP regularizan, *una noch [a] trasnocha[r];* L retiene la
lección del manuscrito.

73 'Quien quiere ir comigo   çercar a Valençia
   todos vengan de grado,   ninguno non ha premia,
   tres dias le sperare   en Canal de Çelfa.'

74 Esto dixo mio Çid   el que en buen ora nasco.   1195
   Tornavas a Murviedro   ca el se la a ganada.

   Andidieron los pregones   sabet, a todas partes;
   al sabor de la ganançia   non lo quieren detardar,
   grandes yentes se le acojen   de la buena christiandad.
   Creçiendo va riqueza   a mio Çid el de Bivar.   1200
   Quando vio mio Çid las gentes juntadas   compeços de pagar.
   Mio Çid don Rodrigo   non lo quiso detardar;
   adeliño pora Valençia   e sobr'ellas va echar,
   bien la çerca mio Çid,   que non i avia hart,
   viedales exir   e viedales entrar.   1205
   Sonando van sus nuevas   todas a todas partes;
   mas le vienen a mio Çid   sabet, que nos le van.
   Metiola en plazo   si les viniessen huviar;
   nueve meses complidos   sabet, sobr'ella yaz,
   quando vino el dezeno   ovieron gela a dar.   1210
   Grandes son los gozos   que van por es logar
   quando mio Çid gaño a Valençia   y entro en la çibdad;
   los que fueron de pie   cavalleros se fazen,
   el oro e la plata   ¿quien vos lo podrie contar?
   Todos eran ricos   quantos que alli ha.   1215
   Mio Çid don Rodrigo   la quinta mando tomar;
   en el aver monedado   .xxx. mill marcos le caen
   e los otros averes   ¿quien los podrie contar?
   Alegre era el Campeador   con todos los que ha

   quando su seña cabdal   sedie en somo del alcaçar.   1220

   1195·6L conserva la lección del manuscrito, como arriba; B hace con
ellos un pareado completamente regular, cambiando la rima del 1196 a
ganado. MP establece la asonancia *á(-e)* en ambos, alterando los se-
gundos hemistiquios para poner *el [Campeador leal], ca él ganada se la a*.
   1201 B, R, L y MP omiten *mio Çid*.
   1220 Como hace en otros lugares, MP lo corrige para leer *alcáç[e]r*.
B acentúa *alcazár*. Nyrop y L dejan *alcáçar*, con asonancia *á-a*, pero
el v. pertenece propiamente al final de la tirada 74.

189

75 Ya folgava mio Çid   con todas sus conpañas.
[A] aquel rey de Sevilla   el mandado legava
que presa es Valençia,   que non gela enparan;
vino los ver   con .xxx. mill de armas.
Apres de la uerta   ovieron la batalla,   1225
arrancolos mio Çid   el de la luenga barba;
fata dentro en Xativa   duro el arrancada,
en el passar de Xucar   i veriedes barata,
moros en aruenço   amidos bever agua;
aquel rey de [Sevilla]   con tres colpes escapa.   1230
Tornado es mio Çid   con toda esta ganançia.
Buena fue la de Valençia   quando ganaron la casa,
mas mucho fue provechosa   sabet, esta aranca(n)da;
a todos los menores   cayeron .c. marcos de plata.
Las nuevas del cavallero   ya vedes do legavan.   1235

76 Grand alegria es   entre todos essos christianos
con mio Çid Ruy Diaz   el que en buen ora nasco.
Yal creçe la barba   e vale allongando.
Dixo mio Çid   de la su boca atanto:
'Por amor del rey Alffonsso   que de tierra me a echado   1240
nin entrarie en ela tigera   ni un pelo non avrie tajado,
e que fablassen desto   moros e christianos.'
Mio Çid don Rodrigo   en Valençia esta folgando,
con el Minaya Albar Ffañez   que nos le parte de so braço.
Los que exieron de tierra   de ritad son abondados,   1245
a todos les dio en Valençia   casas y heredades de que son
                            pagados;
el amor de mio Çid   ya lo ivan provando.

1230 ms.: *Aquel rey de marruecos*. Se trata de una distracción del copista (aunque B afirma en una nota que se debe retener la lección del manuscrito); el poeta ha hecho alusión al rey de Sevilla en el v. 1222, y ha afirmado, asimismo, en los versos 1181-1182 que el *rey de Marruecos* (Yúçef, emperador de los almorávides) no podía acudir en auxilio de Valencia.

1239 MP: [*ca*] *dix*[*era*] *mio Çid.*

1240·2 MP, insatisfecho por lo que considera un cambio del discurso directo al indirecto, sólo entrecomilla el v. 1240. B pone todo en estilo indirecto; V y L puntúan como hacemos arriba.

1246·52 El copista terminó el v. 1246 con *heredades* y colocó el res-

Los que fueron con el e los de despues   todos son pagados;
veelo mio Çid   que con los averes que avien tomados
que sis pudiessen ir   fer lo ien de grado.   1250
Esto mando mio Çid,   Minaya lo ovo consssejado:
que ningun omne de los sos   ques le non spidies o nol besas la
                                                                mano,
sil pudiessen prender   o fuesse alcançado
tomassen le el aver   e pusiessen le en un palo;
afevos todo aquesto   puesto en buen recabdo.   1255
Con Minaya Albar Fañez   el se va consegar:
'Si vos quisieredes   Minaya, quiero saber recabdo
de los que son aqui   e comigo ganaron algo;
meter los he en escripto   e todos sean contados,
que si algunos furtare   o menos le fallaren   1260
el aver me avra a tornar   [a] aquestos mios vassalos
que curian a Valençia   e andan arobdando.'   1261b
Ali dixo Minaya: 'Consejo es aguisado.'

77 Mando los venir a la corth   e a todos los juntar.
    Quando los fallo   por cuenta fizo los nonbrar;
    tres mill e seis çientos   avie mio Çid el de Bivar.   1265
    Alegras le el coraçon   e tornos a sonrrisar:
    '¡Grado a Dios, Minaya,   e a Santa Maria madre!
    Con mas pocos ixiemos   de la casa de Bivar;
    agora avemos riquiza,   mas avremos adelant.
    Si a vos ploguiere, Minaya,   e non vos caya en pesar,   1270
    enbiar vos quiero a Castiella   do avemos heredades,

to en el 1247. Los editores han hecho numerosos arreglos. B y MP
añaden un nuevo hemistiquio:
          (1246)   a todos les dio en Valençia   [el Campeador contado]
              (1246b)   casas y heredades   de que son pagados;
En el 1248 L omite *e los de despues;* MP omite *con el e los de;* en
el 1252 B y MP añaden otro hemistiquio, formando dos versos de lo
que era uno solo. Reconocemos que algunos de los versos son torpes,
pero no mucho peores que el 1249, aceptado por MP; nos preguntamos
si el poeta se sirvió de un documento legal y estaba preocupado por
conservar las frases lo más exactamente posible.

1256 B, R, L y MP lo ajustan para poner *consega[ndo].*

1260 B retiene *fallaren* como en el manuscrito y arriba. R y L tienen
falla[mos]; MP lee *fallar[o],* forma del futuro de subjuntivo no docu-
mentada en el ms.

1260·2 El copista escribió estos tres versos como dos.

191

al rey Alfonsso   mio señor natural;
destas mis gananças   que avemos fechas aca
dar le quiero .c. cavallos   e vos id gelos levar.
Desi por mi besalde la mano   e firme gelo rogad   1275
por mi mugier e mis fijas   quenlas dexe sacar.   1276·7
Enbiare por ellas,   e vos sabed el mensage:
la mugier de mio Çid   e sus fijas las iffantes
de guisa iran por ellas   que a grand ondra vernan   1280
a estas tierras estrañas   que nos pudiemos ganar.'
Essora dixo Minaya: '¡ De buena voluntad!'
Pues esto an fablado   pienssan se de adobar.
Çiento omnes le dio   mio Çid a Albar Fañez
por servirle en la carrera   [a toda su voluntad],   1284b
e mando mill marcos de plata   a San Pero levar   1285

e que los [.d.] diesse   al abbat don Sancho.

78 En estas nuevas   todos se(a) alegrando
de parte de orient   vino un coronado:
el obispo don Jeronimo   so nombre es lamado,
bien entendido es de letras   e mucho acordado,   1290
de pie e de cavallo   mucho era areziado.
Las provezas de mio Çid   andava las demandando,

1276·7 ms.: *Por mi mugier τ mis fijas   si fuere su merçed*
        Quenlas dexe sacar
O bien falta medio verso o *si fuere su merçed* es una fórmula de
cortesía interpolada; al omitirla sigo a R y L. MP expande el v. 1276
poniendo *por mi mugier* [*doña Ximena*]   *e mis fijas* [*naturales*] y
dejando lo que sigue para formar un verso completo (1277). B hace
también dos versos.
1279 MP advierte que la sílaba final de la última palabra está bo-
rrosa, aunque puede verse la parte superior de la *e;* una mano pos-
terior repasó toda la palabra con tinta negra, escribiendo *yffantas*,
que han aceptado la mayoría de los editores.
1284b El copista escribió la primera parte de este verso como una con-
tinuación del 1284. El hemistiquio añadido es una sugerencia de B y
MP. L suprime *por... carrera.*
1286 B y MP lo corrigen para leer *a don Sancho el abbat;* L lee
como arriba. La adición de [.d.] («500»), hecha por B y MP, es ne-
cesaria en vista de la destinación de los otros 500 (véanse los
vs. 1422-1423); B supone que se trata de un error de copia, a causa de
la proximidad de la cifra y la primera letra de *diesse.*

sospirando (el obispo) ques viesse   con moros en el campo,
que sis fartas lidiando   e firiendo con sus manos
a los dias del sieglo   non le lorassen christianas.   1295
Quando lo oyo mio Çid   de aquesto fue pagado:
'¡Oid, Minaya Albar Fañez: por aquel que esta en alto,
quando Dios prestar nos quiere   nos bien gelo gradescamos!
En tierras de Valençia   fer quiero obispado
e dar gelo   a este buen christiano.   1300
Vos quando ides a Castiella   levaredes buenos mandados.'

79 Plogo a Albar Fañez   de lo que dixo don Rodrigo.
A este don Jeronimo   yal otorgan por obispo,
dieron le en Valençia   o bien puede estar rico;
¡Dios, que alegra era   todo christianismo   1305
que en tierras de Valençia   señor avie obispo!
Alegre fue Minaya   e spidios e vinos.

80 Tierras de Valençia   remanidas en paz,
adeliño pora Castiella   Minaya Albar Fañez;
dexare vos las posadas,   non las quiero contar.   1310
Demando por Alfonsso   do lo podrie fallar;
fuera el rey a San Fagunt   aun poco ha,
tornos a Carrion,   i lo podrie fallar.
Alegre fue de aquesto   Minaya Albar Fañez;
con esta present[a]ja   adeliño pora alla.   1315

81 De missa era exido   essora el rey Alfonsso;
¡afe Minaya Albar Fañez   do lega tan apuesto!
Finco sos inojos   ante tod el pueblo,
a los pies del rey Alfonsso   cayo con grand duelo,
besava le las manos   e fablo tan apuesto: 1320

82 '¡Merçed, señor Alfonsso,   por amor del Criador!
Besava vos las manos   mio Çid lidiador

1293 B, L, MP y otros proponen la omisión de *el obispo*.
1305 MP hace notar que el copista escribió primero *toda* y después
cambió la *-a* por *-o;* quizá esperaba escribir *toda la christiandad.*
Ignoro por qué pone Pidal *tod* en su edición.
1315 ms.: *presenteia.*
1316·20 MP lee *Alfonsso, apu[o]sto, pu[o]blo, du[o]lo, apu[o]sto* como
rimas, haciendo una tirada con asonancia *ó-o.* B y L los dejan como
en el manuscrito.

los pies e las manos   commo a tan buen señor
quel ayades merçed,   ¡si vos vala el Criador!   1325
Echastes le de tierra,   non ha la vuestra amor;
mager en tierra agena   el bien faze lo so:
ganada a Xerica   e a Ond(r)a por nombre,
priso a Almenar   e a Murviedro que es miyor,
assi fizo Çebolla   e adelant Castejon,
e Peña Cadiella   que es una peña fuert;   1330
con aquestas todas   de Valençia es señor,
obispo fizo de su mano   el buen Campeador
e fizo çinco lides campales   e todas las arranco.
Grandes son las ganançias   quel dio el Criador,
fevos aqui las señas,   verdad vos digo yo: 1335
çient cavallos   gruessos e corredores,
de siellas e de frenos   todos guarnidos son;
besa vos las manos   (e) que los prendades vos,
razonas por vuestro vassallo   e a vos tiene por señor.'
Alço la mano diestra,   el rey se santigo: 1340
'De tan fieras ganançias   commo a fechas el Campeador
¡si me vala Sant Esidro!   plazme de coraçon,
e plazem de las nuevas   que faze el Campeador;
reçibo estos cavallos   quem enbia de don.'
Mager plogo al rey   mucho peso a Garçi Ordoñez: 1345
'¡Semeja que en tierra de moros   non a bivo omne
quando assi faze a su guisa   el Çid Campeador!'
Dixo el rey al conde: 'Dexad essa razón,
que en todas guisas   mijor me sirve que vos.'
Fablava Minaya i   a guisa de varon: 1350
'Merçed vos pide el Çid,   si vos cayesse en sabor,
por su mugier doña Ximena   e sus fijas amas a dos:
saldrien del monesterio   do elle las dexo
e irien pora Valençia   al buen Campeador.'
Essora dixo el rey: 'Plazme de coraçon;   1355
hyo les mandare dar conducho   mientra que por mi tierra
                            fueren,
de fonta e de mal   curial[l]as e de desonor;

1357 ms.: *curialdas*. La corrección es de MP: *curiallas* = *curiar-las* con asimilación de *r* a *l*, como en otras partes del poema. El infinitivo depende (como en *dar*) de *mandare*.

194

quando en cabo de mi tierra   aquestas dueñas fueren
catad commo las sirvades   vos y el Campeador.
¡Oid me, escuellas   e toda la mi cort!   1360
Non quiero que nada pierda   el Campeador;
a todas las escuellas   que a el dizen señor
por que los deserede   todo gelo suelto yo;
sirvan le[s] sus her[e]dades   do fuere el Campeador.
Atrego les los cuerpos   de mal e de ocasion,   1365
por tal fago aquesto   que sirvan a so señor.'
Minaya Albar Fañez   las manos le beso;
sonrrisos el rey,   tan velido fablo:
'Los que quisieren ir   se[r]vir al Campeador
de mi sean quitos   e vayan a la graçia del Criador;   1370
mas ganaremos en esto   que en otra desonor.'
Aqui entraron en fabla   los iffantes de Carrion:
'Mucho creçen las nuevas   de mio Çid el Campeador;
bien casariemos con sus fijas   pora huebos de pro.
Non la osariemos acometer   nos esta razon,   1375
¡mio Çid es de Bivar   e nos de los condes de Carrion!'
No lo dizen a nadi   e finco esta razon.
Minaya Albar Fañez   al buen rey se espidio:
'¿Hya vos ides, Minaya?   ¡Id a la graçia del Criador!
Levedes un portero,   tengo que vos avra pro;   1380
si levaredes las dueñas   sirvan las a su sabor,
fata dentro en Medina   denles quanto huebos les fuer;
desi adelant   piensse dellas el Campeador.'
Espidios Minaya   e vasse de la cort.

83 Los iffantes de Carrion   dando ivan conpaña a Minaya
                                                            Albar Fañez:
'En todo sodes pro,   en esto assi lo fagades: 1386
saludad nos   a mio Çid el de Bivar,

1371 MP (según la *CVR*) cree que la última palabra debe ser *des[am]or*.
1372 MP omite *los;* asimismo el artículo delante de éste y otros
muchos títulos en los vs. 1376, 1385, 1579, 1835, etc.
1385 L omite *Minaya Albar Fañez*, leyendo *dándo[l] yvan conpaña;*
MP divide el verso en dos, con una adición:
    (1385)   *Iffantes de Carrión   [so consejo preso ane],*
    (1385b)   *dando ivan conpaña   a Minaya Álvar Fáñez.*
B tiene la misma idea, pero añadiendo [*Diego e Ferrand González*].

                                                             195

somos en so pro   quanto lo podemos far;
el Çid que bien nos quiera   nada non perdera.'
Respuso Minaya: 'Esto non me a por que pesar.'   1390
Hido es Minaya,   tornansse los iffantes.
Adeliño pora San Pero   o las dueñas estan,
tan grand fue el gozo   quandol vieron assomar;
deçido es Minaya,   a Ssan Pero va rogar.
Quando acabo la oraçion   a las dueñas se [fue] torn[ar]:   1395
'Omilom, doña Ximena;   ¡Dios vos curie de mal!
¡Assi ffaga   a vuestras fijas amas!
Saluda vos mio Çid   alla ond(d)e elle esta,
sano lo dexe   e con tan grand rictad.
El rey por su merçed   sueltas me vos ha   1400
por levaros a Valençia   que avemos por heredad.
Si vos viesse el Çid   sanas e sin mal
todo serie alegre   que non avrie ningun pesar.'
Dixo doña Ximena: ¡El Criador lo mande!'
Dio tres cavalleros   Minaya Albar Fañez,   1405
enviolos a mio Çid   a Valençia do esta:
'Dezid al Canpeador   —¡que Dios le curie de mal!—
que su mugier e sus fijas   el rey sueltas me las ha;
mientra que fueremos por sus tierras   conducho nos mando
dar.
De aquestos .xv. dias   —si Dios nos curiare de mal—   1410
seremos yo e su mugier   e sus fijas que el a
hy todas las dueñas con ellas   quantas buenas ellas han.'
Hidos son los cavalleros   e dello penssaran;
remaneçio en San Pero   Minaya Albar Fañez.
Veriedes cavalleros   venir de todas partes,   1415
hir se quieren a Valençia   a mio Çid el de Bivar,
que les toviesse pro   rogavan a Albar Fañez;
diziendo est[a] Mi(a)naya: 'Esto fere de veluntad.'

1395 ms.: *se torno.* La corrección señalada arriba es de MP. B tiene
tornado s'ha.
1397 L conserva la asonancia aproximada del manuscrito. MP tiene
en cuenta el 1279 cuando escribe
    assi ffaga a vuestras fijas   amas [*a dos las iffantes*].
1411 B: [*hi*] *seremos;* MP *seremos* [*i*] *yo.*
1418 ms.: *diziendo esto myanaya.* Parece como si el copista estuviera
mirando al *esto* del segundo hemistiquio; B y L corrigen como ha-

A Minaya .lxv. cavalleros   acreçidol han
y el se tenie .c.   que aduxiera d'alla;   1420
por ir con estas dueñas   buena conpaña se faze.
Los quinientos marcos   dio Minaya al abbat;
de los otros quinientos   dezir vos he que faze:
Minaya a doña Ximina   e a sus fijas que ha
e a las otras dueñas   que las sirven delant   1425
el bueno de Minaya   pensolas de adobar
de los mejores guarnimientos   que en Burgos pudo falar,
palafres e mulas,   que non parescan mal.
Quando estas dueñas   adobadas las han
el bueno de Minaya   penssar quiere de cavalgar.   1430
Afevos Rachel e Vidas   a los pies le caen:
'¡Merçed, Minaya,   cavallero de prestar!
Desfechos nos ha el Çid   sabet, si no nos val;
soltariemos la ganançia   que nos diesse el cabdal.'
'Hyo lo vere con el Çid   si Dios me lieva ala;   1435
por lo que avedes fecho   buen cosiment i avra.'
Dixo Rachel e Vidas: '¡El Criador lo mande!
Si non, dexaremos Burgos,   ir lo hemos buscar.'
Hido es pora San Pero   Minaya Albar Fañez;
muchas yentes sele acogen,   pensso de cavalgar.   1440
Grand duelo es   al partir del abbat:
'¡Si vos vala el Criador   Minaya Albar Fañez!
Por mi al Campeador   las manos le besad;
aqueste monesterio   no lo quiera olbidar,
todos los dias del sieglo   en levar lo adelant   1445
el Çid   siempre valdra mas.'
Respuso Minaya: '¡Fer lo he de veluntad!'
Hyas espiden   e pienssan de cavalgar,
el portero con ellos   que los ha de aguardar;
por la tierra del rey   mucho conducho les dan.   1450

---

cemos arriba; MP la omite. Al retener *Mianaya*, MP tiene la ayuda de
la etimología y de algunos documentos de los siglos XII y XIII, así como
la del v. 1565 del poema, pero parece mejor considerar ambos casos como
distracciones del copista.

1419 B, R y MP omiten *A Minaya*.
1429 L y MP: *las ha*.
1430 MP: *p[i]enssa de cavalgar*.
1446 B y MP: *el Çid [Campeador]*.

De San Pero fasta Medina   en .v. dias van;
felos en Medina   las dueñas e Albar Fañez.
Direvos de los cavalleros   que levaron el menssaje:
al ora que lo sopo   mio Çid el de Bivar
plogol de coraçon   e tornos a alegrar,   1455
de la su boca   conpeço de fablar:
'¡Qui buen mandadero enbia   tal deve sperar!
Tu, Muño Gustioz   e Pero Vermuez delant
e Martin Antolinez   un burgales leal,
el obispo don Jeronimo   coronado de prestar,   1460
cavalgedes con çiento   guisados pora huebos de lidiar;
por Santa Maria   vos vayades passar,
vayades a Molina   que yaze mas adelant,
tienela Avengalvon   —mio amigo es de paz—
con otros çiento cavalleros   bien vos conssigra;   1465
hid pora Medina   quanto lo pudieredes far;
mi mugier e mis fijas   con Minaya Albar Ffañez
asi commo a mi dixieron   hi los podredes falar,
con grand ondra   aduzid melas delant.
E yo fincare en Valençia   que mucho costadom ha,   1470
gran locura serie   si la desenparas;
yo ffincare en Valençia   ca la tengo por heredad.'
Esto era dicho,   pienssan de cavalgar
e quanto que pueden   non fincan de andar.
Troçieron a Santa Maria   e vinieron albergar a Fron[chales],
y el otro dia vinieron   a Molina posar.   1476
El moro Avengalvon   quando sopo el menssaje
saliolos reçebir   con grant gozo que faze:
'¿Venides, los vassallos   de mio amigo natural?
¡A mi non me pesa   sabet, mucho me plaze!'   1480
Fablo Muño Gustioz,   non spero a nadi:
'Mio Çid vos saludava   e mandolo recabdar
con çiento cavalleros   que privadol acorrades.
Su mugier e sus fijas   en Medina estan;
que vayades por ellas,   adugades gelas aca   1485

1475 ms.: *a frontael*, que algunos editores leen *front a el*. La correc-
ción de MP (arriba) señala un lugar identificable —hoy Bronchales—
y la confirman por lo menos tres mss. de la *CVR*. B termina el verso
con *albergar* y pone puntos suspensivos para indicar un verso perdido.

e ffata en Valençia   dellas non vos partades.'
Dixo Avengalvon: '¡Fer lo he de veluntad!'
Essa noch   conducho les dio grand;
a la mañana   pienssan de cavalgar;
çientol pidieron   mas el con dozientos va.   1490
Passan las montañas   que son fieras e grandes,
passaron Mata de Toranz   de tal guisa que ningun miedo
                                   non han,
por el val de Arbux[uel]o   pienssan a deprunar.
Y en Medina   todo el recabdo esta:
envio dos cavalleros Minaya Albar Fañez   que sopiessen la
                                     verdad,
esto non detardan   ca de coraçon lo han;   1496
el uno finco con ellos   y el otro torno a Albar Fañez:
'Virtos del Campeador   a nos vienen buscar;
Afevos aqui Pero Vermuez e Muño Gustioz   que vos quieren
                                     sin hart,
e Martin Antolinez   el burgales natural   1500
y el obispo don Jeronimo   cor[o]nado leal,
y el alcayaz Avengalvon   con sus fuerças que trahe
por sabor de mio Çid   de grand ondral dar;
todos vienen en uno,   agora legaran.'
Essora dixo Minaya: '¡Vay[a]mos cavalgar!'   1505
Esso ffue a priessa fecho   que nos quieren detardar;
bien salieron den çiento   que non pareçen mal,

1492 B y MP hacen de éste dos versos. El 1492 con *passaron* [*desí*]
Mata de Taranz y forman con el resto el 1492[b]. Para *Toranz* com-
párense los vs. 545, 1544.

1493 ms.: *arbuxedo*. MP lo corrige como hemos escrito arriba, en
vista del 1543 y otras razones basadas en documentos de la época.

1495 Con este verso y con frases de la *CVR*, Pidal forma dos:

  (1494b)   *vídolos venir armados*   *temiós Minaya Álbar Fáñez,*
  (1495)   *envió dos cavalleros*   *que sopiesse[n] la verdad.*

Otra alternativa sería omitir *Albar Fañez*, dejando el resto como un v.

1499 MP forma con éste dos versos, citando el 1458 como razón:

  (1499)   *afevos aqui*   *Per Vermu[doz delant]*
  (1499b)   *e Muño Gustioz*   *que vos quieren sin hart.*

B tiene la misma idea, pero añadiendo *cavallero de prestar*. L deja
el verso como en el manuscrito.

1501 ms.: *coranado*.

en buenos cavallos   a petrales e a cascaveles
e a cuberturas de çendales   y escudos a los cuellos
y en las manos lanças   que pendones traen,   1510
que sopie(n)ssen los otros   de que seso era Albar Fañez
o cuemo saliera de Castiella   Albar Fañez con estas dueñas
                      que trahe.

Los que ivan mesurando   e legando delant
luego toman armas   e tomanse a deportar;
por çerca de Salon   tan grandes gozos van.   1515
Don legan los otros   a Minaya Albar Fañez se van homilar.
Quando lego Avengalvon   dont a ojo [lo] ha
sonrrisando se de la boca   hivalo abraçar,
en el ombro lo saluda   ca tal es su husaje:
'¡Tan buen dia con vusco   Minaya Albar Fañez!   1520
Traedes estas dueñas   por o valdremos mas,
mugier del Çid lidiador   e ssus ffijas naturales;
ondrar vos hemos todos   ca tal es la su auze,
mager que mal le queramos   non gelo podremos f[a]r,
en paz o en gerra   de lo nuestro abra;   1525
muchol tengo por torpe   qui non conosçe la verdad.'

84 Sorrisos de la boca   Minaya Albar Fañez:

'¡Hy[a] Avengalvon   amigol sodes sin falla!
Si Dios me legare al Çid   e lo vea con el alma
desto que avedes fecho   vos non perderedes nada.   1530
Vayamos posar   ca la çena es adobada.'
Dixo Avengalvon: 'Plazme desta presentaja,

1508·9 Son bien poco convincentes los arreglos que hacen B y MP,
en un intento de regularizar las asonancias. Quizá se ha cambiado
el orden de las palabras y (como sugiere L) las rimas deberían ser
petrales y *çendales*.
1512·1516 L y MP omiten *Albar Fañez* en los dos versos; B hace dos
versos con cada uno de ellos.
1517 [*lo*] teniendo en cuenta esta expresión en otros lugares, v. gr.,
2016.
1524 ms.: *fer*.
1527 B conserva el verso en la tirada 83, pero va mejor al principio
de la serie 84. MP lo ajusta por razones de asonancia: *Álbar Fáñez
Minaya*.

antes deste te[r]çer dia   vos la dare doblada.'
Entraron en Medina,   sirvialos Minaya;
todos fueron alegres   del çervicio que tomar[a]n.   1535
El portero del rey   quitar lo mandava;
ondrado es mio Çid   en Valençia do estava
de tan grand conducho   commo en Medinal sacar[a]n;
el rey lo pago todo   e quito se va Minaya.
Passada es la noche,   venida es la mañana,   1540
oida es la missa   e luego cavalgavan;
salieron de Medina   e Salon passavan,
Arbuxuelo arriba   privado aguijavan,
el campo de Torançio   luegol atravessavan,
vinieron a Molina   la que Avengalvon mandava.   1545
El obispo don Jheronimo   —buen christiano sin falla—
las noches e los dias   las dueñas aguarda[va],
e buen cavallo en diestro   que va ante sus armas,
entre el e Albar Fañez   hivan a una compaña.
Entrados son a Molina,   buena e rica casa;   1550
el moro Avengalvon   bien los sirvie sin falla,
de quanto que quisieron   non ovieron falla,
aun las ferraduras   quitar gelas mandava;
a Minaya e a las dueñas   ¡Dios, commo las ondrava!
Otro dia mañana   luego cavalgavan;   1555
fata en Valençia   sirvialos sin falla,
lo so despendie el moro   que del[l]os non tomava nada.
Con estas alegrias   e nuevas tan ondradas
apres son de Valençia   a tres leguas contadas.

85 A mio Çid   el que en buen ora nasco   1560
dentro a Valençia   lievan le el mandado;

1533 MP: [a] vos la dare.
1535 ms.: tomaron. B y L: tomaban.
1538 ms.: sacaron. B y L: sacaban. MP los corrige como hacemos arriba.
1547 ms.: aguardando.
1557 ms.: los sos despendie el moro   que delo so non tomaua nada.
Las correcciones son fáciles y se sugieren a sí mismas (MP, siguiendo a B, R, etc.).
1560·1 MP cree que estos versos pertenecen a la tirada 84; para dotarlos de asonancia á-a escribe así los segundos hemistiquios: el que en buen[a çinxo espada] y el mandádo[l] l[eva]van.

alegre fue mio Çid   que nunqua mas nin tanto
ca de lo que mas amava   yal viene el mandado.
Dozi[en]tos cavalleros   mando exir privado
que reçiban a Mi(a)naya   e a las dueñas fijas dalgo;   1565
el sedie en Valençia   curiando e guardando
ca bien sabe que Albar Fañez   trahe todo recabdo.

86 Afevos todos aquestos   reçiben a Minaya
e a las dueñas e a las niñas   e a las otras conpañas.
Mando mio Çid   a los que ha en su casa   1570
que guardassen el alcaçar   e las otras torres altas
e todas las puertas   e las exidas e las entradas,
e aduxiessen le a Bavieca   —poco avie quel ganara,
aun non sabie mio Çid   el que en buen ora çinxo espada
si serie corredor   o ssi abrie buena parada—;   1575
a la puerta de Valençia   do fuesse en so salvo
delante su mugier e de sus fijas   querie tener las armas.
Reçebidas las dueñas   a una grant ondrança
el obispo don Jheronimo   adelant se entrava,
i dexava el cavallo,   pora la capiella adeliñava;   1580
con quantos que el puede   que con oras se acordar[a]n,
sobrepeliças vestidas   e con cruzes de plata,
reçibir salien las dueñas   e al bueno de Minaya.
El que en buen ora nasco   non lo detardava;
ensiellan le a Bavieca,   cuberturas le echavan,   1585
mio Çid salio sobr'el   e armas de fuste tomava;
vistios el sobregonel;   luenga trahe la barba;
por nombre el cavallo   Bavieca cavalga;   1589
fizo una corrida;   esta fue tan estraña   1588

1576 B y L conservan el manuscrito, como arriba; MP ajusta la aso-
nancia: *do en so salvo [estava]*.
1581 ms.: *acordaron*. B y L: *acordaban*. MP corrige como señalamos
arriba.
1588·9 Por razones de sentido y sintaxis, parece mejor seguir a MP
cuando invierte el orden de los dos versos. Aquél va incluso más lejos,
colocando el 1587 delante del 1585, ya que podemos suponer que el
Cid termina de vestirse antes de montar a caballo; pero esta apa-
rente falta de lógica se repite en el 57, etc. L coloca el 1590 de-
lante del 1589. B mantiene el orden del manuscrito.

quando ovo corrido   todos se maravillavan;   1590
des dia se preçio Bavieca   en quant grant fue España.
En cabo del cosso   mio Çid desca[va]lgava,
adeliño a su mugier   e a sus fijas amas.
Quando lo vio doña Ximena   a pies se le echava:
'¡Merçed, Campeador   en buen ora çinxiestes espada!   1595
Sacada me avedes   de muchas vergueñas malas;
afe me aqui, señor,   yo [e] vuestras fijas amas,
con Dios e con vusco   buenas son e criadas.'
A la madre e a las fijas   bien las abraçava,
del gozo que avien   de los sos ojos loravan.   1600
Todas las sus mesnadas   en grant dele[i]t estavan,
armas teniendo   e tablados quebrantando
Oid que dixo   el que en buen ora nasco:
'Vos [doña Ximena]   querida mugier e ondrada,
e amas mis fijas   mi coraçon e mi alma,   1605
entrad comigo   en Valençia la casa,
en esta heredad,   que vos yo he ganada.'
Madre e fijas   las manos le besavan;
a tan grand ondra   ellas a Valençia entravan.

87   Adeliño mio Çid   con ellas al alcaçar   1610
ala las subie   en el mas alto logar.
Ojos velidos   catan a todas partes,
miran Valençia   commo yaze la çibdad
e del otra parte   a ojo han el mar;
miran la huerta   espessa es e grand;   1615
alçan las manos   por a Dios rogar
desta ganançia   commo es buena e grand.

1597 ms.: yo uuestras fijas τ amas.
1601 ms.: delent.
1604·5 ms.: Vos, querida τ ondrada mugier   τ amas mis fijas
              mi coraçon τ mi alma.
Las correcciones son de MP; son profundas, pero no carecen de ló-
gica. Otra posibilidad sería leer e mis fijas amas como segundo he-
mistiquio del v. 1604, dejando las cinco palabras del 1605 como un
verso, corto en su estructura pero lleno de emotividad (compárese
con 2755).
1610 alcaçar: compárese con el 1220 y la nota.

Mio Çid e sus compañas   tan a grand sabor estan.
El ivierno es exido   que el março quiere entrar.
Dezir vos quiero nuevas   de alent partes del mar,   1620
de aquel rey Yuçef   que en Marruecos esta.

88 Pesol al rey de Marruecos   de mio Çid don Rodrigo:
'¡Que en mis heredades   fuerte mientre es metido
y el non gelo gradeçe   si non a Jhesu Christo!'
Aquel rey de Marruecos   ajuntava sus virtos,   1625
con .l. vezes mill de armas   todos fueron conplidos;
entraron sobre mar,   en las barcas son metidos,
van buscar a Valençia   a mio Çid don Rodrigo.
Arribado an las naves,   fuera eran exidos.

89 Legaron a Valençia   la que mio Çid a conquista;   1630
fincaron las tiendas   e posan las yentes descreidas.
Estas nuevas   a mio Çid eran venidas:

90 '¡Grado al Criador   e a[l] Padre espirital!
Todo el bien que yo he   todo lo tengo delant;
con afan gane a Valençia   y ela por heredad,   1635
a menos de muert   no la puedo dexar.
¡Grado al Criador   e a Santa Maria madre
mis fijas e mi mugier   que las tengo aca!
Venidom es deliçio   de tierras d'alent mar;
entrare en las armas,   non lo podre dexar;   1640
mis fijas e mi mugier   verme an lidiar,
en estas tierras agenas   veran las moradas commo se fazen,
¡afarto veran por los ojos   commo se gana el pan!'
Su mugier e sus fijas   subiolas al alcaçar,
alçavan los ojos,   tiendas vieron fincadas: 1645
'¿Ques esto, Çid?   ¡Si el Criador vos salve!'
'¡Ya mugier ondrada   non ayades pesar!
Riqueza es que nos acreçe   maravillosa e grand;
¡a poco que viniestes   presend vos quieren dar;

1644·5 Así lee el ms., pareado *á-a*, que acepta L. MP lo corrige por
alcáç[e]*r, finca*[*r*]; B hace una mezcla: *alcazár, finca*[*r*].

por casar son vuestras fijas: aduzen vos axuvar!'   1650
'¡A vos grado, Çid,   e al Padre spirital!'
'Mugier, sed en este palaçio,   e si quisieredes en el alcaçar.
Non ayades pavor   por que me veades lidiar;
con la merçed de Dios   e de Santa Maria madre
creçem el coraçon   por que estades delant;   1655
¡con Dios aquesta lid   yo la he de arrancar!'

91   Fincadas son las tiendas   e pareçen los alvores,
a una grand priessa   tañien los atamores;
alegravas mio Çid e dixo: '¡Tan buen dia es oy!'
Miedo a su mugier   e quierel quebrar el coraçon,   1660
assi ffazie a las dueñas   e a sus fijas amas a dos;
del dia que nasquieran   non vieran tal tremor.
Prisos a la barba   el buen Çid Campeador:
'Non ayades miedo   ca todo es vuestra pro;
antes destos .xv. dias   si plogiere a[l] Criador   1665
aquelos atamores a vos los pondran delant   e veredes
                      qua(n)les son,
desi an a sser   del obispo don Jheronimo,
colgar los han en Santa Maria   madre del Criador.'
Vocaçion es que fizo   el Çid Campeador.

1652 MP sigue a B y R al omitir *e si quisieredes;* aquél porque la
familia está ya en el *alcaçar,* éstos por razones métricas. Es verdad
que *alcaçar* puede significar 'toda la ciudadela, el conjunto defensivo',
y que el *palaçio* era una parte de éste; pero el manuscrito puede también
tener razón: 'quedaos en este salón o, si queréis, subid a la torre
(para presenciar la batalla)'. Ambas palabras tienen estos significados
en el poema. El resultado de la supresión de MP es una desagradable
cesura entre *este* y *palaçio.*

1666 Algunos editores creen que se ha omitido un primer hemisti-
quio: B añade [*aquellas señas e*], R y L [*muger doña Ximena*], MP
[*abremos a ganar*]; el v. 1666 continúa entonces con *aquelos atamores,*
y forman con el resto el 1666ᵇ.

1667 Es ésta la primera vez que el nombre del obispo aparece como
palabra rimada. MP lee *Jerome,* para obtener una asonancia perfecta
en *ó(-e);* pero se trata de una forma completamente indocumentada
que él usa en todas las ocasiones. Otros editores conservan la lec-
ción del manuscrito, aceptando *Jerónimo* como una buena asonancia
aproximada (como *Alfonsso, otros,* etc.) de *ó.*

Alegre[s] son las dueñas,   perdiendo van el pavor.   1670
Los moros de Marruecos   cavalgan a vigor
por las huertas adentro   estan sines pavor.

92 Violo el atalaya   e tanxo el esquila;
prestas son las mesnadas   de las yentes christianas,
adoban se de coraçon   e dan salto de la villa;   1675
dos fallan con los moros   cometien los tan aina,
sacan los de las huertas   mucho a fea guisa,
quinientos mataron dellos   conplidos en es dia.

93 Bien fata las tiendas   dura aqueste alcaz;
mucho avien fecho,   pienssan de cavalgar;   1680
Albar Salvadorez   preso finco alla.
Tornados son a mio Çid   los que comien so pan,
el selo vio con los ojos,   cuentan gelo delant.
Alegre es mio Çid   por quanto fecho han:
'¡Oid me, cavalleros,   non rastara por al!   1685
Oy es dia bueno   e mejor sera cras;
por la mañana prieta   todos armados seades,
el obispo don Jheronimo   soltura nos dara,   1689
dezir nos ha la missa,   e penssad de cavalgar.   1688
¡Hir los hemos fferir   en el nombre del Criador e del apostol
Santi Yague;   1690
mas vale que nos los vezcamos   que ellos cojan el pan!'

1672 B y MP: e[n]t[r]an en lugar de estan. L lee como aparece arriba.

1674 MP: yentes [de Roy Díaz]. Pero B y L aceptan christianas como una asonancia aproximada.

1688·9 La colocación del sujeto don Jheronimo y la referencia a cavalgar justifican la inversión de estos versos como hace MP; dicha inversión no indica por necesidad que el obispo dé la absolución (soltura) antes de celebrar la misa, ya que el poeta describe frecuentemente dos acciones de esta manera (por ejemplo, 57). Otra alternativa sería intercambiar los hemistiquios de los dos versos. B y L conservan el orden del manuscrito.

1690 MP hace de éste dos versos: (1690) hir los hemos fferir, [non passará por al], y con el resto forma el 1690b. B sugiere también un nuevo hemistiquio, [d'amor e de voluntad].

1691 MP hace notar que el copista escribió pan y que el corrector lo cambió por campo, que la mayoría de los editores han aceptado.

Essora dixieron todos: '¡D'amor e de voluntad!'
Fablava Minaya,   non lo quiso detardar:
'Pues esso queredes   Çid, a mi mandedes al:
dadme .cxxx. cavalleros   pora huebos de lidiar;   1695
quando vos los fueredes ferir   entrare yo del otra part,
o de amas o del una   Dios nos valdra.'
Essora dixo el Çid: '¡De buena voluntad!'

94 El dia es salido   e la noche entrada es.

Nos detardan de adobasse   essas yentes christianas.   1700
A los mediados gallos   antes de la mañana
el obispo don Jheronimo   la missa les cantava;
~~la missa dicha~~   grant sultura les dava:
'El que aqui muriere   lidiando de cara
prendol yo los pecados   e Dios le abra el alma.   1705
A vos, Çid don Rodrigo   —¡en buen ora çinxiestes espada!—
hyo vos cante la missa   por aquesta mañana;
pido vos un don   e seam presentado:
las feridas primeras   que las aya yo otorgadas.'
Dixo el Campeador: 'Des aqui vos sean mandadas.'   1710

Salidos son todos armados   por las torres de Va[le]nçia.

95 Mio Çid a los sos vassalos   tan bien los acordando,
dexan a las puertas   omnes de grant recabdo.
Dio salto mio Çid   en Bavieca el so cavallo,
de todas guarnizones   muy bien es adobado.   1715
La seña sacan fuera,   de Valençia dieron salto,

1699 B, R, L y MP lo ajustan para leer *es entrada*.
1708 Así en el manuscrito, que L acepta. B y MP lo corrigen para escribir *un[a] don[a]... presentad[a]*; R y C. tienen *un don y sea en presentaia.*
1711 ms.: *vançia*, con *le* que una mano muy posterior escribió sobre *-an-*. B, R y L leen *Valençia* pero invierten el orden de los hemistiquios, dejando *armados* como rima y colocando el verso como el primero de la tirada 95; MP también lo coloca allí, pero lee *torres de [Quarto]*, audaz corrección que justifica extensamente. Tal como aparece el v. 1711, podría significar: 'salieron todos armados de sus cuarteles dentro de la ciudad', ya que el Cid sale por la puerta principal de la ciudad, en el v. 1714, seguido de sus hombres en el 1716.

quatro mill menos .xxx.   con mio Çid van a cabo,
a los cinquaenta mill   van los ferir de grado.
Alvar Alvarez   e Minaya Albar Fañez
entraron les   del otro cabo;   1720
plogo al Criador   e ovieron de arrancarlos.
Mio Çid enpleo la lança,   al espada metio mano,
atantos mata de moros   que non fueron contados,
por el cobdo ayuso   la sangre destellando;
al rey Yuçef   tres colpes le ovo dados,   1725
salios le de sol espada   ca muchol andido el cavallo,
metios le en Gujera,   un castiello palaçiano;
mio Çid el de Bivar   fasta alli lego en alcaz
con otros quel consigen   de sus buenos vassallos.
Desd'alli se torno   el que en buen ora nasco;   1730
mucho era alegre   de lo que an caçado.
Ali preçio a Bavieca   de la cabeça fasta a cabo;
toda esta ganançia   en su mano a rastado.
Los .l. mill   por cuenta fueron notados;
non escaparon   mas de çiento e quatro.   1735
Mesnadas de mio Çid   robado an el canpo,
entre oro e plata   fallaron tres mill marcos,
[de] las otras ganançias   non avia recabdo.
Alegre era mio Çid   e todos sos vassallos
que Dios le ovo merçed   que vençieron el campo.   1740
Quando al rey de Marruecos   assi lo an arrancado
dexo [a] Albar Fañez   por saber todo recabdo.

1719 **Entre** los dos nombres el copista escribió τ *Aluar Saluadorez,*
sin duda porque los dos *Alvar* aparecen en un mismo verso en otras
partes del poema (739, 1994, 3067); pero una mano posterior lo tachó,
lógicamente, ya que Alvar Salvadórez estaba prisionero de los moros
en este momento (v. 1681). Todos los editores están de acuerdo con
la eliminación. L y MP omiten *Albar Fañez* y colocan juntos los
vs. 1719-1720 como uno; pero *Fañez* es una asonancia aproximada
posible.
1721 ms.: τ *ouieron los de arrancar.* Corrección de L y MP.
1728 B y MP ajustan la rima escribiendo *alca[nço].*
1738 [*de*] es una añadidura de L y MP, teniendo en cuenta el 2451;
pero existe la posibilidad de que el copista haya omitido la tilde en
aviâ, es decir, *avian.*
1740 Así en el ms., *le ovo;* el corrector añadió *-s,* haciendo *les ovo,*
que MP acepta.

208

Con .c. cavalleros   a Valençia es entrado:
fronzida trahe la cara,   que era desarmado,
assi entro sobre Bavieca   el espada en la mano.   1745
Reçibien lo las dueñas   que lo estan esperando,
mio Çid finco ant'ellas,   tovo la rienda al cavallo;
'¡A vos me omillo, dueñas!   Grant prez vos he gañado,
vos teniendo Valençia   e yo vençi el campo;
esto Dios se lo quiso   con todos los sos santos   1750
quando en vuestra venida   tal ganançia nos an dada.
Vedes el espada sangrienta   e sudiento el cavallo,
¡con tal cum esto   se vençen moros del campo!
Roga(n)d al Criador   que vos biva algunt año,
entraredes en prez   e besaran vuestras manos.'   1755
Esto dijo mio Çid   diçiendo del cavallo;
quandol vieron de pie,   que era descavalgado,
las dueñas e las fijas   e la mugier que vale algo
delant el Campeador   los inojos fincaron:
'¡Somos en vuestra merçed   e bivades muchos años!'   1760
En buelta con el   entraron al palaçio
e ivan posar con el   en unos preçiosos escaños:
'¡Hya mugier d[o]ña Ximena!   ¿Nom lo aviedes rogado?
Estas dueñas que aduxistes   que vos sirven tanto
quiero las casar   con de aquestos mios vassallos;   1765
a cada una dellas   do les .cc. marcos (de plata),
que lo sepan en Castiella   a quien sirvieron tanto.
Lo de vuestras fijas   venir se a mas por espaçio.'
Levantaron se todas   e besaron le las manos;
grant fue el alegria   que fue por el palaçio,   1770
commo lo dixo el Çid   assi lo han acabado.
Minaya Albar Fañez   fuera era en el campo
con todas estas yentes   escriviendo e contando;
entre tiendas e armas   e vestidos preçiados
tanto fallan desto   que es cosa sobejana.   1775

1751 Así en el manuscrito; B, L y MP escriben *dado* para regularizar la
rima.
1763 ms.: *daña*.
1775 Parece que el copista había escrito *sobeiano* y que el corrector
convirtió la *o* final en *a*. B y L lo aceptan, como arriba. MP lee
que [*mucho*] *es sobejano*, añadiendo [*ellos*] después de *fallan*.

Quiero vos dezir   lo que es mas granado:
non pudieron ellos saber   la cuenta de todos los cavallos
que andan arriados   e non ha qui tomalos,
los moros de las tierras   ganado se an i algo;
mager de todo esto   el Campeador contado   1780
de los buenos e otorgados   cayeron le mill e .d. cavallos;
quando a mio Çid   cayeron tantos
los otros bien pueden   fincar pagados.   1782b
¡Tanta tienda preçiada   e tanto tendal obrado
que a ganado mio Çid   con todos sus vassallos!
La tienda del rey de Marruecos   que de las otras es cabo   1785
dos tendales la sufren,   con oro son labrados;
mando mio Çid Ruy Diaz   que fita soviesse la tienda
e non la tolliesse   dent christiano:
'Tal tienda commo esta   que de Maruecos es passada
enbiar la quiero   a Alfonsso el Castellano   1790
que croviesse sos nuevas   de mio Çid que avie algo.'
Con aquestas riquezas tantas   a Valençia son entrados.
El obispo don Jheronimo   caboso coronado
quando es farto de lidiar   con amas las sus manos
non tiene en cuenta   los moros que ha matados;   1795
lo que caye a el   mucho era sobejano.
Mio Çid don Rodrigo   el que en buen ora nasco
de toda la su quinta   el diezmo l'a mandado.

96 Alegres son por Valençia   las yentes christianas,
tantos avien de averes   de cavallos e de armas;   1800
alegre es doña Ximena   e sus fijas amas
e todas la[s] otras dueñas   que[s] tienen por casadas.

1777 B omite *todos;* MP omite *ellos* y divide el verso después de *cuenta.*
1781 MP (siguiendo a R y L) omite *e .d.* Sus razones son más mate-
máticas que métricas o estilísticas. B hace con éste dos versos.
1782b El copista lo escribió como una continuación del 1782.
1787·8 Los editores forcejean de diferentes maneras con lo que consi-
deran un problema de rima en el 1787; MP añade un hemistiquio:
(1787)   *mandó mio Çid   [el Campeador contado]*
formando con el resto el v. 1788. L invierte el orden de los hemis-
tiquios en el 1787 y acomoda las palabras poniendo *a mandado* como
rima.
1789 B y MP ajustan la rima: [*ha*] *passad*[*o*].
1802 [*s*]: añadidura de B, L y MP.

210

El bueno de mio Çid   non lo tardo por nada:
'¿Do sodes, caboso?   Venid aca, Minaya:
de lo que a vos cayo   vos non gradeçedes nada;   1805
desta mi quinta   —digo vos sin falla—
prended lo que quisieredes,   lo otro remanga;
e cras ha la mañana   ir vos hedes sin falla
con cavallos desta quinta   que yo he ganada
con siellas e con frenos   e con señas espadas;   1810
por amor de mi mugier   e de mis fijas amas
por que assi las enbio   dond ellas son pagadas
estos dozientos cavallos   iran en presentajas
que non diga mal el rey Alfonsso   del que Valençia manda.'
Mando a Pero Vermuez   que fuesse con Minaya.   1815
Otro dia mañana   privado cavalgavan
e dozientos omnes   lievan en su conpaña
con saludes del Çid   que las manos le besava;
desta lid   que ha arrancada
.cc. cavallos   le enbiava en presentaja: 1819b
'¡E servir lo he sienpre   mientra que ovisse el alma!'   1820

97 Salidos son de Valençia   e pienssan de andar;
talles gananças traen   que son a aguardar.
Andan los dias e las noches   [que vagar non se dan]
e passada han la sierra   que las otras tierras parte;
por el rey don Alfonsso   toman sse a preguntar.   1825

98 Passando van las sierras   e los montes e las aguas,
legan a Valadolid   do el rey Alfonsso estava.
Enviava le mandado   Pero Vermuez e Minaya
que mandasse reçebir   a esta conpaña,
mio Çid el de Valençia   enbia su presentaja.   1830

1819b El copista escribió este verso como una continuación del 1819.
B y L dividen asimismo el verso; también lo hace MP, con una aña-
didura en el segundo hemistiquio del 1819: *que [mio Çid] ha arrancada*.
1820 No está claro cuánto constituye estilo directo. MP puntúa
como hacemos arriba. B lo considera todo como narración, con *ser-*
virlo hia (condicional) en el 1820. L entrecomilla desde *que*, v. 1818,
y en el 1820 lee *servir lo ha*.
1823·4 El copista escribió *andan...sierra* como un verso, *que... parte*
como el siguiente. La adición de un hemistiquio, señalada arriba,
es la solución que da MP; B y L tienen ideas menos satisfactorias.

99 Alegre fue el rey,   non viestes atanto;
    mando cavalgar a priessa   to(s)dos sos fijos dalgo,
    hi en los primeros   el rey fuera dio salto
    a ver estos mensajes   del que en buen ora nasco.
    Los ifantes de Carrion   sabet, is açertaron,   1835
    [y] el conde don Garçia   so enemigo malo;
    a los unos plaze   e a los otros va pesando.
    A ojo lo avien   los del que en buen ora nasco,
    cuedan se que es almofalla   ca non vienen con mandado;
    el rey don Alfonsso   seyse santiguando.   1840
    Minaya e Per Vermuez   adelante son legados;
    firieron se a tierra,   deçendieron de los cavalos,
    ant' el rey Alfonsso   los inojos fincados
    besan la tierra   e los pies amos:
    '¡Merçed, rey Alfonsso,   sodes tan ondrado!   1845
    Por mio Çid el Campeador   todo esto vos besamos;
    a vos lama por señor   e tienes por vuestro vassallo;
    mucho preçia la ondra   el Çid quel avedes dado.
    Pocos dias ha, rey,   que una lid a arrancado;
    a aquel rey de Marruecos   Yuçeff por nombrado   1850
    con çinquaenta mill   arrancolos del campo;
    las gananças que fizo   mucho son sobejanas,
    ricos son venidos   todos los sos vassallos;
    y embia vos dozientos cavallos   e besa vos las manos.'
    Dixo el rey don Alfonsso: 'Reçibolos de grado;   1855
    gradescolo a mio Çid   que tal don me ha enbiado,
    aun vea ora   que de mi sea pagado.'
    Esto plogo a muchos   e besaron le las manos.
    Peso al conde don Garçia   e mal era irado,
    con .x. de sus parientes   a parte davan salto: 1860
    '¡Maravilla es del Çid   que su ondra creçe tanto!

1836 MP: *e co[m]de don Garçia,   [del Çid] so enemigo malo.*

1838 B y MP *lo[s] avien:* lógico desde un punto de vista moderno,
ya que el sujeto es 'los hombres del rey' y el complemento directo
(en el 1839) 'los hombres del Cid'. Pero *lo* puede ser correcto si se lo
considera como un neutro equivalente a 'toda la escena, lo que tenían
a la vista'; L lo mantiene. Véanse las Notas.

1842 Sobre *deçendieron*, véanse las Notas.

1852 B y L aceptan el verso tal como se ha escrito arriba; MP lo co-
rrige para leer *l[o]s gana[do]s... sobejanos.*

En la ondra que el ha   nos seremos abiltados;
¡por tan biltada mientre   vençer reyes del campo,
commo si los falasse muertos   aduzir se los cavallos!
Por esto que el faze   nos abremos enbargo.'   1865

00 Fablo el rey don Alfonsso   e dixo esta razon:
'Grado al Criador   e al señor Sant Esidro el de Leon
estos dozientos cavallos   quem enbia mio Çid.
Mio reino adelant   mejor me podra servir.
A vos, Minaya Albar Fañez   e a Pero Vermuez aqui   1870
mando vos los cuerpos   ondrada mientre servir e vestir
e guarnir vos de todas armas   commo vos dixieredes aqui,
que bien parescades   ante Ruy Diaz mio Çid;
dovos .iii. cavallos   e prended los aqui.
Assi commo semeja   e la veluntad melo diz   1875
todas estas nuevas   a bien abran de venir.'
01 Besaron le las manos   y entraron a posar;
bien los mando servir   de quanto huebos han.
De los iffantes de Carrion   yo vos quiero contar,
fablando en su conssejo,   aviendo su poridad: 1880
'Las nuevas del Çid   mucho van adelant;
demandemos sus fijas   pora con ellas casar;
creçremos en nuestra ondra   e iremos adelant.'
Vinien al rey Alfonsso   con esta poridad:

02 '¡Merçed vos pidimos   commo a rey e a señor natural!   1885

Con vuestro conssejo   lo queremos fer nos
que nos demandedes   fijas del Campeador;
casar queremos con ellas   a su ondra e a nuestra pro.'

1866·7 B, R y L aceptan estos versos como un pareado en *ó*. MP co-
rrige los segundos hemistiquios para poner [*odredes lo que diz*] y *e a
señor sant Esidr[e]*, con asonancias en *i(-e)*.
1871 Los editores omiten *servir e* o *e vestir*.
1885 La mayoría de los editores omiten *natural* (dejando *señor* como
rima en *ó*); el verso pertenece indudablemente al principio de la tira-
da 102. MP incluso sugiere que el 1884 comience esta tirada, po-
niendo como segundo hemistiquio *con esta* [*razón*], o bien que se
cambie el orden de los hemistiquios para dejar *Alfons* como palabra
rimada.

213

Una grant ora   el rey pensso e comidio:
'Hyo eche de tierra   al buen Campeador,   1890
e faziendo yo ha el mal   y el a mi grand pro
del casamiento   non se sis abra sabor;
mas pues bos lo queredes   entremos en la razon.'
A Minaya Albar Fañez   e a Pero Vermuez
el rey don Alfonso   essora los lamo,   1895
a una quadra   ele los aparto:
'Oid me, Minaya,   e vos, Per Vermuez:
sirvem   mio Çid el Campeador,
el lo mereçe   e de mi abra perdon;   1898ᵇ
viniessem a vistas   si oviesse dent sabor.
Otros mandados ha   en esta mi cort: 1900
Diego e Ferrando   —los iffantes de Carrion—
sabor han de casar   con sus fijas amas a dos.
Sed buenos menssageros   e ruego vos lo yo
que gelo digades   al buen Campeador;
abra i ondra   e creçra en onor   1905
por conssagrar   con los iffantes de Carrion.'
Fablo Minaya   e plogo a Per Vermuez:
'Rogar gelo emos   lo que dezides vos;
despues faga el Çid   lo que oviere sabor.'
'Dezid a Ruy Diaz   el que en buen ora nasco   1910
quel ire a vistas   do fuere aguisado;
do el dixiere   i sea el mojon,
andar le quiero   a mio Çid en toda pro.'
Espidiensse al rey,   con esto tornados son,
van pora Valençia   ellos e todos los sos.   1915
Quando lo sopo   el buen Campeador
a priessa cavalga,   a reçebir los salio;
sonrrisos mio Çid   e bien los abraço:
'¿Venides, Minaya,   e vos, Per Vermuez?
¡En pocas tierras   a tales dos varones!   1920

---

¹⁸⁹⁸ El copista escribió *sirvem... mereçe* como un verso, y el resto,
hasta *...sabor*, como el siguiente. MP cree que el 1898 debe ser
        sirvem mio Çid   [Roi Díaz] Campeador
¹⁹¹⁰·¹¹ Así en el manuscrito, como un pareado *á-o*, que B acepta.
MP hace la asonancia regular, leyendo en el 1910 *na[çi]o*, y en el 1911
do aguisado f[o]re: L pone algo parecido.

214

¿Commo son las saludes   de Alfonsso mio señor?
¿Si es pagado   o reçibio el don?'
Dixo Minaya: 'D'alma e de coraçon
es pagado,   e davos su amor.'
Dixo mio Çid: '¡Grado al Criador!'   1925
Esto diziendo   conpieçan la razon
lo quel rogava   Alfonsso el de Leon
de dar sus fijas   a los ifantes de Carrion,
quel connosçie i ondra   e creçie en onor,
que gelo conssejava   d'alma e de coraçon.   1930
Quando lo oyo   mio Çid el buen Campeador
una grant ora   pensso e comidio:
'¡Esto gradesco a Christus   el mio señor!
Echado fu de tierra   e tollida la onor,
con grand afan gane   lo que he yo;   1935
a Dios lo gradesco   que del rey he su [amor]
e piden me mis fijas   pora los ifantes de Carrion.
Ellos son mucho urgullosos   e an part en la cort,
deste casamiento   non avria sabor;
mas pues lo conseja   el que mas vale que nos   1940
f(l)ablemos en ello,   en la poridad seamos nos.
Afe Dios del çiello: ¡que nos acuerde en lo mijor!'
'Con todo esto   a vos dixo Alfonsso
que vos vernie a vistas   do oviessedes sabor;
querer vos ie ver   e dar vos su amor,   1945
acordar vos iedes despues   a todo lo mejor.'
Essora dixo el Çid: '¡Plazme de coraçon!'
'Estas vistas   o las ayades vos'
—dixo Minaya—   'Vos sed sabidor.'
'Non era maravilla   si quisiesse el rey Alfonsso,   1950
fasta do lo fallassemos   buscar lo iremos nos
por dar le grand ondra   commo a rey [e señor];
mas lo que el quisiere   esso queramos nos.
Sobre Tajo   que es una agua [mayor]

1929 MP: *creç[r]ié.*
1936 ms.: *que del rey he su gracia.* La corrección es de B, L y MP.
1952 ms.: *commo a rey de tierra.*
1954 ms.: *agua cabdal.* La corrección es de B y MP. L considera
que... cabdal como un comentario que puede omitirse y lee: *Sobre
Tajo... señor* como un solo verso.

ayamos vistas   quando lo quiere mio señor.'   1955
Escrivien cartas,   bien las sello,
con dos cavalleros   luego las enbio.
Lo que el rey quisiere   esso fera el Campeador.

103 Al rey ondrado   delant le echaron las cartas;
quando las vio   de coraçon se paga: 1960
'Saludad me a mio Çid   el que en buen ora çinxo espada;
sean las vistas   destas .iii. semanas;
s'yo bivo so   ali ire sin falla.'
Non lo detardan,   a mio Çid se tornavan.
Della part e della   pora la[s] vistas se adobavan: 1965
¿quien vio por Castiella   tanta mula preçiada
e tanto palafre   que bien anda,
cavallos gruessos   e coredores sin falla,
tanto buen pendon   meter en buenas astas,
escudos boclados   con oro e con plata,   1970
mantos e pielles   e buenos çendales d'Andria?
Conduchos largos   el rey enbiar mandava
a las aguas de Tajo   o las vistas son aparejadas.
Con el rey   atantas buenas conpañas.
Los iffantes de Carrion   mucho alegres andan,   1975
lo uno adebdan   e lo otro pagavan;
commo ellos tenien   creçer les ia la ganançia,
quantos quisiessen   averes d'oro o de plata.
El rey don Alfonsso   a priessa cavalgava,
cuendes e podestades   e muy grandes mesnadas;   1980
los ifantes de Carrion   lievan grandes conpañas.
Con el rey van leoneses   e mesnadas galizianas;
non son en cuenta   sabet, las castellanas.
Sueltan las riendas,   a las vistas se van adeliñadas.

104 Dentro en Vallençia   mio Çid el Campeador   1985
non lo detarda,   pora las vistas se adobo:
¡tanta gruessa mula   e tanto palafre de sazon,
tanta buena arma   e tanto buen cavallo coredor,
tanta buena capa   e mantos e pelliçones!
Chicos e grandes   vestidos son de colores.   1990
Minaya Albar Fañez   e aquel Pero Vermuez,

216

Martin Muñoz   e Martin Antolinez el burgales de pro,
el obispo don Jeronimo   cor[o]nado mejor,
Alvar Alvarez   e Alvar Sa[l]vadorez,
Muño Gustioz   el cavallero de pro,   1995
Galind Garçiaz   el que fue de Aragon:
estos se adoban   por ir con el Campeador
e todos los otros   que i son.
Alvar Salvadorez   e Galind Garçiaz el de Aragon
a aquestos dos   mando el Campeador   2000
que curien a Valençia   d'alma e de coraçon   2000b
e todos los que   en poder dessos fossen;
las puertas del alcaçar   que non se abriessen de dia nin de
                                                          noch,
dentro es su mugier   e sus fijas amas a dos
en que tiene su alma   e su coraçon,
e otras dueñas   que las sirven a su sabor;   2005
recabdado ha   —commo tan buen varon—
que del alcaçar   una salir non puede
fata ques torne   el que en buen ora na[çi]o.
Salien de Valençia,   aguijan [a] espolon:
tantos cavallos en diestro   gruessos e corredores   2010
mio Çid selos gañara,   que no gelos dieran en don.
Hyas va pora las vistas   que con el rey paro.
De un dia es legado antes   el rey don Alfonsso;
quando vieron que vinie   el buen Campeador
reçebir lo salen   con tan grand onor.   2015

1992 B y MP hacen de éste dos versos por analogía con 736, 738 y 3068: *Martín Muñoz* [*el que mandó a Mont Mayor*], y con el resto forman el 1992b. L deja el verso sin corregir.

1993 ms.: *coranado*.

1998 L y MP: [*quantos*] *que i son*. B sigue el manuscrito.

2000 ·1 El copista escribió *a aquestos... Valençia* en un verso y *d'alma... fossen* en el siguiente. B lee en el 2001 *e que todos los* [*otros*] *en poder desos fosen;* MP: *e todos los* [*otros*] *que...*

2002 MP lo encuentra demasiado largo para un solo verso, por lo que añade un hemistiquio después de *alcaçar* [*mio Çid lo mandó*], formando con *que... noch* el 2002b.

2008 ms.: *nasco*.

2009 ms.: *aguijan τ espolonauan*. MP sigue a B y L en esta corrección.

Don lo ovo a ojo   el que en buen hora na[çi]do
a todos los sos   estar los mando
si non a estos cavalleros   que querie de coraçon;
con unos .xv.   a tierras firio
commo lo comidia   el que en buen ora naçio;   2020
los inojos e las manos   en tierra los finco,
las yerbas del campo   a dientes las tomo,
lorando de los ojos,   tanto avie el gozo mayor,
asi sabe dar omildança   a Alfonsso so señor.
De aquesta guisa   a los pies le cayo.   2025
Tan grand pesar   ovo el rey don Alfonsso:
¡Levantados en pie   ya Çid Campeador!
Besad las manos,   ca los pies no;
si esto non feches   non avredes mi amor.'
Hinojos fitos   sedie el Campeador: 2030
'¡Merçed vos pido   a vos mio natural señor!
Assi estando   dedes me vuestra amor,
que lo oyan   quantos aqui son.'   2032b
Dixo el rey: '¡Esto fere d'alma e de coraçon!
Aqui vos perdono   e dovos mi amor,
[y] en todo mio reino   parte desde oy.'   2035
Fablo mio Çid   e dixo [esta razon]:
'¡Merçed! Yo lo reçibo,   Alfonsso mio señor;   2036b
¡gradescolo a Dios del çielo   e despues a vos
e a estas mesnadas   que estan aderredor!'
Hinojos fitos   las manos le beso,
levos en pie   y en la bocal saludo.   2040
Todos los demas   desto avien sabor;
peso a Albar Diaz   e a Garçi Ordoñez.
Fablo mio Çid   e dixo esta razon:

2016 ms.: *nasco.*
2032b Escrito por el copista como una continuación del 2032. MP
añade [*todos*] después de *oyan.*
2035 ms.: *en.* MP: *ên,* es decir, [*e*] *en;* B y L [*e*] *en.*
2036·6b El copista escribió *Fablo… señor* como un verso. El manuscrito
muestra que en el siglo XIV se llevaron a cabo varios intentos con el
fin de mejorar el verso, ninguno significativo. La solución de MP,
aceptada arriba, parece la mejor. Otra alternativa sería dejar la línea
como un verso, omitiendo *Alfonsso mio.* L omite *yo lo reçibo.*

218

'¡Esto gradesco   al Criador   2043ᵇ
quando he la graçia   de don Alfonsso mio señor;
valer me a Dios   de dia e de noch!   2045
Fuessedes mi huesped   si vos plogiesse, señor.'
Dixo el rey: 'Non es aguisado oy;
vos agora legastes   e nos viniemos anoch;
mio huesped seredes,   Çid Campeador,
e cras feremos   lo que plogiere a vos.'   2050
Beso le la mano,   mio Çid lo otorgo.
Essora sele omillan   los iffantes de Carrion:
'Omillamos nos, Çid: ¡en buen ora nasquiestes vos!
En quanto podemos   andamos en vuestro pro.'
Respuso mio Çid: '¡Assi lo mande el Criador!'   2055
Mio Çid Ruy Diaz   que en ora buena na[çi]o
en aquel dia   del rey so huesped fue;
non se puede fartar del,   tantol querie de coraçon,
catandol sedie la barba   que tan ainal creçi[o].
Maravillan se de mio Çid   quantos que i son.   2060
Es dia es passado   y entrada es la noch.
Otro dia mañana   claro salie el sol;
el Campeador   a los sos lo mando
que adobassen cozina   pora quantos que i son;
de tal guisa los paga   mio Çid el Campeador   2065
todos eran alegres   e acuerdan en una razon:
passado avie .iii. años   no comieran mejor.
Al otro dia mañana   assi commo salio el sol
el obispo don Jheronimo   la missa canto;
al salir de la missa   todos juntados son,   2070
non lo tardo el rey,   la razón conpeço:
'¡Oid me, las escuellas,   cuendes e ifançones!
Cometer quiero un ruego   a mio Çid el Campeador;
¡asi lo mande Christus   que sea a so pro!
Vuestras fijas vos pido,   don Elvira e doña Sol,   2075

2043ᵇ Escrito por el copista como una continuación del 2043. MP lee
al [padre] Criador.
2056 ms.: *nasco.*
2059 ms.: *creçiera;* la corrección es de B, L y MP. B lee *que tamaña
l'creçio* ('que le había crecido tanto'), haciendo la observación de que
la forma primitiva *tamayna* o *tamaynna* pudo fácilmente haber oca-
sionado el error *tan ayna.*

que las dedes por mugieres   a los ifantes de Carrion.
Semejam el casamiento   ondrado e con grant pro;
ellos vos las piden   e mando vos lo yo.
Della e della part   quantos que aqui son
los mios e los vuestros   que sean rogadores;   2080
¡dandos las, mio Çid,   si vos vala el Criador!'
'Non abria fijas de casar'   —respuso el Campeador—
'ca non han grant heda(n)d   e de dias pequeñas son.
De grandes nuevas son   los ifantes de Carrion,
perteneçen pora mis fijas   e aun pora mejores.   2085
Hyo las engendre amas   e criastes las vos;
entre yo y ellas   en vuestra merçed somos nos,
afellas en vuestra mano   don Elvira e doña Sol:
dad las a qui quisieredes vos   ca yo pagado so.'
'Graçias' —dixo el rey—   'A vos e a tod esta cort.'   2090
Luego se levantaron   los iffantes de Carrion,
ban besar las manos   al que en ora buena naçio;
camearon las espadas   ant'el rey don Alfonsso.
Fablo el rey don Alfonsso   commo tan buen señor:
'Grado e graçias, Çid,   commo tan bueno,   e primero al
                                                            Criador,
quem dades vuestras fijas   pora los ifantes de Carrion.   2096
D`aqui las prendo por mis manos   don Elvira e doña Sol
e dolas por veladas   a los ifantes de Carrion.
Hyo las caso a vuestras fijas   con vuestro amor;
¡al Criador plega   que ayades ende sabor!   2100
Afellos en vuestras manos   los ifantes de Carrion;
ellos vayan con vusco   ca d'aquen me torno yo.
Trezientos marcos de plata   en ayuda les do yo
que metan en sus bodas   o do quisieredes vos.
Pues fueren en vuestro poder   en Valençia la mayor   2105
los yernos e las fijas   todos vuestros fijos son;
lo que vos plogiere   dellos fet, Campeador.'
Mio Çid gelos reçibe,   las manos le beso:
'¡Mucho vos lo gradesco   commo a rey e a señor!
Vos casades mis fijas   ca non gelas do yo.'   2110
Las palabras son puestas   que otro dia mañana quando salie
                                                            el sol
2095 B y MP omiten *Grado e*.
2111·12 El copista escribió *las palabras... mañana* como un verso y

220

ques tornasse cada uno   don salidos son.
Aquis metio en nuevas   mio Çid el Campeador:
tanta gruessa mula   e tanto palafre de sazon
conpeço mio Çid a dar   a quien quiere prender so don,   2115
tantas buenas vestiduras   que d'alfaya son;
cada uno lo que pide   nadi nol dize de no.
Mio Çid de los cavallos   .lx. dio en don;
todos son pagados de las vistas   quantos que i son.
Partir se quieren   que entrada era la noch.   2120
El rey a los ifantes   a las manos les tomo,
metiolos en poder   de mio Çid el Campeador:
'Evad aqui vuestros fijos   quando vuestros yernos son,
de oy mas   sabed que fer dellos, Campeador.'
'Gradescolo, rey,   e prendo vuestro don;   2125
¡Dios que esta en çielo   de[vos] dent buen galardon!'
Sobr'el so cavallo Bavieca   mio Çid salto d[io]:
'Aqui lo digo   ante mio señor el rey Alfonsso:
qui quiere ir comigo a las bodas   o reçebir mi don
d'aquend vaya comigo;   cuedo quel avra pro.   2130

105 Yo vos pido merçed   a vos, rey natural:
pues que casades mis fijas   asi commo a vos plaz
dad manero a qui las de   quando vos las tomades;
non gelas dare yo con mi mano   nin dend non se alabaran.'
Respondio el rey: 'Afe aqui Albar Fañez: 2135

quando... son como el siguiente. L omite *otro dia mañana;* MP (por
analogía con el 3425) añade un nuevo hemistiquio después de *puestas:*
[*los omenajes dados son*], haciendo un nuevo verso (2212) con *que... sol;*
mi 2112 es, pues, su v. 2112ᵇ. Siguiendo a L, hace una corrección
para leer *quando salie[sse]*.

2115·16 MP sigue a H y L al invertir el orden de estos versos.

2124 ms.: *oy de mas.*

2126 ms.: *dem dent.* Corrección de MP; véanse las Notas.

2127 ms.: *salto daua.*

2129 B, R y MP omiten *comigo.*

2127·30 MP coloca estos versos después del 2155, como principio de la
tirada 107, también con asonancia *ó;* hasta cierto punto tiene el res-
paldo de la *CVR*, aunque aquí (como en otros lugares) cabe la po-
sibilidad de que los cronistas hicieran el cambio, y quizá no repre-
senta el orden poético del manuscrito que seguían. MP es el único editor
que hace esto.

prendellas con vuestras manos   e daldas a los ifantes
assi commo yo las prendo d'aquent   commo si fosse delant;
sed padrino dell[a]s   a tod el velar.
Quando vos juntaredes comigo   quem digades la verdat.'
Dixo Albar Fañez: 'Señor, afe que me plaz.'   2140

106 Tod esto es puesto   sabed, en grant recabdo.
'¡Hya rey don Alfonsso   señor tan ondrado!
Destas vistas que oviemos   de mi tomedes algo:
trayo vos .xx. palafres,   estos bien adobados,
e .xxx. cavallos coredores,   estos bien enssellados;   2145
tomad aquesto,   e beso vuestras manos.'
Dixo el rey don Alfonsso: '¡Mucho me avedes enbargado!
Reçibo este don   que me avedes mandado;
¡plega al Criador   con todos los sos santos
este plazer quem feches   que bien sea galardonado!   2150
Mío Çid Ruy Diaz: mucho me avedes ondrado,
de vos bien so servido   e tengon por pagado;
¡aun bivo seyendo   de mi ayades algo!
A Dios vos acomiendo,   destas vistas me parto.

¡Afe Dios del çielo: que lo ponga en buen logar!'   2155

107 Hyas espidio mio Çid   de so señor Alfonsso;
non quiere quel escura,   quitol dessi luego.
Verieedes cavalleros   que bien andantes son
besar las manos,   espedir se del rey Alfonsso:
'Merçed vos sea   e fazed nos este perdon: 2160
hiremos en poder de mio Çid   a Valençia la mayor;
seremos a las bodas   de los ifantes de Carrion
he de las fijas de mio Çid,   de don Elvira e doña Sol.'

2138 ms.: *dellos*. La corrección es de B, L y MP.
2144 MP, en vista de *treynta palafrenes* de la *CVR*, lee aquí *trein-ta (.xxx.)*.
2150 El copista escribió *este plazer* al final del 2149.
2155 B: *que lo ponga [todo] en [salvo]*; MP: *...en buen [recabdo]*. L. acepta el manuscrito.
2157 B escribe los vs. 2156-2157 como un pareado aparte. R, L y MP cambian el orden de las palabras para lograr una asonancia perfectamente regular: *dessí luégol quitó*.

Esto plogo al rey   e a todos los solto;
la conpaña del Çid creçe   e la del rey mengo,   2165
grandes son las yentes   que van con el Canpeador;
adeliñan pora Valençia   la que en buen punto gano,
e a don Fernando e a don Diego   aguardar los mando
a Pero Vermuez   e Muño Gustioz
—en casa de mio Çid   non a dos mejores—   2170
que sopiessen sos mañas   de los ifantes de Carrion.
E va i Asur Gonçalez   que era bulidor,
que es largo de lengua   mas en lo al non es tan pro.
Grant ondra les dan   a los ifantes de Carrion.
Afelos en Valençia   la que mio Çid gaño;   2175
quando a ella assomaron   los gozos son mayores.
Dixo mio Çid a don Pero   e a Muño Gustioz:
'Dad les un reyal   (e) a los ifantes de Carrion;
vos con ellos sed   que assi vos lo mando yo.
Quando viniere la mañana   que apuntare el sol   2180
veran a sus esposas,   a don Elvira e a doña Sol.'

108 Todos essa noch   fueron a sus posadas;
mio Çid el Campeador   al alcaçar entrava,
reçibiolo doña Ximena   e sus fijas amas:
'¿Venides, Campeador?   ¡En buen ora çinxiestes
espada!   2185
¡Muchos dias vos veamos   con los ojos de las caras!'
'¡Grado al Criador,   vengo, mugier ondrada!
Hyernos vos adugo   de que avremos ondrança;
¡gradid melo, mis fijas,   ca bien vos he casadas!'
Besaron le las manos   la mugier e las fijas amas,   2190
e todas las dueñas   que las sirven [sin falla]:

109 '¡Grado al Criador   e a vos, Çid, barba velida!
Todo lo que vos feches   es de buena guisa;

2190·1 MP cree que estos dos versos pertenecen al principio de la ti-
rada 109, con rima *i-a*, por lo que quita al 2190 *amas* y corrige el
segundo hemistiquio del 2191 para leer [*de quien son servidas*]. B y
L dejan los versos en la tirada 108, corrigiendo el 2191; la adición [*sin
falla*] es de Coester, y parece la mejor pues supone un cambio menor,
teniendo además un precedente en el 1551. L considera el verso como
una interpolación.

¡non seran menguadas   en todos vuestros dias!'
'Quando vos nos casaredes   bien seremos ricas.'   2195

110 '¡Mugier doña Ximena,   grado al Cria(a)dor!
A vos digo, mis fijas   don Elvira e doña Sol:
deste vu[e]stro casamiento   creçremos en onor,
mas bien sabet verdad   que non lo levante yo;
pedidas vos ha e rogadas   el mio señor Alfonsso   2200
atan firme mientre   e de todo coraçon
que yo nulla cosa   nol sope dezir de no.
Metivos en sus manos   fijas, amas a dos;
bien melo creades   que el vos casa, ca non yo.'

111 Penssaron de adobar   essora el palaçio;   2205
por el suelo e suso   tan bien encortinado,
tanta porpola e tanto xamed   e tanto paño preçiado:
¡sabor abriedes de ser   e de comer en el palaçio!
Todos sus cavalleros   a priessa son juntados,
por los iffantes de Carrion   essora enbiaron,   2210
cavalgan los iffantes,   adelant adeliñavan al palaçio
con buenas vestiduras   e fuerte mientre adobados;
de pie e a sabor   ¡Dios, que quedos ent[r]aron!
Reçibio los mio Çid   con todos sus vasallos,
a el e (e) a ssu mugier   delant sele omillaron   2215
e ivan posar   en un preçioso escaño.
Todos los de mio Çid   tan bien son acordados,
estan parando mientes   al que en buen ora nasco;
el Campeador   en pie es levantado:
'Pues que a fazer lo avemos   ¿por que lo imos tardando?   2220
¡Venit aca, Albar Fañez,   el que yo quiero e amo!
Affe amas mis fijas,   metolas en vuestra mano;
sabedes que al rey   assi gelo he mandado,
no lo quiero falir por nada   de quanto ay parado;
a los ifantes de Carrion   dad las con vuestra mano   2225
e prendan bendiçiones   · e vayamos recabdando.'
Estoz dixo Minaya: '¡Esto fare yo de grado!'

2215 MP cree que las primeras palabras deben ser *a el[le] e a*. B y R
lo corrigen para leer *sele[s]* en el segundo hemistiquio.

224

Levantan se derechas   e metiogelas en mano;
a los ifantes de Carrion   Minaya va fablando:
'Afevos delant Minaya;   amos sodes hermanos.   2230
Por mano del rey Alfonsso   —que a mi lo ovo mandado—
dovos estas dueñas   —amas son fijas dalgo—
que las tomassedes por mugieres   a ondra e a recabdo.'
Amos las reçiben   d'amor e de grado,
a mio Çid e a su mugier   van besar la mano.   2235
Quando ovieron aquesto fecho   salieron del palaçio
pora Santa Maria   a priessa adelinnando;
el obispo don Jheronimo   vistios tan privado,
a la puerta de la eclegia   sediellos sperando,
dioles bendictiones,   la missa a cantado.   2240
Al salir de la ecclegia   cavalgaron tan privado,
a la glera de Valençia   fuera dieron salto;
¡Dios, que bien tovieron armas   el Çid e sus vassalos!
Tres cavallos cameo   el que en buen ora nasco.
Mio Çid de lo que veye   mucho era pagado,   2245
los ifantes de Carrion   bien an cavalgado.
Tornan se con las dueñas,   a Valençia an entrado,
ricas fueron las bodas   en el alcaçar ondrado;
e al otro dia fizo mio Çid   fincar .vii. tablados,
antes que entrassen a yantar   todos los quebrantaron.   2250
Quinze dias conplidos   en las bodas duraron,
hya çerca de los .xv. dias   yas van los fijos dalgo.
Mio Çid don Rodrigo   el que en buen ora nasco
entre palafres e mulas   e corredores cavallos
en bestias sines al   .c. son mandados,   2255
mantos e pelliçones   e otros vestidos largos;
non fueron en cuenta   los averes monedados.
Los vassallos de mio Çid   assi son acordados
cada uno por si   sos dones avien dados.
Qui aver quiere prender   bien era abastado,   2260

2251 ms.: *duraron en las bodas*. La corrección es de M, B, L y MP.
2252 R y MP omiten *hya* del comienzo del verso; B pone *I acerca*;
L empieza el verso con *çerca*.
2255 MP corrige para leer [*ha*] *mandados*, proporcionando de este
modo una mayor ilación lógica con el sujeto *Mio Çid* del v. 2253.
B tiene *çiento* [*les ha*] *mandados*: L conserva la lección del manuscrito.

ricos tornan a Castiella   los que a las bodas legaron.
Hyas ivan partiendo   aquestos ospedados,
espidiendos de Ruy Diaz   el que en buen ora nasco
e a todas las dueñas   e a los fijos dalgo;
por pagados se parten   de mio Çid e de sus vassallos,   2265
grant bien dizen dellos   ca sera aguisado.
Mucho eran alegres   Diego e Ferrando,
estos fueron fijos   del conde don Gonçalo.
Venidos son a Castiella   aquestos ospedados,
el Çid e sos hyernos   en Valençia son rastados;   2270
hi moran los ifantes   bien çerca de dos años,
los amores que les fazen   mucho eran sobejanos;
alegre era el Çid   e todos sus vassallos.
¡Plega a Santa Maria   e al Padre santo
ques page des casamiento mio Çid   o el que lo ovo algo.   2275
Las coplas deste cantar   aquis van acabando:
¡El Criador vos valla   con todos los sos santos!

2275 Es oscuro el final de este verso en el manuscrito. B, V y L leen
o el que lo ovo en algo; MP lee *o el que lo ovo âlgo,* es decir, *a algo,*
refiriendo la frase al rey; pero el sentido continúa oscuro (véase la
nota).

CANTAR III

112 En Valençia seye mio Çid   con todos sus vassallos,

con el amos sus yernos   los ifantes de Carrion.
Yazies en un escaño,   durmie el Campeador;   2280
mala sobrevienta   sabed que les cuntio:
salios de la red   e desatos el leon.
En grant miedo se vieron   por medio de la cort;
enbraçan los mantos   los del Campeador
e çercan el escaño   e fincan sobre so señor.   2285
Ferran Gonçalez non vio alli dos alçasse,   nin camara abierta
                                 nin torre,
metios so'l escaño   tanto ovo el pavor;
Diego Gonçalez   por la puerta salio
diziendo de la boca: '¡Non vere Carrion!'
Tras una viga lagar   metios con grant pavor,   2290
el manto y el brial   todo suzio lo saco.
En esto desperto   el que en buen ora naçio,
vio çercado el escaño   de sus buenos varones:
'¿Ques esto, mesnadas,   o que queredes vos?'
'¡Hya señor ondrado   rebata nos dio el leon!'   2295
Mio Çid finco el cobdo,   en pie se levanto,
el manto trae al cuello   e adeliño pora[l] leon;

[2278] Todos los editores están de acuerdo en que este verso da comienzo a la nueva tirada. Algunos corrigen el segundo hemistiquio: B *con tod[a] su [criazon]*, L [*el Campeador*], MP *con todos [los sos]*.

[2286] B divide el verso en dos, dejando *alçasse* como rima; R conserva el verso como uno, omitiendo *Gonçalez;* L lee como en el manuscrito; MP añade un hemistiquio —*Ferran[t] Gonçal[v]ez [ifant de Carrión]* (2286) y con el resto forma el v. 2286[b].

el leon quando lo vio   assi envergonço
ante mio Çid la cabeça premio   y el rostro finco;
mio Çid don Rodrigo   al cuello lo tomo   2300
e lieva lo adestrando,   en la red le metio.
A maravilla lo han   quantos que i son
e tornaron se al (a)palaçio   pora la cort.
Mio Çid por sos yernos   demando e no los fallo,
mager los estan lamando   ninguno non responde.   2305
Quando los fallaron   assi vinieron sin color;
¡non viestes tal guego   commo iva por la cort!
Mandolo vedar   mio Çid el Campeador.
Muchos tovieron por enbaidos   los ifantes de Carrion;
fiera cosa les pesa   desto que les cuntio.   2310

113 Ellos en esto estando   don avien grant pesar,
fuerças de Marruecos   Valençia vienen çercar;
çinquaenta mill tiendas   fincadas ha de las cabdales,
aqueste era el rey Bucar,   sil oyestes contar.

114 Alegravas el Çid   e todos sus varones   2315
que les creçe la ganançia   ¡grado al Criador!
Mas, sabed, de cuer les pesa   a los ifantes de Carrion
ca veyen tantas tiendas de moros   de que non avien sabor.
Amos hermanos   apart salidos son:
'Catamos la ganançia   e la perdida no;   2320
ya en esta batalla   a entrar abremos nos,
¡esto es aguisado   por non ver Carrion,
bibdas remandran   fijas del Campeador!'
Oyo la poridad   aquel Muño Gustioz,
vino con estas nuevas   a mio Çid Ruy Diaz el Campeador:
'¡Evades que pavor han vuestros yernos: tan osados son, 2326
por entrar en batalla   desean Carrion!

2306 ms.: ...*fallaron τ ellos vinieron assi vinieron sin color.*
2314 ms.: *ouiestes (oviestes)*, que B y MP retienen. L: *oyiestes.*
2325 B, R y MP omiten *Ruy Diaz.*
2326 B, R y MP omiten *que pavor han*, este último aduciendo que
ello estropea la ironía del verso; L conserva el manuscrito. MP precisa
que la última palabra es *soy*, pero todos los demás leen *son.*

Hid los conortar,   ¡si vos vala el Criador!
Que sean en paz   e non ayan i raçion,
¡nos con vusco la vençremos   e valer nos ha el Criador!'   2330
Mio Çid don Rodrigo   sonrrisando salio:
'¡Dios vos salve, yernos,   ifantes de Carrion!
¡En braços tenedes mis fijas   tan blancas commo el sol!
Hyo desseo lides   e vos a Carrion;
en Valençia folgad   a todo vuestro sabor   2335
ca d'aquelos moros   yo so sabidor:
arrancar melos trevo   con la merçed del Criador.'

15   .   .   .   .   .   .

'¡Aun vea el ora   que vos meresca dos tanto!'
En una conpaña   tornados son amos;
assi lo otorga don Pero   cuemo se alaba Ferrando.   2340
Plogo a mio Çid   e a todos sos vassallos:
'¡Aun si Dios quisiere   y el Padre que esta en alto
amos los mios yernos   buenos seran en campo!'
Esto van diziendo   e las yentes se alegando,
en la ueste de los moros   los atamores sonando;   2345
a marav[i]lla lo avien   muchos dessos christianos
ca nunqua lo vieran,   ca nuevos son legados.
Mas se maravillan   entre Diego e Ferando,
por la su voluntad   non serien alli legados.
Oid lo que fablo   el que en buen ora nasco: 2350
'¡Ala, Pero Vermuez,   el mio sobrino caro!
Curies me a Diego   e curies me a don Fernando

2337 Aquí falta una hoja que debía contener unos cincuenta versos. L y
MP completan la laguna con los pasajes correspondientes de las crónicas,
en las que MP cree hallar ecos de tiradas con asonancias *í-o*, *á(-e)*
y *á-o*, la última de las cuales continúa en el v. 2338. En la narración
de las crónicas los infantes, avergonzados por las palabras del Cid, le
aseguran su decisión de luchar. El rey Búcar envía un mensaje al Cid
ordenándole que abandone Valencia, mensaje que es rechazado con
desprecio. Al dar comienzo la batalla, Fernán González le pide al Cid
las *primeras feridas*, pero cuando se enfrenta con uno de los paladines
moros, vuelve la rienda y huye de él. Pedro Bermúdez —para salvar
la honra de todos— mata al moro y da el caballo de éste a Fer-
nando, animándole a que se atribuya la acción y prometiéndole guardar
secreto. En el v. 2338 Fernando está terminando de dar las gracias
a Pedro Bermúdez.

2352 B y L añaden [*don*], delante de *Diego*.

mios yernos amos a dos,   las cosas que mucho amo,
ca los moros —con Dios—   non fincaran en canpo.'

116 'Hyo vos digo, Çid,   por toda caridad,   2355
que oy los ifantes   a mi por amo non abran;
¡curielos qui quier,   ca dellos poco m'incal!
Hyo con los mios   ferir quiero delant,
vos con los vuestros   firme mientre a la çaga tengades;
si cueta fuere   bien me podredes huviar.'   2360
Aqui lego   Minaya Albar Fañez:
'¡Oid, ya Çid   Canpeador leal!   2361b
Esta batalla   el Criador la fera,
e vos tan dinno   que con el avedes part.
Mandad no' los ferir   de qual part vos semejar;
el debdo que a cada uno   a conplir sera.   2365
¡Verlo hemos con Dios   e con la vuestra auze!'
Dixo mio Çid: 'Ayamos mas de vagar.'
Afevos el obispo don Jheronimo   muy bien armado,
paravas delant al Campeador   siempre con la buen auze:
'Oy vos dix la missa   de Santa Trinidade,   2370
por esso sali de mi tierra   e vin vos buscar
por sabor que avia   de algun moro matar.
Mi orden e mis manos   querria las ondrar
e a estas feridas   yo quiero ir delant;
pendon trayo a corças   e armas de señal,   2375
si plogiesse a Dios   querria las ensayar,
mio coraçon   que pudiesse folgar
e vos, mio Çid,   de mi mas vos pagar.
Si este amor non feches   yo de vos me quiero quitar.'
Essora dixo mio Çid: 'Lo que vos queredes plaz me. 2380
Afe los moros a ojo,   id los ensayar;
¡nos d'aquent veremos   commo lidia el abbat!'

2353 *las cosas:* el corrector añadió las dos *ss* y los editores, a ex-
cepción de MP, las aceptan.
2358 MP: *ferir [los]*.
2361b Escrito por el copista como una continuación del 2361.
2368 MP añade [*está*] para ponerla como rima; B y R tienen correc-
ciones más profundas. L acepta la lección del manuscrito.
2375 ms.: *corcas* (véase en las Notas).

230

117 El obispo don Jheronimo   priso a espolonada
    e iva los ferir   a cabo del albergada:
    por la su ventura   e Dios quel amava   2385
    a los primeros colpes   dos moros matava de la lança;
    el astil a quebrado   e metio mano al espada,
    ensayavas el obispo,   ¡Dios, que bien lidiava!
    Dos mato con lança   e .v. con el espada;
    los moros son muchos,   derredor le çercavan,   2390
    davan le grandes colpes   mas nol falssan las armas.
    El que en buen ora nasco   los ojos le fincava,
    enbraço el escudo   e abaxo el asta,
    aguijo a Bavieca   el cavallo que bien anda,
    hiva los ferir   de coraçon e de alma;   2395
    en las azes primeras   el Campeador entrava,
    abatio a .vii.   e a .iiii. matava.
    Plogo a Dios   aquesta fue el arrancada.
    Mio Çid con los suyos   cae en alcança:
    veriedes quebrar tantas cuerdas   e arrancar se las estacas 2400
    e acostar se los tendales,   con huebras eran tantas.
    Los de mio Çid a los de Bucar   de las tiendas los sacan.

118 Sacan los de las tiendas,   caen los en alcaz;
    tanto braço con loriga   veriedes caer apart,
    tantas cabeças con yelmos   que por el campo caen,   2405
    cavallos sin dueños   salir a todas partes;
    .vii. migeros conplidos   duro el segudar.
    Mio Çid al rey Bucar   cayol en alcaz:
    '¡Aca torna, Bucar!   Venist d'alent mar,
    verte as con el Çid   el de la barba grant,   2410
    ¡saludar nos hemos amos   e tajaremos amista[d]!'
    Respuso Bucar al Çid: '¡Cofonda Dios tal amistad!
    El espada tienes desnuda en la mano   e veot aguijar,

    2386 R, L y MP omiten *de la lança* por considerarlo superfluo (ya
que era siempre la primera arma que se usaba y porque se la men-
ciona en los vs. 2387 y 2389); otra alternativa que MP sugiere es
omitir *moros*. B: *dos moros mat[ó] de lanza.*
    2411 ms.: *amistas.*
    2413 B, M y R omiten *en la mano.* MP lee el hemistiquio *Espada
tienes en mano,* y cita el 3662 como prueba. L lee como en el manuscrito.

asi commo semeja   en mi la quieres ensayar;
mas si el cavallo non estropieça   o comigo non caye   2415
¡non te juntaras comigo   fata dentro en la mar!'
Aqui respuso mio Çid: '¡Esto non sera verdad!'
Buen cavallo tiene Bucar   e grandes saltos faz
mas Bavieca el de mio Çid   alcançando lo va.
Alcançolo el Çid a Bucar   a tres braças del mar,   2420
arriba alço Colada,   un grant golpe dadol ha,
las carbonclas del yelmo   tollidas gela[s] ha,
cortol el yelmo   e —librado todo lo hal—
fata la çintura   el espada legado ha.
Mato a Bucar   al rey de alen mar   2425
e gano a Tizon   que mill marcos d'oro val.
Vençio la batalla   maravillosa e grant.

Aquis ondro mio Çid   e quantos con el son.

119 Con estas ganançias   yas ivan tornando;
sabet, todos de firme   robavan el campo.   2430
A las tiendas   eran legados
do estava   el que en buen ora nasco.
Mio Çid Ruy Diaz   el Campeador contado
con dos espadas   que el preçiava algo
por la matança   vinia tan privado,   2435
la cara fronzida   e almofar soltado,
cofia sobre los pelos   fronzida della yaquanto.
Algo vie mio Çid   de lo que era pagado:
alço sos ojos,   est[a]va adelant catando
e vio venir   a Diego e a Fernando   2440
—amos son fijos   del conde don Gonçalo—.

2428 B y MP corrigen la palabra rimada para poner [están]. L y C
sugieren [van].
2431·2 El poeta escribió estos versos como dos, pero los separó des-
pués de la palabra estava. MP (siguiendo a B) considera do estava
como algo ilógico, si se tiene en cuenta el v. 2435; el campamento
es el de los moros. Ambos creen que estos dos versos del manuscrito
deben formar uno solo; MP lee:
(2431·2)   A las tiendas eran llegados   [con] el que en buena nasco
B hace algo semejante. L conserva los dos versos como en el manuscrito.
2439 ms.: esteua.

Alegros mio Çid,   fermoso sonrrisando:
'¿Venides, mios yernos?   ¡Mios fijos sodes amos!
Se que de lidiar   bien sodes pagados;
a Carrion de vos   iran buenos mandados   2445
commo al rey Bucar   avemos arrancado.
¡Commo yo fio por Dios   y en todos los sos santos
desta arrancada   nos iremos pagados!'
Minaya Albar Fañez   essora es legado,
el escudo trae al cuello   e todo espad[ad]o;   2450
de los colpes de las lanças   non avie recabdo,
aquelos que gelos dieran   non gelo avien logrado.
Por el cobdo ayuso   la sangre destellando,
de .xx. arriba   ha moros matado.
De todas partes   sos vassalos van legando: 2455
'¡Grado a Dios   e al Padre que esta en alto
e a vos, Çid,   que en buen ora fuestes nado!
Matastes a Bucar   e arrancamos el canpo;
todos estos bienes   de vos son e de vuestros vassallos.
E vuestros yernos   aqui son ensayados,   2460
fartos de lidiar   con moros en el campo.'
Dixo mio Çid: 'Yo desto so pagado;
quando agora son buenos   adelant seran preçiados.'

Por bien lo dixo el Çid   mas ellos lo tovieron a mal.

19ᵇ Todas las gananças   a Valençia son legadas;   2465
alegre es mio Çid   con todas sus conpañas
que a la raçion caye   seis çientos marcos de plata.

2455 MP coloca este verso después del 2437, en la creencia de que en
un manuscrito anterior estaba escrito verticalmente en el margen y que el
copista creyó que pertenecía al final de la página. Pero el verso cons-
tituye la introducción característica a un discurso (2456 y ss.) y el hecho
de que no se nombre al Cid no crea un problema mayor: *sos vassalos*
son claramente los del Cid y no los de Alvar Fáñez, y quien habla
en los vs. 2456 y ss. es Alvar Fáñez.

2464 B y L dejan *mal* como está; MP lo corrige para leer *escarnio*,
por razón de la rima *á-o*.

2465·7 MP alude aquí a la posibilidad de una tirada de tres versos, pero
cree que la asonancia incorrecta del 2464 y la facilidad con que pueden
enmendarse los cuatro versos excluye dicha posibilidad. Sus correc-

119e Los yernos de mio Çid   quando este aver tomaron
      desta arrancada,   que lo tenien en so salvo,
      cuidaron que en sus dias   nunqua serien minguados.   2470
      Fueron en Valençia   muy bien arreados,
      conduchos a sazones,   buenas pieles e buenos mantos.
      Mucho(s) son alegres   mio Çid e sus vassallos.

120 Grant fue el dia   [por] la cort del Campeador
      despues que esta batalla vençieron   e al rey Bucar mato.   2475
      Alço la mano,   a la barba se tomo:
      '¡Grado a Christus   que del mundo es señor
      quando veo   lo que avia sabor,
      que lidiaron comigo en campo   mios yernos amos a dos!
      Mandados buenos   iran dellos a Carrion   2480
      commo son ondrados   e aver [n]os [an] grant pro.

121 Sobejanas son las gananças   que todos an ganadas.

      Lo uno es nuestro,   lo otro han en salvo.'
      Mando mio Çid   el que en buen ora nasco
      desta batalla   que han arrancado   2485
      que todos prisiessen   so derecho contado
      e la su quinta   non fuesse olbidado;
      assi lo fazen todos   ca eran acordados.
      Cayeron le en quinta   al Çid seix çientos cavallos
      e otras azemillas   e camelos largos;   2490
      tantos son de muchos   que non serien contados.

ciones son: (2465) tod[o]s l[o]s gana[do]s... llegad[o]s; (2466) tod[o]s s[o]s
[vassallos]; (2467) de plata seys çientos marcos. Su tirada 119 continúa
así ininterrumpidamente hasta el v. 2473.
    2481 ms.: aver vos grant pro. La corrección es de MP.
    2482 B, L y MP corrigen para leer an ganad[o].
    2483 MP cree que el discurso del Cid termina con el v. 2481 y que
los vs. 2482-2483 son narrativos, por lo que cambia nuestro por [dellos].
B y L leen como hemos escrito arriba.
    2487 MP corrige por e [el] s[o] quint[o] [de mio Çid], porque la pa-
labra que hace de rima exige un sujeto masculino. Uno duda en dis-
cutir con un español sobre un aspecto gramatical, pero es posible que
el poeta tomara la su quinta como un neutro de valor impreciso, 'que
el asunto de su quinta parte no fuese olvidado'. No podemos des-
hacernos fácilmente de quinta, fem., en vista de su presencia en otros
lugares. B (de habla española) y L retienen la lección del manuscrito.

234

122 Todas estas gananças   fizo el Canpeador:
'¡Grado ha Dios   que del mundo es señor!
Antes fu minguado,   agora rico so,
que he aver e tierra   e oro e onor,   2495
e son mios yernos   ifantes de Carrion;
arranco las lides   commo plaze al Criador,
moros e christianos   de mi han grant pavor;
ala dentro en Marruecos   o las mezquitas son
que abram de mi salto   quiçab alguna noch   2500
ellos lo temen,   ca non lo piensso yo;
no los ire buscar,   en Valençia sere yo;
ellos me daran parias   con ayuda del Criador
que paguen a mi   o a qui yo ovier sabor.'
Grandes son los gozos   en Valençia [la mayor]   2505
de todas sus conpañas   [de] mio Çid el Canpeador;
grandes son los gozos   de sus yernos amos a dos,
d'aquesta arrancada   que lidiaron de coraçon
valia de çinco mill marcos   ganaron amos a dos,
muchos tienen por ricos   los ifantes de Carrion.   2510
Ellos con los otros   vinieron a la cort;
aqui esta con mio Çid   el obispo don Jheronimo,
el bueno de Albar Fañez   cavallero lidiador,
e otros muchos   que crio el Campeador.
Quando entraron   los ifantes de Carrion   2515
reçibiolos Minaya   por mio Çid el Campeador:
'¡Aca venid, cuñados,   que mas valemos por vos!'
Assi commo legaron   pagos el Campeador:
'Evades aqui, yernos,   la mi mugier de pro

2505·6 ms.: *Grandes son los gozos   en Valençia con mio Çid el*
Canpeador
de todas sus conpañas   de τ todos sus vassallos
Las correcciones y arreglos son de MP y parecen, con mucho, los
mejores.
2507·8 L y MP invierten el orden de estos versos, basándose en que
el poeta no debería decir que los infantes *lidiaron de coraçon* (mien-
tras que sí se puede afirmar esto de las *conpañas*, si el verso se pone a
continuación del 2506). Pero el poeta ha dejado en suspenso, de mo-
mento, el tema del valor de los infantes. Uno de ellos se ha mostrado
cobarde al huir del moro, pero parece que los dos participaron en la
batalla contra el ejército de Búcar. El v. 2508 puede, además, unirse
gramaticalmente al 2509 *(d'aquesta arrancada... valia... ganaron)*.

235

e amas la[s] mis fijas   don Elvira e doña Sol;   2520
bien vos abraçen   e sirvan vos de coraçon.
¡Grado a Santa Maria   madre del nuestro señor Dios!   2524
Destos [v]uestros casamientos   vos abredes honor;   2525
buenos mandados iran   a tierras de Carrion.'

123 A estas palabras   fablo Feran Gonçalez:

'¡Grado al Criador   e a vos, Çid ondrado!
Tantos avemos de averes   que no son contados;
por vos avemos ondra   e avemos lidiado,   2530
vençiemos moros en campo   e matamos   2522
a aquel rey Bucar,   traidor provado.   2523
Pensad de lo otro,   que lo nuestro tenemos lo en salvo.'
Vassallos de mio Çid   seyen se sonrrisando
quien lidiara mejor   o quien fuera en alcanço;
mas non fallavan i   a Diego ni a Ferrando.
Por aquestos guegos   que ivan levantando   2535
e las noches e los dias   tan mal los escarmentando
tan mal se conssejaron   estos iffantes amos;
amos salieron apart   —vera mientre son hermanos—
desto que ellos fablaron   nos parte non ayamos:
'Vayamos pora Carrion,   aqui mucho detardamos;   2540
los averes que tenemos   grandes son e sobejanos,

mientra que visquieremos   despender no lo podremos.

2525 ms.: *nuestros.*
2527 Algunos editores lo corrigen para darle asonancia *á-o:* B *fabló* [*don Fernando*], C [*don Ferrando a fablado*], MP *fabló* [*ifant Ferrando*].
2522·3 Estos versos están colocados aquí por MP. En el manuscrito no coinciden con la asonancia de la tirada 122, interrumpiendo, además, lo que está diciendo el Cid sobre los matrimonios de los infantes. Su nuevo emplazamiento es muy lógico y, puestas en boca del infante, las palabras provocan la reacción de los hombres del Cid, expresada en los vs. 2532 y ss. También L cambia la colocación de los versos, pero después del 2526.
2536 MP cree que las dos primeras palabras deben formar una sola, *elas*, artículo definido. B, V y L leen como hemos escrito arriba.
2542 B, R y L retienen la asonancia aproximada; MP corrige para leer *despender no lo[s] podremos   mientra que [bivos seamos].*

124 Pidamos nuestras mugieres   al Çid Campeador;
    digamos que las levaremos   a tierras de Carrion,
    enseñar las hemos   do las heredades son;   2545
    sacar las hemos de Valençia,   de poder del Campeador,
    despues en la carrera   feremos nuestro sabor
    ante que nos retrayan   lo que cuntio del leon.
    ¡Nos de natura somos   de condes de Carrion!
    Averes levaremos grandes   que valen grant valor;   2550
    ¡escarniremos   las fijas del Canpeador!'
    'D'aquestos averes   sienpre seremos ricos omnes,
    podremos casar con fijas   de reyes o de enperadores
    ¡ca de natura somos   de condes de Carrion!
    Assi las escarniremos   a las fijas del Campeador   2555
    antes que nos retrayan   lo que fue del leon.'
    Con aqueste consseio   amos tornados son.
    Fablo Feran Gonçalez   e fizo callar la cort:
    '¡Si vos vala el Criador,   Çid Campeador!
    Que plega a doña Ximena   e primero a vos   2560
    e a Minaya Albar Fañez   e a quantos aqui son:
    dad nos nuestras mugieres   que avemos a bendiçiones,
    levar las hemos   a nuestras tierras de Carrion,
    meter las hemos   en las villas
    que les diemos   por arras e por onores;   2565
    veran vuestras fijas   lo que avemos nos,
    los fijos que ovieremos   en que avran partiçion.'
    Dixo el Campeador: 'Darvos he mis fijas e algo de lo mio.'

2545 B y L leen como escribimos arriba; MP hace notar que el correc-
tor intercaló una e, haciendo *doelas*, y pone en su texto *do [el]las here-
dad[a]s son*. La construcción propuesta por MP aparece en el v. 2605,
mientras que la del copista aparece en el 2621.
2552 L y MP hacen notar que aquí parece lógico que el otro in-
fante empiece a hablar, haciéndose eco de casi todo lo que ha dicho
ya su hermano; L añade que un recitador obtendría un efecto más
cómico distribuyendo los versos entre los dos infantes.
2564·5 Así consta en el manuscrito. La torpeza de los versos puede, de
nuevo, tener su explicación en el uso exacto que hace el lenguaje le-
guaje legal. R y L hacen de ellos un verso, eliminando *hemos* y *por
arras e*. MP hace lo mismo, pero con cambios más radicales:
    meter las hemos en arras   que les diemos por onores.
2568 *mió* está acentuado así y tiene asonancia regular *ó*, pero R y
Coester lo arreglan *(e de lo mio algo)* para hacer un pareado en *á-o*.

237

El Çid que nos curiava   de assi ser afontado:
'Vos les diestes villas por arras   en tierras de Carrion;   2570
hyo quiero les dar axuvar   .iii. mill marcos de [valor],
darvos e mulas e palafres   muy gruessos de sazon,
cavallos pora en diestro   fuertes e corredores
e muchas vestiduras   de paños e de çiclatones;
dar vos he dos espadas,   a Colada e a Tizon,   2575
bien lo sabedes vos   que las gane a guisa de varon.
Mios fijos sodes amos   quando mis fijas vos do;
alla me levades   las telas del coraçon.
¡Que lo sepan en Gallizia   y en Castiella y en Leon
con que riqueza enbio   mios yernos amos a dos!   2580
A mis fijas sirvades,   que vuestras mugieres son;
si bien las servides   yo vos rendre buen galardon.'
Atorgado lo han esto   los iffantes de Carrion.
Aqui reçiben   las fijas del Campeador,
conpieçan a reçebir   lo que el Çid mando.   2585
Quando son pagados   a todo so sabor
hya mandavan cargar   iffantes de Carrion.
Grandes son las nuevas   por Valençia la mayor,
todos prenden armas   e cavalgan a vigor
por que escurren sus fijas del Campeador   a tierras de
                                                  Carrion.
Hya quieren cavalgar,   en espidimiento son.   2591
Amas hermanas   don Elvira e doña Sol
fincaron los inojos   ant'el Çid Campeador:
'¡Merçed vos pedimos, padre!   ¡Si vos vala el Criador!
Vos nos engendrastes,   nuestra madre nos pario;   2595
delant sodes amos,   señora e señor.
Agora nos enviades   a tierras de Carrion,
debdo nos es a cunplir   lo que mandaredes vos.
Assi vos pedimos merçed   nos amas a dos

L suprime el v. 2569. B y MP invierten el orden de los versos y los
alteran radicalmente, haciendo regular la rima del 2569.
    2570 ms.: *villas e tierras por arras en tierras;* parece que el copista
escribió *tierras* al final del primer hemistiquio, por estar mirando al
segundo. Los editores están de acuerdo en la supresión.
    2571 ms.: *marcos de plata.* Corrección de MP. L tiene *marcos de [oro].*
    2590 R, L y C omiten *a tierras de Carrion,* dejando *Campeador*
como rima; MP omite *sus* y cambia *Campeador* por *Çid.*

238

que ayades vuestros menssajes   en tierras de Carrion.'   2600
Abraçolas mio Çid   e saludolas amas a dos.

125 El fizo aquesto,   la madre lo doblava:
    '¡Andad, fijas,   d'aqui el Criador vos vala!
    De mi e de vuestro padre   bien avedes nuestra graçia.
    Hid a Carrion   do sodes heredadas;   2605
    assi commo yo tengo   bien vos he casadas.'
    Al padre e a la madre   las manos les besavan;
    amos las bendixieron   e dieron les su graçia.
    Mio Çid e los otros   de cavalgar penssavan
    a grandes guarnimientos,   a cavallos e armas.   2610
    Hya salien los ifantes   de Valençia la clara
    esp[id]iendo de las dueñas   e de todas sus compañas;
    por la huerta de Valençia   teniendo salien armas,
    alegre va mio Çid   con todas sus compañas.
    Violo en los avueros   el que en buen ora çinxo espada 2615
    que estos casamientos   non serien sin alguna tacha;
    nos puede repentir,   que casadas las ha amas.

126 '¿O heres, mio sobrino,   tu, Felez Muñoz?
    Primo eres de mis fijas amas   d'alma e de coraçon.
    Mandot que vayas con ellas   fata dentro en Carrion,   2620
    veras las heredades   que a mis fijas dadas son;
    con aquestas nuevas   vernas al Campeador.'
    Dixo Felez Muñoz: 'Plazme d'alma e de coraçon.'
    Minaya Albar Fañez   ante mio Çid se paro:
    'Tornemos nos, Çid   a Valençia la mayor,   2625
    que si a Dios ploguiere   e al Padre Criador
    hir las hemos ver   a tierras de Carrion.'
    'A Dios vos hacomendamos   don Elvira e doña Sol;
    atales cosas fed   que en plazer caya a nos.'
    Respondien los yernos: '¡Assi lo mande Dios!'   2630
    Grandes fueron los duelos   a la departiçion;
    el padre con las fijas   loran de coraçon
    assi fazian   los cavalleros del Campeador.

2600 *ayades* debería, quizá, ser *ayamos* o *mandedes*. Ningún editor parece aludir a esta posibilidad.

'¡Oyas, sobrino,   tu, Felez Muñoz!
Por Molina iredes,   i yazredes una noch,   2635
saludad a mio amigo   el moro Avengalvon;
reçiba a mios yernos   commo el pudier mejor.
Dil que enbio mis fijas   a tierras de Carrion.
De lo que ovieren huebos   sirvan las a so sabor,
desi escurra las fasta Medina   por la mi amor;   2640
de quanto el fiziere   yol dar[e] por ello buen galardon.'
Cuemo la uña de la carne   ellos partidos son.
Hyas torno pora Valençia   el que en buen ora nasçio.
Pienssan se de ir   los ifantes de Carrion;
por Santa Maria d'Alvarrazin   fazian la posada,   2645
aguijan quanto pueden   ifantes de Carrion;
felos en Molina   con el moro Avengalvon.
El moro quando lo sopo   plogol de coraçon,
saliolos reçebir   con grandes avorozes;
¡Dios, que bien los sirvio   a todo so sabor!   2650
Otro dia mañana   con ellos cavalgo,
con dozientos cavalleros   escurrir los mando;
hivan troçir los montes   los que dizen de Luzon.
A las fijas del Çid   el moro sus donas dio,
buenos seños cavallos   a los ifantes de Carrion.   2655
Troçieron Arbuxuelo   e legaron a Salon,
o dizen el Anssarera   ellos posados son.
Tod esto les fizo el moro   por el amor del Çid Campeador.
Ellos veyen la riqueza   que el moro saco,
entramos hermanos   conssejaron traçion: 2660
'Hya pues que a dexar avemos   fijas del Campeador
si pudiessemos matar   el moro Avengalvon
quanta riquiza tiene   aver la iemos nos.

2635 ms.: *vna noch y iazredes*. MP sigue a los otros editores al
hacer esta corrección; B conserva la lección del manuscrito.
2645 MP: *la posada* [*fecha fo*]; otros ofrecen diferentes soluciones,
pero ninguna aparece como evidente.
2654·5 MP coloca estos versos después del 2657, considerando que lo
dicho en el v. 2658 es una continuación lógica de la entrega de los
regalos y que la enumeración de los cuatro lugares debe ser sucesiva.
Pero los vs. 2654-2655 pueden muy bien señalar un alto en el camino,
con una ceremonia de presentación de regalos, y el 2658 puede hacer
una alusión general a los servicios de Avengalvón.

240

Tan en salvo lo abremos   commo lo de Carrion,
nunqua avrie derecho   de nos el Çid Campeador.'   2665
Quando esta falssedad   dizien los de Carrion
un moro latinado   bien gelo entendio;
non tiene poridad,   dixolo [a] Avengalvon:
'Acayaz, curiate destos,   ca eres mio señor;
tu muert oi conssejar   a los ifantes de Carrion.'   2670

127 El moro Avengalvon   mucho era buen barragan,
con dozientos que tiene   iva cavalgar.
Armas iva teniendo,   paros ante los ifantes;
de lo que el moro dixo   a los ifantes non plaze:
'Dezid me: ¿que vos fiz   ifantes de Carrion?   2675
¡Hyo sirviendo vos sin art   e vos conssejastes pora mi muert!
Si no lo dexas   por mio Çid el de Bivar
tal cosa vos faria   que por el mundo sonas
e luego levaria sus fijas   al Campeador leal;
¡vos nunqua en Carrion   entrariedes jamas!   2680

128 Aquim parto de vos   commo de malos e de traidores.
Hire con vuestra graçia,   don Elvira e doña Sol;
¡poco preçio las nuevas   de los de Carrion!
Dios lo quiera e lo mande,   que de tod el mundo es señor,
d'aqueste casamiento   que[s] grade el Campeador.'   2685
Esto les ha dicho   y el moro se torno;
teniendo ivan armas   al troçir de Salon,
cuemmo de buen seso   a Molina se torno.
Ya movieron del Anssarera   los ifantes de Carrion;
acojen se a andar   de dia e de noch,   2690
a ssiniestro dexan Ati[en]za   una peña muy fuert,
la sierra de Miedes   passaron la estoz,

2675·6 MP cree que estos versos deben estar después del 2680, como
principio de la tirada 128. Si tenemos en cuenta la asonancia, qui-
zá tenga razón, aunque constituyen un pareado aceptable dejándolos
donde están; por su sentido y fuerza dramática, los versos están per-
fectamente colocados como los hemos puesto arriba. B los deja así;
L dice en una nota que pensó colocarlos después del 2680, pero en
su texto mantiene el orden del manuscrito. En el 2676 MP omite *pora*,
haciendo de *conssejastes* un verbo transitivo.
2691 ms.: *Atineza*.

241

por los Montes Claros   aguijan a espolon,
a ssiniestro dexan a Griza   que Alamos poblo
—alli son caños   do a Elpha ençerro—   2695
a diestro dexan a Sant Estevan,   mas cae aluen;
entrados son los ifantes   al robredo de Corpes,
los montes son altos,   las ramas pujan con las nues,
e las bestias fieras   que andan aderredor.
Falaron un vergel   con una linpia fuent,   2700
mandan fincar la tienda   ifantes de Carrion;
con quantos que ellos traen   i yazen essa noch.
Con sus mugieres en braços   demuestran les amor:
¡mal gelo cunplieron   quando salie el sol!
Mandaron cargar las azemilas   con grandes averes;   2705
cogida han la tienda   do albergaron de noch,
adelant eran idos   los de criazon.
Assi lo mandaron   los ifantes de Carrion
que non i fincas ninguno,   mugier nin varon,
si non amas sus mugieres   doña Elvira e doña Sol;   2710
deportar se quieren con ellas   a todo su sabor.
Todos eran idos,   ellos .iiii. solos son.
Tanto mal comidieron   los ifantes de Carrion:
'Bien lo creades   don Elvira e doña Sol:
aqui seredes escarnidas   en estos fieros montes;   2715
oy nos partiremos   e dexadas seredes de nos,
non abredes part   en tierras de Carrion.
Hiran aquestos mandados   al Çid Campeador;
nos vengaremos aquesta   por la del leon!'
Alli les tuellen   los mantos e los pelliçones,   2720
paran las en cuerpos   y en camisas y en çiclatones.
Espuelas tienen calçadas   los malos traidores,
en mano prenden las çinchas   fuertes e duradores.
Quando esto vieron las dueñas   fablava doña Sol:

2698 B lee como en el manuscrito: R y L invierten los hemistiquios, le-
yendo el nuevo segundo hemistiquio *los montes altos son*. MP corrige
la última palabra para poner *nu[ov]es* (para la asonancia *ó-e*), pero
en el caso de necesitarse una corrección, lo más normal sería poner
nu[v]es.

2705 B como arriba; R y L consideran el verso como una interpolación;
MP: *con averes [a nombre]* (o *de valor*).

'¡Por Dios vos rogamos   don Diego e don Ferando!   2725
Dos espadas tenedes   fuertes e tajadores
—al una dizen Colada   e al otra Tizon—
¡cortandos las cabeças,   martires seremos nos!
Moros e christianos   departiran desta razon,
que por lo que nos mereçemos   no lo prendemos nos;   2730
¡atan malos enssienplos   non fagades sobre nos!
Si nos fueremos majadas   abiltaredes a vos,
retraer vos lo an   en vistas o en cortes.'
Lo que ruegan las dueñas   non les ha ningun pro.
Essora les conpieçan a dar   los ifantes de Carrion,   2735
con las çinchas corredizas   majan las tan sin sabor,
con las espuelas agudas   don ellas an mal sabor
ronpien las camisas e las carnes   a ellas amas a dos;
linpia salie la sangre   sobre los çiclatones.
Ya lo sienten ellas   en los sos coraçones.   2740
¡Qual ventura serie esta   si ploguiesse al Criador
que assomasse essora   el Çid Campeador!
Tanto las majaron   que sin cosimente son,
sangrientas en las camisas   e todos los çiclatones.
Canssados son de ferir   ellos amos a dos   2745
ensayandos amos   qual dara mejores colpes.
Hya non pueden fablar   don Elvira e doña Sol,
por muertas las dexaron   en el robredo de Corpes.

129 Levaron les los mantos   e las pieles armiñas
mas dexan las maridas   en briales y en camisas   2750
e a las aves del monte   e a las bestias de la fiera guisa.
Por muertas la[s] dexaron   sabed, que non por bivas.

130 ¡Qual ventura serie   si assomas essora el Çid Campeador!
Los ifantes de Carrion   en el robredo de Corpes

2725 B lee como en el manuscrito; M, R y L invierten los hemistiquios, ajustando las palabras con el fin de dejar *Dios* como rima; MP sigue a C al añadir [*nos*] como final de verso, pero esta palabra aparece ya demasiadas veces en esta sección.

2753·5 He dejado este pasaje como está en el manuscrito; no sólo es admirablemente acertado, sino que parece que el poeta se toma deliberadas libertades en la medida de los versos y en la rima, para expresar mejor el ápice emocional. Quizá pretende que su tercera repetición de *por muertas las dexaron* ocupe el espacio emocional de todo

por muertas las dexaron, 2755
que el una al otra   nol torna recabdo.
Por los montes do ivan   ellos ivan se alabando:
'De nuestros casamientos   agora somos vengados;
non las deviemos   tomar por varraganas
si non fuessemos   rogados, 2760
pues nuestras parejas   non eran pora en braços.
¡La desondra del leon   assis ira vengando!'

131 Alabandos ivan   los ifantes de Carrion.
Mas yo vos dire   d'aquel Felez Muñoz,
sobrino era   del Çid Campeador: 2765
mandaron le ir adelante   mas de su grado non fue.
En la carrera do iva   doliol el coraçon;
de todos los otros   aparte se salio,
en un monte espesso   Felez Muñoz se metio
fasta que viesse venir   sus primas amas a dos 2770
o que an fecho   los ifantes de Carrion.
Violos venir   e oyo una razon,
ellos nol vien   ni dend sabien raçion;
sabet bien que si ellos le viessen   non escapara de muert.
Vansse los ifantes,   aguijan a espolon. 2775
Por el rastro   tornos Felez Muñoz,
fallo sus primas   amorteçidas amas a dos;
lamando '¡Primas, primas!'   luego descavalgo,
arrendo el cavallo,   a ellas adeliño:
'¡Ya primas, las mis primas   don Elvira e doña Sol! 2780
¡Mal se ensayaron   los ifantes de Carrion!
¡A Dios plega e a Santa Maria   que dent prendan ellos mal
                                                   galardon!'

un verso. B lee más o menos como en el manuscrito. Algunos editores,
dejándose llevar de su afán de pulcritud, han corregido estos versos:
R y L suprimen el 2753 por considerarlo como una repetición inne-
cesaria (extraordinaria falta de sensibilidad). MP lee en el 2753 *el Çid*
[*Roy Díaz*], uniéndolo así a la tirada 129; siguiendo a L omite el segundo
hemistiquio del 2754 y hace un verso con lo que queda de 2754-2755.

2759·60 MP hace con ellos un largo v.; lo mismo hacen B y L, pero
suprimiendo *por varraganas*.

2782 L lee como hemos escrito arriba; B omite *ellos;* C hace con
éste dos versos; MP sigue a R al omitir *e a Santa Maria.*

Valas tornando   a ellas amas a dos;
tanto son de traspuestas   que non pueden dezir nada.
Partieron se le las tellas   de dentro del coraçon,   2785
lamando '¡Primas, primas   don Elvira e doñ[a] Sol!
¡Despertedes, primas   por amor del Criador!
Mientra es el dia,   ante que entre la noch,
¡los ganados fieros   non nos coman en aqueste mont!'
Van recordando   don Elvira e doña Sol,   2790
abrieron los ojos   e vieron a Felez Muñoz.
'¡Esforçad vos, primas,   por amor del Criador!
De que non me fallaren   los ifantes de Carrion
a grant priessa   sere buscado yo;
si Dios non nos vale   aqui morremos nos.'   2795
Tan a grant duelo   fablava doña Sol:
'¡Si vos lo meresca, mio primo,   nuestro padre el Campeador!
¡Dandos del agua,   si vos vala el Criador!'
Con un sonbrero   que tiene Felez Muñoz
—nuevo era e fresco,   que de Valençial saco—   2800
cogio del agua en el   e a sus primas dio;
mucho son lazradas   e amas las farto.
Tanto las rogo   fata que las assento;
valas conortando   e metiendo coraçon
fata que esfuerçan,   e amas las tomo   2805
e privado   en el cavallo las cavalgo;
con el so manto   a amas las cubrio,
el cavallo priso por la rienda   e luego dent las part[io].
Todos tres señeros   por los robredos de Corpes
entre noch e dia   salieron de los montes;   2810
a las aguas de Duero   ellos arribados son,
a la torre de don Urraca   elle las dexo.
A sant Estevan   vino Felez Muñoz,

2784 B: *que decir nada non pueden;* MP: *que nada dezir non pu[o]den;*
R, L y Coester invierten los hemistiquios, ordenando las palabras para
dejar *son* como rima.
2785 ms.: *de los coraçones.* MP sigue a B, L y otros en su en-
mienda; si *le* en el primer hemistiquio es correcto, el plural en el se-
gundo es un error. La referencia es a los sentimientos de Félez Muñoz.
2788 Las tres primeras palabras no están claras en el manuscrito. La
lección es de MP, que sigue a Marden. Otras lecciones no tienen ningún
mérito.

fallo a Diego Tellez   el que de Albar Fañez fue;
quando el lo oyo   pesol de coraçon,   2815
priso bestias   e vestidos de pro,
hiva reçebir   a don Elvira e a doña Sol;
en Sant Estevan   dentro las metio,
quanto el mejor puede   alli las ondro.
Los de Sant Estevan   siempre mesurados son;   2820
quando sabien esto   pesoles de coraçon,
a llas fijas del Çid   dan les esfuerço;
alli sovieron ellas   fata que sanas son.
Allabandos seyan   los ifantes de Carrion.
De cuer peso esto   al buen rey don Alfonsso.   2825
Van aquestos mandados   a Valençia la mayor;
quando gelo dizen   a mio Çid el Campeador
una grand ora   pensso e comidio;
alço la su mano,   a la barba se tomo:
'¡Grado a Christus   que del mundo es señor   2830
quando tal ondra me an dada   los ifantes de Carrion!
¡Par aquesta barba   que nadi non messo
non la lograran   los ifantes de Carrion,
que a mis fijas   bien las casare yo!'
Peso a mio Çid   e a toda su cort   2835
e [a] Albar Fañez   d'alma e de coraçon.   2835b
Cavalgo Minaya   con Pero Vermuez
e Martin Antolinez   el burgales de pro
con .cc. cavalleros   quales mio Çid mando;
dixoles fuerte mientre   que andidiessen de dia e de noch,
aduxiessen a ssus fijas   a Valençia la mayor.   2840
Non lo detardan   el mandado de su señor,

2822 MP (siguiendo a B) cree que la última palabra es una confusión
de *ēfforçiō*, es decir, *enffurçión* (que aparece en el 2849); pero para
la asonancia de *esfuerço*, compárese con la de *luego* en 2157.
2824 Es muy difícil leer el primer hemistiquio del manuscrito. B: *ala-
bados se han*; MP: como escribimos arriba.
2825 H, L y C creen que se debe eliminar, ya que el rey no es in-
formado hasta el v. 2900; pero en la *CVR* aparece claro que el 2825
tiene aquí plena justificación. (En el 2900 el Cid hará ante el rey una
petición oficial de justicia.)
2835b El copista lo escribió como una continuación del 2835.

246

a priessa cavalgan,   andan los dias e las noches;
vinieron a (sant Estevan de) Gormaz   un castiello tan fuert,
hi albergaron   por verdad una noch.
A Sant Estevan   el mandado lego   2845
que vinie Minaya   por sus primas amas a dos.
Varones de Sant Estevan   a guisa de muy pros
reçiben a Minaya   e a todos sus varones,
presentan a Minaya   essa noch grant enffurçion;
non gelo quiso tomar,   mas mucho gelo gradio: 2850
'Graçias, varones de Sant Estevan,   que sodes coñosçedores,
por aquesta ondra que vos diestes   a esto que nos cuntio.
Mucho vos lo gradeçe   alla do esta, mio Çid el Campeador;
assi lo ffago yo   que aqui esto.
¡Affe Dios de los çielos: que vos de dent buen galardon!' 2855
Todos gelo gradeçen   e sos pagados son;
adeliñan a posar   pora folgar essa noch.
Minaya va ver   sus primas do son,
en el fincan los ojos   don Elvira e doña Sol:
'¡Atanto vos lo gradimos   commo si viessemos al
                                           Criador! 2860
E vos a el lo gradid   quando bivas somos nos.

En los dias de vagar   toda nuestra rencura sabremos contar.'

132 Loravan de los ojos   las dueñas e Alvar Fañez
e Pero Vermuez   otro tanto las ha:
'Don Elvira e doña Sol: cuidado non ayades   2865
quando vos sodes sanas e bivas   e sin otro mal.
Buen casamiento perdiestes,   mejor podredes ganar.
¡Aun veamos el dia   que vos podamos vengar!'
Hi yazen essa noche,   e tan grand gozo que fazen.

2842 ms.: *los dias   las noches andan*. Arreglo de MP, que sigue a
B, M, etc.
2843 Para la omisión, véanse las Notas.
2862 MP insiste en que el verso es el último de la tirada 131 y lo
arregla para dotarle de asonancia *ó*, haciendo de él dos versos.
(2862) *En los días de vagar,   [en Valençia la mayor]*,
(2862b) *toda nuestra rencura   sabremos contar [nos]*.
B, R y L piensan que el verso pertenece a la tirada 132; también ellos
hacen de él dos versos, pero con asonancia *á*.

247

Otro dia mañana   pienssan de cavalgar;
los de Sant Estevan   escurriendo los van
fata Rio d'Amor   dando les solaz,
d'allent se espidieron dellos,   pienssan se de tornar,
e Minaya con las dueñas   iva cabadelant.
Troçieron Alcoçeva,   a diestro de[xan] Gormaz,   2875
o dizen Bado de Rey   alla ivan p[a]sar,
a la casa de Berlanga   posada presa han.
Otro dia mañana   meten se a andar,
a qual dizen Medina   ivan albergar
e de Medina a Molina   en otro dia van.   2880
Al moro Avengalvon   de coraçon le plaz,
saliolos a reçebir   de buena voluntad;
por amor de mio Çid   rica çena les da.
Dent pora Valençia   adeliñechos van.
Al que en buen ora nasco   legava el menssaje;   2885
privado cavalga,   a reçebir los sale,
armas iva teniendo   e grant gozo que faze;
mio Çid a sus fijas   iva las abraçar,
besando las a amas   tornos de sonrrisar:
'¿Venides, mis fijas?   ¡Dios vos curie de mal!   2890
Hyo tome el casamiento   mas non ose dezir al.
¡Plega al Criador   que en çielo esta
que vos vea mejor casadas   d'aqui en adelant,
de mios yernos de Carrion   Dios me faga vengar!'
Besaron las manos   las fijas al padre.   2895
Teniendo ivan armas,   entraron se a la çibdad;
grand gozo fizo con ellas   doña Ximena su madre.
El que en buen ora nasco   non quiso tardar;
fablos con los sos   en su poridad,
al rey don Alfonsso de Castiella   pensso de enbiar: 2900

133 '¿O eres, Muño Gustioz,   mio vassallo de pro?
¡En buen ora te crie   a ti en la mi cort!

2875 ms.: *a diestro de Sant Esteuan de Gormaz*. La corrección seña-
lada arriba es de B y MP (comp. 2843); MP supone que en un manuscrito
anterior la palabra *dexan* estaba escrita *desan* y que el copista la
interpretó erróneamente como *de/san*, dando lugar a la introducción
casi automática de *esteuan de*.
2876 ms.: *posar*. Corrección de B, L y MP.

Lieves el mandado   a Castiella al rey Alfonsso;
por mi besa le la mano   d'alma e de coraçon
—cuemo yo so su vassallo   y el es mio señor—   2905
desta desondra que me an fecha   los ifantes de Carrion
quel pese al buen rey   d'alma e de coraçon.
El caso mis fijas,   ca non gelas di yo;
quando las han dexadas   a grant desonor
si desondra i cabe   alguna contra nos   2910
la poca e la grant   toda es de mio señor.
Mios averes se me an levado   que sobejanos son,
esso me puede pesar   con la otra desonor.
Aduga melos a vistas   o a juntas o a cortes
commo aya derecho   de ifantes de Carrion,   2915
ca tan grant es la rencura   dentro en mi coraçon.'
Muño Gustioz   privado cavalgo,
con el dos cavalleros   quel sirvan a so sabor
e con el escuderos   que son de criazon;
salien de Valençia   e andan quanto pueden,   2920
nos dan vagar   los dias e las noches.
Al rey   en San Fagunt lo ~~fallo~~.
~~Rey es de Castiella   e rey es de Leon~~
~~e de las Asturias   bien a San Çalvador,~~
fasta dentro en Santi Yaguo   de todo es señor   2925
~~e llos condes gallizianos   a el tienen por señor.~~
Assi commo descavalga   aquel Muño Gustioz
omillos a los santos   e rogo a[l] Criador;
adeliño pora'l palaçio   do estava la cort,
con el dos cavalleros   quel aguardan cum a sseñor.   2930
Assi commo entraron   por medio de la cort
violos el rey   e connosçio a Muño Gustioz;
levantos el rey,   tan bien los reçibio.
Delant el rey   los inojos finco,
besaba le los pies   aquel Muño Gustioz: 2935

2922 L y MP: *Al rey* [*don Alfons*].
2926 V y MP leen *ellos condes;* este último considera *ellos* como
artículo definido. B lee *e los condes,* L *e llos condes.*
2934 ms.: *Delant el rey finco los ynoios aquel Muño Gustioz,* lo que
hace pensar que el copista incluyó involuntariamente el segundo hemis-
tiquio del verso siguiente. La corrección señalada arriba es de B y L.
MP la acepta, pero añade también *Alfons* detrás de *rey.*

'¡Merçed, rey Alfonsso: de largos reinos a vos dizen señor!
Los pies e las manos   vos besa el Campeador;
ele es vuestro vassallo   e vos sodes so señor.
Casastes sus fijas   con ifantes de Carrion,
alto fue el casamien[t]o   ca lo quisiestes vos.   2940
Hya vos sabedes la ondra   que es cuntida a nos,
cuemo nos han abiltados   ifantes de Carrion;
mal majaron sus fijas   del Çid Campeador,
majadas e desnudas   a grande desonor
desenparadas las dexaron   en el robredo de Corpes   2945
a las bestias fieras   e a las aves del mont.
Afe las sus fijas   en Valençia do son.
Por esto vos besa las manos   commo vassallo a señor
que gelos levedes a vistas   o a juntas o a cortes.
Tienes por desondrado,   mas la vuestra es mayor,   2950
e que vos pese, rey,   commo sodes sabidor;
¡que aya mio Çid derecho   de ifantes de Carrion!'
El rey una grand ora   callo e comidio:
'Verdad te digo yo   que me pesa de coraçon,
e verdad dizes en esto   tu, Muño Gustioz,   2955
ca yo case sus fijas   con ifantes de Carrion.
Fiz lo por bien,   que ffuesse a su pro;
¡si quier el casamiento   fecho non fuesse oy!
Entre yo e mio Çid   pesa nos de coraçon.
Ayudar le [e] a derecho,   ¡sin salve el Criador!   2960
Lo que non cuidava fer   de toda esta sazon,
andaran mios porteros   por todo mio reino,
pregonaran mi cort   pora dentro en Tolledo;
que alla me vayan   cuendes e ifançones,
mandare commo i vayan   ifantes de Carrion   2965
e commo den derecho   a mio Çid el Campeador,
e que non aya rencura   podiendo yo vedallo.

2936 MP omite *Alfonsso* y divide el verso de manera diferente. B (como
hace en otros lugares) tiene *¡Merçed, rey Alfons!* como un hemistiquio
independiente.

2962·3 B y L aceptan este pareado como está en el manuscrito. MP
lo corrige como siempre; en el 2962 lee *por todo [el] reyno mio* (con
acento *mió*) y en el 2963 invierte los hemistiquios, dejando *cort* como
rima.

2967 L deja el verso como aparece en el manuscrito, pero lo coloca

134 Dizid le al Campeador   que en buen ora nasco
   que destas .vii. semanas   adobes con sus vassallos;
   vengam a Tolledo,   estol do de plazo.   2970
   Por amor de mio Çid   esta cort yo fago.
   Saludad melos a todos,   entr'ellos aya espaçio;
   desto que les abino   aun bien seran ondrados.'
   Espidios Muño Gustioz,   a mio Çid es tornado.
   Assi commo lo dixo   suyo era el cuidado: 2975
   non lo detiene por nada   Alfonsso el Castellano,
   enbia sus cartas   pora Leon e a Santi Yaguo
   a los portogaleses   e a galizianos
   e a los de Carrion   e a varones castellanos
   que cort fazie en Tolledo   aquel rey ondrado,   2980
   a cabo de .vii. semanas   que i fuessen juntados;
   qui non viniesse a la cort   non se toviesse por su vassallo.
   Por todas sus tierras   assi lo ivan penssando,
   que non faliessen   de lo que el rey avie mandado.

135 Hya les va pesando   a los ifantes de Carrion   2985
   por que en Tolledo   el rey fazie cort;
   miedo han que i verna   mio Çid el Campeador.
   Prenden so conssejo   assi parientes commo son,
   ruegan al rey   que los quite desta cort.
   Dixo el rey: '¡No lo fere, sin salve Dios!   2990
   Ca i verna   mio Çid el Campeador,
   dar le [e]des derecho   ca rencura ha de vos.
   Qui lo fer non quisiesse   o no ira [a] mi cort,
   quite mio reino   ca del non he sabor.'
   Hya lo vieron que es a fer   los ifantes de Carrion;   2995
   prenden consejo   parientes commo son;
   el conde don Garçia   en estas nuevas fue
   —enemigo de mio Çid   que mal siemprel busco—
   aqueste consejo   los ifantes de Carrion.

impropiamente al principio de la tirada 134. B: *podiendo vedallo yo*: MP:
podiéndolo veda[r] yo.
   2986 ms.: *por que el rey fazie cort en Tolledo.* El arreglo es de MP;
L lo reforma de modo semejante.
   2998 ms.: *que siemprel busco mal.* El arreglo es de MP, siguiendo a
otros editores.

Legava el plazo,   querien ir a la cort: 3000
en los primeros   va el buen rey don Alfonsso,
el conde don Anrrich   y el conde don Remond
—aqueste fue padre   del buen enperador—
el conde don Fruella   y el conde don Beltran.
Fueron i de su reino   otros muchos sabidores   3005
de toda Castiella   todos los mejores:
el conde don Garçia   con ifantes de Carrion
e Asur Gonçalez   e Gonçalo Assurez
e Diego e Ferrando   i son amos a dos
e con ellos grand bando   que aduxieron a la cort;   3010
enbair le cuidan   a mio Çid el Campeador.
De todas partes   alli juntados son;
aun non era legado   el que en buen ora naçio,
por que se tarda   el rey non ha sabor.
Al quinto dia   venido es mio Çid el Campeador;   3015
[a] Alvar Fañez   adelantel enbio
que besasse las manos   al rey so señor,
bien lo sopiesse   que i serie essa noch.
Quando lo oyo el rey   plogol de coraçon;
con grandes yentes   el rey cavalgo   3020
e iva reçebir   al que en buen ora naçio.
Bien aguisado viene el Çid   con todos los sos,
buenas conpañas   que assi an tal señor.
Quando lo ovo a ojo   el buen rey don Alffonsso
firios a tierra   mio Çid el Campeador,   3025

3004 *Fruella* es lo que lee Pidal, en su edición paleográfica, de la palabra que aparece emborronada en el manuscrito, haciendo notar que Ulibarri (año 1596) leyó *Vella* y que Pellicer al revisar su copia puso «*Fruella*, lección dudosa». B lee *Vela*, V y L *Uella*. MP en su edición crítica tiene *Fr[ói]la*. Véanse las Notas.

3004 *Beltran* aparece claro en el manuscrito. MP cree que el original decía *Birbón*. L considera todo el verso como una interpolación. Véase Apéndice I.

3007 La alusión que se hace aquí a los infantes parece improcedente (ya que se va a poner sus nombres en el v. 3009), pero tiene el respaldo de la *CVR*. MP cree que el poeta debió poner *con ifantes de los de Carrion*, pero se decide por la sustitución del dudoso hemistiquio, poniendo en su lugar el cliché de don García, [*el Crespo de Grañón*]. B lee como hemos señalado arriba; L considera el verso como una interpolación. Véanse las Notas.

biltar se quiere   e ondrar a so señor.
Quando lo [vio] el rey   por nada non tardo:
'¡Par Sant Esidro   verdad non sera oy!
Cavalgad, Çid; si non,   non avria dend sabor;
saludar nos hemos   d'alma e de coraçon.   3030
De lo que a vos pesa   a mi duele el coraçon;
¡Dios lo mande que por vos   se ondre oy la cort!'
'¡Amen!'   dixo mio Çid el Campeador.
Beso le la mano   e despues le saludo:
'¡Grado a Dios   quando vos veo, señor!   3035
Omillom a vos   e al conde don Remond
e al conde don Anrrich   e a quantos que i son;
¡Dios salve a nuestros amigos   e a vos mas, señor!
Mi mugier doña Ximena   —dueña es de pro—
besa vos las manos   e mis fijas amas a dos   3040
desto que nos abino   que vos pese, señor.'
Respondio el rey: '¡Si fago, sin salve Dios!'

136   Pora Tolledo   el rey tornada da.
Essa noch mio Çid   Tajo non quiso passar:
'¡Merçed, ya rey;   si el Criador vos salve!   3045
Penssad, señor   de entrar a la çibdad,
e yo con los mios   posare a San Servan.
Las mis compañas   esta noche legaran;
terne vigilia   en aqueste santo logar.
Cras mañana   entrare a la çibdad   3050
e ire a la cort   enantes de yantar.'
Dixo el rey: 'Plazme de veluntad.'
El rey don Alfonsso   a Tolledo es entrado,
mio Çid Ruy Diaz   en San Servan posado.
Mando fazer candelas   e poner en el altar;   3055
sabor a de velar   en essa santidad

3027 ms.: *Quando lo oyo el rey*. La mayoría de los editores hacen
la corrección indicada arriba, ya que se trata de una confusión fre-
cuente entre los copistas.

3033 MP sigue a M al leer *el [buen] Campeador*, dividiendo el verso
después de *Çid*. B y L siguen el manuscrito, cuya lección indicamos
arriba.

3053·4 B, R y L aceptan el pareado. MP ajusta las asonancias, [*va*]
entra[r] y *posa*[r].

253

al Criador rogando   e fablando en poridad.
Entre Minaya   e los buenos que i ha
acordados fueron   quando vino la man.

137 Matines e prima   dixieron faza'l alba.   3060

Suelta fue la missa   antes que saliesse el sol
e ssu ofrenda han fecha   muy buena e [a sazon].
'Vos, Minaya Albar Fañez   el mio braço mejor
vos iredes comigo   y el obispo don Jheronimo
e Pero Vermuez   e aqueste Muño Gustioz   3065
e Martin Antolinez   el burgales de pro
e Albar Albarez   e Albar Salvadorez
e Martin Muñoz   que en buen punto naçio
e mio sobrino   Felez Muñoz;
comigo ira Malanda   que es bien sabidor   3070
e Galind Garçiez   el bueno d'Aragon;
con estos cunplansse çiento   de los buenos que i son.
Velmezes vestidos   por sufrir las guarnizones,
de suso las lorigas   tan blancas commo el sol,
sobre las lorigas   armiños e peliçones,   3075
e que non parescan las armas,   bien presos los cordones;
so los mantos las espadas   dulçes e tajadores;
d'aquesta guisa   quiero ir a la cort
por demandar mios derechos   e dezir mi razon;
si desobra buscaren   ifantes de Carrion   3080
¡do tales çiento tovier   bien sere sin pavor!'
Respondieron todos: '¡Nos esso queremos, señor!'
Assi commo lo a dicho   todos adobados son.
Nos detiene por nada   el que en buen ora naçio:
calças de buen paño   en sus camas metio,   3085
sobr'ellas unos çapatos   que a grant huebra son;

3060 L lee como señalamos arriba y coloca el verso como final de la
tirada 136. MP corrige para leer *faza l[os] alb[ores]*, uniendo el verso a
la tirada 137.

3062 ms.: *buena τ complida*. La corrección de MP está señalada arri-
ba; es mejor aceptar esta enmienda, ya que las tres asonancias de los
vs. 3060-3062 no indican una continuación de la tirada anterior;
aunque podrían constituir una serie independiente, como de hecho lo
hace B con las rimas *prima-misa-complida*.

254

vistio camisa de rançal   tan blanca commo el sol,
con oro e con plata   todas las presas son,
al puño bien estan,   ca el selo mando;
sobr'ella un brial   primo de çiclaton,   3090
obrado es con oro,   pareçen por o son;
sobr'esto una piel vermeja,   las bandas d'oro son,
siempre la viste   mio Çid el Campeador;
una cofia sobre los pelos   d'un escarin de pro,
con oro es obrada,   fecha por razon,   3095
que non le contalassen los pelos   al buen Çid Canpeador.
La barba avie luenga   e prisola con el cordon;
por tal lo faze esto   que recabdar quiere todo lo so.
De suso cubrio un manto   que es de grant valor,
en el abrien que ver   quantos que i son.   3100
Con aquestos çiento   que adobar mando
a priessa cavalga,   de San Servan salio;
assi iva mio Çid   adobado a lla cort.
A la puerta de fuera   descavalga a sabor,
cuerda mientra entra mio Çid   con todos los sos,   3105
el va en medio   e los çiento aderredor.
Quando lo vieron entrar   al que en buen ora naçio
levantos en pie   el buen rey don Alfonsso
y el conde don Anrrich   y el conde don Remont
e desi adelant   sabet, todos los otros;   3110
a grant ondra lo reçiben   al que en buen ora naçio.
Nos quiso levantar   el Crespo de Grañon
nin todos los del bando   de ifantes de Carrion.
El rey dixo al Çid: 'Venid aca ser, Campeador,
en aqueste escaño   quem diestes vos en don.   3115
¡Mager que [a] algunos pesa,   mejor sodes que nos!'
Essora dixo muchas merçedes   el que Valençia gaño:
'Sed en vuestro escaño   commo rey e señor;

3098 ms.: *todo lo suyo*. B y M omiten *todo*.
3106 B, V y L leen como indicamos arriba. MP pone *elos çiento*
(artículo definido).
3110 MP sigue a R al añadir [*de la cort*], para obtener una asonancia
perfecta. B y L están satisfechos con el manuscrito.
3114 MP hace de éste dos versos, completándolos con la *CVR*:
     (3114)   *El rey a* [*mio*] *Çid*   [*a las manos le tomó*]:
     (3114b)   '*Venid acá se*[*e*]*r*   [*comigo*], *Campeador*,

aca posare   con todos aquestos mios.'
Lo que dixo el Çid   al rey plogo de coraçon.   3120
En un escaño torniño   essora mio Çid poso,
los çiento quel aguardan   posan aderredor.
Catando estan a mio Çid   quantos ha en la cort,
a la barba que avie luenga   e presa con el cordon;
¡en sos aguisamientos   bien semeja varon!   3125
Nol pueden catar de verguença   ifantes de Carrion.
Essora se levo en pie   el buen rey don Alfonsso:
'¡Oid, mesnadas;   si vos vala el Criador!
Hyo de que fu rey   non fiz mas de dos cortes,
la una fue en Burgos   e la otra en Carrion.   3130
Esta terçera   a Tolledo la vin fer oy
por el amor de mio Çid   el que en buen ora naçio
que reçiba derecho   de ifantes de Carrion.
Grande tuerto le han tenido,   sabemos lo todos nos.
Alcaldes sean desto   el conde don Anrrich y el conde don
                                              Remond   3135
y estos otros condes   que del vando non sodes.
Todos meted i mientes,   ca sodes coñosçedores
por escoger el derecho,   ca tuerto non mando yo.
Della e della part   en paz seamos oy.
Juro por Sant Esidro,   el que bolviere mi cort   3140
quitar me a el reino,   perdera mi amor.
Con el que toviere derecho   yo dessa parte me so.
Agora demande   mio Çid el Campeador;
sabremos que responden   ifantes de Carrion.'
Mio Çid la mano beso al rey   y en pie se levanto: 3145
'Mucho vos lo gradesco   commo a rey e a señor
por quanto esta cort   fiziestes por mi amor.
Esto les demando   a ifantes de Carrion:
por mis fijas quem dexaron   yo non he desonor,
ca vos las casastes, rey,   sabredes que fer oy;   3150
mas quando sacaron mis fijas   de Valençia la mayor
—hyo bien las queria   d'alma e de coraçon—
diles dos espadas   a Colada e a Tizon

3135 M, R y C omiten *el conde* (las dos veces); MP omite los artículos.
3152 M, L y MP leen *los queria*, refiriéndose a los infantes; B con-
serva *las*.

256

—estas yo las gane   a guisa de varon—
ques ondrassen con ellas   e sirviessen a vos.   3155
Quando dexaron mis fijas   en el robredo de Corpes
comigo non quisieron aver nada   e perdieron mi amor;
¡den me mis espadas   quando mios yernos non son!'
Atorgan los alcaldes: 'Tod esto es razon.'
Dixo el conde don Garçia: 'A esto fablemos nos.'   3160
Essora salien aparte   iffantes de Carrion
con todos sus parientes   y el vando que i son,
a priessa lo ivan trayendo   e acuerdan la razon:
'Aun grand amor nos faze   el Çid Campeador
quando desondra de sus fijas   no nos demanda oy;   3165
bien nos abendremos   con el rey don Alfonsso.
Demos le sus espadas,   quando assi finca la boz,
e quando las toviere   partir se a la cort;
hya mas non avra derecho   de nos el Çid Canpeador.'
Con aquesta fabla   tornaron a la cort: 3170
'¡Merçed, ya rey don Alfonsso,   sodes nuestro señor!
No lo podemos negar,   ca dos espadas nos dio;
quando las demanda   e dellas ha sabor
dar gelas queremos   dellant estando vos.'
Sacaron las espadas   Colada e Tizon,   3175
pusieron las en mano   del rey so señor;
saca las espadas   e relumbra toda la cort,
las maçanas e los arriazes   todos d'oro son,
maravillan se dellas   todos los omnes buenos de la cort.
Reçibio las espadas,   las manos le beso,   3180
tornos al escaño   don se levanto;
en las manos las tiene   e amas las cato,
nos le pueden camear   ca el Çid bien las connosçe.

3160 ms.: *a esto nos fablemos*.
3177 MP hace notar que el corrector puso una tilde sobre la última
letra de *relumbrā*, siendo su intención colocarla sobre *saca*. Su versión
es, por lo tanto, *sacan*, *relumbra*. Un sentido diferente, pero, quizá,
preferible, se obtiene con *saca* y *relumbra* (intransitivo) o *relumbran*
(transitivo). M, B y L leen como indicamos arriba.
3179 MP sigue a M al omitir *todos*. Otros acortan el verso de dife-
rentes maneras. L mantiene el manuscrito como arriba.
3183 MP: *nos l[as] pueden*, y en su edición popular *non l[as] pueden*.

Alegros le tod el cuerpo,   sonrrisos de coraçon,
alçava la mano,   a la barba se tomo: 3185
'¡Par aquesta barba   que nadi non messo
assis iran vengando   don Elvira e doña Sol!'
A so sobrino [don Pero]   por nonbrel lamo,
tendio el braço,   la espada Tizon le dio:
'Prendet la, sobrino,   ca mejora en señor.'   3190
A Martin Antolinez   el burgales de pro
tendio el braço,   el espada Coladal dio:
'Martin Antolinez   mio vassalo de pro
prended a Colada   —ganela de buen señor,
del conde d[on] Remont Verengel   de Barçilona la mayor—
por esso vos la do   que la bien curiedes vos.   3196
Se que si vos acaeçiere   con ella ganaredes grand prez e grand
                                                                 valor.'

Beso le la mano,   el espada tomo e reçibio.
Luego se levanto   mio Çid el Campeador:
'¡Grado al Criador   e a vos, rey señor: 3200
hya pagado so de mis espadas,   de Colada e de Tizon!
Otra rencura he   de ifantes de Carrion:
quando sacaron de Valençia   mis fijas amas a dos
en oro y en plata   tres mill marcos (de plata) les di [y]o.
Hyo faziendo esto,   ellos acabaron lo so;   3205
den me mis averes,   quando mios yernos non son.'
¡Aqui veriedes quexar se   ifantes de Carrion!
Dize el conde don Remond: 'Dezid de ssi o de no.'
Essora responden   ifantes de Carrion:
'Por essol diemos sus espadas   al Çid Campeador,   3210

3188 [*don Pero*] es una adición de MP. L añade [*Pero Vermuez*].
Como el Cid tenía muchos *sobrinos*, se necesita aquí un nombre. La
Tizon aparece en la escena del duelo en manos de Pedro Bermúdez,
por lo que éste es aquí el candidato más evidente.
3195 ms.: *del conde de Remont*. B y L leen como señalamos arriba;
M y R omiten *Verengel;* MP omite *del conde*.
3197 Algunos editores quitan palabras con el fin de aligerar el verso;
v. gr., L omite *si vos acaeçiere.* MP hace de éste dos versos, añadiendo
después de *acaeçiere* un nuevo hemistiquio: [*o viniere sazón*], con...
valor y con el resto forma el 3197[b].
3198 Los editores omiten uno de los dos verbos, aunque L conserva
ambos, como señalamos arriba. Los dos pueden ser válidos si inter-
pretamos 'tomó la espada (en su mano) y la recibió (como suya)'.

que al no nos demandasse,   que aqui finco la boz.'
'Si ploguiere al rey   assi dezimos nos:
a lo que demanda el Çid   quel recudades vos.'
Dixo el buen rey: 'Assi lo otorgo yo.'
Levant(ad)os en pie   el Çid Campeador: 3215
'Destos averes   que vos di yo
si melos dades,   o dedes dello raçon.'   3216b
Essora salien aparte   ifantes de Carrion;
non acuerdan en conssejo   ca los haveres grandes son,
espesos los han   ifantes de Carrion.
Tornan con el conssejo   e fablavan a sso sabor: 3220
'Mucho nos afinca   el que Valençia gaño
quando de nuestros averes   assil prende sabor;
pagar le hemos de heredades   en tierras de Carrion.'
Dixieron los alcaldes   quando manfestados son:
'Si esso plogiere al Çid   non gelo vedamos nos;   3225
mas en nuestro juvizio   assi lo mandamos nos:
que aqui lo entergedes   dentro en la cort.'
A estas palabras   fablo el rey don Alfonsso:
'Nos bien la sabemos   aquesta razon
que derecho demanda   el Çid Campeador.   3230
Destos .iii. mill marcos   los .cc. tengo yo,
entramos melos dieron   los ifantes de Carrion.
Tornar gelos quiero   ca t[an] d[e]sfechos son,

3211 B y L creen que después de este verso debería haber otro que
presentase a quien pronuncia las palabras de los vs. 3212-3213; MP está
de acuerdo y proporciona el v. 3211b:
        (3211b)   [Allí les respondió   el comde do Remond]:
3212 Después de nos el manuscrito tiene las palabras Dixo el rey,
que parecen añadidas posteriormente por el copista en tinta diferente.
Si tenemos en cuenta el v. 3214, el 3213 no puede ser pronunciado por
el rey. Véase Apéndice II.
3215 Al principio de este verso el copista pone Dixo Albar Fañez, in-
trusión misteriosa que la mayoría de los editores están de acuerdo
en omitir. Levantos es una enmienda de MP, siguiendo a M y L; B
tiene levantándose. Otra posibilidad es levantados a. L coloca los vs. 3115-
3116-3116b después del 3227, siguiendo en ello a Baist.
3216b El copista lo puso como una continuación del 3216.
3233 El texto está aquí borroso. MP (con B, V y L) está seguro
de poder leer ca todos fechos son, en cuyo caso su corrección (arriba)
es muy lógica.

enterguen a mio Çid   el que en buen ora naçio;
quando ellos los an a pechar   non gelos quiero yo.'   3235
Fablo Ferran Gonçalez: 'Averes monedados non tenemos
                                                            nos.'

Luego respondio   el conde don Remond:
'El oro e la plata   espendiestes lo vos;
por juvizio lo damos   ant'el rey don Alfonsso:
pagen le en apreçiadura   e prendalo el Campeador.'   3240
Hya vieron que es a fer   los ifantes de Carrion.
Veriedes aduzir   tanto cavallo corredor,
tanta gruessa mula,   tanto palafre de sazon,
tanta buena espada   con toda guarnizon;
reçibiolo mio Çid   commo apreçiaron en la cort.   3245
Sobre los dozientos marcos   que tenie el rey Alfonsso
pagaron los ifantes   al que en buen ora na[çi]o;
enprestan les de lo ageno,   que non les cumple lo so.
Mal escapan jogados   sabed, desta razon.

138 Estas apreçiaduras   mio Çid presas las ha,   3250
sos omnes las tienen   e dellas penssaran.
Mas quando esto ovo acabado   penssaron luego d'al:
'¡Merçed, ya rey señor   por amor de caridad!
La rencura mayor   non se me puede olbidar.
Oid me toda la cort   e pesevos de mio mal: 3255
[a] los ifantes de Carrion   quem desondraron tan mal
a menos de riebtos   no los puedo dexar.

139 Dezid: ¿que vos mereçi,   ifantes

en juego o en vero   o en alguna razon?
Aqui lo mejorare   a juvizio de la cort.   3259b

3236 MP sigue a R al hacer dos de este verso:
      (3236)   *Ferran[d] Go[n]çálvez*   [*odredes que*] *fabló:*
      (3236b)   '*Averes monedados   non tenemos nos.*'
3247 ms.: *nasco.*
3248 ms.: *lo suyo.*
3253 ms.: *ay rey.*
3256 ms.: *delos yfantes,* que L conserva. B lee *a los,* como hacemos
arriba; C y MP comienzan el verso con *ifantes.*
3258-9b El copista escribió estos versos como dos, separados des-
pués de *vero.* Los editores están de acuerdo en la corrección de
arriba. En el 3258 la mayor parte de los editores añaden [*de Carrion*].

¿A quem descubriestes   las telas del coraçon?   3260
A la salida de Valençia   mis fijas vos di yo
con muy grand ondra   e averes a nombre;
quando las non queriedes   —¡ya canes traidores!—
¿por que las sacavades   de Valençia sus honores?
¿A que las firiestes   a çinchas e a espolones?   3265
Solas las dexastes   en el robredo de Corpes
a las bestias fieras   e a las aves del mont:
¡por lo que les fiziestes   menos valedes vos!
Si non recudedes   vea lo esta cort.'

140 El conde don Garçia   en pie se levantava: 3270
'¡Merçed, ya rey   el mejor de toda España!
Vezos mio Çid   a llas cortes pregonadas;
dexola creçer   e luenga trae la barba,
los unos le han miedo   e los otros espanta.
Los de Carrion   son de natura tal   3275
non gelas devien querer   sus fijas por varraganas
¡o quien gelas diera   por parejas o por veladas!
Derecho fizieron   por que las han dexadas.
¡Quanto el dize   non gelo preçiamos nada!'
Essora el Campeador   prisos a la barba: 3280
'¡Grado a Dios   que çielo e tierra manda!
Por esso es luenga   que a deliçio fue criada.
¿Que avedes vos, conde,   por retraer la mi barba?
Ca de quando nasco   a deliçio fue criada,
ca non me priso a ella   fijo de mugier nada,   3285
nimbla messo   fijo de moro nin de christiana
¡commo yo a vos, conde,   en el castiello de Cabra!
Quando pris a Cabra   e a vos por la barba
non i ovo rapaz   que non messo su pulgada;
¡la que yo messe   aun non es eguada!'   3290

141 Ferran Gonçalez   en pie se levanto,
a altas vozes   o(n)dredes que fablo:
'¡Dexassedes vos, Çid,   de aquesta razon!
De vuestros averes   de todos pagado(s) sodes;

3275 Así en el ms.: L y M lo mantienen. B y MP lo ajustan pára
leer *natura ta[n alta]*.

non creçies varaja   entre nos e vos.   3295
¡De natura somos   de condes de Carrion!
Deviemos casar con fijas   de reyes o de enperadores
ca non perteneçien   fijas de ifançones.
Por que las dexamos   derecho fiziemos nos;
mas nos preçiamos   sabet, que menos no.'   3300

142 Mio Çid Ruy Diaz   a Pero Vermuez cata:
'¡Fabla, Pero Mudo,   varon que tanto callas!
Hyo las he fijas   e tu primas cormanas;
a mi lo dizen,   a ti dan las orejadas.
Si yo respondier   tu non entraras en armas.'   3305

143 Pero Vermuez   conpeço de fablar;
detienes le la lengua,   non puede delibrar,
mas quando enpieça   sabed, nol da vagar:
'¡Direvos, Çid,   costumbres avedes tales!
¡Siempre en las cortes   Pero Mudo me lamades!   3310
Bien lo sabedes   que yo non puedo mas;
por lo que yo ovier a fer   por mi non mancara.
¡Mientes, Ferrando,   de quanto dicho has!
Por el Campeador   mucho valiestes mas.
Las tus mañas   yo te las sabre contar: 3315
¿miembrat quando lidiamos   çerca Valençia la grand?
Pedist las feridas primeras   al Campeador leal,
vist un moro,   fustel ensayar,
antes fuxiste   que a'l te alegasses.   3318b
Si yo non uvias   el moro te jugara mal;
passe por ti,   con el moro me off de ajuntar,   3320
de los primeros colpes   of le de arrancar.
Did el cavallo,   toveldo en poridad,
fasta este dia   no lo descubri a nadi;
delant mio Çid e delante todos   oviste te de alabar
que mataras el moro   e que fizieras barnax;   3325
crovieron telo todos,   mas non saben la verdad.
¡Y eres fermoso,   mas mal varragan!
¡Lengua sin manos!   ¿cuemo osas fablar?

3318b Escrito por el copista como una continuación del 3318.

144 Di, Ferrando,   otorga esta razon:
   ¿non te viene en miente   en Valençia lo del leon,   3330
   quando durmie mio Çid   y el leon se desato?
   E tu, Ferrando,   ¿que fizist con el pavor?
   ¡Metistet tras el escaño   de mio Çid el Campeador!
   ¡Metistet, Ferrando,   por o menos vales oy!
   Nos çercamos el escaño   por curiar nuestro señor   3335
   fasta do desperto mio Çid   el que Valençia gaño,
   levantos del escaño   e fues pora'l leon;
   el leon premio la cabeça,   a mio Çid espero,
   dexos le prender al cuelo   e a la red le metio.
   Quando se torno   el buen Campeador   3340
   a sos vassalos   violos aderredor,
   demando por sus yernos: ¡ninguno non fallo!
   Riebtot el cuerpo   por malo e por traidor;
   estot lidiare aqui   ant'el rey don Alfonsso
   por fijas del Çid,   don Elvira e doña Sol.   3345
   ¡Por quanto las dexastes   menos valedes vos!
   Ellas son mugieres   e vos sodes varones;
   en todas guisas   mas valen que vos.
   Quando fuere la lid   —si ploguiere al Criador—
   tu lo otorgaras   a guisa de traidor;   3350
   de quanto he dicho   verdadero sere yo.'
   D'aquestos amos   aqui quedo la razon.

145 Diego Gonçalez   odredes lo que dixo:
   '¡De natura somos   de los condes mas limpios!
   ¡Estos casamientos   non fuessen apareçidos   3355
   por consagrar   con mio Çid don Rodrigo!
   Por que dexamos sus fijas   aun no nos repentimos,
   mientra que bivan   pueden aver sospiros;
   lo que les fiziemos   ser les ha retraido,
   ¡esto lidiare   a tod el mas ardido: 3359b

   que por que las dexamos   ondrados somos nos!'   3360

3359b El copista lo escribe como una continuación del 3359.
3360 Así aparece en el manuscrito y es aceptado por L. B y R tienen un leonino, leyendo el segundo hemistiquio *somos nos ondrados.* MP pone *ondrados somos* [*venidos*], pero encuentra *nos* [*mismos*] igualmente aceptable.

146 Martin Antolinez   en pie se levantava:

'¡Cala, alevoso,   boca sin verdad!
Lo del leon   non se te deve olbidar;
saliste por la puerta,   metistet al coral,
fusted meter   tras la viga lagar;   3365
mas non vesti[ste]d   el manto nin el brial.
Hyo llo lidiare,   non passara por al:
fijas del Çid   por que las vos dexastes
en todas guisas   sabed, que mas que vos valen.
¡Al partir de la lid   por tu boca lo diras   3370
que eres traidor   e mintist de quanto dicho has!'

Destos amos   la razon finco.

147 Asur Gonçalez   entrava por el palaçio
manto armiño   e un brial rastrando;
vermejo viene,   ca era almorzado;   3375
en lo que fablo   avie poco recabdo:

148 '¡Hya varones!   ¿Quien vio nunca tal mal?
¡Quien nos darie nuevas   de mio Çid el de Bivar!
¡Fuesse a Rio d'Orvina   los molinos picar
e prender maquilas   commo lo suele far!   3380
¿Quil darie   con los de Carrion a casar?'

149 Essora Muño Gustioz   en pie se levanto:
'¡Cala, alevoso,   malo e traidor!
Antes almuerzas   que vayas a oraçion,
a los que das paz   fartas los aderredor.   3385

3361 El manuscrito y L como arriba. B sugiere *levanta[do se ha]*.
MP tiene *se[fo] levanta[r]*.
3366 ms.: *vestid*. MP sigue a B y H cuando corrige por *vesti[st]*;
C y L sugieren *vesti[ste]d*, lo cual parece preferible, ya que es com-
prensible la omisión de *ste* por un copista que acaba de escribir *sti*
(con el pronombre reflexivo *-d: te > t > d*, como en *fusted* 3365).
3369 ms.: *que mas valen que vos*.
3372 El manuscrito y L leen como arriba. B y MP corrigen para poner
[ha] *finc[ad]o*, colocando el verso en la tirada 147. Si se quiere una co-
rrección para la asonancia *á(-e)*, *finc[ad]o [ha]* se sugiere por sí misma.

Non dizes verdad   [a] amigo ni ha señor,
falsso a todos   e mas al Criador.
En tu amistad   non quiero aver raçion;
¡fazer telo [e] dezir   que tal eres qual digo yo!'
Dixo el rey Alfonsso: 'Calle ya esta razon.   3390
Los que an rebtado   lidiaran, ¡sin salve Dios!'
Assi commo acaban   esta razon
affe dos cavalleros   entraron por la cort:
al uno dizen Ojarra   e al otro Yeñego Simenez,
el uno es [del] ifante   de Navarra [rogador],   3395
y el otro   [del] ifante de Aragon;
besan las manos   al rey don Alfonsso,
piden sus fijas   a mio Çid el Campeador
por ser reinas   de Navarra e de Aragon
e que gelas diessen   a ondra e a bendiçion.   3400
A esto callaron   e ascucho toda la cort.
Levantos en pie   mio Çid el Campeador:
'¡Merçed, rey Alfonsso,   vos sodes mio señor!
¡Esto gradesco   yo al Criador
quando melas demandan   de Navarra e de Aragon!   3405
Vos las casastes antes,   ca yo non;
afe mis fijas   en vuestras manos son,
sin vuestro mandado   nada non fere yo.'
Levantos el rey,   fizo callar la cort:
'Ruego vos, Çid,   caboso Campeador,   3410
que plega a vos   e atorgar lo he yo
este casamiento   oy se otorge en esta cort,
ca creçe vos i ondra   e tierra e onor.'
Levantos mio Çid,   al rey las manos le beso:
'Quando a vos plaze   otorgo lo yo, señor.'   3415
Essora dixo el rey: '¡Dios vos de den buen galardon!

3394 MP corrige el apellido: *Simen[ones]* (también en los vs. 3417, 3422) para acomodarlo a los nombres aragoneses (vascos) de los documentos de principio del siglo XII. B lee *Semenones*. Otros prescinden del apellido y toman sólo *Yeñego* como rima, acentuándolo de diferentes maneras.

3395·6 Hay en el manuscrito un error evidente cuando identifica a los dos hombres, mencionados en el 3394, con los dos príncipes. [*rogador*] y las otras adiciones son de MP. B y L: *el uno es de Navarra, e el otro de Aragon* (un verso); M omite los dos versos.

A vos, Ojarra,   e a vos, Yeñego Ximenez,
este casamiento   otorgo vos le yo
de fijas de mio Çid   don Elvira e doña Sol
pora los ifantes   de Navarra e de Aragon,   3420
que vos las de   a ondra e a bendiçion.'
Levantos en pie   Ojarra e Yñego Ximenez,
besaron las manos   del rey don Alfonsso
e despues   de mio Çid el Campeador;
metieron las fes   e los omenajes dados son   3425
que cuemo es dicho   assi sea o mejor.
A muchos plaze   de tod esta cort
mas non plaze   a los ifantes de Carrion.
Minaya Alba[r] Fañez   en pie se levanto:
'¡Merçed vos pido   commo a rey e a señor   3430
e que non pese esto   al Çid Campeador!
Bien vos di vagar   en toda esta cort;
dezir querria   yaquanto de lo mio.'
Dixo el rey: 'Plazme de coraçon.
Dezid, Minaya,   lo que ovieredes sabor.'   3435
'Hyo vos ruego   que me oyades toda la cort,
ca grand rencura he   de ifantes de Carrion.
Hyo les di mis primas   por mandado del rey Alfonsso,
ellos las prisieron   a ondra e a bendiçion;
grandes averes les dio   mio Çid Campeador;   3440
ellos las han dexadas   a pesar de nos:
¡riebto(s) les los cuerpos   por malos e por traidores!
De natura sodes   de los de Vanigomez
onde salien condes   de prez e de valor;
mas bien sabemos   las mañas que ellos han [oy].   3445
¡Esto gradesco   yo al Criador
quando piden mis primas   don Elvira e doña Sol
los ifantes   de Navarra e de Aragon!
Antes las aviedes parejas   pora en braços las tener,
agora besaredes sus manos   e lamar las hedes señoras;   3450

3438 MP cree que debe ser man(dad)o, esto es, mano. C y L leen
mando. B y M como indicamos arriba.
3445 La adición es de MP, que sigue a R y L; tanto el sentido como
la asonancia la exigen. M y B: que avedes vos.
3449·50 MP lo corrige para leer pora en braços las [dos], y en el

aver las hedes a servir,   mal que vos pese a vos.
¡Grado a Dios del çielo   e [a] aquel rey don Alfonsso
asil creçe la ondra   a mio Çid el Campeador!
En todas guisas   tales sodes quales digo yo;
si ay qui responda   o dize de no   3455
¡hyo so Albar Fañez   pora tod el mejor!'
Gomez Pelayet   en pie se levanto:
'¿Que val, Minaya,   toda essa razon?
Ca en esta cort   afarto[s] ha pora vos
e qui al quisiesse   serie su ocasion.   3460
Si Dios quisiere   que desta bien salgamos nos
despues veredes   que dixiestes o que no.'
Dixo el rey: 'Fine esta razon;
non diga ninguno   della mas una entençion.
Cras sea la lid   quando saliere el sol   3465
destos .iii. por tres   que rebtaron en la cort.'
Luego fablaron   ifantes de Carrion:
'Dandos, rey, plazo   ca cras ser non puede.
Armas e cavallos   tienen los del Canpeador,
nos antes abremos a ir   a tierras de Carrion.'   3470
Fablo el rey   contra'l Campeador:
'Sea esta lid   o mandaredes vos.'
En essora dixo mio Çid: 'No lo fare, señor;
mas quiero a Valençia   que tierras de Carrion.'
En essora dixo el rey: 'Aosadas, Campeador.   3475
Dad me vuestros cavalleros   con todas vuestras guarnizones,
vayan comigo,   yo sere el curiador;
hyo vos lo sobrelievo   commo [a] buen vassallo faze (a) señor
que non prendan fuerça   de conde nin de ifançon.
Aqui les pongo plazo   de dentro en mi cort: 3480

3450 tiene el femenino arcaico *señor*[e]*s* como palabra rimada, restau-
rando la asonancia *ó(-e)* en los dos versos. Otros hacen diferentes en-
miendas con las rimas *tener/hedes* (B), *braços/manòs* (R). L acepta las
lecciones del manuscrito, como escribimos arriba.

3469 MP sigue la *CVR* al alterar este verso para leer *armas e cavallos*
[*diémos*]*los* [*al*] *Campeador*. Pero la implicación es suficientemente clara
tal como está el verso; véanse las Notas.

3476 MP omite *vuestras*.

3478 B, L y MP ponen con *vassallo* la *a* que el copista coloca a
señor, según indicamos arriba. L coloca el verso después del 3475.

267

a cabo de tres semanas   en begas de Carrion
que fagan esta lid   delant estando yo.
Quien non viniere al plazo   pierda la razon,
desi sea vençido   y escape por traidor.'
Prisieron el juizio   ifantes de Carrion.   3485
Mio Çid al rey   las manos le beso
e dixo: 'Plazme, señor.   3486b
Estos mis tres cavalleros   en vuestra mano son,
d'aqui vos los acomiendo   como a rey e a señor.
Ellos son adobados   pora cumpllir todo lo so.
¡Ondrados melos enbiad a Valençia   por amor del
                                  Criador!'   3490
Essora respuso el rey: '¡Assi lo mande Dios!'
Alli se tollio el capielo   el Çid Campeador,
la cofia de rançal   que blanca era commo el sol,
e soltava la barba   e sacola del cordon.
Nos fartan de catarle   quantos ha en la cort.   3495
Adeliño al conde don Anrich   e al conde don Remond:
abraçolos tan bien   e ruega los de coraçon
que prendan de sus averes   quanto ovieren sabor.
A essos e a los otros   que de buena parte son
a todos los rogava   assi commo han sabor;   3500
tales i a que prenden,   tales i a que non.
Los .cc. marcos   al rey los solto;
de lo al tanto priso   quanto ovo sabor.
'¡Merçed vos pido, rey   por amor del Criador!
Quando todas estas nuevas   assi puestas son   3505
beso vuestras manos   con vuestra graçia, señor;
e ir me quiero pora Valençia,   con afan la gane yo.'

3486 · 6b El copista escribió estos dos versos como uno, lo cual acepta L.
Al hacer el arreglo indicado arriba, sigo a B. R y MP suprimen como
superfluas las palabras que forman mi 3486b.

3496 ms.: *Adeliño a el el conde don A. τ el conde don R.* Lo escrito
arriba es la corrección que hace MP (aunque éste omite los ar-
tículos); no se debe dar por supuesto que los jueces desciendan de
sus escaños para saludar al Cid. Asimismo, 'el Cid' continúa como
sujeto de *abraçolos* en el 3497.

3507 Baist, L y MP creen que después de este verso falta una hoja
(unos cincuenta versos). La crónica cuenta que el Cid, a invitación
del rey, hace una exhibición pública de las cualidades de Babieca en el

El rey alço la mano,   la cara se santigo:
'¡Hyo lo juro   par Sant Esidro el de Leon
que en todas nuestras tierras   non ha tan buen varon!' 3510
Mio Çid en el cavallo   adelant se lego,
fue besar la mano   a so señor Alfonsso:
'Mandastes me mover   a Bavieca el corredor,
en moros ni en christianos   otro tal non ha oy:
hy[o] vos le do en don: mandedes le tomar, señor.' 3515
Essora dixo el rey: 'Desto non he sabor;
si a vos le tollies   el cavallo no havrie tan buen señor.
Mas atal cavallo cum est   pora tal commo vos,
pora arrancar moros del canpo   e ser segudador;
¡quien vos lo toller quisiere   nol vala el Criador 3520
ca por vos e por el cavallo   ondrados somo[s] nos!'
Essora se espidieron   e luegos partio la cort.
El Campeador a los que han lidiar   tan bien los castigo:
'Hya Martin Antolinez   e vos, Pero Vermuez,
e Muño Gustioz: firmes sed en campo a guisa de varones;
¡buenos mandados me vayan   a Valençia de vos!' 3526
Dixo Martin Antolinez: '¿Por que lo dezides, señor?
Preso avemos el debdo   e a passar es por nos;
¡podedes oir de muertos,   ca de vençidos no!'
Alegre fue d'aquesto   el que en buen ora naçio; 3530
espidios de todos los   que sos amigos son,
Mio Çid pora Valençia   y el rey pora Carrion.
Mas tres semanas de plazo   todas complidas son:
felos al plazo   los del Campeador,
cunplir quieren el debdo   que les mando so señor. 3535
Ellos son en p[o]der   del rey don Alfonsso el de Leon.

Zocodover de Toledo. B y V no parecen notar ninguna laguna en el texto
poético. Sigo a MP al comenzar una nueva tirada con el 3508, aun-
que las asonancias que se aprecian en la *CVR* indican que el pasaje
perdido rimaba de manera continua en *ó(-e)*.

3515 ms.: *hy* (¿*y*?). B lee *y[o]*; L y MP como escribimos arriba.
3524·5 Así en el manuscrito, que L acepta. MP propone *e Muño Gustioz*
[*mio vassallo de pro*], como un nuevo verso (3525), y con el resto hace
el 3525b, pero admite que su 3525 «pudiera fundirse con 3524» y leer
e a vos don Pero e Muño Gustioz, por analogía con el 2177.
3536 B termina el v. con *Alfons;* MP lee *de Alfons el de León.*

Dos dias atendieron   a ifantes de Carrion;
mucho vienen bien adobados   de cavallos e de guarnizones,
e todos sus parientes   con ellos son;
que si los pudiessen apartar   a los del Campeador   3540
<u>que los matassen en campo</u>   por desondra de so señor.
El cometer fue malo,   que lo al nos enpeço,
ca grand miedo ovieron   a Alfonsso el de Leon.
De noche belaron las armas   e rogaron al Criador.
Troçida es la noche,   ya quiebran los albores: 3545
muchos se juntaron   de buenos ricos omnes
por ver esta lid   ca avien ende sabor;
de mas sobre todos   i es el rey don Alfonsso
por querer el derecho   e non consentir el tuerto.
Hyas metien en armas   los del buen Campeador;   3550
todos tres se acuerdan   ca son de un señor.
En otro logar se arman   los ifantes de Carrion;
sedielos castigando   el conde Garçi Ordoñez.
Andidieron en pleito,   dixieron lo al rey Alfonsso
que non fuessen en la batalla   las espadas tajadores Colada e
                                                   Tizon,   3555
que non lidiassen con ellas   los del Campeador;
mucho eran repentidos los ifantes   por quanto dadas son.
Dixieron gelo al rey,   mas non gelo conloyo:
'Non sacastes ninguna   quando oviemos la cort.
Si buenas las tenedes   pro abran a vos;   3560
otrosi·faran   a los del Canpeador.
¡Levad e salid al campo,   ifantes de Carrion!
Huebos vos es que lidiedes   a guisa de varones,
que nada non mancara   por los del Campeador.
Si del campo bien salides   grand ondra avredes vos,   3565
e ssi fuere[de]s vençidos   non rebtedes a nos
ca tõdos lo saben   que lo buscastes vos.'

[3539] MP lee *con ellos [acordados] son*, siguiendo una insinuación de la
PCG; pero compárese con el 3592.

[3549] B: *tuert'*. MP lee *e [ningún] tuerto non*, por analogía con el
3576.

[3555] R, L y MP omiten *las espadas tajadores.* C omite los nombres de
las espadas y deja *tajadores* como rima. El copista escribió *Colada
e Tizon* al comienzo del 3556.

[3557] B y R omiten *los ifantes.*

Hya se van repintiendo   ifantes de Carrion,
de lo que avien fecho   mucho repisos son;
no lo querrien aver fecho   por quanto ha en Carrion.   3570
Todos tres son armados   los del Campeador.
Hiva los ver   el rey don Alfonsso,
dixieron   los del Campeador:
'Besamos vos las manos   commo a rey e a señor
que fiel seades oy   dellos e de nos;   3575
¡a derecho vos valed,   a ningun tuerto no!
Aqui tienen su vando   los ifantes de Carrion,
non sabemos   ques comidran ellos o que non.
En vuestra mano   nos metio nuestro señor:
¡tenendos a derecho,   por amor del Criador!'   3580
Essora dixo el rey: '¡D'alma e de coraçon!'
Aduzen les los cavallos   buenos e corredores,
santiguaron las sielas   e cavalgan a vigor,
los escudos a los cuellos   que bien blocados son;
e'mano prenden las astas   de los fierros tajadores,   3585
estas tres lanças   traen seños pendones;
e derredor dellos   muchos buenos varones.
Hya salieron al campo   do eran los mojones.
Todos tres son acordados   los del Campeador
que cada uno dellos   bien fos ferir el so.   3590
Fevos de la otra part   los ifantes de Carrion
muy bien aconpañados,   ca muchos parientes son.
El rey dioles fieles   por dezir el derecho e al non,
que non varagen con ellos   de si o de non.
Do sedien en el campo   fablo el rey don Alfonsso: 3595
'¡Oid que vos digo,   ifantes de Carrion!
Esta lid en Toledo la fizierades   mas non quisiestes vos.
Estos tres cavalleros   de mio Çid el Campeador
hyo los adux a salvo   a tierras de Carrion;
aved vuestro derecho,   tuerto non querades vos,   3600
ca qui tuerto quisiere fazer   mal gelo vedare yo,
en todo mio reino   non avra buena sabor.'
Hya les va pesando   a los ifantes de Carrion.
Los fieles y el rey   enseñaron los mojones;

3573 R y L añaden [Essora] al principio del verso; MP añade [Essora le].

libravan se del campo   todos aderredor.   3605
Bien gelo demostraron   a todos .vi. commo son
que por i serie vençido   qui saliesse del mojon.
Todas las yentes   esconbraron aderredor
mas de .vi. astas de lanças   que non legassen al mojon.
Sorteavan les el campo,   ya les partien el sol;   3610
salien los fieles de medio,   ellos cara por cara son.
Desi vinien los de mio Çid   a los ifantes de Carrion
e llos ifantes de Carrion   a los del Campeador.
Cada uno dellos   mientes tiene al so:
abraçan los escudos   delant los coraçones   3615
abaxan las lanças   abueltas con los pendones
enclinavan las caras   sobre los arzones
batien los cavallos   con los espolones
tembrar querie la tierra   dond eran movedores.
Cada uno dellos   mientes tiene al so;   3620
todos tres por tres   ya juntados son,
cuedan se que essora cadran muertos   los que estan aderredor.
Pero Vermuez   el que antes rebto
con Ferran Gonçalez   de cara se junto,
firiensse en los escudos   sin todo pavor;   3625
Ferran Gonçalez a Pero Vermuez   el escudol passo,
prisol en vazio,   en carne nol tomo,
bien en dos logares   el astil le quebro.
Firme estido Pero Vermuez,   por esso nos encamo;
un colpe reçibiera   mas otro firio,   3630
quebranto la b[l]oca del escudo,   apart gela echo,
passo gelo todo   que nada nol valio,
metiol la lança por los pechos   que nada nol valio;
tres dobles de loriga tiene Fernando,   aquestol presto,
las dos le desmanchan   e la terçera finco;   3635
el belmez con la camisa   e con la guarnizon

3609 El copista añadió *mas* en el margen. La mayoría de los editores rechazan la palabra; pero compárese con 798.

3626 MP lo corrige para leer *a [don] Pero*, omitiendo el apellido.

3633 MP cree que el copista ha repetido parte del verso precedente. La *PCG* le sugiere un nuevo hemistiquio: [*çerca del coraçon*]. L acepta la lección del manuscrito. La repetición puede ser deliberada, a manera, quizá, de insistencia artística.

3634 B omite *Fernando*.

272

de dentro en la carne una mano gelo metio,
por la boca afuera la sangrel salio,
quebraron le las çinchas, ninguna nol ovo pro,
por la copla del cavallo en tierra lo echo.   3640
Assi lo tenien las yentes que mal ferido es de muert.
El dexo la lança e al espada mano metio;
quando lo vio Ferran Gonçalez conuvo a Tizon,
antes que el colpe esperasse dixo '¡Vençudo so!'
Atorgaron gelo los fieles, Pero Vermuez le dexo.   3645

151   Martin Antolinez e Diego Gonçalez firieron se de las lanças,
tales fueron los colpes que les quebraron amas.
Martin Antolinez mano metio al espada,
relumbra tod el campo tanto es linpia e clara;
diol un colpe, de traviessol tomava,   3650
el casco de somo apart gelo echava,
las moncluras del yelmo todas gelas cortava,
alla levo el almofar, fata la cofia legava,
la cofia y el almofar todo gelo levava,
raxol los pelos de la cabeça, bien a la carne legava;   3655
lo uno cayo en el campo e lo al suso fincava.
Quando este colpe a ferido Colada la preçiada
vio Diego Gonçalez que no escaparie con el alma;
bolvio la rienda al cavallo por tornasse de cara.
Essora Martin Antolinez reçibiol con el espada,   3660
un colpel dio de lano, con lo agudo nol tomava;
Dia Gonçalez espada tiene en mano mas no la ensayava;
esora el ifante tan grandes vozes dava:
'¡Valme, Dios glorioso, señor, e curiam deste espada!'   3665
El cavallo asorrienda e mesurandol del espada

3642 ms.: *metio mano*. MP prefiere *e mano al espada metio*. Al comienzo del verso lee además [*En*] *el*[*le*].
3646 MP prefiere [*Don*] *Martin*[*o*] *e*...
3662-3 El copista escribió *ensayava* en un nuevo verso. MP altera radicalmente esta sección, suprimiendo el nombre en 3662-3663 y colocando el verso después del 3659, basándose en parte en la *PCG*. Estima que la repetición, de algún modo innecesaria, del sujeto en el 3664 respalda su teoría. L sigue el manuscrito como hacemos arriba.
3665 B y R omiten *señor;* MP omite *e*, dividiendo el verso después de *glorioso*. L acepta el verso como en el manuscrito.

sacol del mojon; Martin Antolinez en el campo fincava.
Essora dixo el rey: 'Venid vos a mi compaña;
por quanto avedes fecho vençida avedes esta batalla.'
Otorgan gelo los fieles que dize verdadera palabra. 3670

152 Los dos han arrancado; direvos de Muño Gustioz
con Assur Gonçalez commo se adobo:
firiensse(n) en los escudos unos tan grandes colpes;
Assur Gonçalez furçudo e de valor
firio en el escudo a don Muño Gustioz, 3675
tras el escudo falsso ge la guarnizon,
en vazio fue la lança ca en carne nol tomo.
Este colpe fecho otro dio Muño Gustioz,
(tras el escudo falsso ge la guarnizon)
por medio de la bloca (d)el escudol quebranto, 3680
nol pudo guarir, falsso ge la guarnizon,
apart le priso, que non cab el coraçon;
metiol por la carne adentro la lança con el pendon,
de la otra part una braça gela echo,
con el dio una tuerta, de la siella lo encamo, 3685
al tirar de la lança en tierra lo echo;
vermejo salio el astil e la lança y el pendon.
Todos se cuedan que ferido es de muert.
La lança recombro e sobr'el se paro;
dixo Gonçalo Assurez: '¡Nol firgades, por Dios! 3690
¡Vençudo es el campo quando esto se acabo!'
Dixieron los fieles: 'Esto oimos nos.'
Mando librar el canpo el buen rey don Alfonsso,
las armas que i rastaron el selas tomo.
Por ondrados se parten los del buen Campeador, 3695
vençieron esta lid ¡grado al Criador!
Grandes son los pesares por tierras de Carrion.
El rey a los de mio Çid de noche los enbio
que no les diessen salto nin oviessen pavor.

. 3667 MP corrige de nuevo para leer [*don*] *Martin*[*o*], sin apellido.
3670 B y C sugieren *ver(dader)a.*
3679 B y MP suprimen este verso, considerándolo como una repetición
involuntaria del 3676 e ilógico en relación con los vs. 3680-3681. L
omite el 3676 en lugar de éste.

274

A guisa de menbrados   andan dias e noches,
felos en Valençia   con mio Çid el Campeador;
por malos los dexaron   a los ifantes de Carrion,
conplido han el debdo   que les mando so señor;
alegre ffue d'aquesto   mio Çid el Campeador.
Grant es la biltança   de ifantes de Carrion: 3705
qui buena dueña escarneçe   e la dexa despues
¡atal le contesca   o si quier peor!
Dexemos nos de pleitos   de ifantes de Carrion;
de lo que an preso   mucho an mal sabor.
Fablemos nos d'aqueste   que en buen ora naçio: 3710
grandes son los gozos   en Valençia la mayor
por que tan ondrados   fueron los del Campeador.
Prisos a la barba   Ruy Diaz so señor:
'¡Grado al rey del çielo,   mis fijas vengadas son!
¡Agora las ayan quitas   heredades de Carrion!   3715
Sin verguença las casare   o a qui pese o a qui non.'
Andidieron en pleitos   los de Navarra e de Aragon,
ovieron su ajunta   con Alfonsso el de Leon;
fizieron sus casamientos   con don Elvira e con doña Sol.
Los primeros fueron grandes   mas aquestos son mijores;   3720
a mayor ondra las casa   que lo que primero fue:
¡ved qual ondra creçe   al que en buen ora naçio
quando señoras son sus fijas   de Navarra e de Aragon!
Oy los reyes d'España   sos parientes son;
a todos alcança ondra   por el que en buen ora naçio.   3725
Passado es deste sieglo   el dia de çinquaesma:
¡de Christus haya perdon!
¡Assi ffagamos nos todos,   justos e peccadores!
Estas son las nuevas   de mio Çid el Campeador;

3719 MP omite *con* (las dos veces), pues cree que la referencia es a lo que se va a decir en el 3720 sobre el matrimonio de las muchachas, y no a los príncipes, aludidos en el v. 3717. L omite el segundo *con*.
3726·7 MP añade un nuevo hemistiquio después de *sieglo*: [*mio Çid de Valençia señor*]; y con *el dia* hasta *perdon* forma el 3727. R y L omiten *el dia de çinquaesma*. No descarto la posibilidad de que el manuscrito sea exacto y de que el poeta deseara otorgar todo un verso a las cuatro palabras que constituyen la plegaria por la salvación del héroe (compárese con el v. 2755). B lo acepta así.

en este logar   se acaba esta razon.

Quien escrivio este libro   ¡del Dios paraiso, amen!

Per Abbat le escrivio   en el mes de mayo

en era de mill e .cc xlv. años.

3730 Es el último verso del poema propiamente dicho.

3731·3 El *explicit* de Per Abbat se puede leer con cierta confianza, a excepción de la fecha, ya que es de la misma mano que el resto del manuscrito. MP omite *amen* en su edición popular y con los tres versos hace cuatro en forma de pareados asonantados, *libro/paraíso* y *mayo/años*. La fecha que aparece es 1245 de nuestra Era, esto es, año de Cristo 1207. En el espacio indicado arriba, MP cree que había originalmente otra *C* (borrada más tarde), lo que daría Era 1345 = = 1307 a. C. Véase la sección III de la Introducción.

Una mano posterior añadió otro *explicit*, cuyas primeras palabras continúan el v. 3733; están muy borrosas y han sido leídas de maneras muy diferentes. La versión de MP es:

El (el) romanz

[e]s leido, dat nos del vino; si non tenedes dineros
echad [a]la unos peños, que bien vos lo dara(ra)n sobr'elos.

En su edición popular ordena esto en cinco versos cortos, poniendo así las asonancias: *leído/vino, dineros/peños/sobr'elos.*

Notas

Las notas siguientes pretenden dilucidar puntos difíciles del poema, ofrecer un comentario estilístico sobre algunos aspectos y sugerir paralelos y fuentes posibles en otras obras (francesas, latinas, la Biblia, etc.), proporcionando, a la vez, una guía bibliográfica. No es nuestra intención presentar aquí un comentario continuo de carácter literario, histórico, o lingüístico; quienes deseen una información más completa deberán consultar los estudios de los especialistas, ya mencionados, y de una manera particular el *CMC* de Menéndez Pidal, tomos I y II. Las traducciones que se hacen de los versos tienen una finalidad explicativa, no una exactitud literal. Donde se da la traducción de medio verso, α y β identifican el primero y el segundo hemistiquio, respectivamente. Se emplea aquí la abreviatura *EC = Estudios cidianos*. Otras referencias en la forma Smith (1980) se aclaran consultando la Bibliografía selecta.

1   Sobre la primera escena del poema, véase J. Casalduero, «El Cid echado de tierra», en *Estudios de literatura española,* Madrid, 2.ª ed., 1964, 28-58, y D. Hook, «The Opening *Laisse* of the *PMC*», *RLC,* LIII (1979), 490-501. Para A. Pardo, en *Thesaurus,* XXVII (1972), 261-292, el poema original empezaba efectivamente aquí, pero esto en general no ha convencido. Para los antecedentes, véase la sección «El comienzo del poema» en nuestro Apéndice II, y además B. Powell, «The Opening Lines of the *PMC* and the *Crónica de Castilla*», *MLR,* LXXXIII (1988), 342-350, con comentario de C. Smith, «The Variant Version of the Start of the *PMC*», *C,* XX (1991-1992), 32-41. MP explica cómo era el destierro en las leyes de la época: el rey podía desterrar libremente, y sin previo juicio, a cualquiera de sus vasallos. El desterrado debía abandonar el reino en el plazo de nueve días (más tarde treinta) y sus vasallos estaban obligados a acompañarle en el exilio hasta que hallase un medio de vida. Véase también Grassotti (1965) y, sobre todo, Lacarra (1980), 1-32. Esta escena de la salida de Vivar puede deber algo en cuanto a temática y fraseología a *La Chevalerie d'Ogier de Danemarche: EC* 146-147.

El Cid solloza, por diversas razones, a lo largo del poema. Sentir con intensidad una emoción y expresar ese sentimiento en público es normal en muchas sociedades; en la épica no se consideraba esto como algo impropio de un hombre, sino que era más bien una cualidad heroica; véase L. Beszard, «Les Larmes dans l'épopée...», *ZRP*, XXVII (1903), 385-413, 513-549, 641-673. Sobre *llorar de los ojos*, véase *EC* 247-249; en el poema y en otros textos (en los cuales aparece con frecuencia) es una fórmula que se coloca por lo general en el primer hemistiquio, aunque aquí, por excepción, ocupa todo el verso. Es una de tantas «frases físicas» en las que se ayuda al verbo con una adición corporal concreta, y en la representación del poema ante un público podía ir acompañada por un ademán.

5   *adtores mudados*, 'azores que habían terminado su época de muda' y estaban de nuevo preparados para la caza. Se mencionan los *hosturs müers* en la *CR*, 31, 129, 184. Véase A. R. D. Pagden, «A Reference to Falconry in the *PMC*», *RF*, XCIII (1982), 138-142.

9   'esto han urdido contra mí mis malos enemigos'. Los *enemigos malos* son los *mestureros* del v. 267, los calumniadores e intrigantes de la corte a quienes el rey prestaba oídos y que causaban graves perjuicios (MP, *CMC* 757).

10   Ejemplo de verso equilibrado o bipartito, de una técnica muy utilizada en el poema ('bimembración'). Esta pertenece a una categoría especial, en la que una misma idea se expresa de doble manera, abstracta y concreta; otros ejemplos en los vs. 391, 986, 1842, 2804, y en la *CR* 1136, etc.

11   La corneja a la derecha del viajero indicaba buen agüero (buena suerte durante el exilio y seguridad del regreso), pero si estaba a la izquierda el agüero era adverso (frío recibimiento en Burgos). Para M. Garci-Gómez, «Ascendencia y trascendencia de la corneja del Cid», *I*, XX (1984), 42-56, la corneja es una mensajera de Dios, enviada para señalar al héroe el camino que debe seguir (al este, hacia el triunfo en Valencia). El Cid consulta de nuevo los augurios (⟨AUGURIUM, *AVEGURIUM) en los vs. 859 y 2615, y se alude varias veces a su *auze*, 'buena fortuna' (⟨AVICE, falso positivo de AVICELLA, o ⟨ABECE, véase Y. Malkiel en *Estudios... Herriott*, Wisconsin, 1966, 167-183). A pesar de su intensa religiosidad, los hombres de la Edad Media tanto cristianos como musulmanes eran con frecuencia muy dados a ésta y semejantes supersticiones. H hace notar que en el *Fuero Juzgo* (VI.ii.3) se amenazaba con cien latigazos a quien consultase los augurios. El Cid histórico era famoso por su pericia en esto, hasta el punto de ser reprochado nada menos que por el Conde de Barcelona, según la *HR* (ed. MP, 943, 11-14).

13   El Cid hace el ademán ritual de rechazar el agüero.

14   *¡Albricia...!:* de ordinario significa '¡Buenas noticias!', pero aquí tiene un sentido irónico.

16 β   Esto es, que tenía consigo sesenta caballeros.

16b   Compárese con la bienvenida que se le hizo al Cid en Zaragoza por *multitudo magna ciuitatis Cesarauguste tam uirorum quam mulierum (HR* 930). Las *mugieres e varones* y los *burgeses y burgesas* del verso siguiente son frases-pareja comunes, que significan 'todos, todo el pueblo': *EC* 187-188. Para las fuentes en la épica francesa que el poeta podía tener en esta escena, véase D. Hook en *Essays... Ross,* 1981, esp. 112-114.

19   *dezir de la boca:* véase *EC* 256-258.

20   Verso muy debatido, en que el sentido depende de la puntuación. La mayoría de los editores (incluido MP en sus textos crítico y popular) escriben el verso como una oración, con coma después de *vassalo:* el segundo hemistiquio es entonces una cláusula condicional, y el sentido es '¡Dios, qué buen vasallo (sería) si tuviese un buen señor!'. Amado Alonso originó la controversia al proponer la lección que he puesto en mi texto. Aquí la palabra *si* es optativa, como lo es con frecuencia en el poema *(¡Si vos vala el criador!* = ¡Que Dios os valga!), y el verso dice '¡Dios, qué buen vasallo! ¡Ojalá que encuentre un buen señor!' MP en «Adiciones», *CMC* 1221, se inclina a aceptar la opinión de Alonso, pero cree que la otra puede también mantenerse. Véase: A. Alonso, *RFH,* VI (1944), 187-191; L. Spitzer, *RFH,* VIII (1946), 132-136; M. de Riquer, en *Revista Bibliográfica y Documental,* III (1949), 257-260, reimpreso en su libro *La leyenda del graal...,* Madrid, 1968, 221-226; De Chasca, 1972, 65 y ss.; Bandera Gómez (1969), 37-48; O. Armand, en *Cuadernos Hispanoamericanos,* núm. 269 (1972), 339-348; y D. C. Clarke, *Crucial Line 20 of the 'PMC': Its Meaning and Structural Use,* El Cerrito, 1976. Dos estudios muy juiciosos son los de N. Marín Granada en *RF,* LXXXVI (1974), 451-461, y E. Ridruejo en *Philologica... M. Alvar,* II, Madrid, 1985, 589-601. Yo me inclino por la opinión de A. Alonso, pero naturalmente la otra no puede descartarse. Es importante el paralelo estructural apuntado por Riquer (1949) con el v. 3164 de la *Chanson de Roland,* «Deus! quel baron, s'oüst christientet!».

21   Primer ejemplo de un rasgo frecuente en el poema: el condicional «partido». *Conbidar le ien* = *le convidarían.* Compárese el v. 76.

24   Para el examen de la historia de la diplomática en relación con este sello real (y la fecha del poema), véase Russell, 1952, y su libro de 1978, 15-33. Aporta más datos R. Fletcher, «Diplomatic and the Cid Revisited: The Seals and Mandates of Alfonso VII», *JMH,* II (1976), 305-337, y véase P. N. Dunn, *«PMC,* vv. 23-48; Epic Rheto-

ric, Legal Formula, and the Question of Dating», *R*, XCVI (1975), 255-264.

27-28   (de nuevo en los vs. 45-46) 'que perdería su hacienda y los ojos de la cara, e incluso la vida, y que se condenaría'. Compárese *perder el cuerpo... alma* con el v. 1022. Estos versos reflejan fielmente las cláusulas de los diplomas latinos de Alfonso VI y otros reyes. El castigo de la ceguera, *effossio oculorum*, se menciona de vez en cuando (aunque no se sabe si llegó a aplicarse) hasta principios del siglo XIII, pero era recordado sobre todo como característico de la severidad de Alfonso VI; la *PCG* cita a Lucas de Tuy (1236) para decir que en el reinado de Alfonso *non osava ninguno tomar arma uno contra otro, nin bolver pelea, nin fazer mal ninguno, por los ojos de la faz*. Véase Russell (1952, 1978), y *EC* 249-253.

29 β   'todos': compárese con *christianos* = 'nadie' del v. 93, etcétera.

40 β   'apareció ante ellos'.

45   En este discurso, que, como es claro, los padres de la niña le han hecho aprender, para que pueda repetírselo al Cid, reaparecen las frases y fórmulas legales de los vs. 27-28, acentuando el horror de la amenaza real. El segundo hemistiquio constituye una pareja inclusiva para indicar 'todas las propiedades de uno' y tiene numerosas variantes: *EC* 200-202.

52   *Santa María:* la catedral de Burgos que Alfonso VI estaba construyendo desde 1075: Fernando III la derribó en el siglo XIII para levantar la iglesia actual.

57   Es el primero de una serie de versos en los que el poeta narra las acciones en un orden aparentemente ilógico. Compárese con 1842, 2282, 3145. El orden no está impuesto aquí por la asonancia, ya que el poeta pudo haber terminado el segundo hemistiquio con *fincava*.

62 α   MP hace notar que las leyes permitían al rey la prohibición de hospedar a un desterrado, pero decían asimismo que no se le prohibiese comprar comida. El rey se muestra, pues, riguroso en extremo con el Cid.

62 β   Esta curiosa frase reaparece en los vs. 571, 842, 1161 y 1606. Tales aposiciones se encuentran en otros textos, aunque no son frecuentes; en el *PMC* 398 se dice también *Alilon las torres*. En *EC* 95 se apuntan paralelos en francés y en el latín de la Península. Los significados de *casa* van desde 'aldea' hasta 'ciudad', pudiendo aparecer en versos que carecen de aposición (1232, 1950, 2877); en estos sentidos hay calcos del árabe *dār* ('habitación', 'casa', y también 'ciudad', como en *Dar-es-Salaam)*.

64   'no osarían venderle ni siquiera por valor de un céntimo'.

70 β Fórmula típica para completar el verso, que había de continuar durante siglos en el romancero.

76 Primer ejemplo de futuro «partido»: *querer me ha* = me querrá. Compárese con el v. 21.

79 β 'eres un valiente'. Alvar Fáñez figura con frase equivalente latina en el *Poema de Almería* (parte de la *CAI*): *nullaque sub coelo melior fuit hasta sereno* (v. 219), y en el mismo texto el Conde Poncio es *nobilis hasta* (v. 163). El poeta aquí adapta el epíteto, y vuelve a emplearlo después en los versos 443 b y 489.

81 *oro... plata:* cliché usado en el poema y en otros muchos textos para indicar 'dinero, todo el dinero'. Es frecuente en otras lenguas, incluyendo el latín bíblico y medieval. Compárese con 310, 473, 799; en la *CR* 32, 75, etc.

89 El episodio de los judíos ha sido y sigue siendo objeto de gran debate, pues constituye de alguna manera una piedra de toque en el examen de la moralidad y carácter del Cid, la intención del autor y su sentido del humor. Hay una nutrida bibliografía, resumida en un análisis equilibrado por N. Salvador Miguel, «Reflexiones sobre el episodio de Rachel y Vidas en el *CMC*», *RFE*, LIX (1977 [1979]), 183-224, con «Unas glosas más...» en *Serta Philologica F. Lázaro Carreter*, Madrid, 1983, 493-498, que recoge trabajos entonces recientes de Nepaulsingh, England, Burt, etc. Mención aparte merece el libro de M. Garci-Gómez, *El Burgos de mio Cid,* Burgos, 1982. Después han aparecido estudios de G. Martin en *Literatura y folklore. Problemas de intertextualidad,* Salamanca, 1983, 179-188 y D. McGrady, *R,* CVI (1985), 518-527.

93 *christianos,* precedido de partícula negativa, significa 'nadie'.

98 Aunque el episodio de los judíos es obviamente fabuloso, el poeta tuvo cuidado en colocarlos en un escenario real. Se sabe que en Burgos la judería estaba en el castillo o junto a él —para su propia seguridad—; éste era el caso en otras ciudades, por ejemplo Oviedo. Véase B 98 y MP, *CMC* 518; asimismo F. Cantera Burgos, «La judería de Burgos», *Sefarad,* XII (1952), 60-61.

103 Los saludos y despedidas en forma interrogativa son numerosos en el poema. MP compara con *¿Usted por aquí?* y *¿Se va usted?*

106 La frase *dar la mano... que,* 'prometer que', es al parecer única; debe tener su origen en la costumbre del apretón de manos como señal visible de la ratificación de un contrato. Compárese con *besar la mano que,* 179, etc., y véase *EC* 239-240.

107 Primer ejemplo de otra frase frecuente. En algunos versos tiene un significado literal (por ejemplo 968, 'alistados de las dos razas'), pero en la mayoría lo tiene figurado —por ejemplo 1242, don-

de *moros e christianos* equivale a 'todos'. En contextos negativos, como en este verso, significa 'nadie, ningún alma viviente'. La frase es frecuente en muchos tipos de textos, con la peculiaridad de que *moros* precede casi siempre a *christianos* (en verso tiene que ser así, por razones de ritmo y asonancia). Su origen está en el lenguaje legal, que a su vez modernizaba fórmulas mucho más antiguas: *EC* 181-187.

110 Tales descripciones formularias del botín (de nuevo en 2541) se encuentran en muchos textos. Compárese con *pecora quoque innumerabilia et copiosa* (941) y *multas et innumerabiles peccunias* (958) de la *HR*. Sobre la importancia del botín moro en esos tiempos, véase Lacarra (1980), 32-50.

111 'Retuvo tanto que representaba una suma importante.' Que el Cid se había guardado parte de las parias reales constituía, según el poeta (al menos así lo suponemos) una de las calumnias de los *malos mestureros.* La acusación no se menciona directamente en la *HR* ni en las crónicas; Martín Antolínez alude aquí a esto como si se tratase de habladurías conocidas por todos, para convencer a los judíos de que el Cid, pobre en apariencia tenía una buena solvencia económica.

116 *aquelas,* esto es, las arcas.

118 *prestalde,* esto es, prestadle, con metátesis frecuente en el poema.

120 β 'empeñad los dos vuestra palabra'.

129 Terminada su conversación en privado, Raquel y Vidas se vuelven para hablar con Martín Antolínez.

136 Cuando el verbo precede a varios sujetos, no es infrecuente hallarlo en singular (compárese con 139, 146, 3422); en el v. 172 el verbo está, no obstante, en plural. El verbo en singular no parece ser imitación del árabe (que también tiene así el verbo cuando éste precede a sujetos múltiples). Véase el estudio de J. P. England en *MLR,* LXXI (1976), 812-826.

147 α *las archas aduchas,* ablativo absoluto que imita claramente el latín o legal o literario (aparece de nuevo en los versos 213, 320, 366, 1308, 1703, 3678).

149 β Pareja sinónima, que se usa como fórmula de segundo hemistiquio por tener una asonancia que puede variarse con facilidad (1005, 1056, 1139, 1692, etc.). Se deriva, quizás, de frases de documentos legales, ya con autoridad literaria en la *HR: bono animo et bona uoluntate* (934), *bono et sincero animo* (961).

151 *non... omne nado,* 'ni una sola alma'.

159 A lo largo del poema se besa la mano del señor o de la persona de más categoría, cuando se le va a pedir algo (174, 179) o al recibir un favor (aquí), así como en otras circunstancias.

284

165   *un dinero malo* (también 503, 1042): de ordinario significa 'ni siquiera un mal cuarto'. F. Mateu Llopis, en *BRABLB*, XX (1947), cree que se alude a *dinero*, nombre con que se designaba una moneda que acuñaron en Segovia Alfonso VI y Alfonso VII, de plata de baja calidad. MP *(En torno al 'PMC'*, 165-166) piensa que Llopis quizá tiene razón, ya que *malo* está aquí colocado detrás del nombre (si tuviese un sentido figurado estaría delante; aunque a esto se puede objetar que *malo* ha de ir después del nombre a causa de la rima *á-o*). MP acepta con agrado las razones de Llopis (y también el que en el poema el *dinero* es la única moneda mencionada, no el *morabitino* o *maravedí*, introducido alrededor de 1135 y común desde entonces) como prueba de su fecha de composición del poema.

179   *besar la mano... que,* 'pedir que' (también 879, 1322, 1338, 2948, 3040, 3574). La frase surgió de la costumbre social (véase 159, etc.) y constituye una forma interesante en la que la continuación que cabe esperar, *e pido, rogando,* etc., queda suprimida. Véase G. F. Jones en *BRABLB*, XXXI (1965-1966), 105-118, y *EC* 238-239.

181   Construcción elíptica: se sobreentiende... *bien* al final del primer hemistiquio. Otros casos en 421, 504, 832 y 3216b.

182   *almofalla:* así en el manuscrito, aceptado por la mayoría de los editores. MP tiene argumentos para creer que la palabra debe ser *almoçalla* 'cobertor de cama', que en el árabe original expresaba la 'alfombrilla para rezar'. Véase *CMC* 458, y el diccionario de Corominas.

185   'Martín Antolínez los contó, pero los cogió sin pesarlos.' Quizá hace muestras exageradas de confianza en los judíos, cuando rechaza las balanzas que éstos le ofrecen (y que eran necesarias para pesar la moneda en una época en que se la recortaba rebajando su valor).

190   'Por lo que os he hecho ganar, bien merezco un par de calzas' (las calzas pueden significar la prenda de vestir, el paño o dinero para adquirirlo; compárese con 195). El regalar ropa era una forma normal de recompensa.

192   'Hagámosle un buen regalo, ya que nos ha dado un buen negocio'; *no'* = *nos,* con omisión de la *s* delante de *l,* frecuente en el poema, como 197, etc.

197-198 α   = *nos lo mereceréis... nos otorgaréis:* 'Os lo mereceréis, pues como es razonable, vos seréis el fiador de este negocio que hemos pactado.'

209   'que el alba nos encuentre en San Pedro...'.

216   El poema abunda en descripciones de ademanes rituales como éste. Muchos pueblos antiguos los usaban en sus ceremonias religiosas, legales, y sociales, y los textos aluden a ellos con frecuen-

cia. La Biblia es el punto de origen de una gran parte de la fraseología medieval. Si el poema se hizo para ser recitado, las frases no son propiamente 'descripciones' sino más bien 'direcciones escénicas incluidas en el texto', e indicaban que el presentador debía hacer un ademán. Véase *EC* 221-223 y 281-284; De Chasca (1972), 120-121; T. R. Hart, «Hierarchical Patterns in the *CMC*», RR, LIII (1962), 161-173.

222 β 'siempre, constantemente'; es una pareja inclusiva, usada con frecuencia en el poema, y sin duda universalmente, sobre todo en contextos de oración y viajes. Tiene una versión negativa, 'nunca' (por ejemplo, 562); el orden de palabras es variable, según la asonancia de la serie. Véase *EC* 199-200.

230 No está claro si el poeta presenta, o no, a Martín Antolínez como vasallo del Cid. Si era su vasallo, tenía la obligación de acompañarle y el rey no le debía castigar, pero si se fue voluntariamente, el rey tenía el derecho de confiscar sus propiedades (MP). Compárese con 886-887 (en los que el rey le devuelve sus bienes confiscados) y 891-893 (en los que el rey permite a sus vasallos que acompañen al Cid, sin que pierdan por ello sus derechos).

242 Para todo lo relacionado con Cardeña, véase el apartado III.3 de la Bibliografía selecta. C. Guardiola en «La *hospitalitas* en la salida del Cid hacia el destierro», *C*, XI (1982-1983), 265-272, señala que la obligación benedictina de dar hospitalidad pesa más que el desafío a la autoridad regia cuando el abad recibe al Cid y a los suyos. Sobre el punto concreto de la familia del héroe con relación a Cardeña, véase D. Hook, «The Legal Basis of the Cid's Agreement with Abbot Sancho», *R*, CI (1980), 517-526.

251 'si yo viviere tendréis el doble'. Compárese con 283, 1754; *visquier* es futuro del subjuntivo.

252 'no quiero causar el menor gasto al monasterio'.

255 β 'cuidadlas bien'. *Braços* (como en otros lugares) es un símbolo o referencia concreta a la idea de 'protección amorosa' y 'cuidado'. Véase *EC* 242-243.

257-260 Nos preguntamos si no hay aquí una referencia a las palabras del Buen Samaritano: ... *Curam illius habe; et quodcumque supererogaveris, ego cum rediero reddam tibi* (Luc. X, 25).

263 α 'una dueña conduce a cada niña' (o 'hace entrar a cada niña' para no prejuzgar la corrección del final del verso).

274 En el poema abundan las alusiones a la barba, como en otros textos clásicos y medievales. La barba es rica en simbolismos relacionados con la honra y la virilidad; por esta razón tiene un papel importante, aunque también por sus cualidades puramente visuales (por ejemplo, 789). Tan característica es la barba del héroe, que se

usa para formar uno de sus epítetos épicos (1226, 2410, y en el 274, según lo hemos corregido), o como metonimia del Cid, como en el 274, según la lección de MP. El héroe se agarra la barba antes de hacer una declaración solemne (2476, etc.) y jura por ella (2832; compárense *CR* 261, 3954). Otros aspectos aparecen en los vs. 1238, 2059, 3097, y en la escena de la corte. El Cid de la historia bien puede no haber llevado barba; en la leyenda y en la literatura, su gran barba debe bastante a la barba heroica y patriarcal de Carlomagno. El mejor resumen de este tema es el de MP en *CMC* 494-499; véase también P. A. Bly en *FMLS*, XIV (1978), 16-24 y J. R. Burt, «Honor and the Cid's Beard», *C*, 9 (1980-1981), 132-137, reimpreso en su libro de 1982, 1-9.

281 β 'permaneceréis aquí', es un pleonasmo extraño.

283 *de = dé*, subjuntivo; el sujeto es *Dios* en el v. 282. MP conserva *que de* en su edición crítica, pero en la edición de Clásicos Castellanos lee *quede*, esto es, 'o que me quede ventura'.

289 Compárese con 230; aquéllos que no siendo vasallos del Cid le acompañaban al destierro, perdían, confiscadas por el rey, sus propiedades.

293 Probablemente *'ellos'*: es decir, con ellos se cojó (como en 577 y 589).

296 β 'por lo que será más honrado'.

298 El vasallo besaba la mano del señor en señal de sumisión (compárese con 3450, etc.) y al terminar su pacto feudal (1252, 2159). Véase *CMC* 506-509.

300 Algunos editores suprimen la conjunción *e* en este y otros casos semejantes (1633, 2342, 2456, 2626, etc.), por considerarla impropia y casi herética cuando se alude a la divinidad. MP explica que la aposición entre dos nombres se expresa a veces de esta manera *(CMC* 313).

304 β 'porque tenía más bocas que alimentar', esto es, 'que aumentaba su compañía'. Compárese con 1682 y nota.

316 Los editores y los que han hecho versiones modernas o traducciones del texto entienden esto de manera literal: son las aves que cantarán. Pero cabe otra posibilidad, entendiendo '... cuando [los monjes] cantarán el oficio que llaman *de gallos'*. Se trata del oficio del *gallicantum* o *gallicinium* que precedía a los maitines. En los vs. 324 y 1701 se dice *a los mediados gallos*, es decir a las tres de la madrugada, entre el oficio de noche y el *gallicantum*. En el 169 es el ave literalmente que canta. Véase sobre todo esto, J. Terlingen (1953).

319 Los soldados tenían una devoción especial a la *misa de Santa Trinidad*, dice MP. Se celebra de nuevo, antes de la batalla, en 2370. Esta misa había sido compuesta por Alcuino e introducida en

España por los cluniacenses, junto con el rito romano, en 1077-1078; véase J. Pérez de Urbel, *BIFG,* XXXIV (1955), 637-638.

327   La conmovedora plegaria de Jimena recoge todos los ejemplos de asistencia divina en favor del hombre doliente que ella puede reunir, con la creencia de que Dios ayudará también al Cid en la hora de la necesidad. La confusión que se hace de los sucesos del Antiguo y Nuevo Testamento y de asuntos post-bíblicos se encuentra en otras plegarias de este tipo. La presencia de esta plegaria en el poema se debe a su presencia frecuente en la épica francesa *(prière épique),* pero aquí hay notas originales de tradición hispánica. En el *Fernán González* 105-113 hay una plegaria algo semejante, y otra en la **Leyenda del Abad Juan de Montemayor* imitada directamente del *PMC* (MP). Véanse los importantes estudios de J. Gimeno Casalduero, en *Estructura y diseño en la literatura castellana medieval* (Madrid, 1975), 11-29 (reimpresión de un trabajo de 1958), y de P. E. Russell en su libro de 1978, 115-158; más reciente, E. M. Gerli, «The *Ordo Commendationis Animae* and the Cid Poet», *MLN,* XCV (1980), 436-441 y J. R. Burt, «The Metaphorical Suggestions of Jimena's Prayer», *Crítica Hispánica,* IV (1982), 21-28, reimpreso en su libro de 1982, 10-18.

347   *Calvarie:* MP hace notar que esta forma (con acento en la segunda *a)* aparece en las traducciones de la Biblia hechas en el siglo XIII.

348   *Golgota* tuvo el acento en la *a* hasta el siglo XVI.

373 β   'Sólo Dios sabe cuándo nos juntaremos.'

380 β   'esto puede esperar hasta más tarde'.

390 α   'en cualquier parte, dondequiera que esté'. Véase *EC* 195-196. Se trata de una antigua frase de origen legal, de una pareja inclusiva característica del lenguaje de la ley (por ejemplo, *quier sea en poblado, quier en yermo, Fuero Juzgo,* I, ii, 2). Está presente en el poema desde los perdidos versos iniciales, en su forma reconstruida, y también en las *Mocedades* 440, aunque es poco frecuente en los textos literarios.

397-398   MP nos asegura que estos versos indican que el Cid camina a la izquierda de San Esteban y a la derecha de Alilon, y no que San Esteban estuviera a su izquierda y Alilon a su derecha (como supondríamos los modernos). La distinción tiene una evidente importancia en muchos momentos del texto.

409   'mientras viváis vuestros asuntos irán bien'.

419   Esto es, trescientos caballeros —éstos se distinguían de los peones por los pendones de sus lanzas (418)— y 'otros valientes que hay allí' (418), a no ser que la *e* efectúe una aposición, en cuyo caso también los peones son los valientes.

420 α 'alimentad pronto los caballos'.

421 Para la elipsis, véase el v. 181 y la nota.

422 Este es el primer ejemplo de una pareja frecuente, formada con adjetivo + *grand;* véanse 427, 554, 864, etc.

435 Para un agudo análisis literario de este episodio y algunas correcciones importantes del texto, véase Jules Horrent, «La Prise de Castejón», *MA,* LXIX (1963), 289-297, traducido en su libro de 1973, 333-340. En *BHS,* LII (1975), 109-112 (traducido como cap. 5 de *EC)* indiqué que el episodio es imitación de lo que cuenta Salustio en el *Bellum Jugurthinum* (XC y XCI) acerca de la toma de Capsa en Numidia. En el mismo estudio indico que el poeta compuso el episodio de Alcocer (574 y ss.) siguiendo un texto de Frontino, *Stratege-mata* (IV, v. 34), donde se cuenta una acción de Craso en la Guerra de los Esclavos. Después D. Hook (véase la nota al v. 704) sugiere la posibilidad de que el poeta, para la acción de Pedro Bermúdez que empieza en el v. 704, haya imitado un episodio narrado por César. Estos incidentes del poema forman, pues, una pequeña serie, y sus fuentes clásicas bien pueden haber estado reunidas, en forma de extractos breves, en algún manual, quizá de arte militar, más probablemente de enseñanza retórica. Contra mi argumento sobre Salustio reacciona L. Chalon en *MA,* XXXIII (1978), 479-490, pero sin tomar en cuenta el episodio de Alcocer, hermanado con lo precedente y tomado asimismo de fuente clásica; la aportación de Hook en 1979 fortalece mis argumentos. Para más objeciones, véase S. Baldwin en *MLN,* XCIX (1984), 381-385.

La frase *o dizen* del 435 (y otras semejantes en 649, 2653, 2657, 2876, 2879) tiene la función de completar el verso, pero es también un rasgo tomado del latín medieval, legal o literario o directamente de la Biblia, donde se dice, por ejemplo, *in civitate quae vocatur Nazareth* (Mateo II, 23). Véase *EC* 73.

455 *ficaran* parece que debería ser *fincaran,* en el supuesto de que el copista omitiese (como lo hizo con frecuencia) la tilde que indica abreviatura de la *n;* pero *ficar* aparece también en otros textos antiguos.

465 α Pareja muy usada en esta sección (de nuevo en 541, 619, 679, 852, 856) que significa 'todos los moros'; su equivalente negativo aparece en 517, 'ningún prisionero'.

492 MP hace notar, aludiendo a un texto legal del siglo XII, que aquellos que participaban en una algara tenían derecho a un quinto del botín; el Cid se muestra generoso con Alvar Fáñez al ofrecerle una quinta parte de lo ganado en Castejón, quinto que le correspondía al Cid. La costumbre de asignar un *quinto* o *quinta* al rey o al jefe la tomaron los cristianos, según parece, de los moros. Para todo lo

que se refiere al botín como motivo permanente en el poema, y en especial el deber que en este respecto tenía el Cid con el rey, véase ahora el libro de Lacarra (1980), 32-50.

496   *avello* = *avedlo,* con un extraño tipo de asimilación (compárese 887, 2136); ¿o quizá = *averlo,* infinitivo usado como imperativo?

501   Fórmula llamativa que significa 'hasta que obtenga la victoria'. La frase reaparece en los vs. 762, 781, 1724, 2453, con función descriptiva. Su equivalente más próximo en francés es *li sangre vermeil envola entresque al braz (CR* Venecia⁴, verso 1767).

504-505   'Tan pronto como por mi esfuerzo ganéis algo que valga la pena (aceptaré parte de ello); pero hasta entonces prefiero dejar todo el botín en vuestras manos.' Para esta considerable elipsis, compárese 181 y nota.

510-511   El reparto del botín era evidentemente un asunto bien organizado, que estaba al cargo de oficiales al efecto —los *quiñoneros.* Se escribían las cuentas, para mayor seguridad (también en 1773). En el 511 hay una elipsis especial: *los* (en *gelos*) se refiere a los *quiñones,* 'partes del botín', no expresados.

523   *sin falla:* es una expresión útil para completar el verso, que corresponde al *sans faille, sans falseté* de la épica francesa.

527   Es una alusión a la tregua escrita que Alfonso VI había firmado con el reino moro de Toledo. La ruptura de ésta por el Cid daría motivos a Alfonso para tomar más medidas contra él (528). Véase ahora Lacarra (1980), 19-21, y la sección en prosa que precede al Cantar I.

538   Verso clave: Lacarra (1980), 21, está en total desacuerdo con la interpretación de MP, desde hacía mucho aceptada.

545   Las *aguas* son 'los afluentes del alto Tajuña' (Guadalajara, MP).

555   *vedar agua,* 'cortar el agua al enemigo'; de nuevo en 661, 667.

561   MP observa que la *carcava* no sólo tenía una finalidad defensiva, sino que también expresaba la intención del Cid de permanecer en ese lugar; es la *fincança* o 'permanencia' del 563. El detalle es, sin embargo, imitación de otro en la fuente de Frontino que aquí adaptaba el poeta, pues corresponde a *vallavit* del latín *(EC* 117).

567   *ganar* parece que significa aquí 'trabajar la tierra, atender las labores agrícolas' (MP, *CMC* 702 y 1222).

569 β   'está pagando tributo'.

574-610   Para este episodio, véase H. Ramsden, «The Taking of Alcocer», *BHS,* XXXVI (1959), 129-134 (que alude a un estudio de Hanssen). Para Ramsden *çelada,* 579 y 606, no es 'emboscada' (esto es, hombres escondidos en la tienda abandonada), sino que es equivalente a *art* (575) y *maña* (610), es decir, 'truco, trampa'. El significado de estas palabras clave es estudiado de nuevo por A. Gargano en *Studia... M. de Riquer,* I, Barcelona, 1986, 319-324. Véase también 605-607 y las notas. Varios estudiosos se han empeñado arqueológica y topográficamente en localizar Alcocer; la investigación es resumida por P. E. Russell en dos artículos (uno de 1956, traducido, otro nuevo), de su libro de 1978, 37-69, a lo que hay que agregar otro de E. von Richthofen en *Límites de la crítica literaria,* Barcelona, 1976, 183-191. Una investigación reciente de tipo topográfico es la de G. García Pérez (1933, 75-99). Sobre la fuente clásica que el poeta tuvo al idear este episodio, y la controversia que esta propuesta ha engendrado, véase la nota al v. 435. En fecha reciente el asunto ha tomado otro sesgo. En Ateca y Calatayud se celebró en octubre de 1989 un simposio cuyas ponencias se publicaron en el libro *El Cid en el valle del Jalón,* Calatayud, 1991. Los arqueólogos dan cuenta del descubrimiento de restos de la población mora que habrá sido el «Alcocer» del *PMC,* así como de un yacimiento supuestamente «del Cid» en un *otero redondo* (v. 554). En este sentido escriben J. L. Corral Lafuente, 33-48, y F. J. Martínez García, 49-95, con referencias a publicaciones suyas anteriores. Pero los restos arqueológicos no cuadran en absoluto con la descripción que da el poeta de su «Alcocer» moro y del campamento del Cid y los suyos en tiendas, y aparte de esto, la *HR* no se refiere para nada a ninguna expedición del héroe por el Jalón. En el mismo tomo las ponencias de G. Hilty, 97-105, y con mayor fuerza de A. Montaner Frutos, 137-168, muestran su disconformidad con la aproximación «arqueologista» y analizan como literatura lo que es una creación *literaria,* un episodio de un poema, el *PMC.* Que el poeta estuviera alguna vez, o muchas, en el valle del Jalón, contemplando oteros y restos de edificios y parajes que hacia 1200 escogió como aptos para la localización de su episodio literario, nadie lo pone en duda: así son los poetas.

579 β   'para sacarles y hacerles caer en la trampa'.

588 β   'aparentando retirarse'.

589   'Fue Jalón abajo con sus hombres.'

591 α   Es una pareja inclusiva muy frecuente para indicar 'grandes y pequeños, todos' (de nuevo en 1990). Para sus orígenes, véase *EC* 178-181.

605-607   Ramsden (véase la nota al 574) analiza la puntuación de estos versos, y está de acuerdo más o menos con la versión dada en mi texto. Pone de relieve la gramática y posibles significados del primer hemistiquio del v. 607, con argumentos que no se pueden resumir aquí.

637   El *rey (de moros)* es, como en otros lugares, el 'emir, general o caudillo'; de nuevo en 654, 876, 1147, 1222.

667 'Nos han cortado el agua y puede faltarnos el pan (o el grano).'

672 *Castiella la gentil,* 'nuestra dulce tierra'; es, quizá, la réplica española a la *douce France* de la épica francesa.

691 β 'a no ser que yo os lo mandare'; *mandar* es futuro de subjuntivo.

697 Por medio de *veriedes* el narrador lleva a su auditorio (real o imaginario) al lugar de la batalla; este vívido recurso es de nuevo usado en 726, 1141, 1415, 2158, 2400, 3207, con frecuencia en la descripción de batallas y a veces con el enumerativo *tanto...* Se ha relacionado estos rasgos con *là veissez (... tant)* de la épica francesa *(v. gr.* B, 226-228; H, 275; y MP, introducción a la edición de Clásicos Castellanos, 33-34). También se ha visto una relación con el *tunc cerneres...* clásico, que se conoce en el latín medieval *(Silense,* 121, 133); véase S. Pellegrini, *CN,* III (1943), 231-238; C. V. Aubrun, *BH,* XLIX (1947), 332-333; E. R. Curtius, *CL,* I (1949), 27-28.

699 β Es una fórmula para expresar el tópico de la *admiratio* mediante una pregunta retórica; de nuevo en 1214, 1218, 1966. Para sus orígenes y uso, véase *EC* 99.

704 Como queda indicado en la nota al v. 435, el poeta parece deber este episodio a una tercera fuente clásica, el *De Bello Gallico* de César (IV, 25: el portaestandarte de la Legión X salta al agua en la costa de Britannia, iniciando así el ataque general). D. Hook, «Pedro Bermúdez and the Cid's Standard», *Neophilologus,* LXIII (1979), 45-53. El episodio es analizado por A. Gargano en *Studia... M. de Riquer,* I, 1986, 311-337.

710 β 'No hay otro remedio' o 'No podrá dejar de ser'.

721 El caudillo grita su nombre para esforzar a sus hombres y, asimismo, para señalarles dónde está (ya que la cota de malla hacía difícil distinguir a un caballero de otro). Tal grito, juntamente con la mención del nombre de lugar, tiene paralelos en la épica francesa.

726-730 Esta fórmula para describir la batalla (semejante a la de los vs. 2404-2406) es una clara imitación de poemas franceses, como *Girard de Vienne* y *Garin le Loherain,* B, 226; H, 275; M. 581; MP, Introducción a la edición de Clásicos Castellanos, 33-34; E. von Richthofen (1954), 261 y 277-278. El poema *Mocedades,* 930-934, imita a su vez esta fórmula.

731 Los cristianos usaban el nombre de *Santiago* como grito de guerra desde el siglo x. No sólo era su santo patrón, sino que se había aparecido para ayudarles en la batalla (¿legendaria?) de Clavijo. Al Santo se le llamaba con frecuencia Santiago *Matamoros.*

734-741 Esta enumeración o revista de capitanes se repite en 1991-1996, 3063-3071. Habiendo sido capaz de ajustar al verso estos nombres difíciles, el poeta se alegra de poder repetirlos con la misma asonancia *ó(-e),* y el poeta de *Mocedades* sigue su ejemplo (801-816). Hay ejemplos franceses de este *dénombrement épique:* véase *EC* 134. La frase *que... mando* está probablemente adoptada de documentos legales o historias latinas, que identifican con frecuencia al señor añadiendo la mención de su feudo, *qui tenebat...,* etc. El uso del pretérito es inesperado, ya que en general el poeta tiene el acierto de actualizarnos su narración, pero puede indicarnos una vez más que tomó varios de sus personajes de diplomas, distanciándose hasta cierto punto de este elemento en su poema. *Mandó* no parece estar exigido por la asonancia, en vista del 738.

737 β   'a quien el Cid había criado en su palacio'.

751   El tajo es épico (compárese con 2424); MP se refiere al tamaño y anchura de las espadas en tiempos del Cid, y no le parece exagerada la descripción, pero también hay antecedentes literarios.

753   Se trata, quizá, de una imagen universal; pero compárese a Roldán como *destre braz del cors* de Carlomagno *(CR* 1195; también 597). Otra vez en el poema, 810, 3063.

766   B y H afirman que esto es una imitación de la épica francesa, en la que aparecen con frecuencia yelmos adornados de joyas *(li carbuncle* en la *CR* 1326, por ejemplo). Compárese con el yelmo de Búcar en el poema, 2422.

768   *el otro,* esto es, 'el siguiente golpe'.

771   *della e della part* es una pareja inclusiva (también en 1965, 2079, 3139) para indicar 'de una y otra parte, de todas partes'. MP cita frases parecidas de textos legales, pero los paralelos más cercanos son *hic et inde, huc atque illuc,* etc., del latín bíblico y medieval, frases que se emplean a menudo en descripciones de batallas. Véase *EC* 198.

784   *[arrancada]:* así, en femenino, para respetar el género de *vençida,* como escribe el copista. Las consideraciones son en parte gramaticales y en parte métricas. No podemos distinguir con certeza lo que hizo el poeta y lo que es del copista en lo relativo a la concordancia del participio de pasado, pero en el manuscrito los casos de concordancia predominan con mucho sobre los de no concordancia (53 contra sólo 8, a juzgar por los ejemplos reunidos por MP, *CMC* 360). Sobre esta base, parece arriesgado sustituir la concordancia por la no concordancia sólo para obtener una rima perfecta, como hace MP cuando corrige los vs. 784, 794, 814, 929, 1751, 2482. Según hemos explicado en la Introducción, IV, estos versos, tal como aparecen, tienen una asonancia aproximada que es suficiente.

798   'no echaron de menos a más de quince de sus hombres', esto es, 'perdieron solamente unos quince hombres'.

799 β   Es una frase clásica que se repite en 918, 1723, 1795, 1983, etcétera. A través de la *CAI* (por ejemplo, *et peditum et ballistorum non erat numerus,* 115) y textos semejantes, tiene su origen en la Biblia; véase *EC* 99.

807   Es una pareja que se usa como fórmula para designar a 'todos los soldados' (de nuevo en 848), con paralelo en los *milites et pedites* de la *HR* 927, 934, etc. Véase *EC* 189-190.

821   'una bota llena, tanto que no se podía meter más en ella'.

832   Para la elipsis, compárese 181 y nota.

833   *indos = idnos:* 'venid a juntaros a nosotros'.

834   'Tenemos que abrirnos paso luchando (o como soldados)'; α es una pareja semisinónima, como *con lumbres e con candelas* en el v. 244. El Cid está meditando la situación, de acuerdo con su manera totalmente realista.

840 β   Quizá 'y otros moros que no son de aquí', esto es, patrullas del ejército de Valencia.

844 β   'y lo han puesto por escrito'.

874   *Quin = quim, qui me.*

879-880   Véase 179 y nota.

881 β   'es demasiado pronto'.

883   *acogello = acogerlo,* con asimilación (también en otros casos); *tres semanas* tiene sentido figurado, 'tan poco tiempo'.

887   *avellas = avedlas;* véase 496 y nota.

893   'Les he liberado de sus obligaciones (hacia mí) y no confiscaré sus heredades.' En cuanto *a cuerpo,* aquí casi un pronombre, compárese con 1365 y 1871; véase también *EC* 265-269.

901   Es un tipo de pareja inclusiva extendida, que significa 'para siempre'.

902   *por carta* 'por escrito, en documentos legales'. El *Fuero de Molina,* redactado entre los años 1154 y 1240, todavía le llama *Poyo de mio Cid,* pero hoy es simplemente *El Poyo* (MP, *CMC* 803-804). Véase Russell (1978), 24-25: 'parece incluso posible que el mecanismo literario de la profecía le fuera sugerido [al poeta] por su conocimiento de que el Poyo aparecía efectivamente en un documento, el Fuero de Molina'.

917 β   Esto es, 'todos ellos caballeros'.

938 β   'regresó al lugar de donde había partido'.

948 β   'puede encontrarse con que sus negocios dejan de prosperar'.

957   Hay estudios valiosos de este episodio: T. Montgomery, *HR,* XXX (1962), 1-11; G. West, *BHS,* LVIII (1981), 1-12; I. A. Corfis, *C,* XII (1983-1984), 169-177; A. P. Espósito, *C,* XV (1986-1987), 46-51; J. Gornall, *MAe,* LVI (1987), 65-77. Se discuten aspectos psicológi-

cos, jurídicos, y humorísticos. En mi libro *La creación...*, 185-189, estudio las maneras en que el poeta ha manejado su fuente en la *HR* al componer, con nutridas aportaciones personales, este brillante drama en miniatura.

958 (y 964)   Estas tierras no eran en realidad del Conde, sino sujetas a su protectorado; eran territorios moros del reino de Lérida que entraban en la esfera de influencia del Conde de Barcelona. El Cid es acusado de meterse furtivamente en una especie de reserva en la que estaba vedada la reconquista.

959   'se apenó mucho y se consideró ultrajado por ello'.

962-963   No se sabe nada de este incidente. Pero el Cid histórico, recién desterrado, fue primero a Barcelona donde se le recibió con frialdad. Este *sobrino* puede ser el futuro Ramón Berenguer III, que más tarde se casó con María (Sol), hija del Cid. En el 963, MP cree que *non* es *nom*, esto es *no me*.

971 β   Aposición con conjunción: 'en el pinar de Tévar'.

979 β   '¡Nada de eso!'

983-984   Compárese con *et vidit quia nullo modo poterat ire in terram suam sino bello (CAI* 13).

985 β   'poned el botín a un lado'.

990   'Puesto que nos van a seguir a dondequiera que vayamos, presentémosles aquí batalla.'

997   Esto es, los catalanes iban tan juntos unos de otros y llevaban unas sillas tan ligeras, que un simple golpe de lanza dado a uno le derribaría a él y a otros dos.

1002   *los francos:* Cataluña había sido reconquistada alrededor del año 800 por los francos de Carlomagno. Los historiadores cristianos y musulmanes daban este nombre a sus habitantes.

1011   'allí ganó esta batalla por la que se honró'. Para lo relativo a *barba,* compárese 274 y nota.

1022   'Prefiero morir y condenarme'. Compárese 27-28 y nota.

1025   *Comed, conde:* quizá el Cid está jugando con las palabras, como lo hace de nuevo en 1033, 1039 y 1054. El Cid se encuentra de buen humor, según lo demuestran sus bromas en 1068 y el tono de todo el episodio. Si hay juego de palabras, el Cid lo hace para humillar aún más al Conde.

1027 β   'nunca veréis de nuevo vuestro hogar'; lo mismo en 1033.

1034 β   'de manera que yo quede satisfecho'.

1035b   El verso contiene una pareja sinónima que significa 'dejar en libertad'. Sobre *dar de mano* (de nuevo en 1040), véase *EC* 231-232; sobre *quitar el cuerpo,* véase *EC* 270-271, y compárese con el v. 1365.

1053 α 'se puso muy junto a él'.

1059 β 'comía tan aprisa, arremetía con tantas ganas'. Esta frase no parece existir en otros textos.

1068 *franco* significa 'catalán' y 'hombre libre'.

1070 α 'Si se os ocurriera, si se os viniera a la mente.' B y L corrigen *emiente* por *en miente* (lo cual parece lógico, ya que el copista omite con frecuencia la abreviatura correspondiente a la *n)*, pero MP justifica *emiente* como forma completamente compuesta. Compárese con 3330.

1070 β *vengalo = vengallo,* esto es, *vengarlo* con asimilación.

1074 'Estad tranquilo, Cid; estáis libre de eso.'

1086 En cuanto a la estructura de la frase, compárese con *Tantam igitur et tam preciosissimam in urbe hac adquisiuit peccuniam, quod ipse et uniuersi sui facti sunt diuites et locupletes ultra quam dici potest (HR* 959).

1106 *aquesto,* 'esta amenaza, estas fuerzas'. Para la campaña del Cid contra Valencia, véase D. Hook en *BHS,* L (1973), 120-126.

1112 β 'que aumentarán nuestro provecho'.

1116 *la linpia christiandad* es 'nuestra amada tierra'.

1124 Aquí *ver* es 'atacar', como más claramente en 1224. En este sentido podría ser calco del francés, pues parece que en los vs. 1122-1124 el poeta imita versos de *La Prise de Cordres et de Sebile: Demain soiez apresté et garni, / S'irons veoir a Cordes la fort cit* (2122-2123).

1141-1142 La descripción del derribo de las tiendas es bastante semejante en 2400-2401, con la misma torpeza del verso. El motivo aparece en la épica francesa: *EC* 133.

1151 'aquellos que pudieron huir a uña de caballo lo hicieron'. Para la elipsis, véase 181 y nota. Compárese con *non remanserunt ex eis nisi pauci, qui fugerunt pedibus equorum (CAI* 97).

1159 'Enviaban a sus tropas en correrías y se movían de noche.'

1163 *las exidas y las entradas* (otra vez en 1572) es una frase legal muy antigua que significa 'todos los términos de un terreno' (MP). Para su origen, véase *EC* 197-198. Pattison (1967) utiliza las formas romances de los sufijos del poema, incluso éstos, para fechar el texto.

1173 β 'el Cid destruyó las reservas de grano' (quemando los sembrados). En la *Najerense* (116) hay una frase semejante: *unoquoque anno panem sarracenis auferens,* que se refiere al asedio de Toledo en el año 1085.

1182 *Montes Claros* es la cordillera del Atlas en Marruecos. El poeta se refiere a la larga guerra que los almorávides sostuvieron contra los almohades *(el de los Montes Claros* es el jefe almohade Abdelmómen), guerra que terminó en 1145 con la derrota de aquéllos. El error histórico que comete el poeta, al presentar estos hechos como ocurridos alrededor de 1090, hace pensar a Bello que el poema fue compuesto a bastante distancia en el tiempo (en su opinión, poco después de 1200). Véase B 17 y 148-149; MP, *CMC* 764-765.

1187-1188   Este *pregon,* o proclama, se repite en parte en los vs. 2977-2979. Compárese con *Rex Legionis Adefonsus festinus iussit intonare voces et praeconia regia per Galletiam et Asturias et per totam terram Legionis et Castellae* (*CAI* 12; parecido en 69, 107, 127).

1199 β   'de su tierra', esto es, Castilla.

1204 β   'de tal manera que el cerco era completo'.

1205   'les impedía salir o entrar'. Es la versión romance de un tópico del latín bíblico y medieval; véase *EC* 102.

1208   'Concedió a la ciudad una tregua, para ver si venía alguien a socorrerla.' Se trata de una costumbre de la época; si no acudía nadie en su ayuda, los sitiados se rendían *(CMC* 798). En cuanto al v. 1209, H. de Vries en *C.* XII (1983-1984), 116-118, opina que «el poeta está comparando la ciudad con una mujer que va a parir», pero esto no concuerda con la mención del «dezeno» mes en el v. 1210. El cerco histórico duró unos veinte meses.

1213   Este verso poco enfático puede haber tenido gran resonancia: por una parte, como recuerdo histórico de burgaleses y otros que subieron de rango social (a *caballeros villanos)* habiéndose enriquecido al servicio del Cid; por otra, como llamada a posibles reclutas para las campañas que se estaban proyectando por los años de 1207. Véase Lacarra (1980), 32-50.

1228-1229   'al atravesar el Júcar habrías visto tamaña confusión, con los moros luchando contra la corriente y bebiendo agua a su pesar (conforme se ahogaban)'. MP apunta paralelos en la *CR* 2473 y *Fernán González* 364.

1241   El Cid se deja crecer la barba como señal de dolor por su destierro, según una práctica común a muchos pueblos. Véase MP, *CMC* 495, y la nota al v. 274; para este verso en concreto y su motivación, J. R. Burt en *C.* IX (1980-1981), 132-137.

1245 α   'Aquellos que acompañaron al Cid desde el principio de su destierro'; este verso se complementa con el 1248 α, 'los que se le unieron más tarde'. MP apunta que los primeros recibieron propiedades en la ciudad de Valencia, mientras que los allegadizos recibieron solamente su parte en bienes muebles.

1252   'que cualquiera de sus hombres que se fuera sin despedirse en la forma reglamentaria o sin besarle la mano' (como señal de ruptura de su vínculo). Compárese 298 y nota.

1258 α 'de los allegadizos', esto es, los que se le han unido recientemente, a quienes se contrapone 'mis vasallos' (los que se desterraron conmigo) en 1261.

1260 'que si hay alguno que se vaya secretamente o a quien se eche de menos'; *algunos = alguno se.*

1276-1277 *quenlas = quemlas = que me las.*

1288 α 'de Francia', o también en la época 'de allende el Ebro'. Véase don Jerónimo en el Apéndice I, y para la frase, *CMC* 779-780, y en mi libro *La creación...,* nota 8 en la página 104.

1295 'que no le llorase nadie'. Para *christianos,* compárese con 93.

1299 El Cid nombra al obispo, de acuerdo con la práctica de los reyes y señores de su tiempo; en el v. 1303 parece que son los hombres del Cid quienes lo eligen. Según la historia, el obispo fue enviado de Toledo. Véase el Apéndice I.

1304 'los medios con los que' o 'la dotación económica necesaria, por la cual'.

1307 *e vinos* 'y se fue'.

1310 α 'os ahorraré la lista de todas las posadas', porque el viaje ha sido narrado ya con todo detalle. Para Curtius se trata de una frase tomada de la épica francesa (por ejemplo, *Couronnement Louis,* 269 y 1448; cuatro veces en *Aymeri de Narbonne — De ses jornees ne sai que vos contasse,* etc.; MP cree que el verso es independiente. Véase Curtius en *CL,* I (1949), 27-31, y MP en *En torno...,* 97-102.

1312 *San Fagunt* es la famosa abadía de Sahagún, en el *camino francés* de León. En la historia fue muy favorecida por Alfonso VI, que había heredado de su padre Fernando I su devoción al monasterio. En 1072, Alfonso se refugió allí (parece que como monje) durante cierto tiempo y después continuó su ayuda a los benedictinos y cluniacenses (quienes se hicieron cargo de la abadía en 1079). El poema presenta de nuevo a Alfonso en Sahagún en el v. 2922.

1322-1324 Véase 179 y nota.

1333 MP observa *(CMC* 733) un posible error del poeta, ya que éste ha referido solamente dos de las cinco batallas; pero después (Introducción a la edición en Clásicos Castellanos, nota a la pág. 70) rectifica esto. Considera también la posibilidad de que en un manuscrito anterior el número II se interpretase equivocadamente como U (V, cinco). Pero no se necesita esta hipótesis; el hecho de que en *Mocedades,* 441, se alude a 'cinco batallas' refiriéndose al Cid, y los cinco duelos por el honor de Zamora en el poema de *Sancho II,* indican que se trata de un número más bien convencional. Véase A. D. Deyermod, *Epic Poetry and the Clergy,* Londres, 1969, 162-163.

1338   Véase 179 y nota. Al introducir la *e* el copista demuestra no haber comprendido la construcción, arcaica para su tiempo.

1342   *San Isidro* o Isidoro, el mayor sabio visigodo y obispo de Sevilla del año 599 al 636. Fernando I en 1063 trasladó sus restos desde Sevilla a León, y su iglesia se transformó en un lugar de culto importante. La especial devoción de Alfonso a este santo representa la de los leoneses en general.

1364 α   MP: 'queden en posesión de sus heredades, aunque ausentes'; cree que este perdón se refiere de manera especial a los 115 caballeros que abandonaron voluntariamente Castilla para irse con el Cid (v. 289).

1365   'les garantizo que no recibirán daño alguno'. Para *cuerpo,* véase 893 y nota.

1374 β   'para nuestro propio provecho'.

1376   Se quiere dar a entender que Vivar es una aldea miserable y Carrión una ciudad y cabeza de condado, como en efecto lo era. Para la ilustre familia de los infantes, véase Apéndice I.

1380   El portero era un importante oficial de palacio, a quien correspondía introducir embajadores, ser heraldo, etc. Véase *CMC* 805-806.

1382 β   'que les den cuanto necesitaren'; *fuer* es el futuro del subjuntivo.

1386   'Sois en todo digno, ayudadnos dignamente en esto.»

1401 β   'que tenemos como heredad' (la palabra *heredad* indica no sólo una adquisición permanente, sino también una gran fuente de riqueza que servirá de base para el matrimonio de las muchachas). Compárese con 1607, 1635.

1410 α   *de* 'dentro de'.

1413 β   'y cuidarán de ello, y cumplirán la orden'.

1417 α   'que hablase en su favor, que los ayudase'.

1431   Sobre la importancia de esta segunda aparición de los judíos, véase la bibliografía de la nota al v. 89. Sigo manteniendo la opinión que expresé en un estudio publicado en *R,* LXXXVI (1965), 520-538. Por mucho que se esfuercen algunos piadosos críticos, nada cambia el hecho de que en ningún momento se alude en el poema al pago de los judíos; si se promete tal pago en este segundo episodio depende de cómo interpretemos el v. 1436 (véase la nota a éste). Si queremos creer en las buenas intenciones del Cid, tenemos que suponer no uno sino varios 'olvidos del juglar'. El Cid ha asignado (versos 1285-1286) 500 marcos al monasterio y 500 al aderezo y equipaje de las mujeres (ahora que éstas van a aparecer como pública expresión de la riqueza del héroe), pero no hay nada para los judíos. Creo que su habilidad para engañar a éstos constituye otro de los rasgos heroicos del Cid; los cristianos de hacia 1200 (o antes) se alegrarían de ello con toda seguridad, y se reirían con el jovial antisemitismo de estos episodios. Para el año 1300 las ideas han cambiado, o quizá mejor dicho, el equipo de cronistas de la corte tenía que mostrarse prudente en este asunto políticamente explosivo: los cronistas 'respetabilizaron' al Cid, en términos modernos, no sólo haciendo que pague la deuda, sino también que pida perdón a los agraviados con mucha palabrería.

1434 'olvidaríamos los intereses con tal que nos devolviera el capital'.

1436 β   La mayoría de los críticos y traductores interpretan esto como una promesa seria, y así lo hace el más reciente, J. P. England, «The Second Appearance of Rachel and Vidas in the *PMC*», *Hispanic Studies... Frank Pierce*, Sheffield, 1980, 51-58. *Cosiment* es 'merced, favor' (MP), así que *buen cosiment* corresponde al *buen galardón* prometido en el v. 2641, etcétera. El lector debe juzgar el tono de voz que conviene emplear aquí; yo creo que la frase tiene una doble intención, 'tendréis lo que os merecéis'.

1461 β   'equipados como para luchar, en orden militar completo'.

1462   *Santa María*, esto es, de Albarracín. De nuevo en 1475.

1494 β   'se han tomado todas las medidas'.

1499   *sin hart* 'totalmente, fervientemente'.

1514   *deportar* parece que significa lo mismo que *tener armas;* véase la nota al 1577.

1517   *aver a ojo* es 'tener a la vista, poder ver, estar cerca de'. También en 1614, 1838, 2016, 3024. Véase *EC* 253-254.

1518   Sonreír es evidentemente un acto espontáneo, pero en su colocación aquí y manera de uso, existe cierta semejanza con la frase adverbial latina *hilari vultu,* por ejemplo, en la *HR* 931, 942, 952.

1519   *saludar* aquí como en otros lugares significa 'besar'.

1521 β   'por las que seremos honrados'.

1524   'Aunque no le queramos bien, no podremos hacerle daño (mal).' Por lo que parece, *mal* en el primer hemistiquio es adverbio, y en el segundo *lo = mal* como sustantivo.

1525 α   Otra pareja inclusiva, que significa 'en todo tiempo'.

1548 α   El *cavallo en diestro* es el caballo de combate; en francés, el *destrier (EC* 132). Se le llama así porque en los viajes iba a la derecha del caballero, el cual montaba su caballo ligero o *palafré*. En β se ve que había una tercera bestia, la acémila, que iba detrás del *cavallo en diestro* llevando las armas del obispo; la espada y la lanza, en cuyo pendón estaba la divisa heráldica. Véase también 2375.

1553   Esto es, el anfitrión hizo cambiar las herraduras de los caballos de los huéspedes; era un acto tradicional de hospitalidad.

1565 *fijas dalgo:* compárese con el *hidalgo (-a)* posterior.

1577 *tener las armas* era hacer una demostración de destreza con las armas, generalmente con el escudo y la lanza.

1581 Es un verso difícil; MP *(CMC* 1224) acepta la interpretación de Lang: 'con cuantos clérigos pudieran ir, que hubieran hecho su arreglo respecto al rezo de sus horas canónicas'.

1586 *armas de fuste* son las 'armas hechas en parte de madera', esto es, el escudo y la lanza.

1592 α 'al terminar su galope'.

1596 R. M. Walker y M. N. Pavlović aclaran en *Cultures in Contact in Medieval Spain,* Londres, 1990, 205-214, que estas «verguenças malas» no resultan del encarcelamiento de Jimena y sus hijas, mencionado por la *HR* pero no por nuestro poema, sino que son simplemente las penas en que incurre legalmente la esposa del Cid desterrado.

1602 El *tablado* era una armazón recubierta de tablas, posiblemente en forma de castillo, al que los caballeros lanzaban *bohordos* (saetas) para derribarlo. Había un premio para el ganador, pero la finalidad era más bien un entrenamiento de vista y brazos. Las obras de la época aluden con frecuencia a este ejercicio; una competición de esta clase dio comienzo a la desavenencia y luchas de los *Infantes de Lara.* También en 2249.

1610 Para esta maravillosa escena, creo que el poeta se inspiró en dos poemas franceses, *Berte aus grans piés* (versión ahora perdida, de fines del siglo XII) y *Florence de Rome.* Para los detalles, véase *EC* 132 y 141-142. Conviene recordar que el poeta no puede haber visto Valencia, pues tanto en 1140 como en 1207 (y hasta 1238) la ciudad estaba en manos moras; es decir, tuvo que componer la escena imaginativamente, usando una imaginación llena de recuerdos literarios.

1631 Las *yentes descreidas* son 'los no creyentes', 'los infieles'.

1643 '¡así verán con sus propios ojos la diaria realidad de la vida!'.

1644 Para esta escena, el poeta acudió otra vez a recuerdos del poema francés *Florence de Rome;* en una nota a su edición de Clásicos Castellanos, MP ya apuntó la semejanza *(EC* 133).

1649 *a poco que* 'poco después de que'.

1650 α 'vuestras hijas están en edad para casarse'; a pesar de esto, en los vs. 2082-2083, el Cid, buscando una excusa diplomática para rechazar la petición de mano hecha por los infantes, sin ofender al rey, dice que son demasiado jóvenes para contraer matrimonio.

1655 α 'mi corazón rebosa de orgullo (o valor)'.

1658 Los tambores de guerra moros, sonando al mismo tiempo antes de dar comienzo a la batalla, eran sin duda un elemento espantoso de guerra psicológica. Se alude a ellos en 696 y 2345; también en la *CR* 852 y 3137, versos que el poeta español quizá imitaba *(EC* 135).

1682 β 'sus hombres, sus vasallos'. El simbolismo del compañerismo militar y de otras formas haciendo referencia al pan es muy antiguo (la misma palabra *compaña* sale de *cum-pa-nio). La frase de nuestro texto se repite bastante después, por ejemplo, en los romances carolingios; se encuentra en los fueros *(pro hominibus qui panem suum comedunt)* y en francés. En el mismo campo semántico, compárese *criar, nutrire,* etcétera y véase *EC* 276-279.

1687 α 'por la mañana, cuando todavía no ha amanecido'.

1700 *adobasse = adobarse,* con asimilación.

1701 α 'a las tres de la madrugada'; véase la nota al 324.

1709 Las *primeras feridas:* '(el derecho de dar) el primer golpe en un combate singular antes de dar comienzo a la batalla'; era un honor muy solicitado.

1711 Sobre este episodio, véase L. Chalon, «La Bataille du Quarte dans le *CMC*. Histoire et poésie», *MA,* LXXII (1966), 425-442.

1726 'Yuçef se escurrió debajo de su espada, porque su caballo se movió con ligereza.'

1744 Según MP, el verso significa que el Cid se había retirado o recogido la *cofia* (redecilla; como en 789, 2436) y quitado el yelmo y el *almófar.* El poeta quiere darnos una impresión de la belleza del héroe, con su cara todavía enmarcada por la cofia, tal como le ven las dueñas del v. 1746.

1753 α 'de esta manera, así es como'.

1755 'vais a adquirir honra (o renombre) y os rendirán homenaje', esto es, 'seréis señoras importantes'.

1761 α 'a su lado, acompañándole'.

1765 *de* tiene aquí un sentido partitivo: 'con algunos de...'.

1768 'El asunto de vuestras hijas (esto es, sus matrimonios) deberá ser considerado con más sosiego.' *Venir se* es aquí extraño: quizá se trata de un error, en lugar de *ver se.*

1778 *tomalos = tomallos,* esto es *tomarlos,* con asimilación; compárese con 883 y 1070.

1788 'y que nadie le quitase de allí'.

1791 'para que Alfonso creyese las noticias del Cid, de que en efecto había ganado gran riqueza'.

1822 β MP lo interpreta 'que se debe guardar bien'; B dice 'dignos de' ver'.

1824 *sierra,* esto es, de Guadarrama.

1838-1839 La sintaxis no está clara; el sentido parece ser 'los hombres del rey divisan a los del Cid y creen que es un ejército que se aproxima, ya que no se han anunciado' (a pesar, por lo visto, de lo que se dice en el 1828). Esta aprensión es lo que hace santiguarse al rey en el 1840. El problema es investigado, con nuevas interpretaciones, por R. Archer en *C, XVI* (1987-1988), 126-131.

1842   *deçendieron:* B, R y C leen *deç(end)ieron;* L y MP *d[iç]ieron.* Corominas afirma que el verbo *descender* en el manuscrito es «probablemente ajeno al original», pero que se encuentra en Berceo y es «ya frecuente en toda la Edad Media». Una razón en favor de *deçender* y en contra de *deçir* es que el primero aparece en un verso de la *CR* que pudo servir de modelo al poeta español: *Franceis decendent, a tere se sunt mis* (1136). *Desçender* se halla en la *Fazienda de ultramar,* de la misma época del poema.

1871-1872   'os mando que escojáis un atavío y ornamento conveniente para vosotros (o vuestras personas) y que os equipéis de todas las armas que queráis seleccionar'. Para *cuerpo,* véase 893 y nota.

1889   Fórmula que se repite en 1932, 2828, 2953. La expresión francesa correspondiente es *Li empereres en tint sun chef enclin (CR* 139, etc.), pero la más cercana a la frase del poema es *Imperator, hoc audiens, considerabat dicta eorum et fere dimidia hora* ('durante casi media hora') *tacitus, respondit... (CAI* 146).

1893 β   'comencemos a discutir el asunto'.

1912   'que él escoja el lugar de la reunión'.

1913   'Quiero hacer todo lo posible por ayudar al Cid.'

1921   '¿Qué noticias traéis de Alfonso mi señor?'

1924 β   'y os devuelve su favor'.

1934   'fui echado del reino y mi hacienda fue confiscada'.

1938   'Son poderosos y forman parte de la corte.'

1943   El que habla sin ser anunciado es Alvar Fáñez.

1950-1951   'No sería una sorpresa si el rey Alfonso quisiera señalar él mismo el lugar de la reunión, pues iríamos a buscarle hasta encontrarle.' Los mensajeros del Cid encuentran al rey en diferentes lugares, ya que Castilla-León carecía de capital permanente y el rey no tenía residencia fija; esta situación continuó hasta bien entrado el siglo XVI. Se desconoce —en la historia— dónde tuvo lugar la reconciliación.

1971   *Andria* (en el manuscrito *adria,* con omisión de la tilde que indica abreviatura de la *n)* ha resultado ser correcto, después de gran debate entre los primeros estudiosos. Se refiere a las famosas sedas de la isla griega de Andros, identificadas por V. Crescini (véase MP, *CMC* 1210). En *EC* 131 indico que el poeta imitó un verso de *Florence de Rome.*

1990 α   'todos'; compárese con 591 y nota.

1999   El poeta (o con menos probabilidad un copista) se ha confundido aquí. Después de decir que Alvar Salvadórez (1994) y Galind Garcíaz (1996) están entre los que se preparan para ir con el Cid a las *vistas,* ahora se les nombra como capitanes de la guarnición de Valencia. La enumeración de 1991-1996 tiene un fuerte carácter formulario; el poeta probablemente incluyó a estos dos caballeros en los vs. 1994 y 1996 de una manera automática, a pesar de que quería reservarles el papel de guardianes de Valencia.

2017   *estar* 'permanecer donde están'.

2022   Sobre la humillación a la que se somete el Cid y el posible sentido figurado de *a dientes,* véase D. McMillan, «L'Humiliation du Cid», *Coloquios de Roncesvalles,* Zaragoza, serie II, núm. 14 (1956), 253-261, y J. R. Burt en *RoN,* XXVIII (1988), 211-216.

2030   'El Cid permaneció firmemente sobre sus rodillas.'

2035   '(y os daré) desde hoy un lugar en mi reino'.

2046 α   'Sed mi invitado a la cena', imperfecto de subjuntivo usado como imperativo.

2054   'Estamos a vuestro servicio tanto como nos sea posible.'

2072   Es una triple inclusiva para indicar 'todos los nobles'; compárese con 2964, 3479.

2080   *rogador:* la persona que, de parte del solicitante, hacía la petición oficial al padre de la novia; también el mediador en la transmisión de la potestad que sobre ella se confería al marido (MP). Otra vez en 3395 (según la corrección).

2084-2085   'Los infantes tienen una posición muy alta; convienen a mis hijas e incluso a otras muchachas de mayor alcurnia.' Además de los estudios sobre el derecho matrimonial del apartado III.1 de la Bibliografía, véase ahora el agudo comentario de Lacarra (1980), 50-65.

2086   *criastes:* se trata, quizá, de una ficción diplomática, ya que es difícil imaginar, en el poema o en la historia, que Alfonso pudo haber *criado* a las hijas del Cid.

2088   El uso de la mano en la discusión y ejecución de los matrimonios es muy rico en simbolismo. Véase *EC* 234-236.

2093 α   Cambiar las espadas era, como apunta B, una antigua ceremonia entre guerreros que formaban una alianza.

2105   Esta frase evocativa pone de relieve —aquí y en otras nueve ocasiones (también *Barçilona la mayor,* 3195)— la magnitud de la conquista del héroe. Para sus posibles orígenes, véase *EC* 95-96, y el estudio de Spitzer (1945).

2113 α   Frase difícil; B la interpreta 'ganó fama i alabanza'; MP 'entonces hizo cosa señalada'. Quizá 'entonces se honró sobremanera' (al hacer generosos regalos).

2126   Horrent en su libro de 1973, 212, propone conservar el *dem* del manuscrito: «Después de haber dado las gracias al rey y recibido lo que le ofrecía, Rodrigo pensando en sí mismo *(dem)* se preocupa por las consecuencias que podía acarrear todo aquello. La invocación traiciona el secreto temor que tenía, y, entendido así, el v. 2126 ofrece el mismo carácter que aquellos en los que el héroe deja entender que las bodas propuestas por el rey no son de su total agrado.» Es un razonamiento sutil, pero prefiero aceptar la corrección de MP, no porque lo indique la *CVR (Dios vos de por ende buen galardon),* sino porque en otros casos del poema y en otros textos esta frase formal siempre presenta al que habla prometiendo el *galardón* a su interlocutor (o rogando para que éste lo reciba), y nunca pidiéndolo para sí mismo. Los vs. 2855 y 3416 repiten este verso casi exactamente y los dos tienen *vos.*

2136   *prendellas = prenderlas.*

2138 β   'durante la ceremonia de la boda'.

2152   *tengon = tengom,* esto es, *tengo me.*

2159   Véanse las notas a 298 y 1252.

2165   Compárese con *Domus autem regis Aragonensis semper erat decrescens; domus regis Legionis, gratias Deo, de die in diem semper augebatur (CAI* 19; el editor sugiere como fuente 2, Samuel III, 1).

2173   'que es bueno para hablar, pero que no lo es tanto para otras cosas'.

2192   En éste y los dos versos siguientes la que habla es Jimena y, quizá, las dueñas; en 2195 las hijas.

2200   'El rey os ha pedido en matrimonio (de parte de los infantes) y ha sido él mismo el rogador' (véase 2080).

2202   'que yo no podía darle una respuesta negativa'.

2224   'No quiero apartarme en nada de lo que ha sido concertado.'

2228   'Ellas se levantan y el Cid las pone (casi literalmente) en manos de Alvar Fáñez.' MP apunta que éste continúa teniéndolas asidas mientras habla a los infantes en el 2230.

2251   En los últimos decenios del siglo XII y principios del XIII el Fausto con que se celebraban las bodas en la realeza y nobleza alcanzaba niveles extraordinarios. Hay datos muy interesantes y abundante bibliografía en un estudio de L. Paterson, *MAe,* LI (1982), 213-224.

2266   *sera* es extraño aquí, aun reconociendo la libertad del poeta en el uso de los tiempos. Quizá se trata de *c'asi era aguisado.*

2275 β   La interpretación que hace MP de este difícil hemistiquio es: 'o el que lo estimó en algo'. Las traducciones dan versiones no literales y relacionan la frase con el rey, de acuerdo con la insinuación de MP.

2280   El episodio del león tiene una doble finalidad: presentar al héroe en una nueva situación, desarmado, dominando una bestia peligrosa, y también mostrar por vez primera y en público la cobardía de los infantes. Éstos se cubren de ignominia y quedan expuestos a las burlas de los hombres del Cid, todo lo cual nos lleva a los sucesos que constituyen el asunto principal de este *cantar*. El episodio, que a primera vista podría parecer algo pueril, está pues cargado de significación y consecuencias. Algunos llevan muy lejos la interpretación simbólica del incidente o ven en él insinuaciones ejemplares. Véase L. Spitzer, «Le Lion arbitre moral de l'homme», *R*, LXIV (1938), 525-530; A. Henry, en *R*, LXV (1939), 94-95; P. R. Olson, «Symbolic Hierarchy in the Lion Episode of the *CMC*», *MLN*, LXXVII (1962), 499-511; y para un punto de vista extremo, C. Bandera Gómez (1969), 90 y ss. Más moderado, D. Hook señala unos convincentes paralelos bíblicos, *MLR*, LXXI (1976), 553-564, a lo cual hay que agregar una fuente en la épica francesa, *Berte aus grans pies*, que indico en *EC* 137-140. Coincide en cierto modo con Hook J. R. Burt, «The Quest-motiv in the *PMC*», *Revista de estudios hispánicos*, XIV (1980), 95-106, reimpreso en su libro de 1982, 26-38.

2286[b]   Se trata de una frase formularia, una pareja que significa 'en ninguna parte'; compárese *nin torre nin cabaña* 137b), *en torre nin en çerca no m'podra escapar* 300b) del *Fernán González*.

2290   La *viga lagar* tiene, según Bandera Gómez (1969), un valor simbólico: la Cruz.

2301 α   'y lo conduce llevándolo a su derecha'.

2310 α   'están muy apesadumbrados'.

2311 α   Fórmula de primer hemistiquio que tendrá una larga vida en los romances.

2314 β   'quizá habéis oído hablar de él', otra fórmula muy frecuente.

2329   'Que descansen y no tomen parte en ella (la batalla).'

2333 α   'estáis casados con mis hijas'. Aquí (como en 2703, 2761, 3449, y compárese con 255) los *braços* ofrecen un símbolo admirable —o mejor, una referencia concreta— a la abstracción del matrimonio. Véase *EC* 242-243.

2333 β   *blancas* 'brillantes, hermosas'. Este símil tan sencillo, pero a la par tan llamativo, se aplica más adelante a objetos más mundanos.

2338   'Ojalá vea el día en que merezca el doble de vos' (o 'en que os pueda pagar el doble').

2357   'cuídelos el que quiera, porque a mí poco me importan'.

2360 α   'si hubiese peligro'.

2367 β   'Tomemos las cosas con calma' o 'Paciencia, compañeros'. El Cid quizá se siente molesto por tantos consejos tácticos o tanta locuacidad de sus dos capitanes.

2375 El manuscrito dice *corcas,* palabra desconocida; es razonable pensar que el copista olvidó la cedilla, como otras veces, y que se debe leer *corças.* MP, después de descartar las sugerencias de Bello y otros *(CMC* 594-596) admite de mala gana que tal es el significado. Según el *Carmen Campidoctoris,* el Cid tenía un escudo *in quo depictus ferus erat draco* (115); dragones y flores son las divisas mencionadas en la *CR* (1480, 1810, 3266-3330). Muy *post factum,* en el siglo XIV, todas las tumbas que constituían el gran panteón cidiano en Cardeña fueron provistas de blasones, que se ven hoy día. Las armas de señal son 'las armas con un emblema o divisa', de las que se ha hablado en el 1548.

2379 MP cree que este *non* es *nom,* esto es, *no me.*

2382 Don Jerónimo era obispo, no abad; el Cid está, quizá, bromeando. Compárese el uso coloquial (a veces peyorativo) que se hace en nuestros días de *fraile* por 'cura'. MP dice que en algunas provincias todavía se usa *abad* para designar al sacerdote.

2383 β 'comenzó la carga'.

2401 β 'que estaban tan ricamente adornadas'.

2403 β 'empiezan a perseguirlos' (otra vez en 2408).

2406 Compárese con 726 y nota.

2411 'nos besaremos y pactaremos amistad'.

2423 β 'y, habiendo cortado el resto...'.

2426 Sobre el nombre de la espada, véase F. Díaz Padilla, «La espada *Tizón,* traducción castellana de *brand:* un aspecto del origen germánico de la épica», *Archivum,* XXXI-II (1986), 241-254. Véase también J. J. Duggan en *O,* XVII (1992), 29-50.

2436 Compárese con 1744 y nota.

2469 β 'que ellos habían puesto a salvo'.

2483 Verso difícil que posiblemente significa 'parte del botín está ya dividido entre nosotros, parte lo tienen guardado los *quiñoneros* (que lo repartirán después)'. Véase cómo MP interpreta su versión, *lo uno es [dellos].*

2491 α 'tan numerosos son'.

2500-2501 'temen que quizá yo les ataque cualquier noche, pero no tengo tal intención'. La idea de llevar la guerra a Marruecos había aparecido, al menos en la poesía, antes de esto. El trobador Peire d'Alvernha, que estuvo en la corte de León en alguna fecha entre 1157 y 1169, se dirigió a Fernando II: «... premiers penretz Labadol [¿=Badajoz?] / e si anatz a dreitura / tro a Maroc...»

2517 β 'pues nos honra vuestra presencia'.

2531 'Ocupaos de otras cosas que lo nuestro está a buen recaudo.'

2538-2539   M. Garci-Gómez en *RoN*, XV (1973), 178-182, sugiere una nueva puntuación de estos versos:

> Amos salieron a part;   veramientre son hermanos,
> desto que ellos fablaron: «Non parte non ayamos

lo cual se interpreta: '... de lo que decían entre sí, está claro que eran hermanos; ...'.

2541   Compárese con 110 y nota.

2562 β   'con las que estamos legalmente casados'.

2564 α   'y les daremos posesión de sus haciendas'.

2567   'y las heredades en que tendrán parte los hijos que tengamos'.

2588 α   'Hay una gran animación.'

2591 β   'están despidiéndose'.

2605 β   'donde tenéis vuestras heredades'.

2611   *la clara,* 'la luminosa': epíteto evocador que se ofrece a un público castellano que probablemente no ha visto nunca una gran ciudad mediterránea.

2639   'que les den todo lo que quieran y necesiten'.

2655 α   'un buen caballo a cada uno'.

2694-2695   Versos enteramente misteriosos. *Griza* (nombre de lugar) y *Alamos* (persona) son desconocidos; *caños* son 'cuevas'. MP en un estudio de 1958, reimpreso en su libro *En torno...*, 181-186, cree que *Elpha* corresponde a *Elfe* 'ninfa (germánica) o hada de los bosques', y que «la Elfa encerrada en la cueva de Griza cuando Alamos pobló aquel lugar representa una leyenda de encantamiento, un mito cavernario, análogo a los de la Jana-Diana que existían en toda la Península». *Elfa* aparece como nombre de persona en el siglo XIII, aunque es poco frecuente; la *-ph-* es rara en extremo y quizá revela un origen culto o extranjero. Tentativas más recientes para resolver el enigma son las de F. W. Hodcroft en *Archivo de Filología Aragonesa,* XXXIV-V (1985), 39-67; J. J. Duggan en *O,* XVII (1992), 29-50; y G. García Pérez, 1993, 119-154. En cuanto a la intención *literaria* del poeta, la referencia —incluso en alguna forma correcta— habrá resultado igualmente misteriosa para un público burgalés coetáneo: es decir, toda la serie de alusiones topográficas o paisajísticas tiene la finalidad de producir temor y hasta escalofríos en el público.

2694-2696   *a ssiniestro... a diestro:* una frase semejante, en la que incluso coinciden los apartes, es: *ex altera parte dimiserunt Cordubam et Carmonam a sinistra, Sibiliam vero, quam antiqui vocabant Hispalim, relinquentes a dextera (CAI 32).*

2697   Sobre este episodio, de importancia crucial en el argumento del poema y de ejecución literaria tan brillante, hay una nutrida bibliografía. Véase, acerca de la motivación de los personajes, U. Leo, «La 'afrenta de Corpes', novela psicológica», *NRFH*, XIII (1959), 291-304; H. Mendeloff, «La razón de la sinrazón: Three Appeals to Reason in the *PMC*», *RoN*, VII (1965), 92-94; C. Smith y R. M. Walker, «Did the Infantes intend to kill the Cid's Daughters?», *BHS*, LVI (1979), 1-10. En lo literario, Curtius ve en la descripción del lugar —sobre todo, v. 2700— el tradicional *locus amoenus;* MP rechaza esto indignado, creyendo que se describe un sitio real; aun concediendo que fuera una invención, ésta sería del poeta y no debería nada a la tradición culta (véase *En torno...*, 102-105). Hay análisis de M. Garci-Gómez, «La *Afrenta de Corpes:* su estructura a la luz de la retórica», *KRQ,* XXIV (1977), 125-139. Para importantes aspectos R. M. Walker indica una fuente en el poema francés *Florence de Rome, MLR,* LXXII (1977), 335-347, aceptada por mí y apoyada en otros detalles que el poeta español habrá tomado de esta *chanson (EC* 127-134), rechazada por A. D. Deyermond y D. Hook en *C,* X (1981-1982), 12-37, quienes insisten en la antigüedad y extensión de este tema de la mujer maltratada y atormentada en el bosque. Una apreciación parecida es la de M. Conti en *RFE,* LXIII (1983), 73-90. Para J. K. Walsh en *Revista Hispánica Moderna,* XXXVI (1970-1971), 165-172, el episodio tiene relación con la tradición literaria y litúrgica de los mártires. Lo complementa C. I. Nepaulsingh en *HR,* LI (1983), 205-221. Véanse también los estudios de H. S. Martínez en *Anuario de Letras,* XI (1973), 59-103, y de D. W. Gifford y D. G. Pattison en *Mio Cid Studies,* 49-62 (relaciones folklóricas) y 129-140 (el episodio en las crónicas).

2698 'los árboles son altos y las ramas suben hasta las nubes'. No es necesariamente una hipérbole; en las zonas montañosas la niebla se pega a las ramas de los árboles. Véase De Chasca (1972), 212-213.

2699 Las *bestias fieras* eran una realidad: jabalíes, lobos, linces, quizá osos, etc. Las *aves del monte* (2751) serán buitres y águilas.

2703 'Se solazan con sus mujeres.' Para *en braços,* compárese con 2333 y nota. A modo de conjetura —que el lector podrá juzgar estudiando las diversas referencias que preceden en el texto— he propuesto que sólo en Corpes se llegan a consumar físicamente los matrimonios *(EC* 84, nota). De aceptarse la conjetura, se aumentan enormemente tanto el dramatismo de la escena como la maldad de los infantes.

2721 α 'las despojan de sus ropas y las dejan con aquellas que ciñen directamente el cuerpo'.

2730 '(y dirán) que no lo sufrimos porque lo hemos merecido'.

2739   *linpia* 'brillante'.

2743 β   Se han dado las más variadas interpretaciones. Ni siquiera está claro si estas palabras se refieren a los infantes o a las muchachas. La interpretación preferida de MP es que *cosimente* significa 'fuerzas, vigor físico', y que se aplica a las jóvenes; pero no descarta la posibilidad de que quiera decir 'ya que ellos (los infantes) no tienen compasión'. Véase *CMC* 602-604.

2746   'rivalizando para ver quién da golpes más fuertes'.

2752   Este verso es un ejemplo (hay otros en el poema) de la técnica retórica denominada *oppositum* (énfasis por negación), especie de *amplificatio*.

2756   'que una no puede ayudar a la otra'.

2759-2761   'no deberíamos haberlas tomado ni siquiera como barraganas, a no ser que se hubiera nombrado un *rogador* para instarnos a ello, pues no eran nuestras iguales para ser nuestras mujeres legítimas'. *Rogados* puede tener una intención humorística. Para *braços*, compárese con 2333 y nota.

2767 β   'tuvo un presentimiento' (MP menciona la expresión moderna *le dio una corazonada).*

2783   'las va haciendo volver en sí'.

2784 β   'tan desmayadas están'.

2785   'se le desgarraba el corazón'.

2814 β   'que era un hombre (vasallo) de Alvar Fáñez'.

2833 α   'no se saldrán con la suya'.

2843   MP tiene buenas razones geográficas para insistir en esta omisión. Véase en la nota a pie de página correspondiente al 2875 la explicación que da de cómo pudo originarse el error. La descripción que se hace (2843) del lugar, como *castiello,* confirma que se trata de Gormaz, no de San Esteban. Véase *CMC* 59, etc.

2864 β   Frase difícil. Probablemente 'Per Vermúdez ha hecho lo mismo', o '... ha hecho otro tanto'.

2867   Se supone que el divorcio resulta automáticamente de la afrenta de Corpes, sin que haya necesidad de proceso alguno, civil o canónico.

2879 β   'en un lugar que llaman Medina'. Compárese con 435 y nota.

2904   La frase continúa con el *que* del v. 2907; véase la nota al 179.

2910-2911   'si hay aquí alguna deshonra, toda ella —grande o pequeña— corresponde a mi señor'. El primer hemistiquio del 2911 es una frase de pareja inclusiva.

2923   Véase *EC* 72-73.

2936 β   'os reconocen como señor de grandes reinos'.

310

2948-2949   Véanse los vs. 179 y 298, y las notas a éstos.

2950   *la vuestra* se refiere a un sustantivo no expresado: *desondra*.

2951 β   'pues sois experto en la ley'.

2958 α   '¡ojalá que...!', '¡si...!'.

2960   *sin = sim,* esto es, *si me;* de nuevo en 2990, 3042, 3391.

2964 β   Es una fórmula de pareja inclusiva para expresar 'todos los nobles'; compárese con 2072 y 3479 (en un sentido negativo). Tiene equivalentes latinos, por ejemplo, *HR* 936, 937; *CAI* 54, 107, 131.

2972 β   'haya optimismo entre ellos'.

2988 β   (de nuevo en 2996) 'cuantos parientes hay', esto es, 'todos los parientes'.

2997 β   'participó en estos debates'.

3003   El *buen enperador* era Alfonso VII (1126-1157). No se puede hacer uso de este verso para fechar el poema. MP y otros creen que *buen* indica aquí que el emperador vivía cuando se compuso el poema, pero como puede verse en otros textos, el adjetivo se usaba también para indicar 'el difunto'. Según Ubieto, *buen* «suena a elogio fúnebre». En un diploma de Maqueda, del año 1211, se menciona el *termino... que les diera bonus imperator.*

3005   *sabidores* son 'los expertos en leyes': para algunos, expertos en el tradicional derecho germánico; para los más recientes (Lacarra, etc.) son los expertos en el 'nuevo' derecho romano.

3007-3009   J. Horrent (1973), 213-214, rehace la crítica de MP sobre estos versos, concluyendo que el 3007 es correcto en el manuscrito, mientras el 3009 es una interpolación o un error.

3015   Para este episodio indico paralelos en la épica francesa: *EC* 142-144.

3028 β   'no puedo permitirlo'.

3040   Compárese 179 y nota.

3042   *Si fago* da a entender 'claro que sí (me pesa)'.

3054   *San Servan* (hoy San Servando) es un castillo-monasterio situado en la ribera sur del Tajo. El Cid da dos razones para explicar su deseo de pasar allí la noche: porque el resto de la compañía, que viene de Valencia, espera encontrarle en ese lugar, y porque desea hacer vigilia. Pero la razón principal, diplomáticamente callada, era una elemental prudencia (como aparece después en los vs. 3106, 3119, 3122): los de Carrión habrían podido coparles fácilmente por la noche en las estrechas calles de la ciudad.

3085   Esta descripción de cómo se viste el héroe es probablemente una imitación de escenas parecidas de la épica francesa: *EC* 135.

3086   'que están ricamente trabajados'.

3089 'Van elegantemente ajustados a los puños, porque él lo mandó así.'

3091 'está bordado en oro, y las partes así bordadas relumbran donde están'.

3097-3098 El *cordón* parece ser una cinta. El Cid quiere evitar a toda costa el peligro de que se le mese la barba o el pelo, lo cual constituía una injuria gravísima; García Ordóñez, a quien el Cid había insultado años antes de esta manera, está presente en la corte, buscando todavía venganza. Véase 274 y nota; asimismo 3280-3290.

3099 α 'se puso encima un manto'.

3115 Es posible que el poeta olvidase decirnos antes que el Cid había enviado al rey el escaño; éste procedía sin duda del botín tomado a Yúçef o Búcar.

3121 El *escaño* (trono o sillón de ceremonias) se hizo famoso en la leyenda posterior. Las crónicas y romances aluden a él, aquéllas para decir que formaba parte del botín tomado a los moros, creando un nuevo episodio sobre su aparición en la corte. En *Don Quijote* (II, 33) se le recuerda como el asiento más honroso.

3133-3134 El rey parece prejuzgar muy parcialmente el asunto que se va a juzgar, aunque los versos pueden indicar que el comportamiento de los infantes y la deshonra del Cid *(tuerto)* no están en tela de juicio; en palabras del rey, se ha convocado la corte para decidir la compensación. Para un análisis técnico del proceso y la terminología legal, véanse los estudios de Hinojosa, complementados por A. Zahareas, «The Cid's Legal Action at the Court of Toledo», *RR*, LV (1964), 161-172; Lacarra (1980), 65-77; M. Pavlović y R. M. Walker, «Roman Forensic Procedure in the *Cort* Scene in the *PMC*», *BHS*, LX (1983), 95-107. El dramatismo de todo este episodio —cumbre del arte del poeta— es estudiado por M. Bayo García, «¿Un pasaje teatral dentro del *PMC*?», *Ligarzas*, I (1968), 179-205, quien imprime el texto en forma dispuesta para una representación.

3136 β 'que no son del grupo' (esto es, de la familia de los infantes).

3163 'lo discuten con rapidez y se ponen de acuerdo en la respuesta'.

3167 *fincar la voz* es 'acabar la demanda' (de nuevo en 3211).

3196 'os la doy para que la cuidéis bien'.

3205 β 'llevaron a cabo su plan'.

3211 Era la costumbre que el litigante expusiese todos los puntos de su demanda en una sola intervención. Pero en el 3213 los jueces autorizan al Cid a presentar una nueva demanda.

3216b Para la elipsis, véase 181 y la nota.

3222 'cuando le domina el deseo de nuestras riquezas'.

3246   *sobre* 'excepto'.

3249   'Ellos salen malparados, os lo digo, de este negocio.'

3257   'No los puedo dejar sin los retos (duelos).'

3260   '¿Por qué dejasteis desnudas las telas de mi corazón?'

3264   '¿Por qué las sacasteis de su heredad (o casa) de Valencia?'
La aposición se parece a la de *Burgos la casa;* véase 62 y la nota.

3268   'por lo que les hicisteis habéis incurrido en infamia'. La
acusación de *menosvaler* ('infamia') que se repite en 3334, 3346, for-
ma parte del cargo legal que provoca los duelos.

3276-3277   'No debían haber querido a sus hijas ni siquiera como
concubinas, y ¿a quién se le ocurrió pensar que ellas eran dignas de
ser sus mujeres legítimas?' Compárese con 2759-2761.

3285 β   'nadie (ningún hijo de mujer)'.

3286   *nimbla* es *ni me la,* con condensación y epéntesis de *-b-;* 'no
me la mesó nadie'.

3289   Para paralelos franceses de esta acción indicados por B y H,
véase *EC* 136.

3290   'la parte que yo arranqué todavía no ha crecido de una ma-
nera regular'.

3295   'no crezca más el conflicto entre nosotros'.

3304 β   Es una frase desconocida en otros textos; probablemente
quiere decir 'es a ti a quien se dirigen de una manera indirecta'.

3309   Coester, en *RH,* XV (1906), 196, cree que las peculiares for-
mas del verbo en el discurso de Pedro Bermúdez —como *off* (3320),
did (3322) y *toveldo* (3322) en vez de *ove, dit = di te* y *tovetelo = te lo
tuve,* respectivamente— intentan reflejar el tartamudeo de Pedro
Bermúdez. Pero MP rechaza esta noción señalando que estas pecu-
liaridades aparecen también en 3286, 3365, etc.

3318 β   Según M. N. Pavlović y R. M. Walker, «The Implications
of Pero Vermúez's Challenge to Ferrando Gonçález in the *PMC*», I,
XXIV (1986), 1-15, esta cobardía en un *bellum publicum* se castigaba
automáticamente con la *infamia,* según el derecho romano.

3319   'si yo no hubiera ido en tu ayuda, mal te lo habría hecho pa-
sar el moro'. *Uvias* es una forma recortada del imperfecto de subjun-
tivo, como en otros lugares.

3329 β   'reconóceme esto'.

3334 β   'por cuya razón estás hoy deshonrado'. Véase 3268.

3343 α   'te reto' (de nuevo en 3442). Véase *EC* 267.

3344 α   'mantendré esto (mi acusación) en un duelo judicial...'.

3355   '¡Ojalá que esos matrimonios no se hubiesen efectuado
nunca...!'

3359b   'Lo mantendré en un duelo con el más valiente de
vosotros.'

3367 α   Posiblemente *yo [t] lo lidiare.* β 'no hay otra alternativa'.

3370   *Dezir por la boca* es la fórmula (también en algunos fueros) que indica 'confesar' (esto es, de haber dicho una mentira); suponía quizá un gesto de retractación, un desdecirse de la acusación, después de la derrota en duelo.

3377-3378   '¡Oh, señores! ¿Cuándo se vio tamaño escándalo? ¿Quién mantuvo nunca que habríamos de recibir nobleza por el matrimonio con la familia del Cid?'

3385   'Asqueas a todos los que están a tu lado cuando les das el ósculo de la paz en la misa' (con tus regüeldos o apestando a vino y comida).

3400   'y que se las concediesen como mujeres legítimas'.

3425   'cambiaron las promesas y los juramentos'.

3432   'os he dado tiempo de hablar'.

3449   'Antes las teníais a las dos como mujeres legítimas.' Compárese con 2333 y la nota.

3456   '¡Yo soy Alvar Fáñez, valiente como el que más!'

3469   J. Horrent (1973), 212-213, rechaza la enmienda de MP, por superflua.

3479   'para que no sufran daño alguno de ningún noble'. Para la pareja inclusiva del segundo hemistiquio, compárese con 2964 y la nota.

3494   H en su nota a este verso señala la misma acción en la épica francesa y cree que se trata de «une bravade, une sorte de défi». En el *PMC* parece más bien una señal de que el Cid se siente seguro de todo ultraje posible, ahora que ha triunfado completamente en la corte y ha recobrado su honra; la barba suelta simboliza la culminación de esa honra.

3499 β   'que están del lado de la justicia'.

3500   'instaba a todos para que tomasen cuanto desearan'.

3505   'cuando todos estos asuntos están así arreglados'.

3514 α   Pareja inclusiva que significa 'en ninguna parte'.

3528   'Hemos aceptado la obligación y nos corresponde cumplirla.'

3533   El poema ilustra la transición entre una mentalidad y cultura en las que se resolvían los pleitos por medio del duelo, y otra que lo hace con métodos más modernos, el juicio civil en presencia de un tribunal. Uno de los mayores logros del poeta es haber expuesto la escena de la corte con tanto dramatismo como los duelos que siguen a ésta, los cuales —al menos para el lector moderno— representan en cierto modo el anticlímax. En la transición entre las dos clases de juicio y en la necesidad que tiene el Cid de ambos tipos de desagravio, podemos ver que la justicia civil debe ir acompañada de otra, visible y sangrienta, en el campo del honor. La exacta naturaleza de los duelos, así como su finalidad, quedan abiertas a la duda, pero en general se puede suponer que, como en las ordalías, se impetraba el juicio de Dios para que diera la victoria al contendiente que tuviera razón. Véanse los comentarios que hace MP a un estudio de P. Merea, en *En torno...*, 173-178. Pero Lacarra (1980), 77-97, replantea radicalmente la cuestión: «Quienes han creído en la veracidad histórica del poema no se dan cuenta de que el *riepto* no existía en tiempos del Cid como institución establecida.» Por tanto, el poeta, en el ambiente bastante distinto de hacia 1200, ofrece casi un programa de reforma procesal: la corte bajo la presidencia del rey, con sus jueces y *sabidores,* y luego los *rieptos* bajo la misma presidencia y con reglamento que se describe con todo detalle. Dan más pormenores acerca de la precisión de la organización de estos duelos M. N. Pavlović y R. M. Walker en *MAe,* LVIII (1989), 189-205. En lo literario, el proceso y los duelos corresponden claramente al proceso de Ganelon y duelo de Pinabel y Tierri de la *CR;* para ciertos detalles de los duelos, creo que el poeta español imitó una escena de duelo del poema francés *Parise la duchesse* (véase *La creación...*, 213-214). Los infantes luchan con bastante valor, lo cual hace contraste con su comportamiento anterior, contraste estudiado por J. K. Walsh, «Epic Flaw and Final Combat in the *PMC*», *C,* V (1976-1977), 100-109, con respuesta de R. M. Walker en *C,* VI (1977-1979), 22-25. Otros estudios son los de A. D. Deyermond en *The Medieval Alexander Legend and Romance Epic: Essays in honour of D. J. A. Ross,* Millwood, Nueva York, 1982, 11-18, y de I. Michael en *Comentarios de textos,* IV, Madrid, 1983, 85-104.

3542 'El solo designio ya era malo, pero por fortuna lo otro (la ejecución del designio) no se llevó a cabo.'

3549 'para favorecer la justicia y no tolerar ninguna injusticia'.

3554 α 'tuvieron una discusión'.

3559 'no pedisteis que se excluyese ninguna espada cuando tuvimos la corte'.

3574-3575 Compárese con 179 y la nota.

3576 'ayudadnos a asegurar la justicia y a prevenir la injusticia'.

3578 'no sabemos qué tramarán o no tramarán'.

3580 α 'mantened nuestros derechos'.

3593-3594 'El rey les asignó fieles para establecer lo que era justo y nada más, que no disputasen entre sí sobre lo que era correcto.'

3599 α 'los traje bajo mi salvaguardia'.

3607 'que quien se saliese de los límites sería por ello considerado como vencido'.

3610   'Les sortearon el campo y dividieron la luz entre ellos.'

3619 β   'sobre la que se movían'.

3637   'lo metió en la carne el tamaño de una mano'.

3649   *linpia* 'brillante, reluciente'.

3659   *tornasse* = *tornarse,* con asimilación; compárese con 1700.

3661   'le dio un golpe con la parte plana de la espada, no con el filo'.

3666-3667   'refrenó el caballo y, apartándolo de la espada, lo llevó fuera de los mojones...'.

3689   'tiró de la lanza y se puso sobre él'.

3694   'tomó para sí las armas que allí quedaban'; era una prerrogativa real, según las *Partidas* (MP).

3709   'están profundamente apenados por lo que han sufrido'.

3715   '¡Que tengan ahora sus heredades de Carrión libres de gravámenes!' Se alude a las hijas; el Cid habla con ironía.

3724   Es verso muy debatido; véase el apartado sobre las hijas del Cid en el Apéndice I.

3726 α   'Dejó esta vida.'

3726 β   Esto es, el domingo de Pentecostés, 29 de mayo de 1099. La *HR* afirma que el Cid murió en el mes de julio; según la *Crónica particular,* el 15 de mayo. En Cardeña se celebraba el aniversario del Cid y de Jimena en junio. La fecha que da el poema tiene intención religiosa, como lo demuestra su falta de interés histórico al no mencionar el año. Russell cree que esta parte final del poema fue retocada: véase su libro de 1978, 98-103.

3732   Son muchos los comentarios sobre este *explicit.* Para un análisis de las diversas interpretaciones, véase J. Horrent (1973), 197-207, y *EC* 15-21, y la sección III de nuestra Introducción con bibliografía reciente.

Glosario

Nota: Las palabras están escritas en la mayoría de los casos tal como aparecen en el poema, pero con los acentos añadidos; en algunas ocasiones se indican las variantes. Se dan también los significados arcaicos de palabras modernas, aunque las definiciones se refieren sólo al texto y no son de ninguna manera completas. No se repiten aquí las palabras y frases que ya se han explicado en las Notas, omitiéndose, asimismo, las formas que se pueden reconocer con facilidad, v. gr., *abaxar, atal, asconder,* etc. Para una información complementaria, véase MP, *CMC,* II; J. Corominas, *Diccionario crítico-etimológico de la lengua castellana (DCELC),* Berna, 1954, 4 vols., y la 2.ª ed., 5 vols., Madrid, 1983, así como los estudios incluidos en la Bibliografía.

abastar *vt* proveer, abastecer.
abenir *1 vi* acontecer. *2 vr* avenirse, ponerse de acuerdo.
abés *adv* con dificultad, difícilmente.
abiltar *vt* deshonrar.
abraçar *vt* (3615) ponerse en el brazo.
abuelta *en frases preposicionales:* — **con** (589), —**s con** (3616), —**s de** (716) junto con; — **de** (238) al mismo tiempo que, al.
acayaz *nm véase* **alcayaz.**
açertarse *vr* estar presente, tomar parte.
acomendar *1 vt* encomendar. *2 vr* encomendarse.
acometer *vt* proponer *(véase también* **cometer).**
acordado *adj* sensato, juicioso.
acordar *1 vt* (1030) hacer entrar en razón; (1712, 1942) aconsejar, dar instrucciones; (3163) decidir. *2 vi* ponerse de acuerdo. *3 vr* ponerse de acuerdo, llegar a un acuerdo.
acorrer *vt* (222, *etc.)* ayudar; (743) defender, acudir en defensa de; (1483) servir.

317

acorro *nm* ayuda, socorro.

acostarse *vr:* — **a** (749) aproximarse a, arrimarse a.

adágara *nf* adarga, escudo.

adebdar *vt* contraer una deuda por, comprar a crédito.

adeliñar *vi:* — **a,** — **pora** encaminarse a, dirigirse a; — **tras** encaminarse tras.

adeliñecho *adj:* **ir** — ir encaminado derechamente.

aderredor *adv* alrededor.

adobar *1 vt* preparar, disponer; — **de** equipar de; **bien adobados** (2144) bien equipados. *2 vr (por ejemplo,* 681) armarse, prepararse para el combate; (3672) arreglarse.

aducho *part pas de* **aduzir.**

adux *pret de* **aduzir.**

aduxier *fut subj de* **aduzir.**

afán *nm* dificultad, trabajo.

afarto *adj como nm* más que suficiente; *como adv véase la nota al* 1643 [harto].

afé *adv (también* **fe,** 485, *etc.)* ved, mirad; hay; — **Dios** (1942, *etcétera) el interlocutor hace quizá un gesto hacia el cielo;* (2140) *enfático.*

afincar *vt* apremiar.

afontar *vt* deshonrar.

agora *adv* ahora.

aguardar *1 vt* (1058) mirar; (308, 839, 2168) observar, espiar, vigilar; (1822) custodiar *(véase Notas);* (1449, 1547, 2930, 3122) escoltar. *2 vr* (568) atrincherarse.

aguazil *nm* juez moro, alguacil; *(en sentido vago)* caudillo, general.

aguijar *1 vt* espolear. *2 vi* ir a galope, partir con prisa *(también* — **a espolón).**

aguisado *adj* (1911, *etc.)* conveniente; (132, *etc.)* conveniente, razonable; (836) dispuesto; **bien** — (3022) bien organizado; — **por** (2322) designado expresamente para.

aguisamiento *nm* aderezos, equipo.

aguisar *vt* disponer, organizar.

aína *adv* aprisa, rápidamente.

airado *adj* desterrado, exiliado.

airar, *vt* retirarle a uno el favor; desterrar.

ajunta *nf* entrevista.

al *nm y adj (con* **lo)** lo otro, lo demás; otra cosa.

ala *interj* ¡eh!

alabarse *vr* jactarse; estar pagado de sí.

albergada *nf* campamento.

alcalde *nm* juez.

alcança *nf*, **alcanço** *nm* persecución.

alcándara *nf* percha; gancho.

alçarse *vr* esconderse.

alcayaz *nm* (*también* **acayaz**) alcaide, el que tiene a su cargo una fortaleza.

alcaz *nm* alcance en la persecución del enemigo.

alén, alent, allent *adv y prep* más allá, allende; **d'allent** desde allí.

alevoso *nm* traidor.

alfaya *nf*: **d'alfaya** de valor, excelente [alhaja].

algara *nf* incursión.

algo *pron usado como nm* cosa de valor, riquezas, hacienda; recompensa en género o en metálico. *Entre sus otros significados:* **ganar** — (123, 124, 1779) obtener ganancia; (1258) conquistar botín, obtener riqueza; **aver** — **de uno** (157, 205) recibir de alguien un premio en dinero; **valer** — (1758) valer mucho, ser digno. *En 2434 la palabra se parece al adv moderno un poco. Véanse las notas a 111, 504 y 2275.*

alguandre *adv*: **no** — jamás.

almofalla *nf* hueste. *Véase la nota al 182.*

almófar *nm* capucha de malla que iba unida a la **loriga.**

aluén *adv* lejos; **más** — más lejos.

allongar *vi* alargarse.

amidos *adv* de mala gana, a la fuerza.

amojado *adv* flojo.

amor *nm y f* (2379) favor; (1247, 1945, *etc.*) gracia, favor (feudal); **—es** (2272) atenciones; **por** — **de** por...

amorteçido *adj* inconsciente, desmayado.

amos *adj pl* ambos.

andante *adj*: **bien** — favorecido, afortunado.

angosto *adj* árido.

aosadas *adv* (445) temerariamente; (3475) naturalmente.

apareçer *vi* (334) nacer; (3355) tener lugar.

aparejar *vt* preparar, disponer.

apreçiadura *nf* especie (*contrapuesto a dinero*).

apreçiar *vt* valorar, calcular.

aprés: — **de** *prep* cerca de.

apuntar *vi* (*del sol*) empezar a brillar, salir.

aquend *adv*: **d'** — desde aquí.

aques(e), aquesa *adj dem* ese, esa.

aqueste, aquesta *adj dem* este, esta.

ardido *adj*. valiente, bravo (*véanse las notas a* 79, 3359).

ardiment *nm* plan, finalidad.

arebata (-rr-) *nf: véase* **rebata**.

areziado (-rr-) *adj* fuerte, recio.

arobdar (-rr-) *vi* patrullar, hacer la guardia, estar de guardia.

arobdas (-rr-) *nfpl* patrullas, vanguardias.

arrancada *nf* victoria; derrota; (1227) huida, persecución.

arrancar *(también* **rancar)** *1 vt* derrotar, hacer huir; ganar. *2 vr* (1145) rendirse, reconocer la derrota.

arras *nfpl* propiedad que el marido entrega a su mujer al celebrarse el matrimonio.

arrear *(también* **arriar)** *vt* (2471) equipar; **que andan arriados** (1778) que andan con todos los jaeces o guarniciones.

arrendar *vt* atar por las riendas.

arriaz *nm* gavilán de la espada.

arribança *nf* buena fortuna *(MP); pero otros interpretan* **i an —** (512) *como* «participan en esto», tienen participación en el reparto; llegan allí; tienen la mejor parte; *véase CMC* 481.

arribar *vi* (1629) llegar, alcanzar la orilla; (2811) llegar (a la orilla del río).

art *nf* (575) trampa, engaño, estratagema; (690, 1499, 2676) falsedad; (1204) defecto; *véanse asimismo las notas a* 1204, 1499.

arzón *nm* fuste de la silla de montar a caballo.

asmar *vt* (521, 844) estimar; (524) juzgar, pensar.

assentar *vt* ayudar a incorporarse.

assí *adv* (2298, 2306, 2555) así, de tal manera; **— commo** *conj* (por ejemplo, 32, 153) así como, tan pronto como.

astil *nm* mango (de la lanza).

atender *vt* esperar.

atorgar *vt =* **otorgar**.

auze *nf* buena fortuna, buena estrella.

aver *nm* riqueza, dinero; bienes muebles; **— monedado** dinero.

aver *1 vt: es el equivalente antiguo de* **tener.** *2 v aux:* **— +** *infinitivo* (3523), **— a +** *inf,* **— de +** *inf* tener que; **ovo a +** *inf,* **ovo de +** *inf es una perífrasis equivalente al pretérito.*

aves *nfpl:* **buenas —** (859) buen agüero.

avorozes *nmpl* alborozo.

avueros *nmpl* augurios.

axuvar *nm* ajuar (de la novia).

ayuso *(también* **yuso)** *adv* abajo, camino abajo; *(con nombres de ríos)* río abajo; **más —** más abajo.

az *nm y f* línea, rango.

azémila *nf* animal de carga, acémila.

(b *con frecuencia* = *la* **v** *moderna, por ejemplo,* **bado** = **vado).**
banda *nf* faja; *o quizá* borde, ribete.
bando *nm* (754) auxilio, apoyo; *(por ejemplo,* 3010) partido, facción.
barnax *nm* acción varonil, gran proeza.
bastir *vt* (68) abastecer; (85) preparar, hacer.
begas *nfpl* vega.
belmez *nm* túnica acolchada.
biltada mientre *adv* fácilmente.
biltança *nf* deshonor.
biltarse *vr* humillarse.
bloca *nf* ombligo (del escudo).
blocados *(también* **boclados)** *adj* protegidos por la bloca.
bolver *vt* (599) mezclar; (3140) trastornar, perturbar.
braça *nf* brazada.
brial *nm* túnica larga.
bulidor (-ll-) *adj* pendenciero, alborotador.
burgés *nm,* **-esa,** burgués, ciudadano, -a.

ca *conj* porque; (67, 2028) pero.
cab *prep* junto a, cabe.
cabadelant *adv* hacia adelante.
cabdal *1 adj* principal; (2313) perteneciente a un oficial. *2 nm* capital, cantidad de dinero.
cabo *1 nm* (1720) lado, extremo; (1732) cola; **que de las otras es cabo** (1785) que es el mejor de todos. *2 prep* cerca de, al lado de.
caboso *adj* perfecto, cumplido, cabal.
cadrán *fut de* **caer.**
calçada *nf* camino, carretera romana, calzada.
cama *nf* pierna.
camear *vt* cambiar, intercambiar.
campal *adj:* **lid** — batalla campal.
campo *nm* (545) llano; (1772, *etc.*) campo de batalla; **en** — (3541) en campo abierto, fuera de la ciudad; **irse del** — (763, *etc.*) huir del campo de batalla; **arrancar el —, vençer el** — ganar la victoria; **robar el** — recoger el botín del campo de batalla.
cañado *nm* candado.
capielo (-ll-) *nm* gorro.
carboncla *nf* carbunclo.
cárcava *nf* foso.
carrera *nf* viaje; camino.

321

carta *nf* (23, 2977) edicto real; *véanse las notas a* 510-511, 527, *etc.*

casa *nf* (1570, 2170) gente de casa, grupo de vasallos personales. *Véase la nota al 62 (segundo hemistiquio).*

castigar *vt* aconsejar; advertir.

catar *1 vt* mirar; (121, 164) examinar. *2 vi* mirar *(también vr)*; **catad commo** (1359) considerad cómo.

cativo *nm* (1026) cautividad.

cavalgar *1 vt* (994) usar, montar; (2806) colocar en un caballo. *2 vi (por ejemplo*, 148) partir (a caballo); (407, 1190) ir a la guerra a caballo, guerrear; *(por ejemplo*, 753) montar (y partir).

caya *pres subj de* **caer.**

christiandad *nf* (770) tierras cristianas; *véanse también las notas a* 1116, 1199.

coçero *adj:* **siellas coçeras** sillas ligeras.

cofia *nf* gorro de lino *(que recogía el cabello y evitaba el roce del almófar y el yelmo).*

cogerse *vr* (577, *etc.*) marchar; — **con** (293) juntarse con *(véase la nota).*

combré *fut de* **comer.**

comedir *1 vt* (2713) planear. *2 vi* pensar, considerar. *3 vr* (507) darse cuenta, reparar.

comeres *nmpl* comida, platos.

cometer *vt* (1676) acometer; (2073) proponer.

comidrán *fut de* **comedir.**

compaña *nf* compañía *(sobre todo de vasallos y partidarios);* —**s** *(por ejemplo*, 214) vasallos, partidarios; **en su** — en su comitiva; **a una** —, **en una** — juntos.

compeçar *vt* comenzar.

complido *adj (p. ej.*, 65) digno, excelente; —**as tres semanas** tres semanas completas.

complir *vi* (3248) bastar.

condonar *vt* conceder (de nuevo), restaurar.

conducho *nm* comida, provisiones *(sobre todo para un viaje).*

conloyar *vt* aprobar.

connusco *pron* con nosotros.

conortar *vt* consolar; animar.

coñosçedor *adj* sabio, conocedor.

consagrar *vi* emparentar *(estrictamente: de yerno a suegro y viceversa).*

conseguir *vt* (833) reunirse con, buscar por todos lados; (1465, 1729) escoltar, acompañar.

consejar *1 vt (por ejemplo*, 2660) tramar. *2 vr* aconsejarse; —

pora planear, tramar; **tan mal se conssejaron** (2537) conspiraron tan maliciosamente.

consejo *nm* (273, *etc.*) ayuda; (1099, *etc.*) decisión; (1183, 3218) recursos, salida.

consintrán *fut de* **consentir.**

conssigrá *fut de* **conseguir.**

contado *adj* famoso; (1559, 2486) exacto.

contalar *vt* arrancar, mesar.

conuvo *pret de* **coñosçer.**

convusco *pron* con vosotros.

copla *nf* (3640) cola, cuarto trasero.

coronado *nm* sacerdote, clérigo.

corredor *adj* rápido.

correr *1 vt* hacer una incursión por, destruir. *2 vi* moverse con rapidez.

corrida *nf* (953) incursión; (1588) galope.

cozina *nf* banquete (*en sentido estricto, carnes asadas*).

cras *adv* mañana.

creendero *nm* miembro de la casa de un señor.

criado *nm* persona criada y educada en casa de un señor; *véase la nota al* 737.

criar *vt* alimentar y educar en su casa.

criazón *nf:* **los de —** las personas criadas en casa de un señor.

crovieron, crovo *pret,* **croviesse** *imperf subj del verbo* **creer.**

cueda, *etc.: véase* **cuidar.**

cuer *nm* corazón; **de —, por —** de corazón.

cueta *nf* (451, 2360) peligro; (1178) desventura, cuita; (1189) pobreza.

cuidar *1 vt* pensar, creer; **— + ** *inf* intentar, planear. *2 vr* creer; **— + ** *inf* intentar.

cuntir *vi* ocurrir, acontecer.

curiador *nm* garante, fiador.

curiar *1 vt* proteger, cuidar, guardar; **— de** proteger de, librar de. *2 vr* (2569) sospechar; (2669) precaverse.

çaga *nf* retaguardia, zaga.

çelada *nf* (436, *etc.*) emboscada; *véase la nota al* 574.

çendal *nm* cendal (*tela de seda fina*).

çerca *nf* cerco, asedio.

çiclatón *nm* seda fina entretejida con oro; (2721, *etc.*) prenda de seda.

çinto *part pas de* **ceñir.**

çinxo *pret de* **ceñir.**

323

dado *nm* regalo, don.

debdo *nm* deber, obligación.

deçir *vi* bajar, descender; desmontar.

delant *adv:* **las sirven** — las sirven con devoción.

delibrar *1 vt* matar, quitarse de en medio. *2 vi* (empezar a) hablar.

deliçio *nm* (850) delicia, placer; **a** — **fue criada** (3282) se la crió con regalo.

demandar *1 vt* (966) solicitar reparación por; (1292) informarse acerca de; (3148, *etc.*) pedir en justicia; (3405) pedir la mano de. *2 vi* (3143) exponer su alegato; — **por** (97, *etc.*) buscar, solicitar.

den, dend, dent *1 adv* desde allí. *2 pron* de ello, sobre ello.

departiçión *nf* despedida.

departir *vi:* — **de** hablar de.

deportarse *vr* jugar, solazarse, holgarse.

deprunar *vi* ir cuesta abajo.

de quando *conj* ya que.

de que *conj* (2793) tan pronto como; (3129) desde que, desde el momento que.

deramar (-rr-) *vi* esparcirse, derramarse.

deranchar (-rr-) *vi* romper filas.

derredor *1 adv:* **en** — por todos lados. *2* — **de** *prep* alrededor de, sobre.

descavalgar *vi* desmontar.

desí *adv* desde allí; *(también* — **adelant)** después.

deslealtança *nf* acción desleal.

desmanchar *vt* desmallar, romper las mallas de.

desobra *nf* ultraje.

despender *vt* gastar.

despenssa *nf* provisión (de dinero).

destellar *vi* destilar, gotear.

detardar *vt, vi y vr* retrasar(se).

diçe *pres indic de* **deçir.**

diestro *adj* derecho; *véanse las notas a* 11, 397-398.

do *adv* donde; (1676, 3595) cuando.

doble *nf* capa, grosor.

don[1] *nm* regalo; **en** — como regalo.

don[2] *adv* = **dond.**

donas *nfpl* dones.

dond, dont *adv* donde; de donde; tan pronto como, cuando.

dubda *nf* (1131) temor; **sin** — sin temor, sin vacilar.

dubdança *nf:* **sines** — sin temor.

durador *adj* duro.

durar *vi* (1120) permanecer; (1169, 2251) pasar, emplear.

edes, hedes *2.ª pers pl pres indic del verbo* **aver.**

en *pron véase* **end.**

enantes *1 adv* antes. *2 —* **de** *prep y —* **que** *conj* antes que.

enbair *vt* (2309) avergonzar; (3011) insultar, maltratar.

enbargar *vt* desconcertar, turbar.

enbargo *nm* dificultad, obstáculo.

enbraçar *vt* poner en el brazo; (2284) enrollar al brazo.

encavalgados *nmpl* hombres a caballo.

encamar *1 vt* acostar, ladear. *2 vr* ladearse.

enclavear *vt* tachonar.

encortinar *vt* adornar con colgaduras y alfombras.

end, ende *(también* **en)** *adv* de ello; **por —** a causa de eso, por ello, por esa razón.

endurar *vt* resistir.

enffurçión *nf* (tributo feudal en) provisiones.

enfrenado *adj* provisto de brida.

engramear *vt* sacudir.

enpara *nf* (450) apoyo; (964) protección.

enpresentar *vt* presentar.

enprestar *vt* prestar.

ensayar *1 vt* (2376, 2414, 3662-3663) usar, ensayar; (2381, 3318) atacar. *2 vr* (2388, 2460) esforzarse, hacer grandes cosas *(tiene un sentido irónico en* 2746, 2781).

enssiemplo *nm* hazaña.

entención *nf* alegato.

entendido *adj* conocedor, culto.

entramos *adj pl* entrambos.

entre *prep: en* 191, 842, *etc. —* ...e *equivale a una conjunción*, los dos, juntamente, a la vez.

envergonçar *vi* llenarse de espanto.

era *nf* (3733) año de la «era española» (empieza en el 38 a. J. C.).

heredad *nf* hacienda; **—es** (460) campos, parcelas; **—es** (1623) territorios, dominios; *véase la nota al* 1401.

hermar *vt* arrasar.

escalentar *vt* calentar.

escarín *nm* tela de hilo fino.

escarnir *vt* escarnecer.

esconbrar *vi* dejar libre un lugar, despejar.

escuellas (-l-) *nfpl* séquito o 'escuela' del señor, vasallos y partidarios.

escurrir *vt* acompañar, escoltar.

esforçado *adj* (171) fuerte; (972) bravo, animoso.

esforçar *vi y vr* recobrar el vigor.

espadada *nf* golpe dado con la espada.

espadado *adj* abollado por los golpes de espada.

espedirse *vr* despedirse.

espender *vt* gastar.

espeso *part pas de* **espender.**

espolón *nm* espuela.

espolon(e)ar *vt y vi* espolear.

esquila *nf* campana de alarma.

essora *adv (también* **en** —) entonces.

estido *pret de* **estar.**

estribera *nf* estribo.

estropeçar *vi* tropezar.

evad, evades *adv* ved, ved aquí; he aquí; aquí viene, *etc.*

exco *1.ª pers pres indic de* **exir.**

exida *nf* salida, marcha; (221) partida camino del destierro; *véase la nota al* 1163.

exir *vi* salir; marchar; (353) brotar; (457, 1091) amanecer; (311, 1619) terminar.

exorado *adj* dorado.

fabla *nf* (1372) discusión; (3170) razonamiento, discurso.

falla *nf* (1552) falta; **sin** — *sirve con frecuencia para rellenar un verso, y a menudo recalca el significado de las palabras anteriores;* (514) con exactitud; (523) completo, al instante; (1528, *etc.)* leal(-mente); (1806) con solemnidad.

falleçer *vi* faltar, acabarse.

fallir *(también* **falir**) *vi* (581) acabarse; (761) fallar, no tocar; — **de** (2984) faltar de.

falssar *vt* romper, agujerear, mellar.

falssedad *nf* vileza, traición.

falso *1 adj* traidor. *2 nm* (342) perjurio, falso testimonio.

far *vt y vi* hacer, *etc.*

fardido *adj* = **ardido.**

faza *prep* hasta, hacia.

fe *adv véase* **afé.**

feches *2.ª pl pres indic del verbo* **fazer.**

fed *imp de* **fazer.**

femos *1.ª pl pres indic de* **fazer.**

fer *vt* hacer, *etc.*

ferirse *vr:* — **a tierra** desmontar.

ferredes *fut de* **ferir.**

fet *imp de* **fazer.**

fiel *nm* juez de un duelo.

fiero *adj* (422, *etc.*) salvaje; (1341) inmenso, increíble.

finar *vi* cesar, terminar.

fincança *nf:* **allí avie** — vino para quedarse allí.

fincar *1 vt* (57, *etc.*) plantar, erigir; (2249) levantar; (2392, 2859) fijar; — **el cobdo** apoyarse en el codo; — **los inojos** arrodillarse; **fincó el rostro** bajó la cabeza. *2 vi* (449, *etc.*) permanecer, estar, parar, estacionarse; (863) acampar, establecerse; (1377) terminar; (1747) pararse; (3635) aguantar con firmeza; — **a** (515) permanecer en manos de; — **sobre** (2285) retirarse alrededor de; — **pagado** (1782[b]) sentirse satisfecho.

finiestra *nf* ventana.

firgades *pres subj de* **ferir.**

firme *adv* (1162), *también* **de** — (2430) sin vacilar, con impaciencia.

firme mientre *adv* (906) grandemente; (1121) firmemente, sin dudar.

fito *part pas de* **fincar;** de pie, en su lugar; **hinojos —s** de rodillas.

folgar *vi* descansar, holgar; (2857) dormir.

folón (-ll-) *adj* jactancioso.

fondón *nm:* **al** — **de** al fondo de.

fonssado *nm* ejército.

fonta *nf* afrenta, insulto; *véase también la nota al* 959.

foradar *vt* horadar.

fronzir *vt* desenrollar, enrollar; *véase la nota al* 1744.

fuerte mientre *adv* (1, 277) con amargura; (1623) osadamente; (2212) ricamente, lujosamente; (2839) con énfasis.

forçudo *adj* fuerte, forzudo.

fuxiste *pret de* **fuir**

galardón *nm:* **buen** — justa y adecuada recompensa.

galardonar *vt* premiar.

galiziano (-ll-) *adj* gallego.

gallegas *adj:* **siellas** — sillas más fuertes (*más seguras que las* *coçeras; véase la nota al* 997).

ganados (-ñ-) *nmpl* (481) botín, riqueza; (466) ganado, (2789) animales.

ganançia *nf* botín; (177, 520, 2320) provecho; (130, 165, 1434) interés.

ge *pron:* por ejemplo **gela** (34) = **se la.**

327

gesta *nf* (1085) (parte de un) poema épico.

glera *nf* arenal, terreno de grava (cerca de un río).

graçia *nf* gracia, favor (feudal); (2682) permiso.

gradar *1 v aux:* **gradó exir** (200) quiso marcharse. *2 vr* complacerse.

gradeçer *vt* agradecer; (199, *etc.*) expresar las gracias por.

gradir *vt* dar las gracias a.

grado[1] *nm* voluntad; placer; (895) gracias; **¡— a Dios!** ¡gracias a Dios!; **non fue a nuestro —** (1117) no fue por nuestro deseo; **de —** (84, 1052, 1250, 1855) con gusto, encantado; (1193) por su propia voluntad; (1718) con ganas; **en — vos lo tengo** (1069) os doy gracias por ello.

grado[2] *nm* grada.

granado *adj* importante, grande.

grueso *adj* corpulento, cebado.

guadalmeçí *nm* cuero fino, cuero adornado con labores.

guarir *vt* proteger.

guarnimiento *nm* vestidura y atavíos.

guarnir *1 vt* equipar. *2 vr* equiparse.

guarnizón *nf* armadura *(se refiere sobre todo al peto)*.

guego *nm* = **juego.**

guisa *nm* manera, modo; **a — de** como; **de aquesta —** de este modo, así; **de tal —** de tal manera; **de — que** de tal modo que; **en todas —s** de todas formas.

guisado *adj* propio, razonable.

h-: *pertenece sólo al copista;* **hyerno** = **yerno,** *etc.*

i *(también* **hi***) 1 adv (por ejemplo,* 239) allí; *(por ejemplo,* 242) entonces. *2 pron (por ejemplo,* 1131) sobre eso; (3413) de eso, en eso; para **i ha** (3058), **i avrie** (525-526) *compárese con la forma moderna* **ha-i** > **hay.** *Véanse las notas a* 120, 1204, 3607.

ides *2.ª pl pres indic de* **ir.**

ifançón *nm* individuo que pertenece a la segunda clase de la nobleza, por debajo de los *ricos omnes* y sobre los *fijos dalgo (hidalgos)* (MP).

ifante (-ff-) *nm* (269[b], 1279) niño; *(en relación con los —s de* **Carrión)** noble joven, hijo de noble; (3420, 3448) príncipe.

imos *1.ª pl pres indic de* **ir.**

incaler (-ch-) *v impers:* **¡a mí non m'inchal!** (230) ¡no me importa un rábano!; *véase la nota al* 2357.

incamos (-ch-) *pres subj de* **enchir** (llenar).

ira *nf:* **ser metido en — del rey** caer en desgracia del rey.

irado *adj* airado.

iscamos *pres subj de* **exir.**

ixie *imperf de* **exir.**

ixieron, ixo *pret de* **exir.**

juego *nm (también* **—s)** burla; **en —** en broma.

juntas *nfpl* asamblea.

jura *nf* juramento.

l- *con frecuencia* = **ll-**, *p. ej.,* **lamar** = **llamar.**

largos *adj* grandes, muchos, abundantes.

latinado *adj* que habla castellano.

laudare *vt* loar.

lavores *nfpl* campos, parcelas.

lazrado *adj* maltratado, que sufre, sufrido.

legar (-ll-) *vt* (276) acercar; (355) arrimar; (1529) hacer llegar.

levantar *vt* (2199) promover, proponer; (2535) permitirse, empezar.

levar *vi y vr* levantarse.

librar *1 vt* (3693) despejar. *2 vr* quitarse de en medio.

lid *nf* batalla; (3465, *etc.)* duelo.

lidiador *adj* batallador, luchador.

limpio *adj* (3354) de pura sangre.

logar *nm:* **en un poco de —** en muy poco tiempo.

loriga *nf* túnica de malla metálica o hecha de cuero y recubierta de escamas o anillos de metal.

luengo *adj* largo.

lumbre *nf* luz, candela.

maçana *nf* pomo de la espada.

mager (maguer) *1 conj* aunque. *2* **—de** *prep* a pesar de.

majar *vt* golpear.

malcalçado *nm* pelagatos.

man *nf* mañana.

mancar *vi* estar sin hacer, estar abandonado.

mandadero *nm* mensajero.

mandado *nm (por ejemplo,* 431) orden; (1839) mensaje; (452, 1107) aviso, intimación; *(por ejemplo,* 242) noticia; informe.

manero *nm* representante, apoderado.

manfestarse *vr* reconocer una deuda.

mañana *adv* temprano.

maquila *nf* cantidad de harina que se da al molinero como pago de la molienda.

marido (-rr-) *adj* sufrido.

matança *nf* matanza, campo de batalla cubierto de cadáveres.

matino *nm:* **al —** en la madrugada.

medio *nm* mitad.

membrado *adj* entendido, prudente.

membrarse *vr* recordar.

menguado *adj* pobre.

menguar *vi* (258) faltar.

menores *nmpl* rangos inferiores, simples soldados.

mercado *nm* negocio, contrato.

merçed *nf* favor, merced; *(int:* 2036[b]) ¡gracias!; (880, 1324, 1740) piedad; **—es** (3117) expresiones de agradecimiento; **con la — del Criador** con la ayuda de Dios; **por su —** (1400) en su bondad; **— vos sea** (2160) sed generoso; **somos en vuestra —** (1760, *etc.)* estamos a vuestra disposición.

mereçer *vt* (2797) pagar, recompensar; **¿qué vos mereçí?** (3258) ¿cómo os he podido ofender?

mesnada *nf* vasallos *(colectivamente)*; **—s** *(en un sentido general, por ejemplo,* 745, 1674) tropas, escuadrones.

mesquino *adj* pobre, mezquino.

messar *vt* tirar, arrancar.

mesturero *nm* cizañero, intrigante.

mesurado *adj* prudente, juicioso.

mesurar *1 vt* (211) acortar. *2 vi* (1513) reconocer el terreno, explorar.

mezclados *adj pl* en masa.

miente *nf:* **¿non te viene en —?** (3330) ¿no recordáis? *(véase la nota al* 1070); **meter** *(también* **parar, tener) —s a** poner la atención en, fijar la atención en.

migero *nm* milla.

mojón *nm* (3588, *etc.)* límite, marca que señala los límites.

moncluras *nfpl* correas (?).

monedado *nm véase* **aver.**

montaña *nf* (61, 427, 1491), **monte** *nm* (2653, *etc.)* bosque, arboledo, maleza.

monumento *nm* tumba, sepulcro.

morada *nf:* **fazer la —** permanecer.

morremos *fut de* **morir.**

mover *1 vt* galopar. *2 vi y vr* comenzar, partir.

muesso *nm* bocado de comida.

nado *part pas,* **nasco** *pret,* **nasquiestes** *pret,* **nasquieran** *plusc de* **naçer.**

natura *nf* linaje, nacimiento.

natural *adj* (1500, 1522) por nacimiento; *con* **señor** (895, *etc.*) y **amigo** (1479) *la palabra se refiere a la obligación impuesta por el nacimiento y la lealtad territorial.*

nin *conj* = **ni.**

nombrar *vt* (1264) contar, calcular; **por nombrado** por nombre.

nombre[1] *nm:* **por —** (1327) por su nombre, (348, 1589) con más precisión, es decir.

nombre[2] *nm:* **a —** en abundancia.

notar *vt* contar.

nuevas *nfpl* (957, 1632) noticias; (1154, 1156, 1206, 2683) fama, renombre, «los acontecimientos de que son autores, sus creaciones» (A. Castro); (1235, 1287, 1558, 1876, 1881) asuntos, negocios; hechos; (1343) grandes hazañas; (3729) «hechos famosos, relato de hechos famosos» (MP), «relato de los sucesos de azar y fortuna acaecidos a Mio Cid» (A. Castro). *Véanse las notas a* 2084, 2113, 2997, 3505; *para la influencia de la palabra árabe* hadata, hadit, *véase* A. Castro, *España en su historia* (Buenos Aires, 1948), 253-255; o *La realidad histórica de España* (Méjico, 1954), 570-572.

nulla *adj* ninguno.

nusco: *véase* **connusco.**

o *adv* (en) donde.

obrado *adj* bordado.

ocasión *nf* daño; *véase la nota al* 1365.

odredes *fut de* **oir.**

ofrenda *nf* don, ofrenda.

omildança *nf* humilde servicio, sumisión.

omillarse *vr* inclinarse.

omne *nm* hombre.

ond, onde *1 adv* donde. *2 pron rel* del cual.

ondrado *adj* digno, honrado; (178, 284, 2077, *etc.*) digno, bueno, excelente, espléndido.

ondrança *nf* honra.

onor *nf (por ejemplo,* 289, 2565) heredades, feudo, tierras.

ora *nf* hora, tiempo, momento; **al —** entonces; **al — que** cuando, tan pronto como; **en un —** en un instante; **en buen —** en un momento feliz *(esto es, en términos astrológicos)*; **una grant —** un largo rato; **aun vea (el) — que** ojalá vea el día en que.

ospedado *nm* (247) hospitalidad; (2262, 2269) huésped.

otorgado *adj* (1781) pasable.

otorgar (atorgar) *vt* conceder; (1303) elegir; (3350) confesar; (3412, *etc.*) autorizar, acordar.

otrosí *adv* además; (3561) igualmente, de la misma manera.

ovo, oviste, oviemos, *etc. pret,* **ovier** *fut subj,* **oviesse, ovisse,** *etc. imperf subj de* **aver** (hubo, hubiere, hubiese).

pagar *1 vt (por ejemplo,* 2065) agradar, satisfacer. *2 vr (por ejemplo,* 69) estar satisfecho, estar contento; **so vuestro pagado** estoy muy contento con vosotros.

palaçiano *adj* digno, noble.

palaçio *nm* (115) casa solariega, solar (182, 1652, *etc.)* salón, habitación principal; (2929) palacio.

palafré *nm* caballo de camino y de lujo.

palo *nm* patíbulo.

pan *nm* (66, 1025) alimentos; (673, *etc.)* sustento; (1173, 1691) trigo, grano, recolección.

par *prep* por *(en juramentos).*

parada *nf:* **ssi abrie buena** — lo que sería estando parado.

parar *1 vt* (198, 2012, *etc.)* disponer, concertar; (936) dejar, volver; (1019) colocar. *2 vr* (2369, *etc.)* presentarse, aparecer.

paria *nf* tributo.

partir *1 vt* (510, 804) repartir; (1824) separar; (2808) quitar. *2 vr* (1106) concluir, acabarse; (3168) levantarse.

pechar *vt* (980) enmendar; (3235) pagar.

pellição *nm* capa de piel, abrigo corto de piel.

pendón, nm banderola.

peños *nmpl* empeños, regalos.

penssar *vi:* — **de** (1383, *etc.)* cuidar de; — **de** + *infin* empezar a, disponerse a.

peón *nm* soldado de a pie.

peonada *nf* (grupo de) soldados de a pie.

pesar *vt* apenar, afligir; **o a qui pese o a qui non** (3716) pese a quien pese; **mal que vos pese** (3451) mal que os pese, os guste o no.

petral *nm* peto (del caballo).

picar *vt* afilar.

plaça *nf* espacio abierto.

pleito *nm* (160) acuerdo; —**s** (3708) negocios; —**s** (3717) negociaciones.

poblar *vi* (565) establecerse.

poderes *nmpl* (669, 967) fuerzas.

podestades *nfpl* nobles que tenían altos cargos en el estado, altos dignatarios.

poridad *nf* (680) plan secreto; (1880, 2668) secreto; **en —** en secreto.

pórpola *nf* tela de púrpura.

posada *nf* (25) alojamiento, hospitalidad; (31, 200, 2182) alojamiento, estancia, casa; (615) cuartel; (943, 950) campamento; (211) estancia; **fazer la —, prender la —** (2645, 2877) detenerse a descansar; **prender —** (900), **prender las —s** (557, 656) acampar.

posar *vi (por ejemplo*, 402) dormir, pasar la noche; *(por ejemplo*, 56, 553) acampar; (2216) sentarse.

prear *vt* hacer una incursión por, asolar.

preçiado *adj* estimable.

preçiar *vt* valorar, estimar.

pregón *nm* proclama.

pregonar *vt* proclamar.

premer *vt* bajar.

premia *nf* apremio.

prender *vt* tomar; capturar, conquistar; ganar; (386, 2782) cobrar, recibir; (389) seguir; (405) vencer; (3076) atar; (3485) aceptar.

presa *nf* broche.

presend *nm* presente.

presentaja *nf* presente; (522) suma propuesta; (1532) oferta de hospitalidad.

preso *part pas de* **prender**.

presón *nf: tomar a —* capturar.

prestar *1 vt* (1298) ayudar, favorecer. *2 vi* (3634) ayudar, ser útil; **de —** digno.

prez *nm* fama, renombre.

priessa *nf* (695) alarma.

primo *adj* primoroso.

pris, prisist *pret de* **prender**.

privado *adv* presto, prontamente.

pro *1 adj* bueno, digno. *2 nm y fem* provecho, beneficio; **de —** primoroso, bueno, digno; **aver — a uno, ser a — de uno** serle útil a alguien, ser beneficioso a alguien.

proveza *nf* (1292): *MP dice =* 'provecho, ventaja', *pero una explicación más fácil es que la palabra es* **proeza**, *con* -v- *como en* **axuvar** (1650, 2571; *la* -v- *es epentética) ; en este caso el significado es* 'hazaña, acción valerosa'.

pues *conj* (1283, 2105) después de que; **— que** (219, *etc.*) ya que; (441) después de que.

pulgada *nf* menudencia, pulgada.

punto *nm :* **en buen —** en un momento feliz *(esto es, en términos astrológicos).*

quadra *nf* aposento.

quando *conj (por ejemplo,* 59, 90) ya que, puesto que.

quebrar *vi* (235, *etc.)* romperse.

qui *pron* quien, el que.

quinta *nf* la quinta parte.

quis cada uno *pron* cada uno.

quitar *1 vt (por ejemplo,* 211) salir de, abandonar; *(por ejemplo,* 886) dispensar; (1370, 2989) absolver, eximir; (534, *etc.)* liberar; (822, *etc.)* pagar. *2 vr* (984) escaparse; (2379) separarse.

ración *nf* (2467, 3388) participación; **ni dend sabien —** (2773) ni lo sospechaban en lo más mínimo.

rançal *nm* tela fina.

rancar *vt* (764) = **arrancar.**

rastar *vi* quedarse, permanecer; *véase la nota al* 710, *etc.*

rastrar *vt* (3374) = **arrastrar.**

raxo *pret de* **raer** (raspar).

razón *nf (por ejemplo,* 19, 1348) discurso, declaración; palabras; *(por ejemplo,* 1926) discusión; (3730) obra, poema; (2066) opinión; (1375, 1377) plan, proyecto; (3079, *etc.)* reclamación, alegación; (3483) pleito; (3216[b]) justificación, explicación; (2729) suceso, negocio; **es —** (3159) es razonable; **o en alguna —** (3259) o de alguna otra forma; **por —** (3095) propiamente.

razonarse *vr :* **— por** considerarse como.

rebata *(también* **arrebata)** *nf* (468, 562) ataque por sorpresa; (2295) susto.

rebtar *vt* retar; (3566) culpar; *véase la nota al* 3343.

recabdar *1 vt* (1482, 2006) ordenar; (3098) proteger. *2 vi* terminar.

recabdo *nm* (24, 43, 1567) vigilancia, precauciones; medidas de seguridad; (257) cuidado; (1255, 2141) buen orden; (1713, 3376) cordura, buen sentido; (1257, 1742) cuenta; **non es con —** *(por ejemplo,* 1166) es incalculable.

recombrar *vi* rehacerse.

recordar *vi* volver en sí.

recudir *vt y vi* responder.

red *nf* jaula.

refecho *adj* enriquecido.

reinado *nm* reino.

remaneçer (ro-) *vi* (823) estar de sobra; (1414) permanecer.

remanir *vi* quedar, estar.

rencura *nf* (2862, 2916) rencor, pesar; (2967) conflicto; (2992, 3202, *etc.*) querella legal.

render *vt* devolver, rendir.

repiso *part pas de* **repentirse.**

retenedor *adj* fuerte, apto para la defensa (*MP interpreta* **serie** — *del v.* 526 *como* 'lo retendría', *esto es*, 'lo guardaría con gusto').

retraer *vt* reprochar.

reyal *nm* alojamiento.

rico omne *nm* miembro de la nobleza más alta.

rictad (ritad) *nf* fortuna, riqueza.

riebto *nm* reto.

robar *vt* (794) saquear; (1152, *etc.*) recoger los despojos de.

romaneçer = **remaneçer.**

romanz *nm* poema.

sabidor *adj:* **vos sed** — (1949) decidido vos; **yo so** — **de** (2336) yo conozco perfectamente.

sabor *nm y f* (*por ejemplo*, 1063) placer; (*por ejemplo*, 592) concupiscencia, (1503, 2372) deseo; **buena** — (3602) buena posición; **mal** — (2737) repugnancia; **tan sin** — (2736) tan cruelmente; **a** — apropiadamente, debidamente, como debe ser; **a todo su** — (*por ejemplo*, 2335) como desea; **a tan grand** — (378) tan prudentemente; **tan a grand** — **están** (1618) están muy contentos; **si vos cayesse en** — (1351) si os place; **aver** — desear, querer; **aver** — **de** desear; contentarse con; **aver** — **de** + *inf* desear; **dél non he** — (2994) no le amo.

salido *nm* desterrado.

salir *vi:* en 1586, 2406 *MP interpreta* 'saltar'; *ello parece posible en el* 1586, *pero en* 2406 *parece más natural* 'escapar corriendo'.

salto *nm* (1714, 2127) salto; **dar (un)** — (*por ejemplo*, 244) salir; **aparte davan** — (1860) se fueron aparte, se retiraron; **dar** — **a** (*por ejemplo*, 483) atacar.

saludes *nfpl* (928, 932) noticias; (1818) saludos.

salvo *1 adj:* — **de** a salvo de. *2 nm* lugar seguro; posesión; **do fuesse en so** — (1576) donde pudiese encontrarse seguro; *véanse las notas a* 1074, 2483, 3599, *etc.*

santidad *nf* lugar santo.

sazón *nf* (2961) tiempo; **a —es** (2472) excelente; **de —** maduro, crecido, en perfecto estado.

sedie *imperf de* **ser**.

segudador, *adj* rápido en la persecución.

segudar *nm* persecución.

semejar *vi e impers* parecer; (2364) parecer mejor.

seña *nf* (1335) señal, prueba; *(por ejemplo,* 477) enseña.

señero *adj* solo.

seños *adj pl* = **sendos**.

ser *vi (sentidos* < SEDERE) (1001, 2208, 3114, 3118) sentarse, estar sentado; (907, 1566, 1787, *etc.*) permanecer.

seso *nm* (1511) prudencia; **de buen —** prudente, razonable.

sey, seyen *imperf,* **seyendo** *ger de* **ser**.

sí *adv (en imprecaciones, etc.: por ejemplo,* 420) que...; *por ejemplo,* ¡....**—el Criador vos salve!** ¡que Dios os salve!, *(más general)* ¡que Dios sea con vos!

sinar *vt* hacer la señal de la cruz sobre, signar.

siniestro *adj* izquierdo; *véanse las notas a* 11, 397-398.

si quier *adv* quizá, si es posible.

so *prep* bajo.

sobejano *adj* grande, excesivo; muy numeroso.

sobregonel *nm* especie de túnica (?).

sobrelevar *vt* garantizar.

sobrepeliça (-ll-) *nf* sobrepelliz.

sobrevienta *nf* sobresalto, susto.

solaz *nm*: **a todo mío —** (228) muy a mi gusto, sin premura; **dando les —** (2872) acompañándoles.

soldada *nf* paga.

soltar *vt* (496) renunciar; (1363) dejar libre de una pena; (3061) concluir; (3502) cancelar una deuda de; *véanse las notas a* 893, 1434.

soltura (su-) *nf* absolución.

somo *1 adv:* **de —** (3651) superior; **poner en —** (171) levantar. *2 prep:* **en — de** sobre.

sonar *vi* resonar.

sonrisar (-rr-) *vi* sonreír.

sosañar *vt* rehusar, menospreciar.

sovieron, sovo *pret,* **soviesse** *imperf subj de* **ser**.

sudiento *adj* sudoroso.

sufrir *vt* (1786) sostener; (3073) sostener el peso de.

sultura *nf* = **soltura**.

suso *1 adv* arriba; **de —** en lo alto, encima. *2 prep:* **de — de** sobre.

336

tajador *adj* cortante.

tandrá *fut de* **tañer.**

tañer *1 vt* (286) hacer sonar; (1658) tocar; (1673) hacer sonar.
2 *vi* tocar la campana, tañer.

tanxo *pret de* **tañer.**

tardar *vt y vr* retardar.

tendal *nm* poste de tienda.

tener *1 vt (por ejemplo,* 1380) pensar, considerar. *2 vi* (2359)
mantenerse, permanecer. *3 vr (por ejemplo,* 1847) **—se por**
considerarse como.

terné *fut de* **tener.**

tiesta *nf* cabeza, testa.

toller (-l-) *1 vt* quitar. *2 vr* (3492) quitarse.

tomar *1 vt* (761, 3627) dar en. *2 vr* **—se a** comenzar a.

tornada *nf* (725) carga en dirección contraria; (832) vuelta;
dar — volver.

tornar *1 vt (por ejemplo,* 2) volver; (36) devolver. *2 vi* regresar.
3 vr volverse; (381) volverse; **—se a** + *infinitivo (por ejem-
plo,* 298) *es una perífrasis (el tiempo está en* **tornar** *y el sig-
nificado en el infinitivo).*

torniño *adj* torneado.

torres *nfpl* (398) fortaleza.

traer *1 vt:* **— mal** (955) tratar duramente. *2 vi* (142) venir.

trasnochada *nf* marcha nocturna.

trasnochar *(también* **tranochar)** *vi* caminar de noche.

traspasar *vt* cruzar, atravesar.

traviesso: de — *adv* de través.

tred *véase* **traer.**

tremor *nm* estruendo.

troçir *vi* cruzar; **tres an por** — (307) les quedan tres.

tuellen *pres indic de* **toller.**

tuerto *nm* injusticia, mal.

tus *nm* incienso.

uço *nm* puerta.

huebos *nm* necesidad; **aver — de** necesitar; **mucho es —** (212)
es muy necesario, es urgente en extremo; **huebos me serie**
(83) lo necesito; **huebos vos es que** (3563) debéis; *véanse las
notas a* 1461, 2639, etc.

(h)uesa *nf* bota, bota de montar.

ueste *nf* ejército.

husaje *nm* costumbre.

huviar *vt* ayudar, auxiliar.

337

huyar *vt* = **huviar**.

(**v** *equivale a menudo a la* **b** *moderna, por ejemplo*, **vando** = = **bando**).

vagar *nm* descanso, reposo; — **non se dan** no se dan respiro; **en los días de** — en los dias de holgura; *véanse las notas a* 380, 2367.

val *imp*, **vala** *pres subj de* **valer**.

valer *1 vt* ayudar, proteger. *2 vi:* — **más** *(por ejemplo*, 1446) adquirir mucha honra *(véanse las notas a* 296, 1521); — **menos** *véase la nota al* 3268.

valía *nf:* — **de** botín de un valor de...

valor *nm* (3099) valía; (3197, 3444) estima; (3674) fuerza.

varragán *(también* **b**—) *nm:* **buen** — buen mozo; **mal** — hombre indigno, cobarde.

varragana *nf* concubina.

vazio *nm:* **en** — en el aire, sin tocar el blanco.

vedar *vt* prohibir, impedir; *véanse las notas a* 555, 667.

velada *nf* esposa (legítima).

velar *1 vt* vigilar, velar sobre. *2 vi* pasar la noche orando.

velido (-ll-) *adj* (274, *etc.*) bello, hermoso; (1368, *como adv*) elocuentemente.

ventar *vt* ventear, descubrir.

ventura *nf* buena fortuna; (223) destino.

ver *vt* (417) pasar revista a; (1435) discutir; (3100) mirar (con admiración).

vera mientre *adv* verdaderamente.

vergel *nm* claro del bosque.

vernás *fut de* **venir**.

vero *1 adj* verdadero. *2 nm:* **en** — en serio.

vertud *nf* (351) milagro; —**es** *(por ejemplo*, 48) gracia divina.

vestir *vt* ponerse.

vezarse *vr:* — **a** acostumbrarse a (?).

vezcamos *pres subj de* **vençer**.

vida *nf:* **a** — vivo; **en** — en nuestra vida.

vieda *pres indic de* **vedar**.

viga lagar *nf* viga del lagar.

vigor *nm:* **a** — rápidamente.

virtos *nmpl* huestes, fuerzas.

visquier, **visquiéredes** *fut subj*, **visquiessen** *imperf subj de* **vivir**.

vistas *nfpl* reunión, conferencia; (2733, *etc.*) asamblea judicial.

vocación *nf* (1669) advocación *(según la 'HR', 968, el Cid con-*

virtió la mezquita de Valencia en catedral, de Santa María; año de 1098).

vusco: *véase* **convusco**.

xámed *nm* tela fina de seda.

ya *interj* ¡oh!
yagamos *pres subj de* **yacer**.
yantar *1 nf* (285) banquete. *2 vi* comer *(sobre todo a mediodía)*.
yaquanto *pron* (2437) algo; (3433) alguna cosa.
yazredes *fut de* **yazer**.
yelmo *nm* casco.
yente *nf* = **gente**.
yogo *pret de* **yazer**.
yuso *adv véase* **ayuso**.

Apéndice I

LOS PERSONAJES DEL POEMA Y SUS HOMÓLOGOS EN LA HISTORIA

Las principales fuentes de información para todo lo relacionado con la historia están en el volumen II ('Vocabulario') del *Cantar de mio Cid* de Menéndez Pidal, 1908-1911 y ediciones posteriores, con las notas complementarias incluidas en «Adiciones» al vol. III (ediciones de 1946 y 1956, 1211-1220), y *La España del Cid* (1929 y ediciones posteriores) del mismo autor. Muchos de los datos incluidos en esta sección proceden de estas obras. Los editores y especialistas del poema como Milá (1874) y Bello (1881) proporcionan también notas útiles. El trabajo de los investigadores y cidófilos más antiguos —Yepes, Sandoval, Berganza, etc.— conserva todo su interés. Para referencias generales a los personajes y estudios de los problemas histórico-literarios relacionados con ellos, véanse los trabajos más recientes de J. Horrent (1964), 451-477, reimpreso en su libro de 1973, 245-311; C. Smith (1971), traducido en *Estudios cidianos,* cap. 2, y *La creación...,* 214-230. Hay datos y discusión muy útiles en L. Rubio García, *Realidad y fantasía en el 'PMC',* Murcia, 1972. Ofrece sugerencias sobre la fuente de donde el poeta tomó ciertos nombres I. Zaderenko, «¿El autor del *PMC* conocía la *carta de arras?*», *C,* XXII (1993-1994), 66-71.

Los nombres se citan en lo sucesivo en su forma española moderna, añadiéndose la forma poética cuando ésta es muy diferente de aquélla. Para los nombres árabes se ha conservado la transcripción española de MP.

I. CRISTIANOS

A. *El Rey y los Jueces*

Alfonso VI, rey de León (1065-1072) y de Castilla-León (1072-1109). Tomó el título de *Imperator totius Hispaniae,* y no le faltaban razones para ello: conquistador de Toledo (1085), activo guerrero y firme soberano —conocido más tarde como «el Bravo»— fue uno de los más grandes reyes de la España medieval. En el poema su nombre se escribe casi siempre *Alfonsso;* Pidal lo cambia siempre a *Alfons,* por razones de arcaísmo y para obtener la asonancia *ó(e).* En las monedas de su reinado aparece generalmente como *Anfus,* y en los documentos latinos como *Adefonsus.*

Hasta hace poco se hacía sentir la falta de una historia o biografía de este magno rey, así como un estudio de su cancillería. Esto ha sido remediado de forma magistral por B. F. Reilly en su libro de 1988. Para su papel en el poema, véase Walker (1976) y Lacarra (1980), 118-131. La doctrina de MP acerca de Alfonso en lo histórico es criticada por Lacarra y por G. West, «Medieval Historiography Misconstrued: The Exile of the Cid, Rodrigo Díaz, and the Supposed *invidia* of Alfonso VI», *MAe,* LII (1983), 286-299, y sobre todo por Reilly en su mencionado libro. Hay estudios de la «imagen» del rey en lo poético por A. Pardo, en *Romance Epic: Essays on a Medieval Literary Genre,* Kalamazoo, 1987, 213-235, y de tipo más general por S. Martínez, *C,* XV (1986-1987), 1-16.

El conde don Enrique (Anrrich; *PMC,* vs. 3002, 3037, 3109, 3135, 3496), príncipe de Borgoña y primo del conde don Ramón. En 1093 ya estaba en España; en 1095 se casó con Teresa, hija bastarda de Alfonso VI. Éste le otorgó el condado de Portugal. Murió en 1114, y su hijo Alfonso Enríquez fue el primer rey independiente de este territorio en 1139.

El conde don Ramón (Remond, Remont; mencionado en los mismos versos que el anterior). Era, también, príncipe de Borgoña y primo del citado don Enrique. Se encontraba en

España desde 1087, como prometido de Urraca, hija de Alfonso VI, con la que contrajo matrimonio más tarde. Alfonso le dio el condado de Galicia y prometió hacerle heredero de su reino, pero murió en 1107. Su mujer reinó desde 1109 hasta el año 1126, y el hijo de ambos la sucedió con el nombre de Alfonso VII, *Imperator* (1126-1157). El v. 3003 del poema hace alusión a este parentesco.

El conde don Fruela (Fruela; MP: Froila; *PMC*, v. 3004), Froila Díaz, conde de León y otros territorios, mayordomo del citado Ramón de Borgoña, figura en documentos de los años 1077-1116. El *Poema de Almería* (1147-1149) alude a su hijo Ramiro Frólez, de quien dice que era *natus de semina regum* (v. 89). La *PCG* le atribuye una participación en los sucesos de 1072 (500. b. 44) con el nombre de *Fruela;* pero cuando, más adelante, ésta (617. b. 32) y otras crónicas le incluyen entre los jueces en la escena de la corte, le llaman *don Vela* (o *Vella, Bella), señor de la costa,* lo que explicaría por qué los primeros editores del *PMC* leyeron *Vella* en el v. 3004.

El conde don Beltrán *(PMC,* v. 3004): es posible que se trate de un personaje ficticio, ya que no había nadie con este nombre en la corte de Alfonso VI (aunque sí existía un famoso *Beltrán,* que tuvo una activa participación en la primera mitad del siglo XII), o —como supone MP— de un error en lugar de *Birbón.* En algunos manuscritos de la *CVR* aparece el nombre de *Beltrán,* en otros *Birbon* u otra forma semejante. El nombre de *Birbón* no está documentado históricamente.

B. *El Cid, su familia, la mesnada y sus aliados*

Rodrigo Díaz (Ruy o Roy Díaz) de Vivar: para el Cid histórico, véase la sección II de la Introducción. Entre los varios epítetos épicos con que se le designa, dos de ellos tienen una connotación semimágica o astrológica: *el que en buen ora naçio* (con algunas variantes), *el que en buen ora çinxo espada.* Ni la historia ni la leyenda hacen mención de su nacimiento, pero las crónicas dicen que fue armado caballero por el rey Fernando I en la mezquita de Coimbra, después de la toma de esta ciudad en 1064, detalle que puede derivarse de una fuente poética. El epíteto *el Castelano* (vs. 748, 1067) tuvo, probablemente, su origen, como sugiere Berganza, en la necesidad de distinguirle de un homónimo asturiano; en el año 1075 le confirmó un diploma en Asturias como *Rodericus Didaz Castellanus*, siendo el otro de los firmantes *Rodericus Didaz Ovetensis comes*. Según Berganza, la denominación *de Bivar* se habría originado de la misma manera. Su título de *el Çid* o *mio Çid* se lo dieron, probablemente, moros aliados o vasallos suyos, quizá durante su época al servicio del emir de Zaragoza; se deriva del árabe *sayyid* «señor» (como muchos lugares modernos que tienen en su nombre la palabra *Sidi*). Indica otra posible etimología M. de Epalza, «El Cid = el León: ¿epíteto árabe del Campeador?», *HR,* XLV (1977), 67-75, trabajo reimpreso en *Sharq Al-Andalus: Estudios Árabes,* VII (1990), 227-236, y el autor vuelve sobre el tema en *El Cid en el valle del Jalón,* Calatayud, 1991, 120-122. Pero el problema no afecta sólo a nuestro héroe o «león». El título fue usado por personas pertenecientes a todas las clases sociales entre el siglo XI y principios del XIII, y existía el femenino *Cita.* La crónica latina de El Toledano (1243) llama *Cidellus* al médico judío de Alfonso VI, y un poema lírico mozárabe le denomina *Çidiello.* A los testigos semianónimos que aparecen al pie de los documentos legales se les designa de una manera convencional como *Citi testis, Velliti testis, Munio testis,* como quien diría «Fulano, Zutano y Mengano». A Rodrigo Díaz nunca se le menciona por este título en documentos de su tiempo, ni tampoco lo usa la *HR;* la primera vez que aparece en relación con el héroe es en el *Poema de Almería* (1147-1149) que, en su v. 220, dice: *Ipse Rodericus, Meo Cidi saepe vocatus.* Quizá la creciente popularidad de Rodrigo como héroe principal de la épica, a principios del siglo XIII, indujo a que se le reservara exclusivamente el título de *Cid* en los años siguientes. El otro epíteto, *Campeador,* parece significar «batallador, vencedor» (MP), y no «alférez» o «portaestandarte», como se había propuesto antes. El nombre es un apodo honorífico que no corresponde a un cargo definido. Las latinizaciones contemporáneas *campidator, campidoctor, campiductor, campidoctus,* se prestan a confusión; *campiator* o *campeator* son mejores. Este título se le aplicó al Cid histórico en los últimos años de su vida *(v. gr.,* el documento del año 1098, catedral de Valencia). Además de las obras mencionadas en la Bibliografía, se analizan aspectos del Cid poético en los estudios de B. Matulka, *The Cid as a Courtly Hero* (Nueva York, 1928); C. Gariano, *H,* XLVII (1964), 69-78; J. Rodríguez Puértolas, *PMLA,* LXXXII (1967), 170-177; R. E. Barbera, *RoN,* X (1969), 393-399; Lacarra (1980), 106-117. Para el Cid de la historia, véase el apartado II.2 de nuestra Bibliografía. Los libros de Reilly (1988) y Fletcher (1989) han renovado profundamente la biografía del Cid histórico tal como quedaba trazada por MP: hay resumen de varios puntos destacados por C. Smith, «Two Historians Reassess the Cid», *Anuario Medieval,* II (1990), 155-171. Para sus hijas, véase más adelante. Según textos muy tardíos, Rodrigo tuvo también un hijo, Diego, que murió muy joven y no tuvo papel en la literatura: hay estudio de Huici Miranda (1965).

Babieca, el caballo del héroe, es casi un personaje por derecho propio. En siglos posteriores se le honraba en Cardeña, donde los monjes señalaban su entierro en el patio (buscado arqueológicamente en 1948... sin resultado). En las crónicas se cuenta la ilustre descendencia que dejó en la comarca. Para su nombre, algún tanto antiheroico, resultas de un malentendido, véase M. de Riquer, «Bavieca, caballo del Cid Campeador, y Bauçan, caballo de Guillaume d'Orange», *BRABLB,* XXV (1953), 127-144, reimpreso en su libro *La leyenda del graal...* (1968), 227-247.

Jimena Díaz: Durante mucho tiempo se venía creyendo que Jimena era hija de Diego Rodríguez, Conde de Oviedo, y nieta de Alfonso V de León, prima, por lo tanto, de Alfonso VI. Así consta en la *HR* (921.10). Ahora Reilly (1988: 130--131) demuestra que no hubo tal Conde Diego y que el aserto de la *HR* es falso, ideado sin duda —como la pretendida genealogía del Cid, que el mismo texto hace remontar al famoso Laín Calvo— para realzar la nobleza de la esposa. Tenemos que confesar que los orígenes de Jimena nos son desconocidos. Se casó con el Cid en 1074, pero Reilly (1988: 83) demuestra que la *carta de arras* fechada al 19 de julio de 1074 es a lo sumo una copia quizá de fines del siglo XII, y que ha sufrido interpolaciones. Algunos escritores antiguos, como Sandoval y Berganza, hicieron grandes esfuerzos por acomodar las narraciones de las crónicas (basadas en el *PMC* o en su refundición caradignense en prosa) con las historias de Jimena que tienen su origen en el poema de las *Mocedades* y se perpetuaron en romances y comedias. Algunos concluyeron que el Cid se había casado con dos Jimenas diferentes, una apellidada Gómez, otra Díaz. Al abandonar Valencia en 1102, Jimena se retiró a Cardeña y vivió, por lo menos, hasta el año 1113 (aunque Ubieto afirma que murió antes del mes de agosto de 1104). Fue enterrada en Cardeña junto al Cid. Sandoval cita un extenso epitafio en verso, procedente de una supuesta tumba en San Juan de la Peña (Aragón), que daba como fecha de su muerte el año de la Era 1160, es decir, 1122 de Cristo; sobre esto, véase Russell (1978: 84, 86), y *La creación...*, 72, nota 2. Para todo lo relacionado con Jimena, además de las fuentes generales, véase Berganza (436-438, etc.), y Ubieto Arteta (1957, sección 6, y su estudio de 1972).

Las hijas del Cid: Elvira es, probablemente, la histórica Cristina, y Sol la María de la historia. Cristina se casó con el infante Ramiro de Navarra, señor de Monzón; como no había reino de Navarra entre los años 1076 y 1134 (Castilla y Aragón se habían repartido este territorio), el poeta se equivoca —históricamente hablando— al afirmar que Elvira iba a ser *reina... de Navarra* (v. 3399). El hijo de Ramiro y Cristina, García Ramírez, recibió la corona de Navarra en 1134. María se casó con Ramón Berenguer III, conde de Barcelona; Cataluña no se unió con Aragón hasta 1137, por lo que el poeta comete un doble error, al referirse a Aragón y cuando llama *reina* a María (Sol), que era sólo condesa. El citado Ramón Berenguer III, que gobernó entre 1097 y 1131, era sobrino de Berenguer Ramón II, el conde derrotado por el Cid, y es, quizá, el *sobrino* a quien se refiere en el v. 963 del *PMC*. Se ha discutido mucho sobre la edad de las hijas del Cid y la fecha de sus bodas. Cristina nació alrededor de 1077, y María hacia el año 1080, según cálculos de Menéndez Pidal. Los matrimonios debieron celebrarse en 1098. MP y otros historiadores hacen una enumeración de los descendientes de las hijas del Cid; su sangre pasó, más tarde, a todas las dinastías de la España cristiana, pero no se puede usar el verso 3724 del poema (sobre el cual se ha hecho correr mucha tinta) para establecer la fecha de éste, ya que se trata de una afirmación puramente encomiástica, y no de un dato históricamente exacto. Para la descendencia y enlaces familiares como motivo del argumento del *PMC,* véase Lacarra (1980), 157-159. En cuanto a los nombres, Elvira y Sol pueden ser el resultado de una necesidad poética, o bien el segundo nombre de ellas. Berganza (515) afirma que la mayor era, sin duda, «Doña Cristina Elvira» y, citando a Moret, señala que el nombre de Elvira —desconocido hasta entonces en la casa real de Navarra, pero presente inmediatamente después— había sido introducido en ésta por el matrimonio de las hijas del Cid. Berganza cree, asimismo, que la más joven se llamaba «Doña María Sol»; Sol era un nombre frecuente en el siglo XI, y en un documento de 1044, existente en Oña, se alude a *Maria cognomento Sol.* Sobre los matrimonios, con nuevas teorías sobre María-Sol, véase Ubieto Arteta, «Observaciones...», sección 6, y la respuesta de MP en *En torno,* 168-169, discusión reanudada por Ubieto en su estudio de 1972, 116-121. L. Chalon, «À propos des filles du Cid», *MA,* LXXIII (1967), 217-237.

Álvar Álvarez *(PMC,* vs. 443, 739, 1719, 1994, 3067): se le menciona en la carta de arras de doña Jimena, año 1074, como *sobrinus* del Cid, pero se desconoce la base de este parentesco, y el poema no lo menciona. Como la carta de arras —sabemos ahora— no es de fiar (Reilly, 1988: 83), lo de *sobrinus* bien puede ser una interpolación.

Martín Antolínez (presente a lo largo de todo el poema): es, probablemente, un personaje ficticio; no está históricamente documentado, aunque en documentos de los años 1068, 1074 y 1075, referentes a Burgos, figura una persona que podría ser su padre, a juzgar por su nombre: Antunino (Antonio, Antolino) Núñez. El nombre Antonio, y sus variantes, es raro en este periodo; el personaje más conocido con este nombre fue San Antolín, patrón de Palencia (véase *Mocedades,* vs. 120-129). Tanto Cardeña como la iglesia de San Martín, en Burgos, afirmaban poseer su tumba, pero esto difícilmente prueba una existencia histórica. Su misión artística en el poema es, en parte, mantener activo el tema de Burgos («el burgalés de pro», etc.) y, en parte, dar satisfacción a la ciudad que no había podido prestar ayuda al Cid en el momento del destierro. Sobre el carácter literario de Martín Antolínez, véanse los estudios de D. Alonso (1944), Russell (1958), Dunn (1962) y R. Hamilton (1962). Algunos cronistas presentan a este personaje como sobrino del Cid, hijo de su hermano bastardo Fernando (que es, igualmente, ficticio).

Pedro Bermúdez (Pero Vermuez; presente a lo largo de todo el poema): en el v. 2351 se le llama sobrino del Cid, y el v. 3303 dice que las hijas de aquél son sus «primas cormanas» (primas carnales), pero desconocemos la base histórica de este parentesco. El nombre aparece en documentos de alrededor de 1069 (cuando era *potestad)* y 1075, y en otros dos con fecha 1085; pero había en ese momento varias personas con este nombre, por lo que no podemos establecer con certeza quién era el compañero del Cid en el poema (para otro Pedro Bermúdez, del año 1144, véase Malanda, mencionado más adelante). A pesar de estas dudas, es un personaje importante de la leyenda del Cid. Tres iglesias afirmaban poseer su tumba (Cardeña, San Martín de Burgos y San Pedro de Gumiel de Izán). Algunas crónicas explican el parentesco de sobrino del Cid de la misma manera que lo hicieron con Martín Antolínez. Aparece en la épica posterior; en el poema *Mocedades* el Cid recuerda su nacimiento ilegítimo, le hace su portaestandarte (como en el *PMC,* v. 689, etc.) y le llama, de nuevo, *Pero Mudo* (como en el *PMC,* v. 3302). Véase J. Casalduero, «Un personaje del *CMC:* Per Vermúdoz», *La Torre,* XII, Puerto Rico, 1964, 21-29; D. Fox, «Pero Vermúez and the Politics of the Cid's Exile», *MLR,* LXXXVIII (1983), 319-327.

Álvar Fáñez (presente en todo el poema, como lugarteniente del Cid): en la carta de arras —que ahora sabemos (Reilly, 1988: 83) no es de fiar— de Jimena (1074) se dice que es *sobrinus* del Cid, y en el poema que las hijas de aquél son sus primas (vs. 2858, 3438); su padre debió ser Fanne Hanniz (o Han Fañiz, etc.), conocido en documentos de 1049 a 1080, pero esto ayuda poco a esclarecer la base del parentesco. Álvar Fáñez aparece con mucha frecuencia en documentos relativos a los años 1074-1114, y figura como señor de Zurita (1097, 1107) como en el v. 735 del *PMC*. Dedicó la mayor parte de su brillante carrera militar al servicio del rey; en 1085-1086 estaba en Valencia, adonde había acudido, por encargo de Alfonso, para entronizar a Alcádir como rey de esta ciudad; en 1099 fue derrotado por los almorávides cerca de Cuenca, y desde 1109 era gobernador de Toledo *(Toletule dux)* y señor de amplios territorios situados al sur de esta ciudad, así como de Peñafiel. En Toledo dirigió la heroica resistencia que opusieron los cristianos al asedio almorávide a partir de 1109. Murió en 1114 al intentar sofocar una rebelión provocada por unos rebeldes en Segovia. Aparece frecuentemente como confirmante de los diplomas reales; los documentos muestran que en la historia, aunque pudo acompañar brevemente al Cid al principio del destierro, tuvo, no obstante, poco que ver con él y no fue su mano derecha, ni su consejero militar, ni su embajador y constante compañero como que presenta el poema. En la historia, fue un guerrero casi tan grande como el mismo Campeador y, en algún sentido, un ciudadano más respetable que éste. Es difícil explicar cómo se le ocurrió al poeta unir su vida a la del Cid, a no ser que buscase un deuteragonista (algo así como el Oliver de la *Chanson de Roland).* La libertad con que el poeta maneja la historia es, por varias razones, parte del argumento para situar la composición del poema a cierta distancia del año 1140. En la *CAI* (1147-1149) se recuerda extensamente a Alvar como *strenuus dux,* por su defensa de Toledo en 1109 (el episodio está expresamente incluido a manera de digresión), y en el *Poema de Almería,* que sigue a la *CAI,* se dedican los versos 204-232 a su alabanza, así como a la de sus antepasados y descendientes. De Álvar Fáñez se dice que

> Tempore Roldani si tertius Alvarus esset
> post Oliverum, fateor sine crimine verum (215-216)

y que

> Meo Cidi primus fuit, Alvarus atque secundus (225)

(mientras que los versos 220-222, tan frecuentemente citados en relación con el Cid, no son, en realidad, más que algo accidental en este pasaje). También los *Anales Toledanos II* hacen, varias veces, mención de Álvar. San Pedro Pascual, escribiendo hacia 1300 (como recuerda Milá), le coloca a la altura de héroes como Fernán González, Alfonso VI y el Cid. Su última aparición literaria tiene lugar en un ambiente tan poco heroico como el ejemplo 27 de *El Conde Lucanor* (que se refiere principalmente a su mujer «Doña Vascuñana»). Pero su categoría épica se mantuvo en todas las crónicas que usaron la historia del Cid, y el poema de Zamora parece concederle un papel importante en los sucesos de 1072. Cardeña afirmaba tener su tumba. El mote *Minaya* no aparece unido a su nombre en ninguno de los numerosos documentos legales o en las historias latinas. Intrigó a los editores del *PMC* y, por algún tiempo, a MP, pero éste lo explica así en el *CMC*, 1211: «Se trata, sin duda, del ibero-vasco *anai* 'hermano'», es decir, *mi-anai* > Minaya, y cita *Meinaya, Meinnaya, meo annaia,* etc., que aparecen en documentos de principios del siglo XII, precediendo en todos los casos al nombre. Véase A. Vàrvaro, «Dalla Storia alla poesia epica: Álvar Fáñez», en *Studi... Pellegrini*, Padua, 1970, 655-665; C. V. Aubrun (1972); Lacarra (1980), 227-229.

Galín García o **Garcíez** *(PMC* 443, 740, 1996, 1999, 3071), *el bueno de Aragón*. El personaje histórico era señor de Estada y Liguerre, lugares situados en el oeste de Aragón. Para MP, su presencia en el poema es, quizá, un recuerdo de la guarnición de caballeros aragoneses que estaban con el Cid en Valencia. En un documento del año 1116 es *Galindo Garcíez, Maiordomus Regis* (de Aragón).

Muño Gustioz (mencionado frecuentemente en el poema) es el *criado* del Cid *(PMC,* vs. 737, 2902). Aparece en un diploma del año 1083, y en 1113 hace de testigo en un documento por el que vendía Jimena ciertas propiedades. MP supone que éste y su mujer «acompañaron siempre en Castilla a la viuda del Campeador».

Malanda (en el v. 3070 del *PMC* se le llama *sabidor,* es decir, 'experto en leyes'): Bello escribe su nombre *Malanda,* MP lee *Mal Anda;* en uno y otro caso presenta grandes dificultades. El único documento en que aparece es un diploma de Oña, de 1144, en el que se habla de una propiedad existente en Villahizán de Treviño (Burgos): *ena terra de illo molino de malanda,* que, irreverentemente, se ha interpretado como un error y que debe leerse *molino de molenda* (para moler el grano). El documento habla, más adelante, de una tierra perteneciente a «Pero Uermudez»; MP supone que ambos son los personajes del *PMC,* pero, aparentemente, pasa por alto el problema que crea la diferencia del medio siglo. Véase Russell (1978), 26.

Félez Muñoz (mencionado varias veces en el poema); es el sobrino del Cid (v. 741) y primo de sus hijas (vs. 2619, etc.). Carece de existencia histórica comprobada. No es fácil explicar la base de su parentesco con el Cid; a juzgar por su nombre, la persona más adecuada para ser su padre es Muño Gustioz, cuñado del Cid; pero en este caso el poeta habría aludido a este parentesco, ya que Félez Muñoz y Muño Gustioz son nombrados dos veces, muy cerca uno del otro, entre los componentes de la Mesnada (vs. 737-741, 3065-3069). La *CVR* continúa haciendo mención de él, pero otras crónicas le sustituyen por un cierto Ordoño. Félix, Feles, no es un nombre frecuente en los documentos de la época. Dámaso Alonso, en su estudio publicado en 1944, cree que en el poema Félez Muñoz «debía de ser muy joven, casi un niño»; éste y otros puntos son estudiados de una manera delicada, aunque excesivamente imaginativa, por De Chasca (1972: 112-118 y 303-304).

Martín Muñoz *(PMC, vs. 738, 1992, 3068), el que mando a Mont Mayor,* en Portugal. Conocido en documentos de 1080 a 1111, era, en efecto, gobernador de Montemayor y estaba casado con Elvira Sesnándiz, hija del famoso conde mozárabe Sisnando de Coimbra (a quien sucedió como conde de esta ciudad en 1091). MP cree que pudo muy bien luchar al lado del Cid histórico, al ser desposeído de sus tierras portuguesas por el conde Ramón de Borgoña en 1094. Es figura destacada en una historia apócrifa de la colonización de Ávila, según una obra impresa en 1607.

Álvar Salvadórez *(PMC* 443, 739, 1681, 1994, 1999, 3067): bien conocido en la historia por documentos de 1062 a 1085. Era el hermano menor de Gonzalo, conde de Lara; los dos firmaron la carta de arras de Jimena en 1074.

Diego Téllez *(PMC,* v. 2814, *el que de Albar Fañez fue):* MP concede gran relieve a este personaje, del que se sirve para probar la exactitud histórica del suceso de Corpes y sus consecuencias, ya que existió realmente. Aparece, por lo menos, en cuatro diplomas entre 1063 y 1092, y en 1086 era gobernador de Sepúlveda. MP dice que como Álvar Fáñez había dirigido la repoblación de Sepúlveda en 1076, nada tiene de extraño la afirmación del poema de que Diego Téllez era vasallo de Álvar Fáñez. (Pero San Esteban, donde le coloca el poema, está a 55 kilómetros de Sepúlveda.) Férotin hace notar que las tumbas de Diego Téllez y su mujer Paula «se voyaient autrefois» en la abadía de Santo Domingo de Silos, a la que ellos habían favorecido. La *CVR* conserva la mención de Diego Téllez, pero otras crónicas lo reemplazan por *un labrador.* Es quizá significativo que un *García Téllez* era abad de Cardeña de 1098 a 1106, periodo durante el cual el Cid fue enterrado en el monasterio (1102): ¿hermano, quizá, de Diego? De ser así, la presencia de Diego Téllez en el poema puede deberse al deseo de honrar al monasterio.

C. *Los Infantes de Carrión y su bando*

Los Infantes —Diego y Fernando González— están mejor colocados juntos, ya que el poeta (por excelentes razones dramáticas) los presenta así. Durante mucho tiempo se dudó si habían tenido una existencia histórica, pero MP establece una genealogía completa que demuestra que eran hijos del conde don Gonzalo Ansúrez (como afirma el poema en los vs. 2268, 2441). Los dos Infantes aparecen en diplomas de los años 1095 y 1100, como *filius comitis;* Diego aparece en un diploma de 1090 como miembro *de scola regis,* y Fernando en otro de 1109, esta vez solo. El conde de Carrión, en tiempos del Cid, no era el padre de éstos, sino un tío de ellos —el famoso Pedro Ansúrez—, pero los jóvenes estaban lo suficientemente próximos al centro del poder familiar como para jactarse de que eran en verdad *de natura de los condes de Carrión.* La familia era conocida como los Vani-Gómez, como se afirma con velada ironía en el *PMC,* v. 3443, nombre que tiene su origen en la expresión árabe *Beni-Gómez* «hijos de Gómez», famoso personaje de finales del siglo X. Según cálculos de MP los Infantes debieron nacer hacia 1075 ó 1076. Las razones que pudiera tener el poeta para dar a los Infantes sus papeles de malos son investigados de manera original por Lacarra (1980), 141-157, e indico yo una posibilidad quizá complementaria en *JHP,* IV (1980), 105-118; hay resumen en nuestra Introducción, sección VI. Sobre su papel literario, véase T. R. Hart, «The Infantes de Carrión», *BHS,* XXXIII (1956), 17-24.

Asur González *(PMC* 2172, 3008, 3373, 3672), hermano mayor de los Infantes; en las crónicas se le llama Suer o Suero, y se dice que es tío de éstos. No está históricamente documentado, pero MP prueba su existencia (más: que nació alrededor del año 1060) y lo incluye en la genealogía de la familia Carrión.

Gonzalo Ansúrez *(PMC* 2268, 2441, 3008, 2690), padre de los Infantes. Aparece en documentos de los años 1055 (fecha dudosa), 1058 y 1081. En cuanto a su ilustre hermano Pedro

Ansúrez (véase anteriormente), *conde de Carrión, de Zamora,* etcétera, el manuscrito del poema no le menciona, pero MP (siguiendo la *CVR)* supone que asistió a las Cortes y que su nombre debería haber sido incluido después del verso 3008. Se le conoce por documentos que van desde 1068 hasta su muerte, ocurrida en 1117. Véase la *PCG* 503. b. 15 para el relato de cómo Urraca de Zamora mandó a los hermanos Ansúrez —Pedro, Gonzalo y Fernando— que acompañaran a Alfonso en su destierro de Toledo, después de la derrota de Golpejera en 1072; las crónicas posteriores toman esta información —por lo menos en lo que se refiere a Pedro Ansúrez— de la *Crónica Najerense,* escrita —en latín— hacia finales del siglo xii.

García Ordóñez *(PMC* 1345, 1836, 1859, 2042, 2997-2998, 3007, 3160, 3270, 3553 y en la parte que falta al principio del manuscrito); se le presenta por lo regular como el antagonista del Cid. Fue un noble poderoso y bien conocido en la historia; las primeras noticias que tenemos de él datan del año 1067. En 1074 era *alférez* de Alfonso VI, y en ese mismo año figura entre los fiadores de la carta de arras de Jimena. Fue gobernador de Nájera desde 1076 y, más tarde, de Grañón. Estaba casado con Urraca, hija del difunto rey de Navarra García, primo de Alfonso VI. En 1080 fue derrotado en Cabra por el Cid, que le hizo prisionero, según se narra en la *HR* y en el *Carmen Campidoctoris,* y como posiblemente se decía al principio del *PMC;* sin duda la orden de destierro del Cid, decretada por el rey en 1081, se debía, en parte, a la influencia del conde. Cuando Alfonso marchó hacia Valencia en 1092, el Cid, en parte como táctica diversiva y en parte porque hacía responsable a García Ordóñez de haber aconsejado al rey la expedición, devastó las tierras riojanas del conde, sin que éste (habiendo visto los estragos) aceptase el desafío del Cid *(HR).* Alfonso le honró siempre en gran manera, hasta el punto de confiarle la educación de su único hijo Sancho; en la batalla de Uclés, mayo de 1108, habiendo sido derribado el joven príncipe de su caballo, el conde se bajó del suyo para protegerle con su cuerpo de los almorávides, pereciendo los dos, con otros 23.000, en la calamitosa derrota. Es claro que el conde histórico fue una persona sin tacha y un fiel servidor de la Corona, culminando su vida con una muerte heroica. No hay nada en la historia que nos haga suponer los rasgos del malvado que nos presenta el poema; sólo la posibilidad de que él y el Cid compitiesen por los principales puestos en la corte y el favor real, después de 1072, explicaría esa enemistad. Según Lacarra (1980), 147-148, en los enlaces matrimoniales del siglo XII hay base histórica para justificar la alianza poética de este castellano con los Vani-Gómez. Más tarde, la leyenda literaria le concedió un papel importante en la división de los reinos en 1065 y en las guerras de 1072 (*CVR*, etcétera). La *PCG* dedica la mayor parte de su capítulo 884 a la acción del conde en Uclés. La variedad de títulos que le atribuye el poema —*de Nájera, de Cabra, de Grañón*, etc.— hizo creer al principio que se trataba de varias personas, pero MP nos asegura que no es así. El título de conde *de Cabra* sólo lo usan los poetas y cronistas posteriores, lo cual es comprensible, ya que, en este caso, tenía un matiz peyorativo. Su apodo *Crespo* ('ensortijado' o 'erizado') es usado en el *PMC*, pero no es un término exclusivamente poético, ya que aparece antes en la *Crónica Najerense* como *Comes Garsias de Grannione, cognomento Crispus*. Bello se pregunta (286-287) si *Grañón*, más que un nombre de lugar, es, quizá, una palabra equivalente a «bigote» (en latín medieval: *grano, -onem*; francés primitivo: *guernon, grenon*; griñón en Berceo y el *Alexandre*) dado que se denomina al conde *el Crespo de Grañón*, pero nunca *el Crespo de Nájera*. En cuanto a la teoría propuesta por algunos eruditos de si García Ordóñez *de Grañón*, en su carácter literario y alevoso, pudo dar origen a *Ganelon*, el traidor de la *Chanson de Roland*, no creemos que valga la pena insistir en ella; la cronología presenta problemas imposibles de resolver.

Álvar Díaz (*PMC* 2042; y según MP, en el v. 3008[b] de su texto); enemigo del Cid y aliado de García Ordóñez. Aparece en documentos de 1068 a 1111; era gobernador de Oca y Pedroso, lugares cercanos a Burgos, y estaba casado con Teresa, hermana del conde de Nájera. La *CVR* le asigna un papel secundario en la escena que tuvo lugar ante el lecho de muerte de Fernando I; posiblemente figuró, también, en esa leyenda poética.

Gómez Peláyez (Pelayet; *PMC* 3457): aliado o miembro de la familia de los Carrión. En documentos de 1096 a 1135 aparece un *Comes Gomez Pelayez*.

D. *Otros personajes cristianos*

Don Sancho, abad de Cardeña *(PMC* 237, etc.): el poema y las crónicas coinciden en el nombre, Sancho; pero, como pudo comprobarse pronto, se trata en términos históricos de un error, ya que el abad de Cardeña en tiempos del Cid era Sisebuto, que rigió el convento desde 1056 hasta 1086 y que figura, dentro del monasterio, como santo en la segunda mitad del siglo XIII. Desde el punto de vista literario, el error no tiene importancia, pero debe tener una explicación. Ahora no insisto en la que sugerí en la primera edición de este libro. Creo que la sustitución se debe a razones puramente técnicas: *Sisebuto* no encajaría bien en el verso, y no hay rimas en *ú-o* en el poema (el nombre del abad termina un primer hemistiquio en 237, pero en 243, 246, 256, 1286, forma la rima). El poeta tuvo una íntima relación con el monasterio, eso sí, pero como laico (no monje) retuvo su libertad para arreglar la historia abacial a su gusto. Después de la difusión del poema, los monjes «adoptaron» a Sancho, pero como prior, no abad: se le nombra dos veces en el testamento del príncipe Ramiro, yerno del Cid, que se fabricó en Cardeña. Sobre Sisebuto/ Sancho, véase Berganza, 366-380; Russell (1978), 90-91; *La creación...,* 222-223.

Don Jerónimo *(PMC* 1289 y frecuentemente después de éste): MP le llama regularmente *Jerome,* nombre que no aparece documentado en ningún texto literario o histórico de España, aunque es bastante apropiado para un clérigo francés; la razón de este cambio es porque proporciona una asonancia perfecta en *ó(-e)*. Es un personaje bien conocido en la historia como Jerónimo de Périgord, cluniacense procedente de Francia (como dice el poema, *de parte de orient,* v. 1288). Don Jerónimo vino a España, con otros muchos compañeros de la Orden, para ayudar en la reforma de la iglesia peninsular bajo la dirección de Bernardo, arzobispo de Toledo desde la reconquista de esta ciudad en 1085. El poeta le menciona como obispo de Valencia poco después de la toma de la ciudad (1094), pero MP no cree que llegase a España antes de 1097. En junio de 1098, el Cid convirtió la mezquita en catedral, dotándola generosamente, así como a su obispo, en un documento que nos ha llegado, y es de suponer que don Jerónimo, enviado por el arzobispo de Toledo, tomase posesión de la sede en ese momento. Al ser abandonada Valencia en 1102, fue nombrado obispo de Salamanca, con Ávila y Zamora. Murió hacia 1120 y fue enterrado en la catedral de Salamanca, aunque Cardeña, como siempre, afirmaba poseer su tumba (y haber tenido a Jerónimo como monje de la comunidad antes de que fuera a Valencia, etc.). Cuando fue a Salamanca se llevó consigo varios diplomas de Valencia, que se conservan en aquella ciudad, y es posible que llevara todo el archivo del Cid, sirviendo éste de base documental a la composición de la *HR* a mediados del siglo XII (véase ahora Smith, 1993). En su persona *literaria,* cristiano, guerrero y literato (verso 1290), el Jerónimo del poema debe mucho al arzobispo Turpín de la *CR* y otros textos. Pero no es extraño encontrarnos en la historia con obispos guerreros: Odón de Bayeux, hermano del duque Guillermo, que, vestido de su armadura, celebró la misa frente a Hastings en 1066, y tomó parte en la batalla, y el arzobispo Rodrigo de Toledo en las Navas de Tolosa en 1212. Histórico y literario es don Gonzalo, obispo de Jaén, al que se nos presenta luchando heroicamente en la *Crónica de D. Juan II* y en el romance *Día era de San Antón.* Hay datos y comparaciones de interés en el estudio de A. Nathan, «The Clergy as Characters in the Medieval Spanish Epic», *I,* xx (1984), 21-41.

El conde de Barcelona *(PMC* 957, etc.): el poeta se equivoca en el nombre: el conde de Barcelona derrotado por el Cid (en dos ocasiones: en Almenara, 1082, y en Tévar, 1090; el poeta recuerda esta última) era Berenguer Ramón II «el fratricida», a quien la *HR* llama *Berengarius comes.* El episodio de Tévar está narrado con vigor en la *HR,* que proporciona, asimismo, el texto de las cartas intercambiadas entre el conde y el Cid (a ellas alude brevemente el poema: vs. 975-982). Véase la bibliografía sobre el episodio en nota al v. 957.

Íñigo Jiménez (Yeñego Simenez, Ximenez; *PMC* 3394, 3417, 3422): en su texto crítico, MP lee *Simenones,* forma más antigua del nombre, con el fin de obtener la asonancia *ó(-e).* En el poema es un enviado del príncipe de Aragón a la corte de Alfonso VI. En la historia era el señor de varios feudos de Aragón y Castilla, según consta en documentos de los años 1107 a 1129 aproximadamente.

Ojarra *(PMC* 3394, 3417, 3422): algunas crónicas añaden el apellido Ochoa Pérez. Es un mensajero que el príncipe de Navarra envía a la corte de Alfonso VI. No hay documentación histórica sobre él, pero su nombre es auténticamente navarro (vasco), aunque poco frecuente.

2. JUDÍOS

Raquel y Vidas (Rachel; *PMC* 89, etc) son personajes fabulosos, aunque están bien colocados en el ambiente de Burgos. El nombre de *Rachel* parece poco verosímil; *Raquel* es un nombre de mujer bien conocido, pero las mujeres judías no se ocupaban de negocios, ni tampoco se pondría el nombre de la esposa delante del nombre del marido. F. Cantera Burgos cree que este nombre es una deformación popular, o del copista, del nombre de varón *Raguel* o *Roguel,* que existía en la España medieval. *Vidas* (bien conocido asimismo en la Península) es la simple traducción castellana del *Hayyim* ('vida', tomado como plural) hebreo. Véanse los numerosos estudios a los que se alude en la nota al v. 89.

3. MOROS

Avengalvón (Abengalbón; *PMC* 1464, etc.): aliado y amigo del Cid, que tenía el control de la estratégica ruta que pasaba por su ciudad de Molina. Como *amigo de paz* del héroe y como el infiel que da a los infantes una lección de conducta honrosa, es quizá el primero de los moros idealizados que tanto abundan en la literatura. Se trata de un personaje histórico con el que el Cid pudo difícilmente haber tenido trato; la crónica de Aben Alathir alude a un hijo suyo, que defendió Córdoba en 1150 —*uno de los hijos del alcaide Aben Galbún, de los valientes héroes del Andalús y de sus emires* (MP). Dos nombres geográficos preservan su recuerdo cerca de Molina —con grandes deformaciones, explicables en la etimología popular—: *Torre de Miguel Bon* (en el siglo xvii, *Torre de Migalbon*) y *Puerto de Mingalbo*. Sobre todo esto, y para el motivo del poeta al darle un papel tan simpático, véase Lacarra (1980), 195-201. Avengalvón es posiblemente el rey *Burgos de Ayllón* del poema *Mocedades,* 503-517 y 642-644. Véase S. G. Armistead y J. H. Silverman, «Avengalvón in Luis de Pineda's *Liber facetiarum»*, *RPh,* XXIII (1969), 56-57. Hay dos estudios de I. Burshatin de los papeles de los moros en general en el poema, en *KRQ,* XXXI (1984), 269-280, y *Critical Inquiry,* XII (1985), 98-118. Es importante para el trasfondo histórico el trabajo de M. de Epalza, «El Cid y los musulmanes...».

Búcar *(PMC* 2314, etc.), *rey de Marruecos:* se trata, quizá, del general almorávide Sir ben Abu-Béker, pero no es seguro. El Búcar del poema se hizo muy famoso en crónicas y poemas posteriores, sobre todo en los romances (un ejemplo notable es *Helo, helo por do viene):* en la mayoría de éstos no muere a manos del Cid, sino que huye en una barca. Véase E. García Gómez, «El "Rey Búcar" del *CMC»*, *Studi Orientalistici in onore di Giorgio Levi Della Vida,* Roma, 1956, I, 371-377; L. Chalon, «Le Roi Bucar du Maroc dans l'histoire et dans la poésie épique espagnole», *MA,* LXXV (1969), 39-49 (Chalon cree que MP tiene razón al identificarlo con Abu-Béker, que éste atacó Valencia en 1093 y que el poeta ha narrado el ataque dos veces —con Búcar como tal y con Búcar como el *rey de Sevilla,* de la tirada 75).

Yuçef *(PMC* 1621, etc.): personaje totalmente histórico, Yúçef ben Texufin fue el primer emperador de los almorávides (1059-1106) y dirigió desde Marruecos un vasto imperio, interviniendo en la Península, a partir de 1086, con desastrosas consecuencias para cristianos y musulmanes españoles. No parece que interviniera personalmente en el ataque a Valencia, aunque sí debió enviar un ejército al mando de su sobrino.

Tamín *(PMC* 636), rey de Valencia, y sus generales **Fáriz** y **Galve** *(PMC* 654, 769, etc.) son completamente fabulosos.

Apéndice II

EL POEMA Y LAS CRÓNICAS

Las crónicas de la España medieval son numerosas, extensas, y, en varios casos, no bien conocidas, ya que algunas siguen sin publicar. De resultas de la investigación de los últimos veinte años, estamos mejor informados acerca de su fecha y filiación, pero todavía hay incertidumbre y controversia. La mayoría de ellas narran extensamente la historia del Cid, o copiándola de crónicas anteriores, o volviendo a los primitivos borradores y fuentes alfonsíes. La crónica que mejor conserva la relación del Cid tal como la presenta el poema es la *Crónica de veinte reyes (CVR)*, recién editada en la parte que nos interesa por Brian Powell, *Epic and Chronicle: The 'PMC' and the 'CVR'*, Londres, 1983. Véase también N. J. Dyer, «The *CVR*'s Use of the Cid Epic», *RPh*, XXXIII (1979-1980), 534-544. Esta crónica se compuso hacia el año 1300 con materiales reunidos por el equipo de Alfonso X y de acuerdo con sus rigurosos métodos; se conserva en una serie de manuscritos, ninguno original. En 1906 y 1955 (con nueva edición actualmente en curso) publicó Menéndez Pidal la *Primera Crónica General (PCG)*, considerándola *in toto* como obra del equipo alfonsí tal como éste la hubiera completado en 1289, obra que había de ser la definitiva *Estoria de España*. Ahora sabemos —tras los estudios de D. Catalán— que sólo es verdaderamente alfonsí hasta el capítulo 896 (que trata de las primeras etapas de la campaña del Cid contra Valencia), siendo el resto una recopilación llevada a cabo en los últimos decenios del siglo XIV. Mientras que la *CVR* sigue en su totalidad un manuscrito del *PMC* muy afín al que se ha conservado, la *PCG* y luego las demás crónicas adoptaron como fuente principal la *Estoria del Cid* compuesta en Cardeña, en prosa vernácula, cuya base era una prosificación del poema con muchísimos cambios y la adición de leyendas piadosas acerca de la muerte y milagros del héroe, etc. Tal como aparece esta *Estoria del Cid* en la *PCG*, conserva relación bastante estrecha con el poema hasta el v. 1097; no sigue el poema desde el v. 1098 hasta el 1220; vuelve brevemente a seguirlo, pero se aparta de nuevo radicalmente después del v. 1251. Para más detalles véase mi trabajo «The first Prose Redaction of the *PMC*», *MLR,* LXXXII (1987), 869-886.

Para establecer la comparación con el *PMC* podemos servirnos, pues, de toda la *CVR;* en cuanto a la *PCG,* sólo hasta el v. 1251. Otras crónicas —sobre todo la *Crónica de Castilla* (compuesta alrededor de 1300) y su vástago, la *Crónica particular del Cid*— contienen a veces rasgos poéticos complementarios, y pueden por tanto ser útiles. Esta 'utilidad' es, sin embargo, un término peligroso. Muchas de las correcciones y adiciones que MP introduce en el texto del poema (y que son adoptadas por los que siguen y traducen sus ediciones) deben ser consideradas como interesantes y posibles, pero carentes de prueba; de ahí que hayan sido tratadas con reserva en esta edición, tanto en el texto del poema como en las notas a pie de página. Hay que tener en cuenta que las diferencias observables entre la *CVR* y el *PMC* no son siempre el resultado de la omisión o falta de cuidado del copista del poema, sino que son arreglos que hicieron los cronistas a medida que prosificaban: ellos añadieron explicaciones, ajustaron la sintaxis, con frecuencia muy libre, del poema, cambiaron el orden poético de frases y palabras, llevaron a cabo deducciones o conjeturas sobre la geografía y los números, etc. Omitieron, asimismo, muchos detalles puramente poéticos, suprimiendo episodios como la plegaria de Jimena. Aparte de esto, la *CVR* no se sirvió del manuscrito que nos ha llegado (de fecha muy posterior), sino de otro afín o semejante. Al tomar tantos elementos de la *CVR* y la *PCG,* MP no ha presentado una versión mejor de 'nuestro' poema, sino un poema un tanto diferente.

A pesar de esto, los versos adicionales que MP toma de las crónicas tienen un gran interés y, donde llenan lagunas evidentes del manuscrito poético, son también importantes. Por consiguiente, se incluyen en este Apéndice, acompañados de comentarios de Horrent y Catalán, así como algunas sugerencias mías.

La bibliografía fundamental para el análisis de las relaciones entre poemas y crónicas comienza con los estudios de MP: «Relatos poéticos en las crónicas medievales: nuevas indicaciones», *RFE,* X (1923), 329-372, y la introducción a *Reliquias de la poesía épica española,* Madrid, 1951, xxxviii-lxxvii (libro reimpreso, con una importante «Introducción crítica» de D. Catalán, en Madrid, 1980). MP da la lista de los principales manuscritos cronísticos en *Catálogo de la Real Biblioteca, I: Manuscritos: Crónicas generales de España,* 3.ª ed., Madrid, 1918, y en *La leyenda de los infantes de Lara,* 3.ª ed., Madrid, 1971. Para una relación concreta entre las crónicas y nuestro poema, véase *CMC* 124-136. Otros estudios importantes son los de G. Cirot en *BH,* XL (1938), 306-309, y XLVII (1945), 124-133, XLVIII (1946), 64-74; M. Zingarelli en *Rendiconti del Reale,* Istituto Lombardo di Scienze e Lettere, LVIII (1925). Los estudios de la *CVR* son: T. Babbitt, *La Crónica de Veinte Reyes,* New Haven, 1936; J. Gómez Pérez en *Hispania,* Madrid, XXXV (1965), 485-520; y el libro de B. Powell mencionado antes. La obra fundamental de D. Catalán —que corrige muchas de las ideas tan bien establecidas de MP— es *De Alfonso X al Conde de Barcelos,* Madrid, 1962, y una serie de artículos, de los cuales los más pertinentes son «El taller historiográfico alfonsí. Métodos y problemas en el trabajo compilatorio», *R,* LXXXIV (1963), 354-375; «Crónicas generales y cantares de gesta. El *Mio Cid* de Alfonso X y el del pseudo Ben-Alfaray», *HR,* XXXI (1963), 195-215 y 291-306. De esta última sección se han tomado los comentarios de Catalán sobre los versos adicionales del poema que se resumen en las páginas que siguen. He utilizado de la misma manera las observaciones de J. Horrent en su libro de 1973, 207-218, y parte de un trabajo de E. von Richthofen en el mismo sentido, *Prohemio,* I (1970), 401-403. Hay numerosos elementos de importancia general para el estudio de las crónicas en la obra de L. F. Lindley Cintra, *Crónica geral de Espanha de 1344*, I, Lisboa, 1951. D. Catalán y María Soledad de Andrés han publicado el primer tomo de la *Crónica general de España de 1344*, Madrid, 1971 (que no llega a la parte épica), y R. Lorenzo ha editado *La traducción gallega de la Crónica general y de la Crónica de Castilla*, 2 vols., Orense, 1975. Es fundamental el libro de David Pattison, *From Legend to Chronicle: The Treatment of Epic Material in Alphonsine Historiography*, Oxford, 1983 (cap. 7: «The Cid as Hero»). Ofrezco un breve comentario general en *HR*, LI (1983), 409-428.

El comienzo del poema

Véase en el texto el comienzo del Cantar I, y las notas. El asunto es examinado de nuevo por S. G. Armistead, «The Initial Verses of the *CMC*», *C*, XII (1983-1984), 178-186. La posible relación de esto con la tradición de la *Jura* es estudiada por G. di Stefano, «Los versos finales del romance *En Santa Agueda de Burgos* (versión manuscrita)», en *Homenaje a E. Asensio*, Madrid, 1988, 141-158, y por Vaquero (1990). Como ya se ha explicado, cuando narran las crónicas el destierro del Cid, su prosa cambia de carácter en el momento en que aparecen con claridad las asonancias y la estructura poética. Milá reconstruyó aquí seis versos, Bello, diez. MP rehizo doce; para esto no se sirve de la *CVR*, sino de la *Crónica de Castilla* y la *Crónica particular del Cid*:

[Enbió por sus parientes e sus vasallos, e díxoles cómmo el rey le mandava salir de toda su tierra, e que le non dava de plazo más de nueve días, e que quería saber dellos quáles querían ir con él o quáles fincar,
'e los que conmigo fuéredes   de Dios ayades buen grado,
e los que acá fincáredes   quiérome ir vuestro pagado.'
Entonces fabló Álvar Fáñez   su primo cormano:
'convusco iremos, Çid,   por yermos e por poblados,
ca nunca vos fallesçeremos   en quanto seamos bivos e sanos;
convusco despenderemos   las mulas e los cavallos

siempre vos serviremos
Entonçe otorgaron todos
mucho gradesçió mio Çid
Mio Çid movió de Bivar
assí dexa sus palaçios

e los averes e los paños,
como leales amigos e vasallos.'
quanto dixo don Álvaro;
quanto allí fue razonado...
pora Burgos adeliñado,
yermos e desheredados.]

Viene después el v. 1 del manuscrito. Para el primer hemistiquio que le falta al verso 7.º de arriba, se puede sugerir el cliché *el oro e la plata*.

14b [mas a grand ondra   tornaremos a Castiella.']

MP lo toma de la *OCG* 523.b.25 y de la *CVR*, que dice *Bien sepades que tornaredes a Castilla ricos y onrados y con gran honra*. Catalán cree que es un verso adicional posible; lo rechaza von Richthofen.

95b MP señala que después del 95 la refundición del poema que conoció la *PCG* (524.a.8) añadía un verso «para moralizar más el discurso del Cid». Pero no intenta adivinar el verso (como hace de ordinario en otros casos). Podemos aventurar

[mas si Dios me diere conssejo   todo les será pechado.']

Catalán cree que la añadidura de la crónica es una mera «moralización historiográfica», y no un verso. Pero la facilidad con que se puede reconstruir el verso muestra que MP quizá tiene razón.

181bcd [Raquel e Vidas   las arcas levavan,
con ellos Martín Antolínez   por Burgos entrava.
Con todo recabdo   llegan a la posada;]

Así dice MP; la *PCG* afirma aquí que las arcas son llevadas desde la tienda del Cid a la casa de los judíos. Pero el poeta es dado a hacer transiciones abruptas, como la que aparece en-

365

tre los vs. 181 y 182; no se necesita suponer una omisión del copista. Von Richthofen tampoco acepta estos versos.

441[b.e] Véase la nota a pie de página correspondiente al v. 441. La «restauración arbitraria» de MP es:

> [en él fincaredes   teniendo a la çaga;
> a mí dedes dozientos   pora ir en algara;
> con Dios e vuestra auze   feremos grand ganançia.'
> Dixo el Campeador: 'bien fablastes, Minaya;]

473[b] A juzgar por la *PCG* 528a.28, el poema que conocieron los cronistas pudo muy bien haber tenido aquí otro verso:

> [e de lo al   quanto que i fallava.]

755[b] [a menester   que los cometamos de cabo.']

Esto le sugiere a MP la *PCG* 529.a.34. Catalán lo considera como un verso adicional posible.

835[b] [e commo yo cuedo,   a ir nos avremos d'aquí.']

Esto le sugiere a MP la *PCG* 530.a.33. Catalán lo estima como un verso adicional posible.

875[b.e] MP nota una laguna después de 875, y la completa con cuatro versos que se basan en la *PCG* 531.a.14. Es verdad que la alusión a *aquesta batalla* en 876 parece exigir estos detalles, pero a Catalán le parece muy dudosa tal añadidura, y cree que esta referencia adicional de la Crónica «quizá se explique como rememoración cronística». Los versos son:

> [Pues quel vos ayrastes,   Alcoçer gañó por maña;
> al rey de Valençia   dello el mensaje llegava,
> mandólo y çercar,   e tolléronle el agua.
> Mio Çid salió del castiello,   en campo lidiava,]

896[bc] [con Dios nos guisaremos   commo vos lo fagades.'
     Dixo el rey: 'Minaya,   esso se a de vagar.]

MP reconstruye estos versos con ayuda de la *PCG* 531.b.19. Catalán cree que el primero es un verso adicional posible, pero que no hay ninguna evidencia en las crónicas para el segundo.

934[b] [más valedes que nos,   ¡tan buena mandadería!']

MP lo construye con ayuda de la *PCG* 532.a.29, para rellenar lo que cree una laguna (que también percibió L); Catalán y von Richthofen rechazan el verso.

935[bc] [priso dozientos cavalleros   escollechos a mano,
     fizo una corrida   la noch trasnochando;]

MP lo construye con ayuda de la *PCG* 532.b.17. Lo rechaza von Richthofen.

1494[b]**-1495** Para las correcciones hechas aquí por MP, en parte sugeridas por la *CVR*, véase la nota a pie de página correspondiente a estos versos.

1573[b] [d'aquel rey de Sevilla   e de la sue arrancada,]

MP lo construye con ayuda de la *CVR*. Para las pruebas que aporta y para las otras adiciones, véanse las notas a su texto crítico. Lo rechaza von Richthofen.

1615[b] [e todas las otras cosas   que eran de solaz;]

MP lo construye con ayuda de la *CVR*. Horrent rechaza el verso.

1937[b.e] [¿Dezid, Minaya   e vos Per Vermudoz,
     d'aqueste casamiento   que semeja a vos?'
     'Lo que a vos ploguiere   esso dezimos nos.'

Dixo el Çid: 'de grand natura   son ifantes de Ca-
[rrión.]

MP percibe una laguna después del verso 1937 y la completa
con éstos de la *PCG* y la *CVR*. Los rechaza von Richthofen.

2124b [sírvanvos commo a padre   e guárdenvos cum a se-
[ñor.']

MP lo construye con ayuda de la *CVR*. Horrent lo rechaza.

2312b [en el campo de Quarto   ellos fueron posar,]

MP lo construye con ayuda de la *PCG* 604.b.5.

2824b [Por todas essas tierras estas nuevas sabidas son;]

Esta añadidura de MP que se basa en la *CVR* ayuda cierta-
mente a apoyar el 2825, que sin esto resultaría aislado. Este
aislamiento indujo a varios editores a rechazar por completo
el 2825.

3007b [e Álvar Díaz   el que Oca mandó,]

Verso construido por MP con ayuda de la *CVR,* pero con
pruebas poco convincentes. Horrent lo rechaza.

3008b [e Per Ansuórez,   sabet, allis açertó,]

Verso hecho por MP con ayuda de la *CVR*. Horrent lo re-
chaza.

3114-3114b Para las correcciones hechas aquí por MP, suge-
ridas en parte por la *CVR,* véase la nota a pie de página co-
rrespondiente a este verso.

3179b MP (con C y L) cree que se necesita señalar el cambio
de sujeto delante del 3180. Para ello añade, siguiendo a la
CVR:

[A mio Çid llamó el rey   las espadas le dio;]

Pero, si nos atenemos a otros ejemplos, se puede argüir que esta abrupta transición constituye uno de los caracteres del método utilizado por el poeta.

3211[b] Para este verso de MP, que no se apoya en las crónicas, véase la nota a pie de página correspondiente al 3211.

3290[b] [ca yo la trayo aquí   en mi bolsa alçada.']

Verso construido por MP con ayuda de la *CVR*.
(N. B. Al citar el texto de MP, se han respetado su puntuación y sus acentos.)

Colección Letras Hispánicas

ÚLTIMOS TÍTULOS PUBLICADOS

325 *Espérame en Siberia, vida mía*, ENRIQUE JARDIEL PONCELA.
    Edición de Roberto Pérez.
326 *Cuentos*, HORACIO QUIROGA.
    Edición de Leonor Fleming (3.ª ed.).
327 *La taberna fantástica. Tragedia fantástica de la gitana Celestina*, ALFONSO SASTRE.
    Edición de Mariano de Paco (3.ª ed.).
328 *Poesía*, DIEGO HURTADO DE MENDOZA.
    Edición de Luis F. Díaz Larios y Olga Gete.
329 *Antonio Azorín*, JOSÉ MARTÍNEZ RUIZ, «AZORÍN».
    Edición de José Manuel Pérez.
330 *Épica medieval española.*
    Edición de Manuel Alvar y Carlos Alvar.
331 *Mariana Pineda*, FEDERICO GARCÍA LORCA.
    Edición de Luis Martínez Cuitiño (2.ª ed.).
332 *Los siete libros de la Diana*, JORGE DE MONTEMAYOR.
    Edición de Asunción Rallo (2.ª ed.).
333 *Entremeses*, LUIS QUIÑONES DE BENAVENTE.
    Edición de Christian Andrés.
334 *Poesía*, CARLOS BARRAL.
    Edición de Carme Riera.
335 *Sueños*, FRANCISCO DE QUEVEDO.
    Edición de Ignacio Arellano (2.ª ed.).
336 *La Quimera*, EMILIA PARDO BAZÁN.
    Edición de Marina Mayoral.
337 *La Estrella de Sevilla*, ANDRÉS DE CLARAMONTE.
    Edición de Alfredo Rodríguez López-Vázquez.
338 *El Diablo Mundo. El Pelayo. Poesías*, JOSÉ DE ESPRONCEDA.
    Edición de Domingo Ynduráin.
339 *Teatro*, JUAN DEL ENCINA.
    Edición de Miguel Ángel Pérez Priego.
340 *El siglo pitagórico*, ANTONIO ENRÍQUEZ.
    Edición de Teresa de Santos.
341 *Ñaque. ¡Ay, Carmela!*, JOSÉ SANCHIS SINISTERRA.
    Edición de Manuel Aznar (4.ª ed.).

342 *Poesía*, JOSÉ JEZAMA LIMA.
    Edición de Emilio de Armas.

343 *La conjuración de Venecia*, FRANCISCO MARTÍNEZ
    DE LA ROSA.
    Edición de María José Alonso Seoane.

345 *Cecilia Valdés*, CIRILO VILLAVERDE.
    Edición de Jean Lamore.

346 *El laberinto de la soledad*, OCTAVIO PAZ.
    Edición de Enrico Mario Santí (2.ª ed.).

347 *Fábulas literarias*, TOMÁS DE IRIARTE.
    Edición de Ángel L. Prieto de Paula.

348 *Libro de Apolonio*.
    Edición de Dolores Corbella.

349 *Agujero llamado Nevermore. Selección poética (1968-1992)*,
    LEOPOLDO MARÍA PANERO.
    Edición de Jenaro Talens.

350 *Los usurpadores*, FRANCISCO AYALA.
    Edición de Carolyn Richmond.

351 *Poesías*, SOR JUANA INÉS DE LA CRUZ.
    Edición de Carlos González Boixo (2.ª ed.).

352 *Las siete cucas*, EUGENIO NOEL.
    Edición de José Esteban.

353 *Los siete locos*, ROBERTO ARLT.
    Edición de Flora Guzmán.

354 *Femeninas. Epitalamio*, RAMÓN DEL VALLE-INCLÁN.
    Edición de Joaquín del Valle-Inclán.

355 *Teatro completo*, LUIS DE GÓNGORA.
    Edición de Laura Dolfi.

356 *De un momento a otro. El Adefesio*, RAFAEL ALBERTI.
    Edición de Gregorio Torres Nebrera.

357 *Diálogo de las cosas acaecidas en Roma*, ALFONSO DE VALDÉS.
    Edición de Rosa Navarro Durán (3.ª ed.).

358 *Diálogos del conocimiento*, VICENTE ALEIXANDRE.
    Edición de José Mas.

359 *La Araucana*, ALONSO DE ERCILLA.
    Edición de Isaías Lerner.

360 *Escenas y tipos matritenses*, RAMÓN DE MESONERO
    ROMANOS.
    Edición de Enrique Rubio Cremades.

361 *Nadie encendía las lámparas*, FELISBERTO HERNÁNDEZ.
    Edición de Enriqueta Morillas.

362 *Poesía*, JUAN DE JÁUREGUI.
    Edición de Juan Matas Caballero.
363 *Prosa festiva completa*, FRANCISCO DE QUEVEDO.
    Edición de Celsa Carmen García Valdés.
364 *El Victorial*, GUTIERRE DIAZ DE GAMES.
    Edición de Alberto Miranda.
365 *Flor de Santidad*, RAMÓN DEL VALLE-INCLÁN.
    Edición de María Paz Díez Taboada.
366 *De donde son los cantantes*, SEVERO SARDUY.
    Edición de Roberto González Echevarría.
367 *Antología del cuento español contemporáneo*, VV. AA.
    Edición de M.ª Ángeles Encinar y Anthony Percival
    (3.ª ed.).
368 *El mejor alcalde, el rey*, LOPE DE VEGA.
    Edición de Frank P. Casa y Berislav Primorac.
369 *Un mundo para Julius*, ALFREDO BRYCE ECHENIQUE.
    Edición de Julio Ortega, (2.ª ed.).
370 *Lírica*, GIL VICENTE.
    Edición de Armando López Castro.
371 *Las lanzas coloradas*, ARTURO USLAR PIETRI.
    Edición de Domingo Miliani.
372 *Poesías completas*, DELMIRA AGUSTINI.
    Edición de Magdalena García Pinto.
373 *Textos medievales de caballerías*.
    Edición de José María Viña Liste.
374 *Poesía inédita de juventud*, FEDERICO GARCÍA LORCA.
    Edición de Christian de Paepe, (2.ª ed.).
375 *Ágata ojo de gato*, JOSÉ MANUEL CABALLERO BONALD.
    Edición de Susana Rivera.
376 *Trilogía americana*, JOSÉ SANCHIS SINISTERRA.
    Edición de Virtudes Serrano.
377 *Prosa inédita de juventud*, FEDERICO GARCÍA LORCA.
    Edición de Christopher Maurer.
378 *Lucía Jerez*, JOSÉ MARTÍ.
    Edición de Carlos Javier Morales.
379 *Impresiones y paisajes*, FEDERICO GARCÍA LORCA.
    Edición de Rafael Lozano.
380 *Saúl ante Samuel*, JUAN BENET.
    Edición de John B. Margenot III.
381 *Poesía inédita completa*, CONDE DE VILLAMEDIANA.
    Edición de José Francisco Ruiz Casanova.

382 *Esto, lo otro y lo de más allá*, JULIO CAMBA.
 Edición de Mario Parajón.

383 *Arde el mar*, PERE GIMFERRER.
 Edición de Jordi Gracia.

384 *Tradiciones peruanas*, RICARDO PALMA.
 Edición de Carlos Villanes Cairo.

385 *Teatro inédito de juventud*, FEDERICO GARCÍA LORCA.
 Edición de Andrés Soria Olmedo.

386 *La voz a ti debida. Razón de Amor. Largo Lamento*,
 PEDRO SALINAS.
 Edición de Montserrat Escartín Gual (2.ª ed.).

387 *Ardicia*, JOSÉ-MIGUEL ULLÁN.
 Edición de Miguel Casado.

388 *Mujer de verso en pecho*, GLORIA FUERTES.
 Prólogo de Francisco Nieva (3.ª ed.).

389 *La Galatea*, MIGUEL DE CERVANTES.
 Edición de Francisco López Estrada.

390 *Poesía española siglo XIX*.
 Edición de Jorge Urrutia.

391 *El fondo del vaso*, FRANCISCO AYALA.
 Edición de Nelson R. Orringer.

392 *Los ríos profundos*, JOSÉ MARÍA ARGUEDAS.
 Edición de Ricardo González Vigil.

393 *Mortal y rosa*, FRANCISCO UMBRAL.
 Edición de Miguel García Posada (2.ª ed.).

394 *Museo de la Novela de la Eterna*, MACEDONIO FERNÁNDEZ.
 Edición de Fernando Rodríguez Lafuente.

395 *Oráculo manual y arte de prudencia*, BALTASAR GRACIÁN.
 Edición de Emilio Blanco Gómez.

396 *Diálogo de la dignidad del hombre*, FERNÁN PÉREZ
 DE OLIVA.
 Edición de Mª. Luisa Cerrón.

397 *Así que pasen cinco años, Leyenda del Tiempo*, FEDERICO
 GARCÍA LORCA.
 Edición de Margarita Ucelay.

398 *Abel Sánchez*, MIGUEL DE UNAMUNO.
 Edición de Carlos Longhurst.

399 *El caballero de las botas azules*, ROSALÍA DE CASTRO.
 Edición de Ana Rodríguez Fisher.

400 *Leyendas de Guatemala*, MIGUEL ÁNGEL ASTURIAS.
 Edición de Alejandro Luis Lanoël.

401 *Teatro muerto (Antología)*, RAMÓN GÓMEZ DE LA SERNA.
   Edición de Agustín Muñoz-Alonso López y Jesús
   Rubio Jiménez.
402 *Fray Gerundio de Campazas*, JOSÉ FRANCISCO DE ISLA.
   Edición de Enrique Rodríguez Cepeda.
403 *Azul... Cantos de vida y esperanza*, RUBÉN DARÍO.
   Edición de José María Martínez.
404 *Philosofía secreta*, JUAN PÉREZ DE MOYA.
   Edición de Carlos Clavería.
405 *La señorita de Trevélez. ¡Que viene mi marido!*,
   CARLOS ARNICHES.
   Edición de Andrés Amorós.
406 *La muerte de Artemio Cruz*, CARLOS FUENTES.
   Edición de José Carlos González Boixo.
407 *El río que nos lleva*, JOSÉ LUIS SAMPEDRO.
   Edición de José Mas.
408 *La Dorotea*, LOPE DE VEGA.
   Edición de José Manuel Blecua.
409 *Cuentos fantásticos*, BENITO PÉREZ GALDÓS.
   Edición de Alan E. Smith.
410 *Comentarios reales*, INCA GARCILASO DE LA VEGA.
   Edición de Enrique Pupo-Walker.
411 *Floresta española*, MELCHOR DE SANTA CRUZ.
   Edición de Maximiliano Cabañas Pérez.
412 *Doña María de Pacheco, mujer de Padilla*, IGNACIO
   GARCÍA MALO.
   Edición de Guillermo Carnero.
413 *Las fuerzas extrañas*, LEOPOLDO LUGONES.
   Edición de Arturo García Ramos.
414 *Lazarillo español*, CIRO BAYO.
   Edición de José Esteban.
415 *El príncipe constante*, PEDRO CALDERÓN DE LA BARCA.
   Edición de Fernando Cantalapiedra.

DE PRÓXIMA APARICIÓN

Los trabajos de Persiles y Sigismunda, MIGUEL
   DE CERVANTES.
   Edición de Carlos Romero.